解读台湾选举

史卫民 著

九州出版社

图书在版编目(CIP)数据

解读台湾选举/史卫民著. —北京：九州出版社，2007.9

ISBN 978-7-80195-555-5

Ⅰ.解... Ⅱ.史... Ⅲ.地方政府—选举—研究—台湾省 Ⅳ.D675.824

中国版本图书馆CIP数据核字(2007)第120739号

解读台湾选举

作　者	史卫民　著
出版发行	九州出版社
地　址	北京市西城区阜外大街甲35号(100037)
发行电话	(010)68992190/2/3/5/6
网　址	www.jiuzhou press.com
电子信箱	jiuzhou@jiuzhoupress.com
印　刷	北京毕诚彩印厂
开　本	720×1020毫米　16开
印　张	24.5
字　数	400千
版　次	2007年9月第1版
印　次	2007年9月第1版　第1次印刷
书　号	ISBN 978-7-80195-555-5/D·175
定　价	48.00元

目　录

第一章　台湾选举的演进

第二章 台湾政党诸生态

第三章　选民的价值取向

第四章 “蓝绿对峙”的政治版图

第五章 选举的策略与技术要素

第六章　影响选举的重要因素

第七章　“立法委员”选举的技术性比较

第八章 县市长、直辖市长选举策略比较

结语：台湾选举的未来走势

第一章 台湾选举的演进

台湾的选举，可以分为两类。第一类是“中央”层级的选举，包括“总统”、“副总统”、“国民大会”代表、“立法委员”、“监察委员”等的选举。第二类是地方公职人员选举，包括台湾省省长、台湾省议会议员、台北市市长、台北市议会议员、高雄市市长、高雄市议会议员以及各县市长、县市议会议员、乡镇市长、乡镇市民代表会代表、村里长选举；其中的乡镇市长、乡镇市民代表会代表、村里长选举，由于层级在乡镇以下，又被称为基层选举。

台湾选举的制度安排，有过历史性的变化，① 可先结合相关资料，概述1950～2006年历次选举情况，② 使读者对台湾选举的演进过程，有基本的了解。

第一节 初办“地方自治”的密集选举（1950～1954年）

抗日战争胜利后，台湾与全国其他地方的选举一样，③ 在间接选举方面，既有乡镇区长选举、县市参议会议员选举或临时参议会议员选举以及省参议会议员选举等地方性选举，也要参加全国的制宪与行宪“国民大

① 台湾选举制度的分析，见王业立：《比较选举制度》，台湾五南图书出版股份有限公司2001年8月第3版第1次印刷本；黄嘉树、程瑞：《台湾选举研究》，九州出版社2006年8月版。

② 台湾历次选举的基本情况和统计数据，1950～1979年的选举见台湾“中央选举委员会”1986年6月印行《中华民国选举史》；1980年以后的选举见台湾“中央选举委员会”网站（www. cec. gov. tw）和台湾政治大学选举研究中心与“中央选举委员会”共同建立的“台湾选举类别与结果线上浏览”（www. neeu. edu. tw）。

③ 抗日战争胜利后的中国选举制度，见徐矛：《中华民国政治制度史》，上海人民出版社1992年7月版，第337～341、354～364、382～426页；林代昭、陈有和、王汉昌：《中国近代政治制度史》，重庆出版社1988年7月版，第498～522页；孔庆泰等：《国民党政府政治制度史》，安徽教育出版社1998年8月版，第727～771页。

会”代表选举及“立法院”、“监察院”选举；[1] 在直接选举方面，则有村里长选举和乡镇民代表选举等。

为准备国民党政权迁台，1949 年 5 月 19 日，台湾省主席陈诚发布戒严令，使台湾进入所谓“动员戡乱时期”。1949 年 8 月 15 日，成立“地方自治研究会”，并先后制订《台湾省各县市实施地方自治纲要》（1950 年 4 月 24 日公布施行）等法规，[2] 开始推动地方自治和县市长、县市议员、乡镇市长等直接选举。

（一）直接选举范围的扩大

1950 年 7 月至 1951 年 11 月，台湾进行了 6 次选举。由于直接选举的范围扩大到县市长、县市议员、乡镇市长，两年内就有 5 次选民参加的直接选举。

1. 第一届县市议员选举（1950 年 7 月 ~1951 年 1 月）

1950 年 9 月，台湾省完成行政区划调整，原来的台北、新竹、台中、台南、高雄、台东、花莲、澎湖 8 县和台北、基隆、新竹、台中、彰化、嘉义、台南、高雄、屏东 9 个省辖市的建制，改为台北、宜兰、桃园、新竹、苗栗、台中、彰化、南投、云林、嘉义、台南、高雄、屏东、台东、花莲、澎湖 16 个县和台北、基隆、台中、台南、高雄 5 个省辖市。

为实行县市议员的直接选举，先后制订并公布了以下法规：（1）《台湾省各县市议会议员选举罢免规程》（1950 年 4 月 25 日）；（2）《台湾省各县市议会组织规程》（1950 年 4 月 25 日）；（3）《台湾省各县市议会议员选举罢免规程实施细则》（1950 年 5 月 5 日）；（4）《台湾省各县市议会议员选举事务所组织规程》（1950 年 5 月 5 日）；（5）《台湾省各县市议会议员选举投票所办事细则》（1950 年 5 月 5 日）；（6）《台湾省各县市议会议员选举开票所办事细则》（1950 年 5 月 5 日）；（7）《台湾省妨害选举取

---

① 台湾产生的制宪“国民大会”（1946 年 11 月 15 日开幕）区域代表 12 名、职业团体代表 6 名，名单见《中华民国选举史》，第 641 ~642、651 页；台湾产生的行宪第一届“国民大会”（1948 年 3 月 29 日开幕）区域代表 19 名、职业团体代表 8 名，名单见《中华民国选举史》，第 677、694 页；第一届“立法院”（1948 年选举）的台湾区域“立法委员”8 名，第一届“监察院”（1947 年选举）的台湾“监察委员”5 名，名单见《中华民国选举史》，第 705、711 页。

② 1950 ~ 1981 年台湾地方自治法规的制定与修改情况，见汪继五：《地方自治与公职选举》，大中国图书公司 1984 年 3 月版。

缔办法》（1950年6月17日）；（8）《台湾省县市选举监察委员会组织规程》（1950年6月17日）。

台湾省下辖21个县市的第一届议会议员选举，1950年7月2日至1951年1月28日分6期进行。议员由选民直接选举，年满20岁未判决犯刑法内乱外患罪、未被剥夺公权和受禁治产宣告尚未撤销的国民享有选举权，投票人名册由各乡镇、县辖市、区户籍机关编造公告；居民在一定区域内持续居住6个月以上或有住所达1年以上，才可以参加选举。此次选举的选民共计343.0万人，参加投票的有276.9万人，投票率80.73%。

县市议员选举分选区进行，采用相对多数决制的复数选区单记非让渡投票制，即选区名额多于1名，每位选民只能投1票，不管候选人得到多少选票，都不能将多余的选票转移或让渡给其他候选人，候选人依应选名额按得票高低依次当选。选区参照区域与人口情况划分，每个县市的选区不得少于3个，不得多于11个，在此次选举中，21个县市共划分了155个选区。

县市议员的候选人应为年满23岁的公民，实行公民联署推荐制度，每名候选人需由500名公民联署推荐，并须经候选人资格检核合格后方能参选；现役军人或警察、在校学习学生、办理选举事务人员不能登记为候选人。在选举中采用竞选制度，候选人可以设立竞选办事处1所，邀请人员协助竞选活动，助选人员数额由主管选举事务机构斟酌实际情况决定并公告；对竞选时间没有明确规定，只规定投票日的竞选活动不得在距离投票所200米内进行，候选人名单公布（投票日前20日）后就可以展开竞选活动。竞选可采用演讲、广播、刊登竞选广告或活动广告、散发张贴宣传品等形式。竞选费用有具体金额限制，选区选举人25万人以下的，以选举人数乘以新台币1角为限额；选区选举人25万人以上的，以选举人数乘以新台币5分为限额。在竞选中，候选人不得有以下行为：（1）以金钱实物或其他财产利益许诺或给予选举人；（2）设宴请客或以其他饮食供给选举人；（3）设招待所或其他起居所供给选举人；（4）为选举人投票供给交通工具或旅费；（5）威胁选举人不行使投票权或为一定目标行使选举权；（6）以文字图画或口头攻击或毁谤其他候选人。在选举中还实行监察制度，在县市设立监察小组，在各投票所、开票所设置监察员。

第一届县市议员选举，共有1827名候选人参与竞争，当选议员814名，任期2年。

2. 第一届县市长选举（1950 年 8 月～1951 年 8 月）

台湾省第一届县市长选举，在第一届县市议员选举的基础上，从 1950 年 8 月开始，分 8 期进行。第一期：花莲、台东；第二期：台北、基隆、台中、台南 4 市和澎湖县；第三期：屏东、高雄两县和高雄市；第四期：台北、桃园、新竹 3 县；第五期：彰化、宜兰；第六期：台南、云林、嘉义；第七期：台中、南投，第八期：苗栗。

为实行县市长的直接选举，先后制订和公布了以下法规：（1）《台湾省各县市长选举罢免规程》（1950 年 4 月 25 日）；（2）《台湾省各县市县市长选举事务所组织规程》（1950 年 7 月）；（3）《台湾省各县市县市长选举投票所办事细则》（1950 年 7 月）；（4）《台湾省各县市县市长选举开票所办事细则》（1950 年 7 月）。

县市长选举实行两轮决选制，即所在县市选民过半数参加选举有效，候选人得票超过投票人数半数才能当选；如果第一轮投票无人当选，以得票最多的两名候选人于 20 日内进行第二轮决选，以得票多者当选。县市长候选人应为年满 30 岁而未超过 61 岁的公民，需由 3000 名公民联署推荐，其他规定与县市议员选举相同。

第一届县市长选举，参加竞争的候选人 90 人，各县市均为差额选举；选民共计 3453916 人，在 21 个县市中，只有 8 个县市第一轮投票即选出县市长，13 个县市经过两轮投票才选出县市长；参加第一轮投票 2617090 人，投票率 75.77%；参加第二轮投票 1652584 人，投票率 82.40%，投票率高于第一轮选举。

在 21 席县市长中，国民党取得 17 席，当时台湾的另两个政党中国青年党（简称青年党）和中国民主社会党（简称民社党）均未取得席位，其他人士当选 4 席，县市长的任期为 3 年。

3. 第三届村里长选举（1950 年 9 月～10 月）

台湾省第一届村里长选举，1946 年 2～3 月举行，由村里民大会出席公民投票，以得票多者当选村里长，次多者当选副村里长，共计选出村里长 6301 名（村长 2934 名，里长 3367 名）。

第二届村里长选举，1948 年 3 月 5 日至 4 月 5 日举行，共计选出村里长 6289 名（村长 2888 名，里长 3401 名）。

为规范村里长选举，1950 年 7 月 12 日公布了《台湾省各县市村里长选举罢免规程》。

村里长选举也采用两轮决选制（第二轮选举应在第一轮选举后 5 日内进行），候选人应为年满 23 岁的公民，须由村里 30 名公民联署推荐，正式候选人名单在选举日 10 日前公布；选民投票不再采用集会方式，改为公民到投票所投票，其他规定与县市议员选举相同。

新一届村里长选举，除基隆、台北、台南 3 市因区划调整延期举行外，均在 1950 年 9 月至 10 月举行，共计选出村里长 6464 名。届期的计算，则将 1950 年以前的两届计算在内，计为第三届，当选的村里长每届任期 2 年。

4. 第三届乡镇市民代表选举（1950 年 12 月）

台湾省各县市第一届乡镇、区、县辖市民代表会代表，在 1946 年 2 月 24 日至 3 月 31 日全部选出（当选代表 7767 名）。

第二届乡镇、区、县辖市民代表会代表，于 1948 年任期届满前进行了选举（当选代表 8113 名）。

1950 年 9 月台湾省行政区划调整后，县辖市由 2 个增为 6 个，乡由 224 个增为 334 个，镇由 75 个增为 78 个。新一届乡镇民、县辖市市民代表会代表选举，应在 1950 年 4 月任期届满时进行，但是有关地方自治的法规正在制订，乃改在法规公布后进行。1950 年 7 月 12 日，《台湾省乡镇民代表会组织规程》和《台湾省乡镇民代表选举罢免规程》公布，乡镇民、县辖市市民代表会代表的选举随即展开，并于 1950 年 12 月中旬全部完成选举。

乡镇民代表会代表选举分选区进行，以村里为选区，每个村里各选出 1 名代表，村里人数超过 500 人的，每增加 500 人增加 1 个代表名额。候选人应为年满 23 岁的公民，须由村里 50 名公民联署推荐，正式候选人名单在选举日 15 日前公布，其他规定与县市议员选举相同。

新一届乡镇民、县辖市市民代表会代表选举的选民 281. 8 万人，参加投票 185. 4 万人，投票率 65. 79%；18519 名候选人参与竞争，当选代表 9778 名，成为实行“地方自治”后的第一届乡镇、县辖市市民代表会代表，但是在计算届数时，仍以 1946 年为第一届，本次当选代表为第三届，任期 2 年。

5. 第一届台湾省临时议员选举（1951 年 9 月 ~12 月）

台湾省参议会于 1946 年 5 月 1 日成立，参议员任期 2 年，任满时因国民党政权迁台，延长任期。

1951 年 9 月，颁布《台湾省临时议会组织规程》和《台湾省临时省议会议员选举罢免规程》，并据此办理台湾临时省议会议员选举。

台湾临时省议会议员采用间接选举制度，由县市议会选举产生，候选人共计 140 名，当选议员 55 名。在 55 个省临时议会议员席位中，国民党取得 43 席，青年党取得 1 席，民社党未取得席位，其他人士当选 11 席。

1951 年 12 月 11 日，第一届台湾省临时议会成立，任期 2 年。

6. 第一届乡镇市区长选举（1951 年 11 月前）

在实行“地方自治”前，台湾省有过两次乡镇长、区长选举，第一次是 1946 年 10 月 16 日至 12 月底，第二次是 1948 年 11 月，均采用间接选举方法。

为实行乡镇长、区长、县辖市市长的直接选举，台湾省政府先后颁布了《台湾省乡镇区长选举罢免规程》（1950 年 7 月 12 日）和《台湾省乡镇区长选举事务所组织规程》（1950 年 8 月）。实行“地方自治”后的第一届乡镇长、区长和县辖市市长选举，本应在 1950 年 10 月开始办理，但当时正进行县市长选举，决定第一届乡镇长、区长选举改为选民直接选举并在县市长选举后陆续进行，1951 年 11 月完成；屏东、彰化、新竹、嘉义 4 个县辖市，1951 年 11 月成立，市长选举在 1952 年 3 ~ 4 月间进行。

乡镇长、区长、县辖市市长选举同样采用两轮决选制（第二轮选举应在第一轮选举后 20 日内进行），候选人应为年满 25 岁而未超过 61 岁的公民，需由 300 名公民联署推荐（山地乡即少数民族为主的乡，100 名公民联署推荐即可成为候选人），正式候选人名单在选举日 15 日前公布，其他规定与县市议员选举相同。

第一届乡镇长、区长、县辖市市长的直接选举，选民 347.3 万人，参加投票 234.5 万人，投票率 67.52%；参加竞争的候选人有 1077 人，当选乡镇长、区长、县辖市市长 360 名，任期 2 年。

（二）选举制度的变化

1952 年 11 月 5 日，台湾的“地方自治法规”第一次修改，将《台湾省各县市议会议员选举事务所组织规程》和《台湾省各县市县市长选举事务所组织规程》合并为《台湾省各县市议会议员暨县市长选举事务所组织规程》，将《台湾省各县市议会议员选举投票所办事细则》、《台湾省各县市议会议员选举开票所办事细则》和《台湾省各县市县市长选举投票所办事细则》、《台湾省各县市县市长选举开票所办事细则》合并为《台湾省各县市议会议员暨县市长选举投票所开票所办事细则》，将《台湾省乡镇民代表会组织规程》改为《台湾省各县乡镇县辖市民代表会组织规程》，并对其他法规内容作了修改。

“法规”修改后，规定年满20岁未被剥夺公权和受禁治产宣告尚未撤销的国民享有选举权，取消了公民应未判决犯刑法内乱外患罪的规定。各项地方公职人员选举正式候选人名单的公布时间，一律改为投票前10日。对候选人的助选人员作出了人数限制，规定以县市为选举区的，竞选办事处办事人员至多以15人为限，其他各种选举以7人为限。候选人的竞选活动也有了新规定，候选人可以使用学校社团或广播电台及其他公共场所设备发表政见或演讲，时间地点由主管选举事务机关确定；候选人姓名、年龄、籍贯、政见等，由主管选举事务机关汇编选举公报；政见发表会和选举公报所需费用，由候选人平均负担。在这样的规定下，候选人的竞选活动，实际变成了“私费公办”。

1952年至1953年，按照新的规定，台湾进行了4次由选民参加的直接选举。

1. 第二届县市议员选举（1952年12月~1953年2月）

“地方自治法规”第一次修改后，县市议员选举的选区划分，由每个县市的选区不得少于3个，不得多于11个，改为除山地乡外，不得少于2个，不得多于9个。

第二届县市议会议员选举，分两期办理：第一期1952年12月28日投票，第二期1953年2月8日投票。21个县市共划分150个选举区，选民371.5万人，参加投票296.1万人，投票率79.72%；1844名候选人参与竞争，当选议员860名。

2. 第四届村里长选举（1952年12月~1953年3月）

“地方自治法规”第一次修改后，村里长选举不再实行两轮决选制，改为相对多数当选制，以得票较多的候选人当选；不再实行候选人签署提名制，年满23岁的公民均可登记为候选人。

第四届村里长选举，本应从1952年9月起陆续举行，但正逢第二届县市议员选举，将村里长选举延后，在1952年12月至1953年3月间举行。此次选举，选民总数369.7万人，参加投票的有191.2万人，投票率51.72%；10743名候选人参与竞争，当选村里长6517名。

3. 第四届乡镇市民代表选举（1952 年 12 月～1954 年 4 月）

第四届乡镇民、县辖市市民代表会代表，应在 1952 年 9 月至 10 月改选，为配合正在修订的“自治法规”，推延至 1952 年 12 月陆续开始，1954 年 4 月全部完成。

本次选举选民 299.8 万人，参加投票 170.9 万人，投票率 57.01%；9754 名候选人参与竞争，当选代表 5695 名。

4. 第二届乡镇市区长选举（1953 年 1 月～10 月）

“地方自治法规”第一次修改后，乡镇长、区长、县辖市市长选举不再实行两轮决选制，改为相对多数当选制，以得票较多的候选人当选，但仍然实行候选人签署提名制。

第二届乡镇长、区长、县辖市市长选举，自 1953 年 1 月起陆续举行，当年 10 月全部完成。选民 374.4 万人，参加投票 231.3 万人，投票率 61.77%；参加竞争的候选人 804 人，当选 360 名，任期由 2 年改为 3 年。

（三）国民党政权迁台后的首次“总统”、“副总统”选举

1947 年选出的第一届“国民大会”，任期 6 年，应在 1953 年改选代表。1953 年 9 月，“行政院”提出因当时无法进行第二届“国民大会”代表选举，第一届“国民大会”任期延长。第一届“国民大会”代表总额为 3045 人，如果按照原来的规定，过半数代表出席方可开会，则迁到台湾的“国大代表”不足半数，无法开会。1953 年 12 月 17 日，在“行政院”的要求下，“立法院”对《国民大会组织法》第 8 条进行修改，规定“国民大会非有代表三分之一以上人数之出席不得开议”，由此解决了第一届“国民大会”继续开会问题。

“行宪”以后的第一任“总统”（蒋介石）、“副总统”（李宗仁），至 1954 年 5 月 20 日任满，应在任满前 90 日召集“国民大会”选举下一任“总统”、“副总统”。蒋介石于 1954 年 1 月 9 日宣布第一届“国民大会”第二次会议于 1954 年 2 月 19 日在台北市召开。

为进行新的“总统”选举，1954 年 3 月 12 日，“立法院”对 1947 年 3 月 11 日颁布的《“总统”“副总统”选举罢免法》第 4 条进行修改，针对只有 1 名或 2 名候选人的情况作了具体规定。3 月 13 日，该法修正条文正式公布。

在选举“总统”、“副总统”之前，需先处理“副总统”罢免事宜。

第一届“国民大会”第二次会议于1954年3月10日举行第六次大会，就“监察院”1952年1月12日提出的弹劾“副总统”李宗仁进行表决，到会代表1486人，同意罢免代表1403人，超过出席代表半数，李宗仁被罢免，并决定正值“总统”、“副总统”选举，不再补选“副总统”。

1954年2月15日，国民党中央委员会全体会议提名蒋介石为第二任“总统”候选人、陈诚为“副总统”候选人；3月7日，民社党各级干部会议决定提名代主席徐傅霖为第二任“总统”候选人、中央委员石志泉为“副总统”候选人。经过“国大代表”对“总统”候选人的联署提名（1954年3月15日截止），提名蒋介石为候选人的代表1303人，提名莫德惠为候选人的代表118人，提名徐傅霖为候选人的代表113人；3月19日，莫德惠宣布自愿放弃候选人资格，第二任“总统”候选人只有蒋介石、徐傅霖二人。经过“国大代表”对“副总统”候选人的联署提名（1954年3月17日截止），提名陈诚为候选人的代表1253人，提名王云五为候选人的代表118人，提名石志泉为候选人的代表103人；3月19日，王云五宣布自愿放弃候选人资格，第二任“副总统”候选人只有陈诚、石志泉二人。

1954年3月20日，第一届“国民大会”第二次会议举行“总统”选举大会，到会代表1573人。投票结果，蒋介石得1387票，徐傅霖得172票，两人均未超过法定当选票数（“国大代表”总数3045人，半数为1523票）。

1954年3月22日，第一届“国民大会”第二次会议再次举行“总统”选举大会，到会代表1576人。投票结果，蒋介石得1507票，徐傅霖得48票，蒋介石得票尽管仍未过代表总数的一半，但按照修正后的《“总统”“副总统”选举罢免法》，在两名候选人的再次投票中以得票较多者当选，蒋介石当选为第二任“总统”。

1954年3月23日，第一届“国民大会”第二次会议举行“副总统”选举大会，到会代表1572人。投票结果，陈诚得1276票，石志泉得231票，两人均未超过法定当选票数。

1954年3月24日，第一届“国民大会”第二次会议再次举行“副总统”选举大会，到会代表1570人。投票结果，陈诚得1417票，石志泉得109票，得票尽管仍未过代表总数的一半，但按照修正后的《“总统”“副总统”选举罢免法》，在两名候选人的再次投票中以得票较多者当选，陈诚当选为第二任“副总统”。

初行“地方自治”时的选举，除了“总统”、“副总统”和台湾省临时议会议员为间接选举外，其他选举都是直接选举，并且在直接选举中可以公开竞选，但是在国民党政权的威权统治之下，虽然有青年党、民社党等政党存在，而在选举中经常出现的是国民党籍候选人“一人竞选”局面，非国民党籍候选人往往受到逼迫或打击。① 选民的投票率在1950年的头两次选举中达到80%以上，在此后3年的选举中投票率再未达到80%以上，并有数次选举投票率在65%以下，在一定程度上反映出选民对选举的热情减退。

第二节　选举走向简约合并（1954~1968年）

自1954年4月起，将一些由选民参加的选举合并举行，统一规定投票日期，尽管未完全改变一年间选民数次投票的情况，但减少了选举次数，使选举开始走向简约。

（一）50年代中后期的选举

1954年至1958年，在部分选举合并举行的情况下，台湾进行了8次选举，并将台湾省议员纳入了直接选举的范围。

1. 第二届台湾省临时议员、第二届县市长选举（1954年4月~5月）

第二届台湾省临时议会议员选举，由间接选举改为直接选举，并延长第一届临时省议会任期，使省议员选举与第二届县市长选举合并举行。选举分两期进行，第一期6个县市，1954年4月18日投票；第二期13个县和台北市、高雄市，1954年5月2日投票。

第二届台湾省临时议会议员选举采用相对多数决制的复数选区单记非让渡投票制，以台湾21个县市为21个选区，后来又增加了山地民或山胞（即后来称为山地原住民和平原原住民的少数民族）选区。

第二届台湾省临时议会议员选举的选民共计390.4万人，参加投票

① 对台湾选举中的反对派人士的活动及国民党的做法等，见蔡玲（Linda Chao）、马若孟（Ramon H. Myers）：《中国第一个民主体系》，罗珞珈译，三民书局1998年版；丹尼·罗伊（Denny Roy）：《台湾政治史》，何振盛、杜嘉芬译，台湾商务印书馆股份有限公司2004年3月版；陈君恺：《台湾“民主文化”发展史研究》，记忆工程股份有限公司2004年3月版。

290.5 万人，投票率 74.41%；110 名候选人参与竞争，当选议员 57 名。在 57 个议员席位中，国民党取得 48 席，青年党、民社党未取得席位，其他候选人当选 9 席。1954 年 6 月 2 日，第二届台湾省临时议会成立，任期 3 年。

第二届县市长选举，为与省议会议员选举合并举行，除苗栗、台东两县外，19 个县市长的任期一律延长至 1954 年 6 月 1 日，苗栗、台东两县县长选举则另行安排。

“地方自治法规”第一次修改后，县市长选举不再实行两轮决选制，改为相对多数当选制，以得票较多的候选人当选；不再实行候选人签署提名制，年龄在 30～61 岁之间的公民均可登记为候选人，但是有犯法行为、贪污舞弊行为、撤职处分未解除、身体残废或患重大不治之症、吸食鸦片行为的人不能成为候选人。

第二届县市长选举（包括苗栗、台东），选民共计 3908628 人，参加投票 2925779 人，投票率 74.85%。参加竞争的候选人 41 人（其中 3 人放弃竞选），8 个县市进行的是等额选举。在 21 个县市长席位中，国民党取得 19 席，青年党、民社党未取得席位，其他候选人当选 2 席。

2. 第三届县市议员选举（1954 年 12 月～1955 年 1 月）

1954 年 11 月 5 日，台湾的“地方自治法规”第二次修改，将《台湾省各县市议会议员选举罢免规程实施细则》废止，该法规规定内容并入《台湾省各县市议会议员选举罢免规程》，并对各项选举的候选人竞选活动开始日期作出规定，在正式候选人名单公布后（即投票前 10 日）方可开始竞选活动。

“地方自治法规”第二次修改后，县市议会议员仍实行候选人签署提名制，并规定有犯法行为、贪污舞弊行为、吸食鸦片行为的人不能成为候选人。

第三届县市议会议员选举，分两期办理，第一期 1954 年 12 月 19 日投票，第二期 1955 年 1 月 16 日投票。21 个县市共划分 149 个选举区，选民 399.7 万人，参加投票 315.3 万人，投票率 78.88%；1579 名候选人参与竞争，当选议员 928 名。

3. 第五届乡镇市民代表、第五届村里长选举（1955 年 4 月）

第五届乡镇民、县辖市市民代表会代表选举，为配合正在再次修订的自治法规，推延至 1954 年 12 月县市议员选举后举行，第四届乡镇民、县辖市市民代表任期一律延长至县议员选举完毕，并将代表选举与第五届村里长选举合并举行，均在 1955 年 4 月 17 日投票。

“地方自治法规”第二次修改后，乡镇民代表会代表选举仍以村里为选区，村里人数超过 1000 人增选代表 1 名（原规定人数超过 500 人增选代表 1 人）；县辖市市民代表会代表选举，按各县辖市人口每 3000 人选出代表 1 名，余数满 1500 人增选代表 1 名；有犯法行为、贪污舞弊行为、吸食鸦片行为的人，不能成为乡镇民、县辖市市民代表会代表候选人。

第五届乡镇民、县辖市市民代表会代表选举的选民 321. 3 万人，参加投票 201. 3 万人，投票率 62. 65%；9907 名候选人参与竞争，当选代表 6397 名，任期改为 3 年。

第五届村里长选举，选民总数 3629012 人，参加投票 2080618 人，投票率 57. 33%；8635 名候选人参与竞争，当选村里长 6571 名。村里长的任期，自 1953 年 7 月 4 日起改为 3 年。

4. 第三届乡镇市区长选举（1955 年 12 月 ~1957 年 11 月）

“地方自治法规”第二次修改后，乡镇长、区长、县辖市市长选举不再实行候选人签署提名制，年龄在 25 ~61 岁之间的公民都可以登记为候选人，但是有犯法行为、贪污舞弊行为、撤职处分未解除、身体残废或患重大不治之症、吸食鸦片行为的人不能成为候选人。

第三届乡镇长、区长、县辖市市长选举，自 1955 年 12 月起陆续举行，由于各地任期届满时间不同，至 1957 年 11 月才全部完成。本次选举的选民 398. 3 万人，参加投票 232. 9 万人，投票率 58. 48%；参加竞争的候选人 573 人，当选 360 名。

5. 第一届台湾省议员、第三届县市长选举（1957 年 4 月）

第三届台湾省临时议会议员选举，与第三届县市长选举合并举行，投票日期为 1957 年 4 月 26 日。

第三届台湾省临时议会议员选举的选民共计 426. 8 万人，参加投票 333. 7 万人，投票率 78. 20%；118 名候选人参与竞争，当选议员 66 名。在 66 个议员席位中，国民党取得 53 席，青年党取得 1 席，民社党未取得席位，其他候选人当选 12 席。1957 年 6 月 2 日，第三届台湾省临时议会成立。1959 年，公布《台湾省议会组织规程》，同年 6 月 24 日临时议会改称，成为第一届省议会，任期 4 年。

第三届县市长选举，选民共计 4268454 人，参加投票 3337916 人，投票率78.20%。参加竞争的候选人41人（其中1人放弃竞选），2个县市进行的是等额选举。在21个县市长席位中，国民党取得20席，青年党、民社党未取得席位，其他候选人当选1席。

在此次省议员和县市长选举中，青年党、民社党提出共同选派选举监察员的建议，先被国民党接受，但又以“于法无据”为由加以否决，引起青年党、民社党强烈不满。1957年4月11日，反对派人士在台中市召开“第三届临时省议会及各县市候选人关于选务改进的座谈会”，以联系各地的非国民党籍候选人，青年党、民社党亦有人参加。选举结束之后，无党籍人士和青年党、民社党人士召开选举检讨会，并提出建立“中国地方自治研究会”的动议和申请，虽然申请被驳回，使党外人士的组织化尝试受阻，但反对派人士的联合行动已经成为不可忽视的现象。①

6. 第四届县市议员选举（1958年1月）

第四届县市议会议员选举，统一了选举时间，投票日期为1958年1月19日。21个县市共划分151个选举区，选民434.0万人，参加投票339.9万人，投票率78.31%；1621名候选人参与竞争，当选议员1025名。

7. 第六届乡镇市民代表、第六届村里长选举（1958年4月~6月）

第六届乡镇民、县辖市市民代表会代表选举，与第六届村里长选举合并举行，投票分5期进行。第一期：1958年4月20日，宜兰、桃园、云林；第二期：1958年4月27日，苗栗、台中、彰化、南投和台中市；第三期：1958年5月4日，台北、嘉义、台南、台东、花莲；第四期：1958年5月11日，新竹、澎湖；第五期：1958年5月25日至6月15日，高雄县和高雄市。

第六届乡镇民、县辖市市民代表会代表选举，选民346.3万人，参加投票223.9万人，投票率64.67%；10617名候选人参与竞争，当选代表6834名。

第六届村里长选举，参加投票235万人，投票率58.18%，8907名候选人参与竞争，当选村里长6608名。

8. 第四届乡镇市长选举（1958年12月）

第四届乡镇长、县辖市市长选举（区长已改为官派，不再选举），自

① 反对派人士的组党与参与选举情况，见杨毅周：《民进党组织派系研究》，九州出版社2004年2月版；张文生、王茹：《民进党选举策略研究》，九州出版社2004年3月版。

1958年11月起陆续举行，分为3期。第一期：新竹、苗栗、南投、嘉义、高雄、屏东、澎湖7县，1958年12月6日投票；第二期：宜兰、台北、桃园、台中、云林、台南、台东7县，投票日期为1958年12月13日；第三期：彰化、花莲2县，投票日期为1958年12月20日。选出的乡镇长、县辖市市长，均于1960年1月就职。

此次选举，选民355.4万人，参加投票225.9万人，投票率63.57%；参加竞争的候选人563人，当选319名。

1959年10月8日，台湾的“地方自治法规”第三次修改，将已有的13种法规合并为7种法规：(1)《台湾省各县市实施地方自治纲要》；(2)《台湾省各县市议会组织规程》；(3)《台湾省各县乡镇县辖市民代表会组织规程》；(4)《台湾省各县市公职人员选举罢免规程》；(5)《台湾省妨害选举罢免取缔办法》；(6)《台湾省县市公职人员选举罢免监察委员会组织规程》；(7)《台湾省各县市公职人员选举罢免事务所组织规程》。此次法规修改，对县市长、县市议员、乡镇长和县辖市长、乡镇市民代表会代表、村里长5种公职人员候选人的“消极资格”作了统一规定，包括不得有犯法行为、贪污行为等；公职人员选举候选人的助选人员，以县市为选区的不得超过25人（原规定为15人），其余各种选举以11人为限（原规定为7人）。不同选举规定的其他变化，可结合选举作进一步说明，详见下述。

（二）第三任“总统”、“副总统”选举

第二任“总统”、“副总统”至1960年5月20日任满，应在任满前90日召集“国民大会”选举下一任“总统”、“副总统”。蒋介石于1960年1月10日宣布第一届“国民大会”第三次会议于1960年2月20日在台北市召开。

“国民大会”依然面临代表总额问题。1960年2月12日，“司法院”作出司法解释，“在当前情形，应以依法选出日能应召集会之国民大会代表为计算标准”。2月17日，“内政部”核实当时（至1960年2月16日）有第一届“国大代表”1576人，即以此作为代表总额计算标准。

按照“中华民国宪法”规定，“总统”任期6年，只能连任一次，蒋介石已不能再任“总统”。1960年3月11日，第一届“国民大会”第三次会议第六次大会通过修订《动员戡乱时期临时条款》(1948年5月10日公

布），规定“动员戡乱时期，总统副总统得连选连任，不受宪法第四十七条连任一次之限制”，才解决了这一问题。①

经过“国大代表”对“总统”候选人的联署提名（1960 年 3 月 16 日截止），提名蒋介石为候选人的代表 1430 人，第三任“总统”候选人只有蒋介石一人。经过“国大代表”对“副总统”候选人的联署提名（1960 年 3 月 17 日截止），提名陈诚为候选人的代表 1428 人，第三任“副总统”候选人只有陈诚一人。

1960 年 3 月 21 日，第一届“国民大会”第三次会议举行“总统”选举大会，到会代表 1510 人，投票结果，蒋介石得 1481 票，超过代表总额半数（“国大代表”新确定的总额 1576 人，半数为 789 票），当选为第三任“总统”。

1960 年 3 月 22 日，第一届“国民大会”第三次会议举行“副总统”选举大会，到会代表 1505 人，投票结果，陈诚得 1381 票，超过代表总额半数，当选为第三任“副总统”。

（三）被压制的党外助选活动

1960 年至 1965 年，台湾进行了 6 次选举，党外反对派人士在选举中初露锋芒，即被压制下去，使选举依然在国民党操控之下“平稳”进行。

1. 第二届台湾省议员、第四届县市长选举（1960 年 4 月）

第二届台湾省议会议员选举，与第四届县市长选举合并举行，投票日期为 1960 年 4 月 24 日。

第二届台湾省议会议员选举的选民共计 474.0 万人，参加投票 343.8 万人，投票率 72.52%。126 名候选人参与竞争，当选议员 73 名。在 73 个议员席位中，国民党取得 58 席，青年党取得 1 席，民社党未取得席位，其他候选人当选 14 席。1960 年 6 月 2 日，第二届台湾省议会成立。

第四届县市长选举，选民共计 4740875 人，参加投票 3436823 人，投票率 72.49%。参加竞争的候选人 41 人（其中 6 人放弃竞选），8 个县市进行的是等额选举。在 21 个县市长席位中，国民党取得 19 席，青年党、民社党未取得席位，其他候选人当选 2 席（基隆市、高雄县）。

---

① 《动员戡乱时期临时条款》及条款的修订，见谢政道：《中华民国修宪史》，扬智文化事业股份有限公司 2001 年 6 月版，第 528 ~534 页。

在此次省议会议员和县市长选举中，反对派人士先以“民主人士联谊会”作为联系非国民党籍候选人的组织形式，后又改为“选举改进座谈会”，选举之后更准备组建一个在野党，并借《自由中国》（1949 年 11 月由雷震创刊）进行广泛宣传；1960 年 9 月 4 日，雷震等人被逮捕，《自由中国》被迫停刊，但是负责筹组新政党的人士仍在 9 月 10 日宣布撤销“选举改进座谈会”，成立“中国民主党筹备委员会”，继续进行组党活动。

2. 第五届县市议员选举（1961 年 1 月）

“地方自治法规”第三次修改后，县市议会议员选举不再实行候选人签署提名制；选举时划分的选区不得少于 2 区，不得多于 9 区。

第五届县市议会议员选举，投票日期为 1961 年 1 月 15 日。21 个县市共划分 149 个选区，选民 485.9 万人，参加投票 358.8 万人，投票率 73.83%；1629 名候选人参与竞争，当选议员 929 名。

在第五届县市议会议员选举中，“中国民主党筹备委员会”推派 11 人组成助选团，在台湾全省为反对派人士助选。但是选举结束之后，“中国民主党筹备委员会”的活动归于沉寂，组织新政党的努力宣告失败，反对派人士的参选活动亦在此后的数年内走向低潮。

3. 第七届乡镇市民代表、第七届村里长选举（1961 年 4 月 ~5 月）

“地方自治法规”第三次修改后，乡镇民、县辖市市民代表会代表选举不再实行候选人签署提名制；选举时划分的选区不得少于 2 区，不得多于 9 区。

第七届乡镇民、县辖市市民代表会代表选举，与第七届村里长选举合并举行，分三期进行。第一期：宜兰、桃园、台中、彰化、云林 5 县，1961 年 4 月 23 日投票；第二期：台北、苗栗、南投、嘉义、高雄、屏东、台东 7 县，1961 年 4 月 30 日投票；第三期：新竹、台南、花莲、澎湖 4 县，1961 年 5 月 7 日投票；部分任期不一的乡镇等，于 1961 年 12 月 17 日、24 日和 1962 年 3 月 4 日、9 月 2 日投票。

第七届乡镇民、县辖市市民代表会代表选举，选民 382.9 万人，参加投票 277.2 万人，投票率 72.40%；8833 名候选人参与竞争，当选代表 5260 名。

第七届村里长选举，选民 4870683 人，参加投票 3031641 人，投票率 62.24%；10395 名候选人参与竞争，当选村里长 6548 名。

4. 第三届台湾省议员、第五届县市长选举（1963 年 4 月）

第三届台湾省议会议员选举，与第五届县市长选举合并举行，投票日期为 1963 年 4 月 26 日。

第三届台湾省议会议员选举的选民共计 523.6 万人，参加投票 362.6 万人，投票率 69.26%。137 名候选人参与竞争，当选议员 74 名。在 74 个省议会议员席位中，国民党取得 61 席，青年党取得 1 席，民社党未取得席位，其他候选人当选 12 席。1963 年 6 月 2 日，第三届台湾省议会成立。

第五届县市长选举，选民共计 5387450 人，参加投票人数 3719969 人，投票率 69.05%。参加竞争的候选人 47 人，6 个县市进行的是等额选举。在 21 个县市长席位中，国民党取得 17 席，青年党未取得席位，民社党取得 1 席（基隆市），其他候选人当选 3 席（台北市、台南市、台东县）。

1963 年 11 月 21 日，台湾的“地方自治法规”第四次修改，将《台湾省各县市公职人员选举罢免事务所组织规程》并入《台湾省各县市公职人员选举罢免规程》，使相关法规由 7 种精简为 6 种。此次法规修改，对候选人的竞选时间作了更明确规定，竞选活动应自公告候选人名单之日起，至投票前一日止；每日竞选活动的起止时间，由选举监督公告（一般为每日 7 时至 23 时）。对候选人妨害选举行为的取缔，也作了更详细的规定。为减少等额选举现象，还规定实行最低得票制度，县市议员和乡镇市民代表选举应以所得票数超过所在选区应选名额除该选区公民总数所得商数 1/5 者当选；县市长、乡镇长及县辖市市长选举应以所得票数超过所在选区公民总数 1/4 者当选；只有村里长选举没有最低得票限额，仍以得票较多者当选。

5. 第六届县市议员、第五届乡镇市长选举（1964 年 1 月）

第六届县市议会议员选举，与第五届乡镇市长选举合并举行，投票日期为 1964 年 1 月 26 日。

第六届县市议会议员选举，21 个县市共划分 124 个选举区，选民 533.6 万人，参加投票 409.6 万人，投票率 76.76%；1563 名候选人参与竞争，当选议员 907 名，任期由 3 年改为 4 年。

第五届乡镇长、县辖市市长选举，为了与第六届县市议员选举合并举行，决定第四届乡镇长、县辖市市长任期延长。此次选举，选民 411.5 万人，参加投票 319.2 万人，投票率 77.56%；参加竞争的候选人 580 人，当选 319 名，任期由 3 年改为 4 年。

6. 第八届乡镇市民代表、第八届村里长选举（1964年5月~1965年9月）

第八届乡镇民、县辖市市民代表会代表选举，与第八届村里长选举合并举行，分两期进行。第一期：南投、云林、嘉义、花莲等县，1964年5月10日投票；第二期：台北、宜兰、桃园、新竹、苗栗、台中、彰化、高雄、屏东、台东、澎湖等县，1964年5月17日投票；部分任期不一的乡镇等，于1964年12月17日、24日和1965年3月4日、9月2日投票。

第八届乡镇市民、县辖市市民代表会代表选举，选民411.7万人，参加投票308.6万人，投票率74.96%；8510名候选人参与竞争，当选代表4776名。

第八届村里长选举，选民总数4495434人，参加投票2340148人，投票率52.06%；9763名候选人参与竞争，当选村里长5743名。

（四）第四任“总统”、“副总统”选举

第三任“总统”、“副总统”，至1966年5月20日任满，应在任满前90日召集“国民大会”选举下一任“总统”、“副总统”。蒋介石于1966年1月9日宣布第一届“国民大会”第四次会议于1966年2月19日在台北市召开。

1966年3月10日，国民党中央委员会全体会议提名蒋介石为第四任“总统”候选人、严加淦为“副总统”候选人。经过“国大代表”对“总统”候选人的联署提名（1966年3月16日截止），提名蒋介石为候选人的代表1368人，第四任“总统”候选人只有蒋介石一人。经过“国大代表”对“副总统”候选人的联署提名（1966年3月16日截止），提名严加淦为候选人的代表1225人，第四任“副总统”候选人只有严加淦一人。

1966年3月21日，第一届“国民大会”第四次会议（代表总数1488人，出席会议1446人）举行“总统”选举大会，到会代表1427人，投票结果，蒋介石得1405票，超过代表总额半数，当选为第四任“总统”。

1966年3月22日，第一届“国民大会”第四次会议举行“副总统”选举大会，到会代表1424人，投票结果，严加淦得782票，超过代表总额半数，当选为第四任“副总统”。

（五）确立“公费选举”制度

1967年10月1日，台湾的“地方自治法规”第五次修改，将居民在一定区域内持续居住6个月以上或有住所达1年以上才可以作为公民参加选举的规定，改为居民在各该行政区域内持续居住6个月以上或在其本籍者，为各该行政区域内公民，使公民参加选举的空间范围更为明确。此外，改变了竞选活动“私费公办”的做法，规定政见发表会和选举公报费用由主办选举机关承担，确立了公费选举制度。为防止本无当选希望的人滥行参选，还开始实行保证金制度，参选人得票未超过规定的得票门槛，竞选费用自行负担，从保证金中扣除；如县市长选举，候选人得票低于公民总数的15%，竞选费即自行负担。但是公费选举的范围，只包括县市长、县市议员、乡镇长及县辖市长和乡镇民、县辖市民代表会代表选举，村里长选举仍由候选人承担全部选举经费。

“地方自治法规”第五次修改后的1968年，安排了3次选举。

1. 第七届县市议员、第六届乡镇市长选举（1968年1月）

第七届县市议会议员选举，与第六届乡镇市长选举合并举行，投票日期为1968年1月21日。

第七届县市议会议员选举，20个县市（台北市改为直辖市）共划分123个选区，选民521.5万人，参加投票406.9万人，投票率78.02%；1262名候选人参与竞争，当选议员847名。

第六届乡镇市长选举，选民437.0万人，参加投票346.4万人，投票率79.28%；参加竞争的候选人525人，当选313名。

2. 第四届台湾省议员、第六届县市长选举（1968年4月）

第四届台湾省议会议员选举，为与第六届县市长选举合并举行，将第三届议会任期延长，投票日期为1968年4月21日。

第四届台湾省议会议员选举的选民共计526.6万人，参加投票399.1万人，投票率74.28%。129名候选人参与竞争，当选议员71名。在71个省议会议员席位中，国民党取得61席，青年党取得1席，民社党未取得席位，其他候选人当选9席。1968年6月2日，第四届台湾省议会成立，任期由3年改为4年。

第六届县市长选举，选民共计5266061人，参加投票3910560人，投票率74.26%。参加竞争的候选人43人，5个县市进行的是等额选举。在

20个县市长席位中，国民党取得17席，青年党、民社党未取得席位，其他候选人当选3席，当选人任期4年。

3. 第九届乡镇市民代表、第九届村里长选举（1968年5月~1969年9月）

第九届乡镇市民、县辖市市民代表会代表选举，与第九届村里长选举合并举行，分三期进行。第一期：云林，1968年5月5日投票；第二期：宜兰、台北、苗栗、南投、澎湖5县，1968年5月12日投票；第三期：桃园、新竹、台中、彰化、嘉义、台南、高雄、屏东、台东、花莲10县，1968年5月19日投票；部分任期不一的乡镇等，于1968年12月15日和1969年9月7日投票。

第九届乡镇市民、县辖市市民代表会代表选举，选民440.3万人，参加投票320.1万人，投票率72.71%；7769名候选人参与竞争，当选代表4709名。

第九届村里长选举，选民总数4373133人，参加投票2347838人，投票率53.29%，8954名候选人参与竞争，当选村里长5105名。

1954~1968年的台湾选举，增加了省议会议员的直接选举，但是选举的民主化程度并未因此提高，国民党更注意对选举的控制，不但在选举时建立省、县、区辅选机构，极大发挥组织动员功能，还对反对国民党“一党专政”的人士进行打击、迫害，并使党外人士筹组新政党的计划失败。在这样的政治环境下，依然密集地直接选举，不仅地方派系人物成为国民党争取和支持的对象，买票乃至以暴力威胁选民的现象均有所发展。反对派人士为赢得选举，或者以“无党籍”身份参选，与国民党籍候选人抗争；或者策略性地“寄生”在民社党和青年党中，利用两党的合法地位展开竞选活动，但是只有少数候选人能够当选，还难以起到改变“选风”并扭转国民党把持选举局面的作用。

第三节 增加“中央民意代表”选举（1969~1974年）

由于“国民大会”、“立法院”、“监察院”20余年没有改选，“国大代表”、“立法委员”、“监察委员”等“中央民意代表”不断减少，从1969年开始，台湾当政者不得不对“中央民意代表”进行增补选举，并增加了直辖市台北市议会议员选举等，同时对地方选举做了进一步合并。

（一）1969 年的“中央”和直辖市“民意代表”选举

1969 年，既有“中央民意代表”的增补选举，也安排了直辖市“民意代表”的直接选举。

1. 第一届台北市议员选举（1969 年 11 月）

1967 年 7 月 1 日，台北市改为直辖市，建立临时市议会，议员总数 70 名。

为实行台北市议会议员选举，1967 年 7 月 8 日公布《台北市议会组织规程》，规定台北市议会议员名额以人口 100 万为基数，选出议员 40 名；人口超过 100 万部分，每满 10 万人选出议员 1 名，但议员总名额不得超过 51 名。台北市议会议员由选民直接选举，采用相对多数决制的复数选区单记非让渡投票制度，具体规定与台湾省议会议员和县市议员选举相同。

第一届台北市议会议员选举，投票日为 1969 年 11 月 15 日。此次选举的选民 874186 人，投票率 63.98%；69 名候选人参与竞争，当选议员 48 名，反对派人士康宁祥当选为台北市议员。1969 年 12 月 15 日，第一届台北市议会成立，任期 4 年。

2. 第一届“国大代表”、“立法委员”、“监察委员”增补选举（1969 年 12 月）

1966 年 3 月 19 日，第一届“国民大会”第四次会议对《动员戡乱时期临时条款》进行第三次修订，确定选举产生的“中央”公职人员，因人口增加或因故出缺，能增选或补选的，可制订专门办法施行。1969 年 3 月 27 日，公布《动员戡乱时期自由地区中央公职人员增选补选办法》。7 月 1 日，公布《动员戡乱时期自由地区中央公职人员增选补选办法施行细则》和《选举事务所组织规程》。

第一届“国大代表”、“立法委员”的增补选举，确定 1969 年 12 月 20 日为投票日；“监察委员”增选，确定 1969 年 12 月 29 日为投票日。

第一届“国大代表”应增选 10 名，补选 5 名。增选是由于原选区人口增加，需要增加代表名额（每增加 50 万人增选 1 名“国大代表”）；补选则是因为正式代表死亡，需要由新人递补。此次区域代表增选 6 名，补选 2 名；台湾省应增补选代表的 6 县市选举人共计 1758928 人，参加投票 960613 人，投票率 54.61%；台北市选举人共计 858399 人，参加投票 368973 人，投票率 42.98%。职业团体、妇女团体代表增选 4 名，补选 3

名，分别由台湾省、台北市的农会、工会、妇女团体选举。增补的15名“国大代表”，全部是国民党员。

第一届“立法院”的“立法委员”，只有增选，没有补选，共计增选“立法委员”11名（省、直辖市人口在300万以下的应选“立法委员”5名，人口超过300万人，每满100万人增选“立法委员”1名）。台湾省应增选“立法委员”7名，分为2个选举区，第一选举区包括9个县市，选民共计2495227人，参加投票1442617人，投票率57.82%，选出3名“立法委员”；第二选举区包括11个县市，选民共计3308400人，参加投票1851381人，投票率55.96%，选出4名“立法委员”；台北市应增选“立法委员”4名，选民共计891351人，参加投票388359人，投票率43.57%。增选的11名“立法委员”，8名是国民党员，其他人士当选3名，反对派人士黄信介在康宁祥的助选下当选为“立法委员”。

第一届“监察院”的“监察委员”，同样只有增选，没有补选，只由台北市议会（议员48人）投票增选2名“监察委员”（其中1名为国民党员）。

新增选、补选的“国大代表”、“立法委员”、“监察委员”共计28名，都享受终身任期。

1971年7月8日，台湾的“地方自治法规”第六次修改，规定县市公职人员选举竞选费用均不得超过选举监督公告的费用限额，使原来漫无限制的竞选费用有了一定的限制标准。

（二）第五任“总统”、“副总统”选举

第四任“总统”、“副总统”，至1972年5月20日任满，应在任满前90日召集“国民大会”选举下一任“总统”、“副总统”。蒋介石于1972年1月10日宣布第一届“国民大会”第五次会议于1972年2月20日在台北市召开。

1972年3月10日，国民党中央委员会全体会议提名蒋介石为第五任“总统”候选人、严加淦为“副总统”候选人。经过“国大代表”对“总统”候选人的连署提名（1972年3月16日截止），提名蒋介石为候选人的代表1289人，第五任“总统”候选人只有蒋介石一人。经过“国大代表”对“副总统”候选人的连署提名（1972年3月17日截止），提名严加淦为候选人的代表1251人，第五任“副总统”候选人只有严加淦一人。

1972年3月21日，第一届“国民大会”第五次会议（代表总数1374人，出席会议1344人）举行“总统”选举大会，到会代表1316人，投票结果，蒋介石得1308票，超过代表总额半数，当选为第五任“总统”。

1972年3月22日，第一届“国民大会”第五次会议举行“副总统”选举大会，到会代表1307人，投票结果，严加淦得1095票，超过代表总额半数，当选为第五任“副总统”。

（三）“中央民意代表”增额选举

1972年开始实行“中央民意代表”增额选举，台湾选举再趋密集，尽管一些选举合并举行，在1972年和1973年两年还是进行了4次选举。

1. 第一届“国大代表”、“立法委员”、“监察委员”增额选举和第五届台湾省议员、第七届县市长选举（1972年12月~1973年2月）

1972年6月29日，公布《动员戡乱时期自由地区增加中央民意代表名额选举办法》，确定增加“中央民意代表”119名，包括“国大代表”53名，“立法委员”51名，“监察委员”15名。“国大代表”原则上采取单选举区制，“立法委员”和“监察委员”全部采用复选举区比较多数当选制，海外“立法委员”和“监察委员”则由“总统”依遴选推荐小组决定，不投票选举。

“国大代表”和“立法委员”选举的投票日为1972年12月23日，台湾省第五届议会议员选举和县市长选举同日投票；“监察委员”的投票日为1973年2月15日。

“国大代表”分为区域、山胞和职业团体、妇女团体三类。（1）区域代表36名（直辖市和各县市各有代表1名，人口超过40万人的县市每增加40万人增选代表1名）。台湾省应选代表30名，分为18个选区，选民5607794人，参加投票3871349人，投票率69.04%；63名候选人参与竞争，当选30名。福建省应选代表2名，选民33109人，参加投票30903人，投票率93.33%，只有2名候选人参选并当选。台北市应选代表4名，选民919850人，参加投票515905人，投票率56.12%；7名候选人参与竞争，当选4名。（2）山胞代表2人。平地山胞应选代表1人，选民54866人，参加投票42369人，投票率77%，只有1名候选人参选并当选。山地山胞应选代表1人，选民59053人，参加投票52330人，投票率87%，2名候选人参与竞争，当选1名。（3）职业团体、妇女团体代表15名。农民团体、渔民团体、工人团体、工业团体、商业团体、教育团体应选代表10名，选举人839283人，参加投票441051人，投票率52.55%；11名候选人参与竞争（只有商业团体实行差额选举），当选10名。台湾省妇女团体、台北市妇女团体应选代表5名，选举人41719人，参加投票36808人，投票率88.29%，只有5名候选人参选并当选。

“立法委员”分为区域、山胞、职业团体、侨选四类。（1）区域“立法委员”27名（省、直辖市人口在200万以下的应选“立法委员”5名，人口超过200万人，每满70万人增选“立法委员”1名）。台湾省应选“立法委员”21名，分为6个选区，选民5703094人，参加投票3915226人，投票率68.05%；41名候选人参与竞争，当选21名。福建省应选“立法委员”1名，选民33109人，参加投票30903人，投票率93.33%，只有1名候选人参选并当选。台北市应选“立法委员”5名，选民923966人，参加投票519275人，投票率56.20%；12名候选人参与竞争，当选5名。（2）山胞应选“立法委员”1名，不分平地、山地，选民114479人，参加投票95986人，投票率92.08%，只有1名候选人参选并当选。（3）职业团体应选“立法委员”8名，分别由农民团体、渔民团体、工人团体、工业团体、商业团体、教育团体选出，选举人833941人，参加投票627963人，投票率75.30%；10名候选人参与竞争，当选8名。（4）海外侨胞应选“立法委员”15名，分别由东北亚、港澳、亚洲其他地区、美洲、欧洲非洲5个遴选区选出。

“监察委员”分为省市、侨选两类。省市应选“监察委员”10名，由台湾省议会选出7名，台北市议会选出3名。海外侨胞应选“监察委员”5名，分别由东北亚、港澳、亚洲其他地区、美洲、欧洲非洲5个遴选区选出。

在此次“中央民意代表”增额选举中，国民党不仅通过“遴选”保证指派的候选人当选，还采取了“非法让贤”、“贿买选票”、“强权控制投票”、“投开票舞弊”等手段，使本党提名候选人当选。反对派人士也纷纷参与竞争。在53席“国大代表”中，国民党得到43席，青年党、民社党未得到席位，其他人士当选10席，反对派人士黄天福、张春男当选为“国大代表”。在51席“立法委员”中，国民党得到41席，青年党得到1席，民社党未得到席位，其他人士当选9席，反对派人士康宁祥、许世贤、黄顺兴当选为“立法委员”。

此次增额选举的“国大代表”、“立法委员”、“监察委员”，不再实行终身任期制，此后一律到期改选。

第五届台湾省议会议员选举的选民共计651.0万人，参加投票457.8万人，投票率70.33%。121名候选人参与竞争，当选议员73名。在73席台湾省议员中，国民党取得58席，青年党、民社党未取得席位，其他候选人当选15席，其中不少人是反对派人士。1973年2月1日，第五届台湾省议会成立。

第七届县市长选举，为与“中央民意代表”选举合并举行，将第六届县市长任期延长至1973年2月1日。此次选举，选民650.7万人，参加投票457.5万人，投票率70.31%；参加竞争的候选人39人，9个县市进行的是等额选举，20个县市长席位全部被国民党取得。

2. 第八届县市议员、第七届乡镇市长选举（1973年3月）

第八届县市议会议员选举，与第七届乡镇市长选举合并举行，投票日期为1973年3月17日。

第八届县市议会议员选举，20个县市共划分128个选举区。县市议会议员名额，最多的59名，最少的19名，20个县市共计850名。选民654.5万人，参加投票479.7万人，投票率73.30%。1480名候选人参与竞争，当选议员850名。

第七届乡镇市长、县辖市长选举，为与第八届县市议会议员选举合并举行，将第六届乡镇市长、县辖市长任期均延长至1973年4月1日。本次选举，选民541.0万人，参加投票399.6万人，投票率73.88%；参加竞争的候选人488人，当选313名。

3. 第十届乡镇市民代表、第十届村里长选举（1973年10月）

第十届乡镇市民、县辖市市民代表会代表，与第十届村里长选举合并举行，统一于1973年10月6日投票。

第十届乡镇市民、县辖市市民代表会代表选举，乡镇市民代表会代表名额最多的19名，最少的11名；县辖市民代表会代表名额最多的31名，最少的11名，台湾省乡镇民、县辖市民代表会代表名额共计3763名。此次选举的选民555.7万人，参加投票324.5万人，投票率58.40%；5575名候选人参与竞争，当选代表3757名，统一于1973年11月1日就职。

第十届村里长选举应在1973年3月至4月举行，为配合县市议员选举等而延期，当选村里长亦于1973年11月1日就职。此次选举，选民

6406200人，参加投票3520317人，投票率55.58%；9899名候选人参与竞争，当选村里长6428名。

4. 第二届台北市议员选举（1973年12月）

第二届台北市议会议员选举，投票日为1973年12月1日，选民1023809人，投票率60.57%，63名候选人参与竞争，当选议员49名。1973年12月25日，第二届台北市议会成立。

在第二届台北市议会议员选举中，反对派人士在康宁祥主导下成立“党外四人联合阵线”参与竞争，但是4名候选人全部高票落选。

1969～1974年“中央民意代表”等的增选，开放了一定的政治空间，反对派人士参与竞选并成功当选成为引人注意的现象，反对派人士的组织化重新抬头，使国民党不得不认真面对来自党外的竞争力量。

第四节　蒋经国时代的选举（1975～1988年）

蒋介石于1975年4月5日去世，蒋经国出任国民党中央委员会主席（1975年4月28日），由此到1988年1月蒋经国去世，地方选举被进一步归并；1980年《选罢法》的颁布和1987年7月15日解除“戒严”，对选举的发展产生了重大影响。

（一）党外助选再起波澜

在1975年至1977年的两次选举中，党外反对派人士再次展开有组织的助选活动，尽管依然受到压制，但当政者也作了一定让步。

1. 第一届增额“立法委员”改选（1975年10月～12月）

1972年增额选举的51名“立法委员”，1976年1月31日任满，应在1975年进行改选，并在台湾省另增1名“立法委员”，海外另增5名“监察委员”；改选和增选“立法委员”的投票日确定为1975年12月20日。

增额“立法委员”改选仍分为区域、山胞、职业团体、侨选四类。（1）区域“立法委员”28名。台湾省应选“立法委员”22名，分为6个选区（选区划分与1972年相同），选民6313728人，参加投票4922398人，投票率77.96%；41名候选人参与竞争，当选22名。“福建省”应选“立法委员”1名，选民30307人，参加投票29744人，投票率98.14%，只有1名候选人参选并当选。台北市应选“立法委员”5名，选民1013279人，参加投票578989人，投票率57.14%；7名候选人参与竞争，当选5名。(2)山胞应选“立法委员”1名，不分平地、山地，选民124896人，参加投票114017人，投票率91.29%，只有1名候选人参选并当选。(3)职业团体应选“立法委员”8名，分别由农民团体、渔民团体、工人团体、工业团体、商业团体、教育团体选出，选举人928565人，参加投票747116人，投票率80.46%；11名候选人参与竞争，当选8名。(4)海外侨胞应选“立法委员”15名，分别由东北亚、港澳、亚洲其他地区、美洲、欧洲非洲5个遴选区选出，并同时选出5名“监察委员”。

在增额改选的51席“立法委员”中，国民党取得41席，青年党取得1席，其他人士当选9席。

2. 第六届台湾省议员、第三届台北市议员、第八届县市长、第九届县市议员、第八届乡镇市长选举(1977年11月)

1977年3月3日，台湾的“地方自治法规”进行第七次修改，对地方公职人员的“消极资格”作了更明确规定，除了重申现役军人或警察、在校学习学生、办理选举事务人员不能登记为候选人外，还规定有被判决犯法行为、被判决确定贪污行为、刑期未满、通缉有案尚未结案、受保安处分或矫正处分执行未满、受破产宣告尚未复权、撤职处分等尚未解除、心神丧失或身体残废不能胜任职务等情况之一的人不得成为候选人。对助选人员的人数也针对不同选举作出新的规定，县市长和县市议员选举均以县市所辖乡镇、县辖市、区的数量为标准，县市议员候选人的助选人员不得超过15人；乡镇长、县辖市长候选人的助选人员不得超过5人，乡镇民、县辖市市民代表会代表候选人的助选人员不得超过5人，村里长候选人的助选人员1人。对县市议员和乡镇民、县辖市市民代表会代表的选区划分，也有新的规定，选区划分均不得少于2区，县市议员选举不得多于7区，乡镇民、县辖市市民代表不得多于4区。

第六届台湾省议会议员选举，为与第三届台北市议会议员、第八届县市长、第九届县市议员、第八届乡镇长选举合并举行，将第五届议会任期延长，投票日期为1977年11月19日。

第六届台湾省议会议员选举，选民771.3万人，参加投票620.1万人，投票率80.40%；123名候选人参与竞争，当选议员77名。在77席省议员中，国民党取得56席，青年党、民社党未取得席位，其他人士当选21席。1977年12月20日，第六届台湾省议会成立。

第三届台北市议会议员选举，选民1175477人，投票率70.65%；53名候选人参与竞争，当选议员51名，反对派人士6人当选为台北市议员。1977年12月25日，台北市第三届议会成立。

第八届县市长选举，选民771.3万人，参加投票620.0万人，投票率80.39%；参加竞争的候选人36人，7个县市进行的是等额选举。在20个县市长席位中，国民党取得16席，其他人士当选4席（桃园县、台中县、台南市、高雄县）。本届县市长就职的时间为1977年12月20日。

第九届县市议会议员选举，按照“地方自治法规”第七次修改后的规定，应选名额以第八届县市议会议员名额为准（850名），山地乡议员仍然每乡选举1名议员，平地居民每满60000人增选议员1名，平地原住民每满10000人增选议员1名，共计增加7个名额，应选议员857名。20个县市共划分125个选举区，选民767.9万人，参加投票617.9万人，投票率80.47%；1271名候选人参与竞争，当选议员857名。本届县市议员就职的时间为1977年12月30日。

第八届乡镇长、县辖市市长选举，选民630.7万人，参加投票507.3万人，投票率80.44%；参加竞争的候选人439人，当选313名。

在1977年的选举中，反对派人士组成“康（宁祥）黄（信介）联线”，为党外人士助选，不仅创造了党外势力参选的较佳成绩，还发生了桃园县群众不满选票舞弊的“中坜事件”，支持许信良（脱离国民党竞选桃园县长）的选民在发现有人涂改选票后，包围并焚毁了警察局，蒋经国未动用武力进行强行压制，而是采取使骚乱自然平息的策略，不仅承认许信良的当选，亦着手整顿选举法令，使选举开始向公开的方向发展。①

（二）第六任“总统”、“副总统”选举

第五任“总统”蒋介石去世后，由“副总统”严加淦继任“总统”，至1978年5月20日任满，应在任满前90日召集“国民大会”选举下一任“总统”、“副总统”。严加淦于1978年1月9日宣布第一届“国民大会”第六次会议于1978年2月19日在台北市召开。

1978年2月15日，国民党中央委员会全体会议提名蒋经国为第六任“总统”候选人，谢东闵为“副总统”候选人。经过“国大代表”对“总

① 见黄嘉树、程瑞：《台湾选举研究》，第15～17页。

统”候选人的连署提名（1978年3月16日截止），提名蒋经国为候选人的代表1296人，第六任“总统”候选人只有蒋经国一人。经过“国大代表”对“副总统”候选人的连署提名（1978年3月17日截止），提名谢东闵为候选人的代表1145人，第六任“副总统”候选人只有谢东闵一人。

1978年3月21日，第一届“国民大会”第六次会议（代表总数1248人，出席会议1220人）举行“总统”选举大会，到会代表1205人，投票结果，蒋经国得1184票，超过代表总额半数，当选为第六任“总统”。

1978年3月22日，第一届“国民大会”第六次会议举行“副总统”选举大会，到会代表1189人，投票结果，谢东闵得941票，超过代表总额半数，当选为第六任“副总统”。

1978年“总统”、“副总统”选举后，进行了一次基层选举。第十一届乡镇民、县辖市市民代表会代表，与第十一届村里长选举合并举行，统一于1978年6月17日投票。

第十一届乡镇民、县辖市市民代表会代表选举，按照“地方自治法规”第七次修改后的规定，应选名额以第十届乡镇民、县辖市民代表会代表名额为准（3763名），平地居民每满15000人增选代表1名，平地原住民每满5000人增选议员1名。此次选举的选民637.8万人，参加投票443.3万人，投票率69.53%；6460名候选人参与竞争，当选代表3793名，于1978年8月1日就职。

第十一届村里长选举，按照“地方自治法规”第七次修改后的规定，亦开始实行公费选举，村里长候选人的竞选宣传费用由主办选举机关承担。此次选举的选民总数7525558人，参加投票4982380人，投票率66.24%，11416名候选人参与竞争，当选村里长6427名。当时台湾省共有6458个村，除22个村因行政区划调整任期未满外，应改选的6436个村中，6427个村顺利选出村里长。

（三）《选罢法》的颁行

1980年5月14日，蒋经国批准颁布《动员戡乱时期公职人员选罢法》，以期用公职人员选举的法制化、公开化来应对日趋复杂的政治局势。

为实施《选罢法》，还颁布了《动员戡乱时期自由地区增加中央民意代表名额办法》（1980年6月11日）、《动员戡乱时期侨选增额立法委员及监察委员遴选办法》、《中央选举委员会组织规程》（1980年6月11日）、

《中央选举委员会办事细则》（1980年9月11日）、《动员戡乱时期公职人员选罢法施行细则》（1981年6月9日）等法规。台湾省、福建省、台北市、高雄市（已经升格为直辖市）以及各县市选举委员会，亦都制定了组织规程、办事细则等。对各种公职选举候选人的检核、候选人竞选办事处及助选人员设置、“中央民意代表”候选人保证金金额计算以及选举监察事宜等，也由“考试院”或“中央选举委员会”作出了专门规定。①

按照《选罢法》的规定，各级选举委员会成为常设机构，放宽了候选人资格限制和助选限制。候选人年龄的下限规定保留（23岁以上选举人可以登记为公职人员候选人），上限规定（61岁以下）被取消，但仍要求“监察委员”候选人需年满35岁、县市长候选人需年满30岁、乡镇长和县辖市市长候选人需年满25岁。候选人的学历要求，在“地方自治法规”历次修改时已作了一些规定，《选罢法》更明确了学历和任职经历的统一标准，县市长候选人需专科以上学校毕业（或同等考试及格，或具有符合规定的任职经历，下同），“国大代表”、“立法委员”、“监察委员”、省议会议员、直辖市议会议员需高级中等以上学校毕业，县市议会议员需中学毕业，乡镇民、县辖市市民代表会代表需小学毕业，村里长无学历限制。

《选罢法》颁行后，候选人保证金制度继续实行（“监察委员”、村里长候选人不需缴纳保证金），保证金数额由选举委员会根据实际情况确定并公告，候选人最低得票标准统一规定为选区应选名额除该选区选举人总数所得商数的10%，得票在此标准之下的候选人缴纳的保证金不发还。

各项选举候选人的竞选活动时间，也作了新的规定，“国大代表”、“立法委员”选举15天，省议会议员、直辖市议会议员、县市议员、县市长选举10天，乡镇民、县辖市市民代表会代表和乡镇长、县辖市市长选举5天，村里长选举3天，候选人名单需在竞选活动开始前3日公告。候选人的竞选活动，规范为举办政见发表会、印发选举公告、印发名片或传单、悬挂标牌、使用宣传车辆及播音器、访问选区内选民等6种，其中的举办政见发表会，分为公办与自办，自办在先，公办在后，公办政见发表会时间少于自办政见发表会时间，但自办政见发表会每日不得超过6场，每场以2小时为限。每名候选人的助选人员数量，《选罢法》规定由“中

① 法律、法规等原文，见黄茂荣主编《现代法治国家与选举罢免法》，台湾大兴印制图书公司1981年9月版，第393~538、661~672页。

央选举委员会”确定，“中央选举委员会”统一规定为“国大代表”、“立法委员”20～40人（区域、团体、原住民情况不同，助选人员数量不同），省议会议员、直辖市议会议员、县市议员、县市长20人，乡镇民、县辖市市民代表会代表和乡镇长、县辖市市长10人，村里长3人。

（四）“美丽岛事件”对选举的影响

1972年增额选举的“国大代表”，1979年任满，应在1978年改选；1975年改选、增选的“立法委员”和“监察委员”，1979年任满，亦应在1978年改选。改选和增选“国大代表”、“立法委员”、“监察委员”的投票日确定为1978年12月23日。由于美国于1978年12月15日宣布与台湾当局断交，12月17日，台湾当局宣布“中央民意代表”增额选举延期。1979年，宣布“中央民意代表”增额选举于1980年举行，投票日为12月6日。1979年12月10日，发生了镇压党外人士的“美丽岛事件”（又称“高雄事件”），反对派人士黄信介、施明德等被逮捕，反对派人士筹组反对党的势头再次受阻，但是这一事件对1980年至1983年的选举产生了不小的影响。

1. “中央民意代表”增额选举（1980年12月）

1980年的“中央民意代表”增额选举，应选“国大代表”76名（区域代表51名，山胞代表2名，职业团体代表16名，妇女团体代表7名），“立法委员”97名（区域52名，山胞2名，侨民27名，职业团体16名），“监察委员”32名（地方议会选举22名，侨民代表选举10名），共计205名。

尽管“美丽岛事件”使不少反对派人士入狱，但是为“美丽岛事件”被告辩护的律师与被告家属等形成新的反对派势力，积极参与1980年的“中央民意代表”选举。选举日当天下雨，投票率低于预期。在76个“国民大会”代表席位中，国民党取得61席，民社党取得1席，青年党未取得席位，其他人士当选14席，反对派人士周清玉、王兆训等当选为“国大代表”；在97个“立法委员”席位中，国民党取得79席，青年党取得2席，民社党未取得席位，其他人士当选16席，反对派人士许荣淑、康宁祥、黄天福等当选为“立法委员”。

2. 第七届台湾省议员、第四届台北市议员、第一届高雄市议员、第九届县市长选举（1981年11月）

第七届台湾省议员、第四届台北市议员、第九届县市长选举合并举行，投票日为1981年11月14日。由于高雄市已经升为直辖市，第一届高雄市议员选举亦同时举行。

第七届台湾省议会议员选举，按照1981年5月25日公布的《台湾省议会组织规程》的规定，每县市各选出1名议员，人口超过18万人的县市，每满18万人增选1名议员，余数满12万人增选1名议员，但最多不得超过10名；山胞应选议员4名（平地、山地各2名）。本届应选议员77名（与第六届相同），选民投票率为71.94%，参加竞争的候选人199人。在77个省议员席位中，国民党取得59席，青年党取得1席，民社党未取得席位，其他人士当选17席，反对派人士苏贞昌等11人当选为省议员。

第四届台北市议会议员选举，选民投票率为67.89%；应选议员51名，参加竞争的候选人83人，反对派人士谢长廷、陈水扁等8人当选为台北市议员。

第一届高雄市议会议员选举，选民投票率为76.75%；按照1981年5月25日修订的《高雄市议会组织规程》的规定，以人口100万为基数，选出议员40名；人口超过100万部分，每满10万人选出议员1名，但议员总名额不得超过51名（与台北市的规定相同），确定应选议员42名，参加竞争的候选人81人。

1981年7月17日，台湾的“地方自治法规”第八次修改，将6种法规合并为《台湾省各县市实施地方自治纲要》、《台湾省各县市议会组织规程》、《台湾省各县乡镇县辖市民代表会组织规程》3种法规，但是对县市长选举没有新的规定。第九届县市长选举，参加竞争的候选人56人。在19席县市长中，国民党取得15席，其他人士取得4席，其中反对派人士得到了3席（屏东县、彰化县、宜兰县，台南市则由脱离国民党自行参选的候选人当选市长）。

在这一次选举中，反对派人士活动更趋活跃，1981年9月由党外“立法委员”、“监察委员”和“国大代表”组成的“党外推荐团”，在选举中起了重要作用，促成了多名反对派人士当选。

3. 第十届县市议员、第九届乡镇市长选举（1982年1月）

第十届县市议员选举，与第九届乡镇市长选举合并举行，投票日期应在1982年1月。

台湾“地方自治法规”第八次修改后，县市议员名额有了新规定，各县市议员总额不得少于19名，不得多于65名。县市居民20万人以下的每满1万人选出1名议员；超过20万人的，超过部分每满2万人增选1名；超过50万人的，超过部分每满3万人增选1名；超过80万人的，超过部分每满5万人增选1名。平地山胞居民1500人以上的选出1名议员，超过5000人的，超过部分每满5000人增选1名；超过2万人的，超过部分每满1万人增选1名；每一山地乡的山胞选出议员1名。

4. 第十二届乡镇市民代表、第十二届村里长选举（1982年8月）

第十二届乡镇市民、县辖市市民代表会代表选举，与第十二届村里长选举合并举行，投票日期应在1982年8月。

台湾“地方自治法规”第八次修改后，乡镇市民、县辖市市民代表会代表名额有了新规定，乡镇市民、县辖市市民代表会代表总名额不得少于11名，乡镇市民代表会代表总额不得多于19名，县辖市市民代表会代表总名额不得多于31名。乡镇、县辖市居民在44000人以下的，每满4000人选出1名代表；超过44000人的，超过部分每满8000人增选1名；超过10万人的，超过部分每满2万人增选1名。平地山胞居民1500人以上的选出1名代表，超过3000人的，超过部分每满3000人增选1名代表。

5. 第一届增额“立法委员”改选（1983年12月）

1980年增额选举的97名“立法委员”，1984年1月31日任满，应在1983年进行改选，并另增选1名“立法委员”；改选和增选“立法委员”的投票确定在1983年12月举行。

在98席“立法委员”中，国民党取得83席，青年党、民社党各取得1席，其他人士当选13席；在1983年9月18日成立的由党外“立法委员”、“监察委员”、“国民大会代表”、省议员等组成的“党外后援会”的支持下，“美丽岛联线”（由“美丽岛事件”辩护律师和受难者家属组成）的7名候选人中有4人当选为“立法委员”。

（五）第七任“总统”、“副总统”选举

第六任“总统”、“副总统”，至1984年5月20日任满，应在任满前90日召集“国民大会”选举下一任“总统”、“副总统”。蒋经国于1984年1月9日宣布第一届“国民大会”第七次会议于1984年2月19日在台北市召开。

1984年2月14日，国民党中央委员会全体会议提名蒋经国为第七任“总统”候选人、李登辉为“副总统”候选人。经过“国大代表”对“总

统”候选人的连署提名（1984 年 3 月 16 日截止），第七任“总统”候选人只有蒋经国一人。经过“国大代表”对“副总统”候选人的连署提名（1984 年 3 月 17 日截止），第七任“副总统”候选人只有李登辉一人。

1984 年 3 月 21 日，第一届“国民大会”第七次会议（代表总数 1064 人，出席会议 1036 人）举行“总统”选举大会。投票结果，蒋经国得 1184 票，超过代表总额半数，当选为第七任“总统”。

1984 年 3 月 22 日，第一届“国民大会”第七次会议举行“副总统”选举大会。投票结果，李登辉得 873 票，超过代表总额半数，当选为第七任“副总统”。

（六）政党竞争登上舞台

1985 年至 1986 年，台湾政治出现重大转折，党外反对派力量组成与国民党对峙的政党，使台湾进入了政党竞争的时期。

1. 第八届台湾省议员、第五届台北市议员、第二届高雄市议员、第十届县市长选举（1985 年 11 月）

第八届台湾省议会议员、第十届县市长、第五届台北市议会议员、第二届高雄市议会议员选举合并举行，投票日期为 1985 年 11 月 17 日。

在 1983 年选举中成立的“党外后援会”，1984 年 5 月 11 日改为“党外公职人员公共政策研究会”，开始在各地建立分会，并于 1985 年 9 月 1 日成立了“1985 年党外选举后援会”，继续支持反对派人士参选。

第八届台湾省议会议员选举，应选议员 77 名，“党外选举后援会”推荐 18 名候选人，11 人当选。

第五届台北市议会议员选举，应选议员 51 名，“党外选举后援会”推荐的 11 名候选人全部当选。

第二届高雄市议会议员选举，“党外选举后援会”推荐 6 名候选人，3 人当选。

第十届县市长选举，在 21 个县市（增加了新竹、嘉义 2 市）长中，“党外选举后援会”推荐的候选人，只取得 1 个席位（高雄县）。

2. 1986 年的基层选举（1986 年 1 月 ~8 月）

第十一届县市议员选举，与第十届乡镇市长选举合并举行，投票日期应在 1986 年 1 月。

第十三届乡镇市民、县辖市市民代表会代表选举，与第十三届村里长选举合并举行，投票日期应在1986年8月。

3. 增额“中央民意代表”改选（1986年12月）

1980年增额选举的“国大代表”，1987年任满，应在1986年改选；1983年改选、增选的“立法委员”和“监察委员”，1987年任满，亦应在1986年改选。改选和增选“国大代表”、“立法委员”、“监察委员”的投票日确定为1986年12月6日。

此次“中央民意代表”增额选举，应选“国大代表”84名（区域代表59名，山胞代表2名，职业团体代表16名，妇女团体代表7名），“立法委员”100名（区域55名，山胞2名，侨民27名，职业团体16名），“监察委员”32名（地方议会选举22名，侨民代表选举10名），共计216名。

1986年9月28日，由反对派人士组成的民主进步党（简称民进党）正式成立，使台湾选举出现了真正的政党竞争局面。

增额“国大代表”选举，各政党参选的候选人为：国民党102人，民进党30人，青年党3人，民社党2人。在84席“国大代表”中，国民党以60.20%的得票率得到68席，民进党以22.21%的得票率得到11席，青年党0.15%的得票率未得到席位，民社党以0.04%的得票率得到1席，无党籍人士以10.20%的得票率当选4席。

增额“立法委员”选举，除去侨民推选的27席“立法委员”外，区域、山胞、职业团体应选73席“立法委员”，各政党参选的候选人为：国民党91人，民进党21人，青年党2人，民社党1人；国民党以66.30%的得票率得到59席，民进党以24.78%的得票率得到12席，青年党0.36%的得票率和民社党0.012%的得票率均未得到席位，无党籍人士以7.32%的得票率当选2席。

蒋经国时代的台湾选举，经历了从压制党外反对势力到出现反对党的历史性转变，并于1987年7月15日解除实行了38年之久的戒严，1988年初开放“报禁”和“党禁”，使台湾的选举更少了一层限制。在新的政党生态下具有台湾特色的选举政治，已经初露端倪。

第五节　选举的全面变化（1989～1995年）

蒋经国于1988年1月13日去世，李登辉出任国民党中央委员会主席

(1988年7月8日)，使台湾政治出现重大转折。1989年至1995年的7年中，进行了11次选举，是台湾选举全面变化时期。“中央民意代表”和地方公职人员全部直选，使政党之间的竞争日趋激烈。①

(一) 解除戒严后的两次直接选举

台湾解除戒严后的第一次选举，将“立法委员”增额选举、第九届台湾省议员选举、第六届台北市议会议员选举、第三届高雄市议会议员选举、第十一届县市长选举合并举行，投票日为1989年12月2日，选民共计1260万人。

“立法委员”增额选举，选民投票总数为9117294票，302名候选人竞争101个席位；国民党以59.67%的得票率得到72席；民进党以28.67%的得票率得到21席；其他政党和无党籍人士得票率为11.66%，当选8席。

第九届台湾省议会议员选举，148名候选人竞争73个议员席位，国民党得到50席，民进党得到15席，其他政党和无党籍人士得到8席。

第六届台北市议会议员选举和第三届高雄市议会议员选举，203名候选人竞争94个议员席位，国民党取得65席（台北市36席，高雄市29席），民进党取得22席（台北市14席，高雄市8席），其他政党和无党籍人士取得7席。

第十一届县市长选举，选民投票总数为7320291票，69名候选人竞争21席县市长，国民党以52.69%的得票率得到14席；民进党以38.58%的得票率得到6席（台北县、宜兰县、新竹县、彰化县、高雄县、屏东县）；其他政党和无党籍人士的得票率为8.73%，无党籍人士当选1席（嘉义市）。②

解除戒严后的第二次选举，是合并举行的第十二届县市议员选举和第十一届乡镇市长选举，投票时间为1990年1月。在第十二届县市议员选举中，民进党得到47个席位，无党籍人士得到142个席位。

---

① 1989年以来选举情况的分析，见吴力行：《选战》，世新大学民意调查研究中心2000年9月版；洪永泰、林琼珠：《2001年台湾政治纪实》，韦伯文化事业出版社2001年11月版；洪永泰、林琼珠、刘玉婷：《2004年台湾政治纪实》，韦伯文化事业出版社2004年4月版。

② 参见陈义彦、陈世敏：《七十八年选举的报纸新闻与广告内容分析》，业强出版社1992年7月版。

（二）第八任“总统”、“副总统”选举

第七任“总统”蒋经国于1988年1月13日去世，由“副总统”李登辉继任，至1990年5月20日任满，应在任满前90日召集“国民大会”选举下一任“总统”、“副总统”。李登辉于1990年1月9日宣布第一届“国民大会”第八次会议于1990年2月19日在台北市召开。

1990年2月11日，国民党中央委员会全体会议提名李登辉为第八任“总统”候选人、李元簇为“副总统”候选人。这样的候选人提名，引起不满，部分“国大代表”准备连署提名林洋港、蒋纬国为“总统”、“副总统”候选人。经过多次协商，林洋港于3月9日宣布无条件辞选“总统”，蒋纬国亦于3月10日宣布不参与竞选“副总统”。尽管部分“国大代表”还要坚持连署提名林洋港、蒋纬国为候选人，但是最终公布的第八任“总统”候选人只有李登辉一人，“副总统”候选人只有李元簇一人。

1990年3月21日，第一届“国民大会”第八次会议（代表总数753人，出席会议719人）举行“总统”选举大会，到会代表668人。投票结果，李登辉得641票，超过代表总额半数，当选为第八任“总统”。

1990年3月22日，第一届“国民大会”第八次会议举行“副总统”选举大会，到会代表644人，投票结果，李元簇得602票，超过代表总额半数，当选为第八任“副总统”。

本次选举除了引发国民党内部的斗争，还导致了“国民大会”会议期间国民党与民进党的冲突，并引起了一次大规模的学潮，成为一场政治危机。为化解危机，1990年6月28日至7月5日召开“国是会议”，并在1991年4月8日至4月22日的第一届“国民大会”第二次临时会议上，通过第一次《中华民国宪法增修条文》（1991年5月1日公布），废止《动员戡乱时期临时条款》，对“国大代表”、“立法委员”、“监察委员”选举等作出了新的规定。①

在“总统”、“副总统”选举后，合并举行了第十四届乡镇市民、县辖市市民代表选举，第十四届村里长选举，投票时间为1990年8月。

---

① 历次宪法修改情况和选举的相关规定，见谢政道：《中华民国修宪史》，扬智文化事业股份有限公司2001年6月版，下同。

（三）“中央民意代表”全面直选

1991年和1992年的“国大代表”和“立法委员”选举，终结了长达40余年的第一届“国民大会”和第一届“立法院”。在新的选举制度和政党竞争局面下，国民党还是能够得到“国大代表”和“立法委员”的多数席位，并能掌握多数县市的执政权。

1. 第二届“国大代表”选举（1991年12月）

1991年4月召开的第一届“国民大会”第二次临时会议，决定第二届“国大代表”应于1991年12月31日前选出，实际安排的投票日期为1991年12月21日。

按照第一次《中华民国宪法增修条文》的规定，“国大代表”分为区域代表、山胞代表、侨民代表和不分区代表四种。区域代表和山胞代表由选民直接选举，均采用相对多数决制的复数选区单记非让渡投票制。区域代表每个直辖市、县市各选2名，人口超过10万人的每增加10万人增选代表1名，共计应选代表219名。山胞代表6名，平地和山地山胞各选出代表3名。侨民代表20名和不分区代表80名，按比例代表制方法产生，根据各政党得票数分配席次，得票在5%以下的政党不能参加席次分配。

此次选举的选民13083000人，参加投票8938620人，投票率68.32%。在325席“国大代表”中，国民党以71.17%的得票率得到254个席位，民进党以23.94%的得票率得到66个席位，无党籍人士当选5席。

第二届“国民大会”于1992年3月20日成立，共有代表403人（新选325名代表和78名增额代表，其中国民党318人，占78.91%；民进党75人，占18.61%；其他政党和无党籍人士10人，占2.48%）。1992年5月27日，第二届“国民大会”临时会议通过第二次《中华民国宪法增修条文》（1992年5月28日公布），确定“总统”、“副总统”由选民直接选举产生，任期由6年改为4年（1996年起实施），省长、直辖市市长亦由选民直接选举产生，“国大代表”的任期由6年改为4年。

2. 第二届“立法委员”选举（1992年12月）

按照第一届“国民大会”第二次临时会议的决定，第二届“立法委员”和第二届“监察委员”应于1993年1月31日前选出（“监察委员”改由“总统”提名，“国民大会”选举），实际安排的第二届“立法委员”选举投票日为1992年12月19日。

按照第一次《中华民国宪法增修条文》的规定，“立法委员”也分为区域、山胞、侨选和不分区四种。区域和山胞“立法委员”由选民直接选举，都采用相对多数决制的复数选区单记非让渡投票制。区域“立法委员”每个省、直辖市各选2名，人口超过20万人的每增加10万人增选1名，人口超过100万人的每增加20万人增选1名，共计应选“立法委员”120名，山胞“立法委员”5名。侨选“立法委员”6名和不分区“立法委员”30名，按比例代表制方法产生，根据各政党得票数分配席次，得票在5%以下的政党不能参加席次分配。

此次选举的选民13421170人，参加投票9665967人，投票率72.02%。348名候选人竞争161席“立法委员”，国民党以53.02%的得票率得到95个席位（区域67席，山胞5席，不分区19席，侨选4席），民进党以31.03%的得票率得到51个席位（区域38席，山胞0席，不分区11席，侨选2席），其他政党与无党籍人士以15.95%的得票率当选15席。

3. 第十二届县市长选举（1993年11月）

第十二届县市长选举，投票日为1993年11月27日，选民10841653人，参加投票7662764人，投票率70.68%；参加竞争的候选人77人，1个县市进行的是等额选举。

在23个县市长席位中（隶属于福建省的金门县、连江县首次举行县长直接选举），国民党以47.32%的得票率得到15席，民进党以41.16%的得票率得到6个席位（台北县、宜兰县、新竹县、台南县、高雄县、澎湖县），无党籍人士得到2个席位。1993年8月22日成立的新党（从国民党中分离），得票率为3.08%，未取得席位。

4. 第十三届县市议员、第十二届乡镇市长选举（1994年1月）

第十三届县市议会议员选举，与第十二届乡镇市长、县辖市市长选举合并举行，投票日为1994年1月29日。

第十三届县市议员选举，选民投票率为73%。台湾省21个县市应选议员858席，国民党得到516席，民进党得到92席，新党得到8席，其他政党和无党籍人士当选242席。按23个县市（应选议员883席）综合计算的得票率，国民党55.2%，民进党15.34%，新党1.98%，无党籍人士27.4%。

第十二届乡镇市长选举，选出乡镇市长309名，国民党以59.84%的得票率得到254个席位，民进党以15.14%的得票率得到23个席位，新党以0.01%的得票率未得到席位，其他政党与无党籍人士以25.23%的得票率当选32席。

5. 第十五届乡镇市民代表、第十五届村里长选举（1994年8月）

第十五届乡镇市民、县辖市市民代表会代表选举，与第十五届村里长选举合并举行，于1994年8月投票。

第十五届乡镇市民代表会代表选举，席次分布为：国民党1897席（台湾省1839席，福建省58席），民进党140席（台湾省140席，福建省0席），新党8席（台湾省8席，福建省0席），无党籍人士1856席（台湾省1856席，福建省0席）。

第十五届村里长选举，席次分布为：国民党3746席（台湾省3024席，台北市345席，高雄市321席，福建省56席），民进党94席（台湾省67席，台北市8席，高雄市19席，福建省0席），新党2席（台湾省2席，其他地方0席），无党籍人士3708席（台湾省3497席，台北市82席，高雄市126席，福建省3席）。

6. 第一届台湾省长、第一届台北市长、第一届高雄市长、第十届台湾省议员、第七届台北市议员、第四届高雄市议员选举（1994年12月）

1994年7月，公布《省县自治法》、《直辖市自治法》，对台湾省省长、台北市市长、高雄市市长选举作了具体规定。

第一届台湾省省长、第一届台北市市长、第一届高雄市市长、第十届台湾省议会议员、第七届台北市议会议员、第四届高雄市议会议员6种选举合并举行，投票日为1994年12月3日。

第一届台湾省省长选举，选民11184258人，参加投票8517124人，投票率76.15%。5名候选人参加竞争，主要竞争者是国民党候选人宋楚瑜和民进党候选人陈定南，宋楚瑜以56.22%的得票率当选。

第十届台湾省议会议员选举，选民11111460人，参加投票8480041人，投票率76.32%；应选议员79名，176名候选人参与竞争。在79席省议员中，国民党取得48席，民进党取得23席，新党取得2席，无党籍人士当选6席。

第一届台北市市长选举，选民1816986人，参加投票1426852人，投票率78.53%。4名候选人参加竞争，主要竞争者是国民党候选人黄大洲、新党候选人赵少康和民进党候选人陈水扁，陈水扁以43.67%的得票率当选，使民进党第一次得到直辖市的执政权。

第七届台北市议会议员选举，选民1811825人，参加投票1422920人，投票率78.54%；应选议员52名，145名候选人参与竞争；国民党以39.06%的得票率得到20个席位，民进党以30.12%的得票率得到18个席位，新党以21.72%的得票率得到11个席位，无党籍人士当选3席。

第一届高雄市市长选举，选民926318人，参加投票746649人，投票率80.58%。5名候选人参加竞争，主要竞争者是国民党候选人吴敦义、新党候选人汤阿根和民进党候选人张俊雄，吴敦义以54.46%的得票率当选。

第四届高雄市议会议员选举，选民923456人，参加投票744775人，投票率80.65%；应选议员44名，129名候选人参与竞争；国民党以46.22%的得票率得到23个席位，民进党以24.91%的得票率得到11个席位，新党以4.83%的得票率得到2个席位，无党籍人士当选8席。

7. 第三届“立法委员”选举（1995年12月）

1994年7月28日，第二届“国民大会”第四次临时会议通过的第三次《中华民国宪法增修条文》（1994年8月1日公布），将法律中的“山胞”改为“原住民”，但“立法委员”的名额规定没有变化。

第三届“立法委员”选举，投票日为1995年12月2日；应选“立法委员”164名，区域“立法委员”122名，原住民“立法委员”6名，不分区“立法委员”30名，侨选“立法委员”6名。

此次选举的选民14153420人，参加投票9574388人，投票率67.65%。332名候选人竞争164席“立法委员”，国民党以46.06%的得票率得到85席（区域61席，原住民6席，不分区15席，侨选3席），民进党以33.17%的得票率得到54席（区域41席，原住民0席，不分区11席，侨选2席），新党以12.95%的得票率得到21席（区域16席，原住民0席，不分区4席，侨选1席），其他政党和无党籍人士以7.82%的得票率当选4席（区域4席）。

在1989～1995年的选举中，台湾形成了国民党、民进党、新党三个主要政党竞争的局面，“统独”问题开始成为选举中的重要议题，国民党虽然还可勉强控制选举局面，但不能不面对即将到来的“总统”、“副总统”直接选举带来的更大冲击。

第六节 “总统”直接选举的冲击（1996～2000年）

1996年台湾第一次进行“总统”、“副总统”直接选举，对台湾的政治格局带来了极大的冲击，并最终导致国民党执政地位“易手”。1996年至2000年，台湾共进行了6次选举。

（一）第九任“总统”、“副总统”和第三届“国大代表”选举

1994年通过的第三次《中华民国宪法增修条文》，规定“总统”、“副总统”候选人为联名登记，在选票上同列一组圈选，以得票最多的一组当选。

第九任“总统”、“副总统”选举，与第三届“国民大会”代表选举合并举行，投票日期为1996年3月23日。

第九任“总统”、“副总统”选举，是选民第一次直接选举“总统”，选民共计14313288人，参加投票10883279人，投票率76.04%。此次选举共有4组候选人，国民党候选人李登辉、连战得5813699票，得票率54.00%；民进党候选人彭明敏、谢长廷得2274586票，得票率21.13%；无党籍候选人林洋港、郝伯村得1603790票，得票率14.89%；无党籍候选人陈履安、王清峰，得1074044票，得票率9.97%；李登辉、连战当选为第九任“总统”、“副总统”。

第三届“国大代表”选举，选民14130084人，参加投票10769224人，投票率76.21%。应选代表334名，区域、原住民代表234名，不分区代表80名，侨选代表20名。432名候选人参与竞争，国民党以49.68%的得票率得到183席（区域代表123名，原住民代表6名，不分区代表43名，侨选代表11名），民进党以29.85%的得票率得到99席（区域代表68名，原住民代表0名，不分区代表25名，侨选代表6名），新党以13.67%的得票率得到46席（区域代表31名，原住民代表0名，不分区代表12名，侨选代表3名），其他政党与无党籍人士当选6席。

（二）国民党渐失选举优势

在1997年至1999年的主要选举中，民进党发挥“选举怪物”能量，国民党在选举中的优势逐渐丧失，并在县市长选举中出现了对国民党不利

的“地方包围中央”局面。

1. 第十三届县市长选举（1997 年 11 月）

第十三届县市长选举，投票日期为 1997 年 11 月 19 日，选民 11809277 人，参加投票 7784908 人，投票率 65. 92%。

在此次选举中，80 名候选人竞争 23 个县市长席位，国民党以 42. 12% 的得票率得到 8 席（彰化县、云林县、嘉义县、台东县、花莲县、澎湖县、金门县、连江县），民进党以 43. 32% 的得票率得到 12 席（台北县、桃园县、宜兰县、新竹县、台中县、台南县、高雄县、屏东县、基隆市、新竹市、台南市、台中市），新党以 1. 41% 的得票率未得到席位，无党籍人士等以 13. 15% 的得票率当选 3 席（苗栗县、南投县、嘉义市）。

国民党首次在选举中的得票率和所得席次少于民进党，并使多数县市的执政权落入民进党或无党籍人士手中，在台湾首次出现了“地方包围中央”局面。

2. 第十四届县市议员、第十三届乡镇市长选举（1998 年 1 月）

第十四届县市议会议员选举，与第十三届乡镇市长、县辖市市长选举合并举行，投票日期为 1998 年 1 月 24 日。

第十四届县市议员选举，选民 11854793 人，参加投票 7427257 人，投票率 62. 65%；应选议员 890 名，1952 名候选人参与竞争。国民党以 48. 85% 的得票率得到 524 席，民进党以 15. 81% 的得票率得到 113 席，新党以 3. 06% 的得票率得到 10 席，其他政党与无党籍人士当选 243 席。

第十三届乡镇市长、县辖市市长选举，选民 10069401 人，参加投票 6447382 人，投票率 64. 03%；应选乡镇市长 319 名，827 名候选人参与竞争。国民党以 55. 48% 的得票率得到 233 席，民进党以 18. 65% 的得票率得到 28 席，新党以 0. 94% 的得票率未得到席位，其他政党与无党籍人士当选 58 席。

3. 第十六届乡镇市民代表、第十六届村里长选举（1998 年 6 月）

第十六届乡镇市民、县辖市市民代表会代表，与第十六届村里长选举合并举行，于 1998 年 6 月 13 日投票，当选代表和村里长 1998 年 8 月 1 日就职。

第十六届乡镇市民、县辖市市民代表会代表选举，台湾省 6769 名候选人竞争 3664 席乡镇市民代表，金门县 96 名候选人竞争 42 席乡镇市民代表。此次选举，共计选出 3726 名乡镇市民、县辖市市民代表会代表，席次分布为：国民党1684席（台湾省1630席，福建省54席），民进党149席（台湾省149席，福建省0席），新党19席（台湾省19席，福建省0席），无党籍人士1872席（台湾省1864席，福建省8席）。

第十六届村里长选举，台湾省投票率63.8%，台北市投票率39.1%，高雄市投票率57.2%。台湾省17224名候选人竞争6797个村里长席位；台北市1231名候选人竞争435席里长，其中只有66席等额选举；高雄市1137人名候选人竞争464席里长；金门县107名候选人竞争37席村长，连江县38名候选人竞争22席村长。此次选举，共计选出7752位村里长，席次分布为：国民党3520席（台湾省2872席，台北市320席，高雄市274席，福建省54席），民进党117席（台湾省65席，台北市17席，高雄市35席，福建省0席），新党6席（台湾省3席，台北市、高雄市、福建省各1席），无党籍人士4087席（台湾省3833席，台北市97席，高雄市153席，福建省4席）。

4. 第四届“立法委员”、第二届台北市长、第八届台北市议员、第二届高雄市长、第五届高雄市议员选举（1998年12月）

1997年7月18日第三届“国民大会”第二次会议通过第四次《中华民国宪法增修条文》，确定第十届台湾省议会议员和第一届台湾省省长任期至1998年12月20日止，此后不再办理台湾省议会议员和台湾省省长选举。“立法委员”自第四届起确定为225名，区域选举（直辖市、县市）168名，每县市至少1名；平地、山地原住民各选举4名，侨选8名，不分区选举41名。

第四届“立法委员”、第二届台北市长、第八届台北市议员、第二届高雄市长、第五届高雄市议员选举合并举行，投票日期为1998年12月5日。

第四届“立法委员”选举，选民14961930人，参加投票10188302人，投票率68.09%。397名候选人参与竞争，国民党以46.43%的得票率得到123席（区域、原住民96席，不分区、侨选27席），民进党以29.56%的得票率得到70席（区域、原住民52席，不分区、侨选18席），新党以7.06%的得票率得到11席（区域7席，不分区、侨选4席），其他政党和无党籍人士以16.95%的得票率当选21席。

第二届台北市市长选举，选民1868860人，参加投票1511635人，投票率80.89%；候选人为国民党马英九、民进党陈水扁、新党王建煊3人，马英九以51.13%的得票率当选。

第八届台北市议会议员选举，选民1864314人，参加投票1507844人，投票率80.88%；应选议员52名，110名候选人参与竞争，国民党以40.02%的得票率得到23席，民进党以30.95%的得票率得到19席，新党以18.60%的得票率得到9席，无党籍人士当选1席。

第二届高雄市市长选举，选民1004872人，参加投票807996人，投票率80.41%；候选人为民进党谢长廷、国民党吴敦义、新党吴建国和无党籍人士郑德耀4人，谢长廷以48.71%的得票率当选，使民进党虽然失去了一个直辖市的执政权，但得到了另一个直辖市的执政权。

第五届高雄市议会议员选举，选民1002480人，参加投票806491人，投票率80.45%；应选议员44名，105名候选人参与竞争，国民党以45.24%的得票率得到25席，民进党以26.90%的得票率得到9席，新党以3.85%的得票率得到1席，无党籍人士当选9席。

（三）第十任“总统”、“副总统”选举

第十任“总统”、“副总统”选举，投票日期为2000年3月18日。选民共计15462625人，参加投票12786671人，投票率82.69%。

此次选举共有5组候选人，民进党候选人陈水扁、吕秀莲得4977697票，得票率39.30%；无党籍候选人宋楚瑜、张昭雄得4664972票，得票率36.84%；国民党候选人连战、萧万长得2925513票，得票率23.10%；无党籍候选人许信良、朱惠良得79429票，得票率0.63%；新党候选人李敖、冯沪祥得16782票，得票率0.13%；陈水扁、吕秀莲当选为第十任“总统”、“副总统”。

2000年的“总统”、“副总统”选举，国民党的分裂导致了选举的失败，使民进党得到执政权，并改变了台湾的政治生态，① 台湾选举从此步入新的对抗格局。

---

① 参见高资敏：《2000年总统大选作票》，商智文化事业股份有限公司2000年9月版；盛治仁：《台湾两千年总统选举投票行为研究》，韦伯文化事业出版社2001年7月版；夏珍：《日落国民党》，天下远见出版股份有限公司2000年5月版。

第七节 台湾选举的新局（2001~2006年）

2001~2006年，台湾共进行了10次选举，一些新政党的出现和“蓝”、“绿”两大阵营的对峙，使选举竞争更趋激化，选举制度也出现了一些重要变化。

（一）“北蓝南绿”的格局

1999年9月3日第三届“国民大会”第四次会议通过第五次《中华民国宪法增修条文》（1999年9月15日公布），确定第四届“国民大会代表”300名（区域194名，原住民6名，侨选18名，不分区82名），第五届“国民大会代表”150名（区域100名，原住民4名，侨选6名，不分区40名），均按“立法委员”选举各政党推荐候选人和独立参选候选人得票比例分配。2000年4月24日第三届“国民大会”第五次会议通过第六次《中华民国宪法增修条文》（2000年4月25日公布），重新定位“国民大会”，使“国民大会”成为非常设机构，“国大代表”300名依任务需要按政党比例产生，“国民大会”只保留复决“立法院”提出的宪法修正案、领土变更案和“总统”、“副总统”弹劾案的职权，其他职权均改由“立法院”行使；第三届“国民大会”的任期至2000年5月19日终止。此后，在“中央”层级的选举中，“国大代表”选举已不再是重要选举，“中央”层级的重要选举只有“总统”、“副总统”选举和“立法委员”选举。

在2001年至2003年的选举中，各政党主要竞逐的是“立法委员”和直辖市市长、县市长选举，在“立法委员”选举中“泛蓝”各政党得到了“过半席次”，直辖市市长和县市长选举则使台湾出现了“北蓝南绿”的政治格局。

1. 第五届“立法委员”、第十四届县市长选举（2001年12月）

第五届“立法委员”和第十四届县市长选举合并举行，投票日期为2001年12月1日。

2001年3月31日成立的亲民党和2001年8月成立的“台湾团结联盟”（简称“台联党”），均提名候选人参与选举，使此次“立法委员”和县市长选举出现“泛蓝政党”（国民党、亲民党、新党）与“泛绿政党”

（民进党、“台联党”）两大阵营对峙的局面。

第五届“立法委员”选举，名额与选举办法与第四届相同。此次选举选民15822583人，参加投票的有10469005人，投票率66.16%。434名候选人参与区域“立法委员”竞争，21名候选人参与原住民“立法委员”竞争。在225席“立法委员”中，国民党以28.56%的得票率得到68席（区域49席、原住民4席、不分区13席、侨选2席），民进党以33.38%的得票率得到87席（区域69席、原住民0席、不分区15席、侨选3席），亲民党以18.57%的得票率得到46席（区域33席、原住民2席、不分区9席、侨选2席），“台联党”以7.76%的得票率得到13席（区域8席、原住民0席、不分区4席、侨选1席），新党以2.61%的得票率得到1席（区域1席），其他政党和无党籍人士以9.12%的得票率当选10席（区域8席，原住民2席）。尽管民进党成为“立法院”第一大党，但是“泛蓝政党”依然掌握着“过半席位”（115席，占51.11%）。

第十四届县市长选举，选民12835467人，参加投票的有8529647人，投票率66.45%，88名候选人竞争23个县市长席位，国民党以35.15%的得票率得到9席（桃园县、新竹县、台中县、云林县、花莲县、澎湖县、基隆市、新竹市、台中市），民进党以45.22%的得票率得到9席（台北县、宜兰县、彰化县、南投县、嘉义县、台南县、高雄县、屏东县、台南市），亲民党以2.35%的得票率得到2席（台东县、连江县），新党以9.95%的得票率得到1席（金门县），无党籍人士当选2席（苗栗县、嘉义市）。两大阵营政党竞争的结果，大致形成了“南绿北蓝”的局面。

2. 第十五届县市议员、第十四届乡镇市长选举（2002年1月）

第十五届县市议会议员选举，与第十四届乡镇市长、县辖市市长选举合并举行，投票日为2002年1月26日。

第十五届县市议会议员选举，选民12834476人，参加投票7138439人，投票率55.62%；应选议员896名，2057名候选人参与竞争。国民党以35.96%的得票率得到382席，民进党以18.19%的得票率得到147席，亲民党以7.01%的得票率得到49席，“台联党”以1.47%的得票率得到7席，新党以0.44%的得票率得到3席，其他政党与无党籍人士以36.93%的得票率当选308席。

第十四届乡镇市长、县辖市市长选举，选民10899572人，参加投票6220298人，投票率57.07%；应选乡镇市长319名，881名候选人参与竞争。国民党以45.44%的得票率得到195席，民进党以20.01%的得票率得到28席，亲民党以2.16%的得票率得到4席，新党0.49%的得票率、“台联党”0.11%的得票率均未得到席位，其他政党与无党籍人士以31.79%的得票率当选92席。

3. 第十七届乡镇市民代表、第十七届村里长选举（2002年6月）

第十七届乡镇市民、县辖市市民代表会代表，与第十七届村里长选举合并举行，于2002年6月8日投票，当选代表和村里长于8月1日就职。

第十七届乡镇市民代表会代表选举，共计选出代表3717名，席次分布为：国民党1266席，民进党186席，亲民党58席，其他政党和无党籍人士2139席。

第十七届村里长选举，平均投票率为59.9%，21个县市中投票率最高的是嘉义县的74.3%，其次是苗栗县的71.3%；投票率最低的是台中市的41.7%，次低的是新竹市的43.2%。此次选举，共计选出村里长7358名，席次分布为：国民党2291席，民进党72席，亲民党20席，其他政党1席，无党籍人士4440席。

4. 第三届台北市长、第九届台北市议员、第三届高雄市长、第六届高雄市议员选举（2002年12月）

第三届台北市市长选举，与第九届台北市议会议员、第三届高雄市市长、第六届高雄市议会议员选举合并举行，投票日期为2002年12月7日。

第三届台北市市长选举，选民1947169人，参加投票1374862人，投票率70.61%；候选人为国民党马英九和民进党李应元2人，马英九以64.1%的得票率成功连任。

第九届台北市议会议员选举，选民1943250人，参加投票1372567人，投票率70.63%；应选议员52名，113名候选人参与竞争，国民党以32.08%的得票率得到20席，民进党以28.52%的得票率得到17席，亲民党以17.56%的得票率得到8席，新党以9.02%的得票率得到5席，“台联党”以3.27%的得票率未得到席位，无党籍人士以9.10%的得票率当选2席。

第三届高雄市市长选举，选民1092668人，参加投票779911人，投票率71.38%；候选人为民进党谢长廷、国民党黄俊英和无党籍人士张博雅、施明德、黄天生5人，谢长廷以50.04%的得票率成功连任。

第六届高雄市议会议员选举，选民1090234人，参加投票778473人，投票率 71.40%；应选议员 44 名，114 名候选人参与竞争，国民党以 25.76%的得票率得到 12 席，民进党以 25.03%的得票率得到 14 席，亲民党以 11.94%的得票率得到 7 席，新党以 0.63%的得票率未得到席位，“台联党”以 6.72%的得票率得到 2 席，无党籍人士以 29.93%的得票率当选 9 席。

（二）民进党继续执政下的选举

2004 年 3 月 20 日，台湾举行了第十一任“总统”、“副总统”选举。此次选举的选民共计 16507179 人，参加投票 13251719 人，投票率 80.28%。参与竞争的只有国民党、亲民党联合参选的连战、宋楚瑜和民进党的陈水扁、吕秀莲两组候选人。选举结果，民进党候选人陈水扁、吕秀莲得 6471970 票，得票率 50.11%；国民党、亲民党候选人连战、宋楚瑜得 6442452 票，得票率 49.89%；陈水扁、吕秀莲当选为第十一任“总统”、“副总统”，使民进党的执政得以延续。

2004 年至 2006 年，又进行了 5 次选举，执政的民进党不但未能使“泛绿”控制“立法院”过半席次，还出现了对民进党不利的“地方包围中央”局面。

1. 第六届“立法委员”选举（2004 年 12 月）

第六届“立法委员”选举，投票日为 2004 年 12 月 11 日，名额与选举办法与第四、五届相同。

此次选举的选民 16559254 人，参加投票 9796299 人，投票率 59.16%。368 名候选人参与区域“立法委员”竞争，18 名候选人参与原住民“立法委员”竞争。

在 225 席“立法委员”中，国民党（包括新党）以 32.95%的得票率得到 80 席（区域 58 席、原住民 4 席、不分区 15 席、侨选 3 席），民进党以 35.72%的得票率得到 89 席（区域 69 席、原住民 1 席、不分区 16 席、侨选 3 席），亲民党以 13.90%的得票率得到 34 席（区域 25 席、原住民 2 席、不分区 6 席、侨选 1 席），“台联党”以 7.79%的得票率得到 12 席（区域 7 席、原住民 0 席、不分区 4 席、侨选 1 席），无党团结联盟以 3.64%的得票率得到 6 席（区域 5 席、原住民 1 席），其他政党和无党籍人士以 6.00%的得票率得到 4 席（区域 4 席）。民进党虽然仍是“立法院”第一大党，但是“泛蓝”政党还是继续掌握“过半席位”（114 席，占50.67%)。

2. 任务型“国大代表”选举(2005年5月)

为复决“立法院”通过的宪法修正案,需要召开任务型“国民大会”,300名“国大代表”按政党比例产生,候选人以政党或联盟登记参选,选民投票“选党不选人”。任务型“国大代表”选举,投票日期为2005年5月14日。

12个政党和联盟的687名候选人参加此次选举,候选人的分布为:国民党147人,民进党150人,新党26人,亲民党83人,“台联党”50人,无党团结联盟31人,“建国党”22人,中国民众党4人,公民党3人,农民党1人,张亚中等150人联盟,王廷兴等20人联盟。

任务型“国大代表”选举的投票率仅为23.26%,是台湾历次选举中投票率最低的一次。在300席“国大代表”中,国民党以38.92%的得票率得到117席,民进党以42.52%的得票率得到127席,亲民党以6.11%的得票率得到18席,“台联党”以7.05%的得票率得到21席,其他政党和联盟以5.40%的得票率当选17席(新党3席,中国民众党3席,无党团结联盟2席,农民党1席,“建国党”1席,公民党1席,张亚中等150人联盟5席,王廷兴等20人联盟1席)。

2005年6月7日,任务型“国民大会”投票复决通过宪法修正案,确定“立法委员”选举制度改为单一选区两票制(每一选区只有一个名额,选民的投票一票选人,一票选党),“立法委员”席次减半,由225席减为113席,任期由3年改为4年;废除“国民大会”,宪法修正案改由公民复决。

3. 第十五届县市长、第十六届县市议员、第十五届乡镇市长选举(2005年12月)

第十五届县市长选举,与第十六届县市议员、第十五届乡镇市长选举合并举行,称为“三合一”选举,投票日为2005年12月3日。

第十五届县市长选举,选民13645079人,参加投票9035144人,投票率66.22%。76名候选人竞争23个县市长席位,国民党以50.96%的得票率得到14席(台北县、宜兰县、桃园县、新竹县、苗栗县、台中县、彰化县、南投县、花莲县、澎湖县、基隆市、新竹市、台中市、嘉义市);民进党以41.95%的得票率得到6席(云林县、嘉义县、台南县、高雄县、屏东县、台南市);亲民党以1.11%的得票率得到1席(连江县),新党以

0. 20%的得票率得到1席（金门县），无党籍人士当选1席（台东县，当选人得到国民党支持）。此次选举之后，又一次出现“地方包围中央”局面，不过此次是“泛蓝”政党在地方执政方面占优势，形成了对执政的民进党不利的局面。

第十六届县市议会议员选举，选民13620224人，参加投票9023847人，投票率66. 25%；应选议员901名，1689名候选人参与竞争。本次选举共计选出900名议员，国民党（包括新党）以40. 66%的得票率得到410席（席次率45. 56%，下同），民进党以22. 25%的得票率得到192席（21. 33%），亲民党以3. 97%的得票率得到31席（3. 44%），“台联党”以2. 34%的得票率得到11席（1. 22%），其他政党与无党籍人士以30. 78%的得票率当选256席（28. 44%）。

第十五届乡镇市长、县辖市市长选举，选民11542509人，参加投票7737553人，投票率67. 04%；应选乡镇市长319名，788名候选人参与竞争。在319席乡镇长、县辖市市长中，国民党以46. 46%的得票率得到173席，民进党以23. 69%的得票率得到35席，亲民党以1. 08%的得票率得到3席，“台联党”以0. 72%的得票率未得到席位，其他政党与无党籍人士以28. 05%的得票率当选108个席位。

4. 第十八届乡镇市民代表、第十八届村里长选举（2006年6月）

第十八届乡镇市民、县辖市市民代表会代表，与第十八届村里长选举合并举行，于2006年6月10日投票（部分地区因气候影响延期至6月17日投票），当选代表和村里长于2006年8月1日就职。

第十八届村里长选举，国民党得到2197席，民进党得到184席，亲民党、“台联党”、新党等其他政党只获得9席，无党籍人士得到4931席。

5. 第四届台北市长、第十届台北市议员、第四届高雄市长、第七届高雄市议员选举（2006年12月）

第四届台北市市长选举，与第十届台北市议会议员、第四届高雄市市长、第七届高雄市议会议员选举合并举行，投票日期为2006年12月9日。

第四届台北市市长选举，选民2008434人，参加投票1295790人，投票率64. 52%；候选人为国民党郝龙斌、民进党谢长廷、“台联党”周玉蔻和无党籍宋楚瑜、李敖、柯赐海6人，郝龙斌以53. 81%的得票率当选。

第十届台北市议会议员选举，选民2004204人，参加投票1293595人，投票率64. 54%。当选的52席议员分布为：国民党24席，民进党18席，新党4席，亲民党2席，“台联党”2席，无党籍人士2席。

第四届高雄市市长选举，选民114110人，参加投票774490人，选民投票率67.93%；候选人为民进党陈菊、国民党黄俊英、“台联党”罗志明等6人，陈菊以49.41%的得票率当选。

第七届高雄市议会议员选举，选民1131158人，参加投票769651人，投票率68.04%；当选的44席议员分布为：国民党17席，民进党15席，亲民党4席，“台联党”1席，无党籍人士7席。

经过2001~2006年的历次选举，“泛蓝”各政党并未夺回政权主导权，不得不寄希望于未来的选举；“泛绿”各政党亦不得不面对更为艰巨的“保位战”。2007~2008年，台湾只有“中央”层级的选举，即第七届“立法委员”和第十二届“总统”、“副总统”两项选举，没有地方公职人员选举。这两项选举至关重要，选举结果将影响台湾未来的政局走向，从台湾以往的选举中，可以分析选民的取向和各政党的动向，尤其是各政党的策略选择，为观察和分析未来的选举提供基本的思路和线索。

第二章　台湾政党诸生态

台湾的政党发展，与选举有密切关系。在1949年至1987年的所谓“戒严”时期，台湾只有国民党、青年党、民社党以及1986年成立的民进党等几个政党。从1987年7月解除“戒严”到2000年3月“总统”、“副总统”选举之间，台湾出现了80多个政党（包括一些在台湾“复党”的政党）。2000年3月至2006年12月，台湾又新建了30多个政党，使政党数量超过了120个。尽管台湾政党众多，但是真正能够影响台湾政治走向和选举的政党未超过10个，并且在政党重组和政党结盟的历史进程中，①呈现出不断变化的政党生态。

第一节　国民党——“老店换新颜”的艰难步履

由同盟会到国民党，由大陆到台湾，国民党（从1894年11月24日算起）已是有着100多年历史的“老党”，掌控台湾政权亦达半个世纪，只是在2000年“总统”选举失败后，才成为在野党。②

1949~2007年，国民党的历任主席（总裁）共有6位，即蒋介石（1949~1975年，总裁）、蒋经国（1975~1988年，主席，下同）、李登辉（1988~2000年）、连战（2000~2005年）、马英九（2005~2007年）、吴伯雄（2007年）。

（一）两蒋时期建立和维系稳定的派系结构

蒋介石到台湾之后，为了保持国民党“一党独大”的威权统治，在党外限制其他政党尤其是反对党的发展，在党内则注意协调新老派系的关

① 参见苏永钦主编：《政党重组——台湾民主政治的再出发》，财团法人新台湾人基金会2001年5月版。

② 国民党的发展情况，见陈明通：《派系政治与台湾政治变迁》，月旦出版股份有限公司1998年7月版；夏珍：《日落国民党》，天下远见出版股份有限公司2000年5月版。参见《中国第一个民主体系》和《台湾政治史》。

系，为蒋经国顺利接位打下基础。国民党内的主要派系，既有来自大陆的CC派、团派（三青团系统）、财经系（孔宋集团）、政学系、中统、军统、黄埔（陆军）系、蒋经国系，也有在台湾逐渐兴起的官邸派等。对于来自大陆的非蒋经国系的老派系，蒋介石采用的是逐个打压或空悬的做法。原来掌握财经部门的孔宋集团，因其领导人孔祥熙、宋子文被拒绝来台，尽管还有宋美龄的暗中支持，但是在台湾已无派系要人担任财经部门要职，失去了对财经系统的控制权。CC派原来掌握党务机器，蒋介石通过建立“中央政治改造委员会”和“政治行动委员会”等，将CC派的领导人陈立夫逼走，到美国新泽西去养鸡，另一领导人陈果夫长期抱病，使党务机器转到蒋经国系手中。中统、军统在“整顿”与改组之后，也先后被蒋经国系所控制。政学系的领导人王世杰、张群先后任“总统府”秘书长，实际上是被虚悬的位置，已难以再发展派系力量。两个曾受到美国支持的政、军界要人吴国桢（曾任台湾省省主席）、孙立人（曾任陆军总司令），也因为吴国桢担心被暗杀而离台（1953年5月）和“屏东机场兵变事件”孙立人被拘捕（1955年6月），被蒋介石先后清除。以陈诚为首的团派，先被蒋介石用来对付CC派，后来也被打压，派系重要人物陆续投靠蒋经国系，至陈诚去世（1965年3月）后，团派也走向式微，在国民党内已形成蒋经国系“独尊”的局面。蒋介石还将没有国民党老派系背景的严家淦作为陈诚之后的“副总统”人选，使其作为过渡性人物，以保证接班的顺利实现。蒋介石去世之后，严家淦继任其遗留下的“总统”任期，并在任期满后主动推荐已任党主席的蒋经国为新一任“总统”，两蒋的权力交接最终完成。

蒋经国时代的国民党，由于在中央层级已经没有可以挑战蒋经国系的派系力量，所以一方面致力于地方派系的替代和“整合”，以期达到“党内无派”的目标；另一方面开始着力培养一些台湾本土人士，借以影响本土势力，淡化国民党的外来属性，无政治班底的技术性官僚李登辉就是在这样的背景下于1984年被蒋经国选为“副总统”人选。但是蒋经国替代地方派系的目标并没有完全实现，出自本土的李登辉使国民党不得不在未来面临来自内部的“台独”挑战，由蒋介石和蒋经国构建并维系的党内派系“稳定结构”，已埋下了被“解构”的危机。

两蒋时代的国民党，不仅以“强人”控制党内各种力量，还在“党政合一”的体制下强化对社会的控制，使“专制”成为国民党的鲜明特征。

蒋经国后期出现的一些变化，无论是解除“戒严”、开放“报禁”，还是容忍反对党的出现，都使国民党不得不面临新的局面，做出新的调整。

（二）“非主流派”与“主流派”之争

1988年1月13日蒋经国去世，使国民党失去了维系党内派系结构稳定的“至高领袖”，党内的派系斗争逐渐白热化。由于宋美龄和部分国民党元老即所谓的“老官邸派”反对李登辉出任国民党代主席，主张由“行政院长”俞国华出任党主席，或采用中常委轮流担纲集体领导“党中央”的做法，使国民党内出现了迁台后的第一次继承权危机。赵少康等国民党籍增额“立法委员”和王应杰等增额“国大代表”先后声明支持李登辉为国民党代主席，更使党内的继承权之争公开化。1988年1月27日国民党召开中常会，副秘书长宋楚瑜力逼俞国华提出中常委连署推荐李登辉为国民党代主席的议案，并由中常会通过，暂时化解危机，并使“老官邸派”遭受重大挫折。同年7月举行的国民党“十三次全国代表大会”，又出现了“拥俞（国华）派”（由沈昌焕、黄少谷、蒋纬国、郝柏村等代表元老派、军系、政务系统的联盟）和“倒俞派”（以国民党秘书长李焕为首的党务系统联盟）之争，会后“倒俞派”逐渐占了上风，李焕取代俞国华出任“行政院长”（1989年5月），但是党务系统不久即被新任国民党秘书长的宋楚瑜所控制，大大削弱了李焕的派系力量。

1990年的“总统”、“副总统”选举，使国民党内的派系斗争又有了新的发展。李登辉提名曾任“教育部部长”、“司法行政部部长”的李元簇为“副总统”候选人，使李焕欲成为“副总统”人选的希望落空，李焕乃联合俞国华、林洋港、蒋纬国以及王升等人提出连署提名林洋港、蒋纬国为“总统”、“副总统”候选人的动议，形成以李焕、林洋港、蒋纬国、俞国华为首的“反李（登辉）联盟”，成为国民党内的“非主流派”。李登辉一方面在宋楚瑜、宋心濂、萧万长等人的支持下，团聚支持力量，以形成压倒“非主流派”的“主流派”势力；另一方面请出蒋彦士、谢东闵、陈立夫、黄少谷、袁守谦、倪文亚、辜振甫等国民党元老，劝说林洋港、蒋纬国退出“总统”、“副总统”选举。“非主流派”与“主流派”的斗争，在1990年2月11日的国民党临时“中全会”上全面爆发，焦点在于决定“总统”、“副总统”候选人是采用传统的起立或举手表示赞同的方式，还是采用投票选举的方式，“主流派”坚持采用起立方式，“非主流派”要求采用票选方式。与会的180名“中央委员”对候选人产生方式投票表决，赞成“主流派”意见的99名，赞成“非主流派”意见的70名，“非主流派”失利，加之林洋港、蒋纬国相继宣布退出“总统”、“副总统”选举，“非主流派”的抗争彻底落败。李登辉随即以“国防部长”郝柏村取代李焕为“行政院院长”（1990年6月），将李焕任为“总统府资政”，使其离开权力核心。此后，“非主流派”与“主流派”继续角力，在“总统”直选（“非主流派”大多主张“委任直选”，“主流派”大多支持“公民直选”）和新一届“立法院”正副院长人选（“非主流派”提出的人选是高育仁、关中，“主流派”提出的人选是刘树藩、王金平）等问题上展开竞争，“非主流派”均告失利。1993年8月，国民党召开“十四次全国代表大会”，李登辉将代表人数提高到2100名，使“非主流派”掌握的代表（380~420名）不足全体代表的1/3，“主流派”则掌握了2/3以上的代表，并导致“非主流派”在“中央委员”选举中惨败，在210席“中央委员”中仅得到37席，占17.62%，“主流派”则得到110席，占52.38%。此次会议国民党首次增设副主席，李元簇、郝柏村、林洋港、连战当选为副主席，形成的似是“非主流派”与“主流派”平衡的局面，两派各有二人（郝柏村、林洋港为“非主流派”，李元簇、连战为“主流派”），但是郝柏村的“行政院长”已被连战所取代（1993年2月），郝、林二人已无实权可言。嗣后，“非主流派”的一些人（如詹春柏、关中）被李登辉等拉进“主流派”，其他人则被边缘化，排除在权力核心之外。

“非主流派”与“主流派”的斗争，还导致了国民党的第一次分裂。不满李登辉作为的“新国民党连线”（成立于1989年8月25日）成员，在国民党召开“十四次全国代表大会”前脱离国民党，组建了新党，并在1994年12月的台湾省省长、高雄市市长、台北市市长选举中严重影响国民党的选情，使台北市市长的席位被民进党夺走。在1995年12月的第三届“立法委员”选举中，国民党内的“非主流派”核心人物更是公开与新党合作，郝柏村在台湾南北的“眷村”为新党拉票，林洋港在中南部为新党候选人助选，对国民党形成新的压力。

在党内外的呼应下，“非主流派”于1995年4月曾成立“救党改革委员会”，力图再次掀起反李登辉行动，甚至以另立“党中央”要挟，希望以此来影响1996年的“总统”、“副总统”直选，但是首倡者迅即因“破坏团结、分裂全党”受到党纪处分，未能形成具有决定性的动作。反之，在“主流派”的支持下，国民党开始采用“总统”、“副总统”候选人党代表初选制，李登辉、连战在1995年8月31日的党代表初选中以90.90%的得票率成为国民党推派的“总统”、“副总统”候选人，显示“非主流派”在国民党内已难以再有作为。林洋港、郝柏村于1995年11月27日登记为“总统”、“副总统”候选人，使“非主流派”走向党外，并得到新党的支持，国民党则在当年12月注销了林洋港、郝柏村的党籍。陈履安（陈诚之子）、王清峰也脱离国民党，登记为候选人，使此次选举成为由国民党分裂出的三组候选人与民进党的一组候选人竞争的局面，并最终由李登辉、连战胜出。

李登辉连任“总统”之后，又在1997年国民党“十五次全国代表大会”上成功连任国民党主席。面对民进党、新党以及不断出现的其他新政党的挑战，国民党尽管在1996年的大选中取得胜利，但是选举的压力越来越大，尤其是1995年第三届“立法委员”选举之后，国民党在“立法院”中的席次率仅为51.83%，只是名义上的“国会”第一大党，由于一些当选的国民党“立法委员”倾向于新党或其他政党，国民党在“立法院”的席次实质上已不及半数，国民党的执政党地位岌岌可危。李登辉在1996年大选后即开始推动“党务革新”，实行国民党“再造”工程，主要内容是调整结构、精简人员、转换组织功能、充实地方党部、推动政党合作、扩大党员队伍等，表面上看是要消除“老大党”臃肿和组织涣散等弊端，提升国民党在选举中的竞争力，实质上则是要建立易于驾驭的派系结构，并实现国民党的“本土化”。国民党内部的派系斗争，也随之转型。李登辉要求对台湾省采取“冻省”措施，不仅精简台湾省政府的人员和经费，还终止台湾省省长和省议会的选举，使台湾省政府只作为一级名义上的政府存在。时任台湾省省长的宋楚瑜坚决反对“冻省”的做法，使国民党内的“主流派”分裂成“拥李派”与“拥宋派”；两派之争还兼有“本土派”与“非本土派”对抗的色彩，最终导致宋楚瑜脱离国民党，在2000年以无党籍候选人身份参与“总统”、“副总统”选举，并且得票大大高于国民党候选人连战、萧万长（高出170万票），造成了国民党事实上的分裂，在客观上亦为陈水扁的当选创造了有利条件。

大选的失败，引发了国民党迁台后最激烈的党员抗议活动，使原本准备在2000年9月召开国民党“全国代表大会”时正式辞职的李登辉，不得不在2000年3月24日提前辞去国民党主席，由连战出任国民党代主席，来应对国民党面临的生存危机。

（三）党内改造与建立政党合作关系

连战在2000年3月出任国民党代主席的同时，兼任国民党改造委员会召集人。2000年6月18日，国民党召开“十五次全国代表大会”临时会议，连战以94.83%的得票率当选党主席，以萧万长、王金平、蒋仲苓、吴伯雄、林澄枝为副主席，并通过了国民党改造委员会提出的政党改造方案。

国民党是不得不进行改造了。在2000年的“总统”选举之后，宋楚瑜已经组建亲民党，拉走了不少国民党员；李登辉的被迫下台，又使国民党内的“拥李派”尤其是带有“台独”倾向的党员准备“出走”，另组新的政党，国民党还要面临再次被分裂的危险；甚至有人已经预言国民党将迅速“泡沫化”，在台湾政坛上消失。在李登辉党内独裁和走向“台独”等政治导向下，党的理想迷失，政策紊乱，组织重叠、涣散，效率低下，以及其他政党对国民党“黑金政治”、“党产”的指责等，亦使在国民党已经丧失执政资源后仍愿意留在党内的党员感到不改造已无出路。此次政党改造，主要内容是实行党籍总检查与党员总登记，党主席改由全体党员直接选举，公职人员选举提名必须经过初选，精简组织机构，制订“反黑条款”，强调清白问政，以及用透明化、效率化、信托化和公益化等措施改革党产和党营事业。

2000年9月1日至12月31日，国民党进行党籍总检查与党员总登记，共登记党员95万人，比1989年的200万人减少了一半。2001年3月24日，国民党进行首次党员直选党主席，尽管党主席候选人只有连战一人，但毕竟是国民党建党以来的第一次直选。近55万名党员参加投票，投票率为57.9%，连战以97.09%的高得票率当选。

在进行政党改造的同时，国民党与新党、亲民党建立了“泛蓝”政党联盟，并且在2001年将李登辉开除党籍，与“台独”力量明确“切割”。亲民党的“出走”和“李登辉团队”被清除，表面上使国民党内部的派系关系单纯化，大家都是“泛连派”，但实质上国民党内出现了更为复杂的派系关系。一方面，党内权力高层依然有“改革”、“尊李”、“亲宋”甚至“亲扁”四股力量暗中较劲。“改革派”以连战辅选班底为核心，加上党内清新改革派和大部分原高层行政官员，形成支持连战掌控国民党的核心力量。“尊李派”主要是李登辉的老班底和部分本土“立法委员”等，主要诉求是“尊重李登辉、支持连战、保王金平”，因此有人又将此派称为“本土派”。“亲宋派”以宋楚瑜的老班底、省议员和军系出身的“立法委员”等为主，不仅希望与亲民党合作，还提出了欢迎宋楚瑜回国民党的主张。“亲扁派”则以2000年后留任或出任行政高官的国民党人和部分“立法委员”为主，欲拉拢党内清流投靠民进党。另一方面，国民党的“中生代”已经成形，尤其是马英九当选台北市市长之后培育的力量，即所谓“马团队”，逐渐浮出水面，开始挑战老一代国民党人的权威。在驾驭派系关系方面，连战不是“强人”而是“和事老”，他不像李登辉那样一味地排除异己力量，而是以宽容的态度对待各派人物，努力平和各派关系，尤其是要压低党内“去李”和“排宋”的呼声，尽量避免发生激烈的派系斗争。在国民党走下坡路的时候，确实需要一个这样的“忠厚长者”来维系国民党内的各种人际关系，使之形成一种团结的气氛，以应对未来的选举。

2001年12月的第五届“立法委员”和第十二届县市长选举，尽管“泛蓝”政党在“立法院”的席次勉强超过了半数，但是只得到225个席位中的68席的国民党，已不再是“国会”第一大党，好在还赢得了9个县市长席位，没有输得过惨。为避免国民党再度分裂，虽然党内有追究败选责任的呼声，连战也表示愿意为败选负责而辞去党主席职务，但是国民党高层还是做出了稳定领导中心的决定，希望连战忍辱负重，继续执掌党内大权。2001年12月5日的国民党中常会，也不同意秘书长林丰正辞职，只同意组发会主任委员赵守博辞职，由台北市议会议长陈健治接任。此后国民党继续实施政党改造工程，主要内容是整顿地方党部，改变“机器失灵”状况；注意在高等学校中吸引人才，培养国民党的“新生代”；既要强调国民党的“本土化”，也要坚持“不排他的包容路线”，争取选民的支持与理解；对“带枪投靠者”（即当选的公职人员转投其他政党）则一律除名，以严肃党纪和清除动摇分子；继续积极解决“党产”问题，争取彻底抛掉包袱。

进一步的政党改造在一定程度上稳住了国民党，使国民党不仅赢得了2002年上半年的两次选举（1月的县市议员、乡镇市长选举和6月的乡镇市民代表、村里长选举），还在当年12月的两个直辖市市长和市议员选举中，在具有指标性意义的台北市，使马英九成功连任台北市市长，并在台北市议会中使国民党继续保持第一大党的地位，国民党的信心得以恢复，连选连败的颓势开始扭转。

2004年的台湾“总统”、“副总统”选举，成为“蓝”、“绿”两大政党联盟之间的决战，连战与宋楚瑜联手参选，尽管功败垂成，但是在同一年的“立法委员”选举中，还是成功地阻遏了“泛绿”阵营企图挟大选胜利之势夺得“立法院”过半席位的企图，使“泛蓝”政党依然掌握“国会”过半席位。选举之后，连战开始着手安排国民党最高领导层的“世代交替”，并宣布在2005年进行国民党的第二次党员直选党主席。

（四）马英九带来的新气象

2005年7月16日是国民党第二次直选党主席的投票日，竞争党主席的候选人，一个是具有清新、改革形象的时任台北市市长的马英九，一个是具有基层人脉和擅长动员组织的时任“立法院长”的王金平。此次选举核实的党员人数近105万人，比第一次党员直选党主席时增加了近10万人，但是投票率只有50.17%，比第一次党员直选党主席的投票率低了7个百分点。选举结果，马英九的得票为375056票，得票率71.51%；王金平的得票为143268票，得票率27.32%；王金平尽管得到连战和多数国民党中常委、“立法委员”的支持，马英九还是以压倒性优势当选为国民党新一任党主席，连战则成为国民党荣誉主席。

国民党主席选举中的马、王之争，使党内的派系斗争再起，并显示出“代际之争”的特点——“拥马派”代表的是国民党“中生代”，“拥王派”代表的是国民党的传统力量（同样代表国民党传统力量的还有“拥连派”，在党主席直选之前也公开提出了“战哥继续领导我们”的主张），另有一些年轻的国民党人则组成“青年改革连线”，形成新的派别。尽管选举中“拥马派”与“拥王派”斗争激烈，相互揭短，甚至不惜进行人身攻击，但是马英九和王金平都认识到不能因为派系斗争导致国民党再次分裂，在选举后开始缓和关系，并在2005年12月的“三合一”选举（县市长、县市议员、乡镇市长选举）中采取合作态度，取得重大胜利，“泛蓝阵营”在县市议员和乡镇市长选举中占绝对优势，在23席县市长中亦赢得17席，形成了扭转选举败势的新局面。

2005年“三合一”选举之后，马英九很快着手于党内重大事项的处理，推动国民党的进一步改造。

为彻底解决困扰国民党多年的“党产”问题，并表现出国民党锐意改革的新风貌，2005年12月12日马英九公开宣布2006年春节后国民党中央党部将迁出国民党中央党部大楼，转到2004年“总统”选举时“连宋竞选总部”所在的台北八德大楼办公，并由党产小组考虑和落实国民党中央党部大楼处理问题。处理中央党部大楼，不仅展现了国民党“卧薪尝胆”改革的决心，亦因为富丽堂皇的中央党部大楼象征着国民党的“黑金”形象，要重塑国民党，必须彻底摆脱这一对国民党不利的形象；马英九做出的这一举动，不过是落实他竞选党主席时的承诺。在台湾“广电法”规定的“党政军”退出媒体的最后期限（2005年12月27日）之前，国民党党营事业华夏公司出售所持有的“中视”、“中广”、“中影”股权（“中视”33.94%，“中广”97%，“中影”50%），与买家《中国时报》完成签约，国民党从此不再持有“三中”股权，借此向台湾民众表明在“党政军”退出媒体方面，国民党已实现了自己的承诺。

为树立国民党反对“贪腐”和“黑金”的新形象，马英九接受台湾私立东吴大学校长刘兆玄等人的建议，决定建立“廉能委员会”。2005年12月14日，国民党中常会通过“廉能委员会”设置办法，确定“廉能委员会”设置委员11人，其中党籍委员不得超过5人，其余由公正人士担任。“廉能委员会”将受理检举、调查国民党提名的“正副总统”、“五院院长”、“考试委员”、“监察委员”、“大法官”、“立法委员”、县市长以及县市议长等贪渎或其他不法案件；“廉能委员会”设置专属网站、廉能信箱及检举专线，发现有贪渎等不法案件应该主动调查，案件如经调查属实或已明显损害国民党形象声誉时，应即提报“委员会”审议，“委员会”就检举案件及调查、考核、查核事项审议后，可以做出不予提名、撤销提名、申诫、停止党权、撤销党籍、开除党籍、移送检调单位侦办等建议。2006年1月11日，国民党中常会讨论通过“廉能委员会”委员名单，并于1月17日正式挂牌，随即开始调查基隆市长许财利公车处购地案，并最终作出了同意停止许财利国民党党权的决定。

为落实马英九在“三合一”选举中提出的“选举不买票，执政不贪污、问政不腐化”诉求，在选举之后国民党即举办了国民党籍当选县市长、县市“议员”、乡镇市长培训班，重点是向当选者灌输“勤政爱民”和清正廉洁思想，由马英九亲自授课，希望通过培训，使当选者感到肩上的责任，吸取民进党因腐败沉沦而被民众唾弃的教训，踏踏实实为民众办实事。2006年1月8日，马英九又与国民党籍县市长座谈，要求国民党籍县市长务必落实“清廉执政、品质保证”的要求，强调国民党籍公务人员应能确实做到“不愿贪、不必贪、不能贪、不敢贪”的“四不”要求，“一只鸡、一件衬衫都不该收，不好意思当面退回，就花钱买下来，或事后退回”；马英九还提醒县市长应重视政风，机关内一旦有人出现言行、操守等方面的问题，应立即调离现职，避免发生问题。

为发挥新当选县市长的优势，整合地方资源，形成“地方包围中央”态势，马英九提出组成北台、中台、南台、花东、离岛县市五大联盟的设想。北台县市联盟由基隆市、台北县、台北市、桃园县、新竹县、新竹市、宜兰县7个县市组成，由于7个县市都已由“泛蓝”执政，合作机会大增，马英九要求在2005年12月20日前组成北台湾七县市合作工作小组，尽速推动联盟形成。中台县市联盟由台中县、台中市、彰化县、南投县、苗栗县、嘉义市6个县市组成，“三合一”选举之后也都由国民党执政，可比照北台7县市模式形成联盟。南台县市联盟由云林县、嘉义县、台南县、台南市、高雄县、高雄市、屏东县7县市组成，由于都是绿色执政，推动上较为困难，由“中央党部”规划推动。

为争取新生力量的支持，马英九在竞选党主席时曾推出“青年团”的构想，希望吸引四十岁以下的青年人入党，未来党员可直选分区团长，分区团长具备总团长候选人资格。2005年12月6日，国民党召开“增设青年团及设置青年副主席”筹备会议，国民党荣誉主席连战的儿子连胜文被认为是青年团总团长的热门人选，但连胜文极力推荐竞选高雄县长失利的林益世角逐总团长。2005年12月14日，国民党中常会通过《中国国民党青年团章程》和《中国国民党青年团总团长选举办法》，规定入团资格为15岁以上、40岁以下，成员一旦届满40岁，隔一个月即自动离团；青年团直属中央委员会，为国民党内一级机关，设总团长并另设导师团总召集人及导师，总团长即未来的青年副主席，位阶高于秘书长；总团长任期1年不得连任，总团长选举为纯公办竞选，候选人经费上限20万新台币，竞选需花6个星期，每星期中的3天时间集体参与公办竞选，不得自行出选举广告、筹办或出席募款餐会；青年团总团下设“学青”与“社青”两种不同性质的支团，3个分团组成一个支团，每一个分团必须有90人，其中1/3必须是国民党员。2006年4月2日，中国国民党青年团正式成立，林益世当选为首任总团长。青年团的发展目标，是在全台湾建立400个分团，其中60个分团为“学青”，340个分团为“社青”。

在国民党的内部改造问题上，马英九同意刘兆玄“大破才能大立”的看法，但是对一个“老大党”而言，党务机器的改造并不顺利，尽管已完成“中央党部”人员的削减，但是在国民党内部派系和人脉关系复杂的背景下，人事调整始终是一项艰巨的工程。

（五）百年老党面临更严峻的选举形势

经过又一轮的政党改造，国民党显示出向上发展的趋势，新党员增多，亲民党的“立法委员”纷纷“回归”国民党，马英九似已成为“泛蓝阵营”的“共主”和竞争2008年“总统”的不二人选，但是2006年12月的两个直辖市市长和市议员选举，再次显露国民党尤其是马英九的缺陷。选举之前，因“国务机要费”揭示出陈水扁、吴淑贞的贪腐问题，引发了大规模的“倒扁”和“反贪腐”运动，使民进党陷入极为被动的局面，国民党极有可能挟群众运动的优势一举夺得两市选举的胜利，却突然爆发马英九“特别费”涉嫌贪腐的风波，既使马英九的“清新”、“廉正”形象严重受损，也对选举造成了不利影响，使国民党只赢得台北市市长、台北市议员及高雄市议员选举的胜利，高雄市市长选举则以微弱差距失败，依然未能改变“北蓝南绿”的基本格局。

2006年直辖市市长和市议员选举后，国民党内又出现派系斗争抬头的迹象，不但有人要求马英九对高雄市选举的失败负责，还有人公开要求连战继续竞选“总统”，王金平亦表示2008年国民党能够竞选“总统”的不止一人。对马英九的领导方式，党内也不断有“武断”、“急躁”、只相信“小团队”等批评。

2007年1月22日，马英九与在美国的宋楚瑜分别代表国民党、亲民党签署了两党联盟协议，强调为整合在野力量，稳定台湾政局，开创两岸和平契机，维护人民福祉，两党决定在既有密切合作的基础上，发展更稳定的“政党联盟”关系。按照协议的要求，两党将在政策、“立法院”内的运作以及选举等方面进一步加强合作，并同意在2007年底的“立法委员”选举中，通过提名机制推举最有胜选希望的候选人。两党还将针对岛内重大议题提出政策主张，为赢得2008年“总统”选举而努力。

国民党刚与亲民党建立政党联盟，就陷入了一场新的政治危机。2007年2月13日，马英九因“特别费案”遭起诉，宣布辞去国民党主席职务，并正式表态要参加2008年“总统”选举。尽管国民党中常会对马英九表示“慰留”，马英九还是坚持去职，由国民党副主席吴伯雄出任代主席，并确定2007年3月选举新的党主席。马英九的突然去职，打乱了国民党的既定部署，不仅围绕2008年“总统”候选人的竞争公开化，王金平亦公开表示要参加2008年“总统”选举；亦使新的党主席选举成为暗潮汹涌的派系之争，报名竞争党主席的吴伯雄和洪秀柱，被媒体解读为分别代表马英九、王金平势力。党主席选举之前，吴伯雄在洪秀柱的压力下，辞去代主席职务，由国民党副主席江炳坤出任代主席。2007年4月7日，党主席选举结果揭晓，吴伯雄156499票，洪秀柱得23447票，吴伯雄以绝对优势当选为新一任党主席。

吴伯雄当选国民党党主席后，将面临三大难题。一是新的党主席无法与马英九、王金平的组织和协调能力相比，很难有效抚平党内矛盾，维持党内稳定，党内很可能出现互不服气的“乱象”，甚至再次面对分裂危局。二是新的党主席在短期内很难成为“天王级”人物，如何辅选、助选成了新问题。在“天王”对阵的台湾选战中，缺乏“天王”统帅的国民党，很可能丧失“人气”。尤其是当马英九成为“总统”候选人之后，已出现候选人气势盖过政党的现象，党的机器在选举中如何发挥作用，亦是不能不解决的问题。三是马英九的去职，使“泛蓝”阵营没有了“共主”，国民党、亲民党与新党之间的合作，可能再生变数。由于未来的“立法委员”选举实行“单一选区两票制”，“立法委员”名额减半，无论是“拥连派”、“拥王派”、“拥马派”，还是国民党的新生代，以及新党、亲民党“回归”国民党的各色人物，都会参与角逐，协调不好，亦会产生严重后果。

国民党要“老店换新颜”，取得关键性的“立法委员”选举和“总统”选举的胜利，重新成为“国会”第一大党乃至重掌执政权，显然还面临诸多困难。好在连战、马英九、王金平等“天王级”人物都认识到只有党内团结才有可能取得胜利，积极进行内部的协商和调整，以尽量避免再现2000年国民党的困局。

第二节　青年党、民社党——淡出政坛的“老党”

青年党和民社党随国民党一起到台湾，在两蒋时代作为国民党的“配角”政党存在，但是到了各政党如雨后春笋一般冒出来之后，两个“老党”都未能再现生机，继续保持台湾主要政党的地位。

（一）不断分裂的青年党

中国青年党的前身是1923年12月2日在法国巴黎成立的“中国国家主义青年团”，主要发起人有曾琦、李璜、左舜生、陈启天、李鲁之、李不韪、张子柱、胡国伟、何鲁之等人。1924年3月1日，“中国国家主义青年团”在巴黎召开第一届代表大会，发起人均被推选为中央委员，并推选曾琦为委员长。1929年8月20日，“中国国家主义青年团”在沈阳举行第四次全国代表大会，正式定名为中国青年党。青年党长期与国民党合作，并在1949年随国民党迁到台湾，被国民党认定为“合法”的在野党，可以在台湾建立和发展党组织。

由于青年党党主席曾琦及其后的代主席李璜在1949年均未赴台湾，使青年党长期处于派系林立的状态之下，尤其是台湾北部的“中园派”与台湾南部的“南部中央派”对立，造成了青年党的分裂。1953年3月1日，“南部中央派”主席洪炳炉成立中国民主青年党，党员除“南部中央派”外，多为地方派系头目。中国民主青年党建党时曾以“南中央青年党”名义登记，未能得到当政的国民党认可，实际上仍是青年党的一个派别。1968年，左舜生到台湾，推动青年党的团结，并促请李璜返回台湾，在1969年完成党的形式上的团结。

青年党作为两蒋时代在野党，并没有成为反对党，而是高度依附于国民党，在历次选举中可以得到一定照顾，得到几席位置。在历次台湾省议会议员选举中，青年党一般会得到1个议员席位；在增额“立法委员”选举中，亦可得到1～2席；但是在县市长和增额“国大代表”选举中，青年党从未得到过席位。

1981年，青年党再次出现分裂危机，29名中执委、21名中评委发表集体退党声明，并于3月1日成立“台湾金兰会”。1983年，青年党的增额“立法委员”谢学贤领导的青年委员会，在李璜支持下试图进行党的改造，但是受到党内各派别的反对，未能成功。在1986年12月6日的增额“中央民意代表”改选中，青年党未能得到席位，而新成立的民进党得到多席，对青年党产生一定的刺激作用。1986年12月27日，青年党召开“第十四届三中全会”，通过了15项党务革新提案，确定争取报禁开放、制定政党法、政党地位平等、政党经费由国库平均负担等为该党未来争取实现的目标。

1987~1989年，青年党进入高度分裂期，先后从青年党分裂出以下政党：（1）中国自由民主党，1987年8月2日成立。（2）中国民主革新党，1987年9月13日成立，在台北、高雄、台南、台中等地设立了党部。（3）中国统一党，1988年3月9日成立，号称有党员2万人。（4）青年中国党，1989年4月由谢学贤、陈翰珍、李公权等人成立。（5）中国联合党，1989年2月12日成立，创始人萧琳祥原属青年党的革新派，出身洪门，建党后吸收从青年党分裂出来的原青年党员、从国民党退出的国民党员以及洪门蜀龙山会众，成为新的洪门政党，自称有党员8万余人。（6）中国铁卫党，1989年3月24日成立，骨干来自青年党台湾区特种党部（园山党部），自称有党员3万多人，在台湾各县市均设有分区党部。（7）中国团结党，1989年5月21日成立，主席吴志毅为原青年党全国团结联合会秘书长。（8）中国国安党，1989年6月28日成立，成员多为青年党少壮派。（9）民主行动党，1989年8月1日由原"台湾金兰会"改名，自称有党员2000多人，多分布在南投县。（10）中国中青党，1989年11月正式成立，主席许镇峰原为青年党"南部中央派"秘书长，以高雄为主要活动地点。

青年党的分裂，亦造成了该党"国大代表"的分裂，1991年3月召开第一届"国民大会"第二次临时会议时，青年党有代表16名，青年中国党有代表9名。在此后的第二届"国大代表"和"立法委员"选举中，青年党和青年中国党都未得到席位。没有了"中央民意代表"的青年党和青年中国党等分裂出去的政党，尽管在后来的历次选举中仍推荐候选人参选，但是较少有人当选，都成为无足轻重的小党。

（二）民社党的没落

1946年8月15日，"国家社会党"和海外的"民主宪政党"合并，在上海成立中国民主社会党，简称"民社党"，创始人张君劢不担任主席，由徐傅霖代理党主席。1949年，民社党随国民党迁到台湾，亦被国民党认定为"合法"的在野党。

民社党初到台湾时，尚能积极参加选举，并在1954年的"总统"、"副总统"选举中提名党主席徐傅霖、中央委员石志泉为"总统"、"副总统”候选人，与蒋介石、陈诚竞争。但是自1957年之后，由于不满国民党压制在野党候选人的做法，不再推荐候选人参加选举。

民社党在1954年和1959年发生两次分裂，分裂的两方各自召开代表大会，成立中央党部。1962年，张君励呼吁民社党应团结，分裂的两方于1963年5月11日达成协议，结束分裂。1969年，民社党在台北举行临时全国党员代表大会，通过党章，选举主席团，王世宪出任党主席。

1979年，民社党在台北举行第三次“全国党员代表大会”，王世宪再次出任党主席，对选举开始采取较积极态度。1980年，民社党在“中央民意代表”增额选举中得到1席“国大代表”席位。1983年，民社党在增额“立法委员”改选中得到1个席位。1986年的增额“中央民意代表”改选，民社党得到1席“国大代表”席位。

民社党自1979年召开第三次代表大会后，由于内部不团结，迟迟不能召开第四次代表大会，引起以沈朝江、江连兴为首的“革新派”的不满。沈朝江和江连兴等曾多次催促召开第四次全代会，但都遭到民社党主席团的反对，沈朝江、江连兴、谢正一等人乃成立“民社党党务革新委员会”，分任主任委员和副主任委员，公开发表“革新宣言”，要求党主席辞职改任荣誉职，并公开党务经费，开除省党部及台北市党部主任委员职务，目标是促进党务革新，让民社党早日摆脱“花瓶政党”、“泡沫政党”的不利境况。“民社党党务革新委员会”的活动加深了民社党“革新”与“资深”党员之间的矛盾，并最终导致了民社党的分裂。1988年8月14日，沈朝江、江连兴带领300多党员，以召开第四届全代会为名，宣布脱离王世宪、杨毓滋、李缎领导的民社党，发动党变，谴责原领导人长久以党营私的行为，并通过新的人事安排，以沈朝江任党主席，江连兴任台湾党部主任委员，许秀弟任中央党部秘书长，将“党中央”迁往台中市办公。8月15日，民社党在台北市举行“建党四十二周年纪念大会”，以统一内部，重振党威，但遭到“革新派”的闹场，公开拆掉民社党总部招牌，导致“纪念会”草率收场。同年9月，民社党中央党部发表声明，开除沈朝江、江连兴等人党籍。“革新派”则于9月4日在台北市召开“新党中央”成立大会。1989年1~3月，台湾“内政部”以王世宪等的民社党作为政党报备名称，导致沈朝江等“新党中央”的不满，沈朝江自动撤销原申请案，另以“中华新民社党”名称申请，后来又改名为“中国民主党”，变成与民社党分道扬镳的另一政党，中央党部设在台中市，下设省党部及各县市党部。

分裂使民社党一蹶不振，在1991年12月的第二届“国大代表”选举中只得到1个席位（选举前有15席），此后的“中央民意代表”选举或得到1~2席，或得不到席位，已不再被列为台湾主要政党。

由民社党分裂出去的中国民主党，又进一步分裂。1989年，中国民主党台南市党部主任委员庄正栋因参选分歧退党，另组了“保民党”。江连兴亦因政治理念与中国民主党成员歧异，加之中国民主党无法摆脱财务困局，退出中国民主党，于1989年5月20日成立“中国大同党”。但无论是中国民主党，还是保民党、中国大同党，都未能在选举中取得重大突破，只能作为小党存在，难以对台湾政治产生重大影响。

青年党和民社党早期作为国民党的“花瓶政党”存在，尽管两党内部矛盾重重，但尚有一定地位。“解除党禁”之后，两党都一再分裂，“政党转型”已无从谈起，并最终无法摆脱从台湾政坛逐渐淡出的厄运。

第三节 民进党——“选举怪物”的历史变迁

1986年9月28日成立的民进党，2000年成为台湾的“执政党”，2001年成为“国会”第一大党，① 历任党主席共有10位，即江鹏坚（1986~1987年）、姚嘉文（1987~1988年）、黄信介（1988~1991年）、许信良（1991~1993、1996~1998年）、施明德（1994~1996年）、林义雄（1998~2000年）、谢长廷（2000~2002年）、陈水扁（2002~2004年）、苏贞昌（2005年）、游锡堃（2006年至今）。

（一）民进党早期的派系结构

民进党是由国民党外的反对派人士建立的，建党的两个主要团体，一个是1983年9月9日成立的“党外编辑作家联谊会”（简称“编联会”），另一个是1984年5月11日成立的“党外公职人员公共政策研究会”（简称“公政会”）。“编联会”的代表性人物有林正杰、林浊水、邱义仁、周

① 民进党的发展情况，见杨毅周：《民进党组织派系研究》，九州出版社2004年2月版；郑明德：《一脉总相承——派系政治在民进党》，时英出版社2004年8月版；钟年晃：《失落的民进党》，商智文化事业股份有限公司2001年5月版；郭正亮：《民进党转型之痛》，天下远见出版股份有限公司1998年5月版。

伯论、洪其昌、刘守成、吴乃仁等。“公政会”的代表性人物有康宁祥、费希平、周清玉、尤清、张俊雄、谢长廷、江鹏坚等。更早成立的“美丽岛政团”（1979 年），由于其主要人物黄信介、施明德、张俊宏、姚嘉文、林义雄、王拓、陈菊、吕秀莲等在“美丽岛事件”后被判刑入狱，许信良逃往国外，无法参与民进党的组党，但是他们的亲属如张俊宏之妻许荣淑、黄信介的弟弟黄天福等，以及为“美丽岛事件”被捕人辩护的律师如陈水扁等，仍能使“美丽岛”成为党外反对势力的一个重要派别。

民进党建党之前，已从“编联会”和“公政会”中发展出不同的派别。“公政会”以康宁祥为首形成“康系”。林正杰脱离“编联会”另创《前进周刊》，形成了“前进系”。

1984 年 6 月，“编联会”的吴乃仁、邱义仁、林浊水、洪其昌等创办《新潮流丛刊》，使“新潮流系”逐渐成形，周清玉、谢长廷、江鹏坚等也先后转入此系。

1986 年 11 月，民进党召开第一届“全国党员代表大会”，由党员代表选举产生“中央执行委员会委员”（简称中执委），选举方法采用“无记名限制连记法”（即在复数选区中，选举人可圈选的候选人少于应选名额）。这样的选举方法，既对大派系有利，也为各派系“配票”和“换票”提供了机会，所以选举结果往往是派系组织运作与集中分配的产物。选举后产生的 31 名中执委，其中“美丽岛系”6 名，“新潮流系”13 名，“前进系”3 名，“康系”2 名，中间派系 7 名（有人认为中间派系倾向于“康系”，则“康系”9 名）。“中央常务委员会委员”（简称中常委）和党主席由中执委选举产生。中常委 11 名，其中“新潮流系”5 名，“康系”1 名，中间派系 5 名。党主席的竞争，在“康系”、中间派系推举的费希平与“新潮流系”推举的江鹏坚之间展开，结果江鹏坚得 13 票，费希平得 12 票，江鹏坚成为民进党第一任党主席，并以“新潮流系”的黄尔璇为秘书长。从人事安排上看，民进党由“新潮流系”所控制，但是有中间派系支持的康系，则成为可以与“新潮流系”抗争的重要派系，“美丽岛系”和“前进系”都还是较小的派系。1987 年 1 月 27 日，“编联会”解散，建立“新潮流”办公室，“新潮流”开始成为组织严密并公开运作的派系。

1987 年 5 月，黄信介、张俊宏、姚嘉文等出狱，使民进党内的派系结构发生变化。黄信介、张俊宏等积极活动，使“美丽岛系”势力大增，“前进系”也向“美丽岛系”靠拢，姚嘉文则投向“新潮流系”。1987 年

11月，民进党第二届“全国党员代表大会”产生中执委、中常委，中执委“美丽岛系”13名，“新潮流系”8名，“前进系”3名，“康系”2名，中间派系5名；中常委“美丽岛系”4名，“新潮流系”2名，“前进系”1名，“康系”1名，中间派系4名；“美丽岛系”占了明显的优势，已成为民进党中的最大派系。但是在党主席选举中，黄信介和张俊宏支持的“美丽岛系”的许荣淑只得到13票，“新潮流系”和“康系”等支持的姚嘉文得到17票，当选为第二任党主席，仍以黄尔璇为秘书长。

1988年10月，民进党召开第三届“全国党员代表大会”，党主席改由党代表选举，出现民进党建党以后的第一次派系对决局面。选举结果，代表“美丽岛系”的黄信介得到123票，代表“新潮流系”的姚嘉文得到97票，黄信介当选为第三任党主席，以张俊宏为秘书长。但是在中执委、中常委中，“美丽岛系”并非都占优势，中执委“美丽岛系”14名，“新潮流系”17名；中常委“美丽岛”系6名，新潮流系5名。由于林正杰支持黄信介竞争党主席，“前进系”并入“美丽岛系”，康宁祥忙于创办《首都早报》，“康系”走向解体，所以当时民进党内的派系，已变成较为单纯的“美丽岛”、“新潮流”（或称为泛“美丽岛”和“泛新潮流”）两大派。1989年6月，两派因选举问题爆发激烈斗争，黄信介甚至宣称要进行清党，将25名“新潮流系”核心成员开除党籍，使民进党面临分裂危机。当年7月，民进党各县市党部主委在桃园县聚会，要求化解派系恶性竞争和促进党内团结，党内仲裁委员会也积极进行协调，两大派都表示愿意暂时“休战”，冲突才逐渐平息。

1989年10月，民进党召开第四届“全国党员代表大会”，黄信介以110票的得票击败“新潮流系”提出的陈永兴（得93票），连任党主席，并使“美丽岛派”在中执委（“美丽岛系”17名，“新潮流系”14名）和中常委（“美丽岛系”6名，“新潮流系”5名）中都略占优势。此届代表会后，民进党主席的任期由1年改为2年，代表大会也改为2年召开一次。

在1989年12月举行的增额“立法委员”、台湾省议员、台北市议员、高雄市议员和县市长选举中，“美丽岛系”和“新潮流系”分工合作，“美丽岛系”建立“县市长联盟”，主攻县市长选举；“新潮流系”建立“新国家连线”，主攻“立法委员”和省市议员选举。“美丽岛系”推荐的18名县市长候选人，6人当选；“新国家连线”推荐的32名“立法委员”、省市议员候选人，20人当选（“立法委员”8名，省市议员12名），并使只有3万余名党员的民进党，在此次公职人员选举中共计当选64人，取得了重要胜利。

（二）彰显“台独”与“派系共治”

1990年5月，因“偷渡”回台被囚的许信良和因“美丽岛事件”入狱的施明德获释，分别成为“美丽岛系”（许信良）和“新潮流系”（施明德）支持的代表性人物。1991年10月，民进党召开第五届“全国党员代表大会”，许信良与施明德竞争党主席，许信良得180票，施明德得163票，许信良当选为党主席。“美丽岛系”由于一些重要人物出走（如朱高正、费希平、林正杰）或去世（如余登发、傅正），力量开始削弱，尽管在中执委（“美丽岛系”16名，“新潮流系”15名）中稍占优势，但在中常委（“美丽岛系”4名，“新潮流系”6名，“台独联盟”1名）中已处劣势。为缓和党内的派系之争，许信良支持通过了“新潮流系”提出的“台独党纲”，并在继续以张俊宏为秘书长的同时，以“新潮流系”的邱义仁为副秘书长，在民进党内开始实行“派系共治”。

民进党内两大派的格局不久即被打破，出现了一些新的派系。

1970年在美国成立的“世界台湾人争取独立联盟”，1970年改称“台湾独立建国联盟”（简称“台独联盟”），1991年10月20日在台北市召开迁盟回台第一次会议，成立“台湾独立建国联盟台湾本部”，至1993年完成迁盟回台，联盟成员全部加入民进党，成为民进党中的一个外来派系，主要人物有李应元、陈唐山、王幸男等。原来已在民进党中的秘密盟员黄尔璇、林宗正、许添财等人，也公开了身份。

1992年1月，为参加年底举行的第二届“立法委员”选举，出自泛“美丽岛系”的陈水扁与民进党籍“立法委员”、“国大代表”邱连辉、彭百显、叶菊兰等组成“正义连线”，表明与党内各次级团体都要保持友好关系，成为民进党内的一个中间派系。后来成为该派重要人物的有余政宪、陈其迈、高志鹏、蔡煌琅、沈富雄、王拓、罗文嘉、郭正亮等。李进勇、吕秀莲、许添财等人也在选举前加盟“正义连线”。选举之后，成立了“正义连线办公室”，强调以公共政策作为问政首要取向，以拓展民进党的资源。

1992年9月，由张俊雄主导，联合姚嘉文、谢长廷等人组成“台湾福利国战线”，强调以福利国政策为政治诉求。1993年1月，“台湾福利国战线”改为“台湾福利国研究室”，以施明德、姚嘉文为荣誉召集人，张俊雄为召集人，谢长廷为执行长，主要成员有蔡同荣、苏贞昌、柯建铭、李俊毅、林育生、周清玉、卓荣泰、苏嘉全、邱垂贞等。后来该派改称“台湾福利国连线”（简称“福利国”），宣称要打破党内派系竞争局面，成为民进党内的另一个中间派别。

1993年11月，民进党在县市长选举中未达到预期目标，许信良辞去党主席职务，施明德出任代主席。1994年4月，民进党召开第六届“全国党员代表大会”，“美丽岛系”推出余陈月英（卸任高雄县长）与“新潮流系”、“福利国”支持的施明德竞争党主席，施明德得206票，余陈月英得145票，施明德当选为新一任党主席，先以“福利国系”的苏贞昌为秘书长，后改由“新潮流系”的邱义仁为秘书长。从中执委、中常委的构成上看（中执委“美丽岛系”14名，“新潮流系”7名，“福利国”4名，“正义连线”6名；中常委“美丽岛系”4名，“新潮流系”2名，“福利国”3名，“正义连线”1名，“台独联盟”1名），“美丽岛系”虽然仍是党内第一大派系，但“福利国”与“正义连线”的崛起已经势不可挡。在1994年的台北市长选举前，由于“福利国”是民进党在台北市的第一大派，谢长廷有意参选台北市长，“正义连线”则推出陈水扁为台北市长候选人，与“福利国”一直密切合作的“新潮流系”转而支持陈水扁，使谢长廷在党内初选后退出竞争，“福利国”与“新潮流系”的关系破裂。1994年台湾省省长候选人的党内初选，张俊宏败给无明显派系的陈定南；1995年“总统”候选人的党内初选，许信良败给无派系渊源的彭明敏，则显示“美丽岛系”开始走向衰落。

1996年3月，民进党在“总统”选举中失败，施明德辞去党主席职务，张俊宏任代主席。同年6月，民进党召开第七届“全国党员代表大会”，许信良与张俊宏都提出要代表“美丽岛系”竞争党主席，导致两人关系破裂，亦为“美丽岛系”的分裂埋下伏笔。许信良与“台独联盟”支持的蔡同荣角逐党主席，许信良得284票，蔡同荣只得到172票，许信良再次成为民进党的党主席，并以“新潮流系”的邱义仁为秘书长，维系“派系共治”局面。在新的中执委中，“美丽岛系”12名，“新潮流系”7名，“福利国”6名，“正义连线”5名，无派系1名；中常委“美丽岛系”3名，“新潮流系”3名，“福利国”3名，“正义连线”2名。这样的构成，显示出“美丽岛系”势力继续下降，“台独联盟”则已被“边缘化”。被视为“台独基本教义派”的“台独联盟”，在当年4月9日组成“建国会”，并在10月6日成立“建国党”，造成了民进党的第一次分裂。

1998年6月7日，民进党实行建党后的第一次党员直接选举党主席，“美丽岛系”以张俊宏参与竞争，“正义连线”和“新潮流系”则支持无派系的林义雄。选举结果，林义雄得31674票，张俊宏得14923票，林义雄当选为党主席。同年7月，民进党第八届“全国党员代表大会”产生的中执委，“美丽岛系”10名，“新潮流系”4名，“福利国”5名，“正义连线”9名，无派系3名；中常委“美丽岛系”2名，“新潮流系”2名，“福利国”2名，“正义连线”3名，无派系1名。依然占有一定优势的“美丽岛系”，不久就遭遇灭顶之灾。1999年1月30日，张俊宏建立“新世纪国会办公室”，形成“新世纪系”，主要成员有周伯伦、林忠正、林宗男、何嘉荣等。1999年5月，许信良脱离民进党参选“总统”，并建立“新动力国会办公室”，形成“新动力系”，主要成员有许荣淑、陈胜宏、林丰喜、陈忠信、邱茂男等。“美丽岛系”从此被分裂后的“新世纪”和“新动力”两派所取代，在民进党中消失。

2000年，民进党借国民党的分裂，赢得了“总统”选举，成为执政党，党内的组织和派系运作，亦随之转型。

（三）由“派系共治”走向“一人独治”

民进党执政初期，摈弃国民党的“党政合一”体制，实行“党中央”、“总统府”、“行政院”及“立法院党团”分立体制，“总统”不兼任党主席。为加强“府”、“院”、党之间的沟通，陈水扁最初采用每周与党主席、“行政院长”等会面的方法，后来改为定期召开的9人小组会议制度，除“总统”、“副总统”外，民进党主席、“行政院长”、民进党“立法院党团”总召集人以及“总统府”秘书长、民进党秘书长、民进党“立法院党团”干事长等都要参加会议，共同讨论重大的政务、党务和选务问题等。

2000年6月25日，民进党再一次由党员直接选举党主席，候选人只有时任高雄市长的谢长廷，以16139票当选。谢长廷为维持“派系共治”，主动与“新潮流系”修好，以“新潮流系”的吴乃仁为秘书长。在党主席选举之前，为防止出现“美丽岛系”消亡后“新潮流系”一派独大的局面，“正义连线”、“福利国”、“新动力”和“台独联盟”组成“主流联盟”，由“福利国”的蔡同荣为总召集人，“正义连线”的沈富雄负责政策与发言，“新动力”的许荣淑负责总务，“台独联盟”的李应元负责选务。“主流联盟”的运作产生了作用。2000 年 7 月民进党第九届“全国党员代表大会”产生的中执委，“正义连线”8 名，“福利国”9 名，“新潮流系”5 名，“新动力”3 名，“新世纪”6 名；中常委“正义连线”3 名，“福利国”4 名，“新潮流系”2 名，“新动力”1 名，“新世纪”1 名；“正义连线”和“福利国”借此成为党内最大派系，“新潮流系”被压制，“新动力”和“新世纪”两派则都发生内斗，面临组织涣散乃至派系解体危机。2000 年 9 月，前任党主席施明德因不满民进党的现行路线和理念，公开宣布退党，对民进党造成一定冲击，但是并未引起党内的派系变化。

在 2001 年举行的“立法委员”和县市长选举中，民进党又获得重大胜利，成为“国会”第一大党，并且与新成立的“台联党”结合成政党联盟，形成“泛绿阵营”。但是，民进党的社会基础并没有因为一系列选举的胜利而夯实，经济问题和两岸关系问题仍然是台湾长期性的隐忧；民进党要迅速建立理政团队，必须排除政治障碍，既要克服从反对运动时期开始培养起来的反复政治动员的惯性，努力培养承担社会重任的责任感，也要克服因长期在野积累出的高度政治不安全感，懂得如何借助制度化的决策机制，善用政务人才。

2001 年 12 月 4 日，陈水扁召开 9 人小组会议，提出民进党及“立法院”党团改造建议。12 月 5 日，民进党召开选举后的第一次中常会，正式决定启动政党“内造化”改造工程，对政党体制、提名制度、地方党部架构进行改革，并特别成立“党务改造小组”。“党务改造小组”由 11 人组成，党主席谢长廷任组长，成员有前主席林义雄、姚嘉文，“总统府”秘书长游锡堃，“行政院”秘书长邱义仁，民进党秘书长吴乃仁，以及中常委苏贞昌、柯建铭、陈昭南、刘世芳、高志鹏等人。

民进党进行政党改造主要考虑的因素，一是该党一直被视为善于选举而不善于执政，将党的选举功能与执政功能分开，强化“立法院”党团的功能和运行规则，已是向名副其实的“第一大党”过渡的必要选择。二是民进党人才的缺乏，在选举前已经显示出来，适时进行政党改造，可以为培养和吸引人才建立良性机制，并为人才递进创造必要条件。三是进行政党改造，建立新的权力运作和利益分配机制，可以打破过去“派系共治”的模式。

民进党进行政党改造的关键性问题，是走向“总统”兼任党主席的

"党政同步"，还是走向使"党中央"成为选举机器的"党政分工"。经过第五届"立法委员"选举，陈水扁的嫡系"正义连线"成为"立法院"民进党团中的最大派系（在新当选的民进党籍"立法委员"中，"正义连线"占21席，"新潮流系"占18席，"福利国"占15席），"御林军"已经成型，"新潮流系"乃选择与"正义连线"合作，支持"总统"兼任党主席，使陈水扁在2002年7月21日召开的第十届"全国党员代表大会"上，成功出任党主席。会议产生的中执委，"正义连线"8名，"福利国"8名，"新潮流系"5名，"新动力"5名，"新世纪"3名，无派系1名。中常委增为15名，"正义连线"4名，"福利国"5名，"新潮流系"3名，"新动力"2名，"新世纪"1名。"新潮流"与"正义连线"的联合，使主流联盟迅速瓦解，为维持表面上的"派系共治"，陈水扁以"福利国"的张俊雄为秘书长，但是实质上党务、政务系统都操在陈水扁手中，不仅大政方针由陈水扁一人决策，他还一手操控所有人事安排，党的规章制度也可按陈水扁的意愿随意修改，使民进党出现了前所未有的"一人独治"局面。

2004年3月民进党再次取得"总统"选举的胜利，陈水扁依然以"总统"兼任民进党主席。经过4年执政之后，民进党内的派系发生了重大变化。由于"新动力"与"新世纪"两派已经衰落，原"美丽岛系"新组成"绿色友谊连线"，由"立法委员"林进兴为会长，主要成员有陈胜宏、林宗男等人。除"新潮流系"以外，其他派系均完成了"以个人为中心"的派系重组。"正义连线"依然是陈水扁的嫡系派系，但是从中分离出了以游锡堃为首的"行政官僚系"。"福利国"成为以谢长廷为中心的派系，苏贞昌和蔡同荣都脱离"福利国"自成一系。"副总统"吕秀莲也发展出自己的一组人马。2004年7月民进党第十一届"全国党员代表大会"产生的中执委和中常委，显示出了多派系组合的特点。中执委30名，"正义连线"4名，"福利国"6名，"新潮流"7名，"绿色友谊连线"6名，"游锡堃系"2名，"苏贞昌系"3名，"蔡同荣系"2名。中常委改为13名，由中执委推选10名（谢长廷，叶菊兰，蔡同荣，蔡宪浩，苏焕智，陈胜宏，翁金珠，林宗男，郑宝清，周清玉），由党主席任命3名（吕秀莲、游锡堃、苏贞昌），构成是正义连线1名，福利国2名，新潮流2名，"绿色友谊连线"2名，"游锡堃系"2名，"苏贞昌系"2名，"吕秀莲系"1名，无派系1名。

2004年12月台湾的第六届“立法院”选举，在陈水扁的主导下，民进党所得席位尽管比第五届增加2席，但是未能达到选举前极力鼓吹的“泛绿过半”目标，被多数人视之为“败选”，民进党党内对陈水扁的批评骤起，认为陈水扁应该为“败选”负责，辞去党主席职务，实质上显露出党内对“一人独治”的不满。面对来自各方面的批评，2004年12月14日，陈水扁在民进党中常会辞去党主席职务，由民进党“立法院”党团总召集人柯建铭任代主席，准备进行党的再次改造。

（四）“解散派系”的真正意图

2005年1月30日，民进党进行又一次党员直接选举党主席，候选人只有“总统府秘书长”苏贞昌1人。应投票党员约34.4万人，投票率仅为19.73%，苏贞昌以99.71%的得票率（6.8万票），当选为民进党新一任党主席。

陈水扁也对其他人事安排作了调整，2005年1月25日，高雄市长谢长廷正式接任“行政院长”，原“行政院长”游锡堃回任“总统府秘书长”。

民进党随之开始实现由“党政同步”向“选举中央”的过渡，党中央被定位为党务机器，不仅规范党内初选的游戏规则，亦成为主持党内外选举的专门选举机器。与其他政党的协商与合作，则由“立法院”的党团负责。

2005年12月的“三合一”选举（县市长、县市议员、乡镇市长选举），民进党因受到“高捷弊案”等影响，只得到6个县市长席位，成为自执政以来最严重的一次败选。2005年12月4日，党主席苏贞昌为表示对“败选”负责，辞去党主席职务，由吕秀莲出任代理党主席，并准备在2006年年初选举新的党主席。“新潮流系”等对吕秀莲强烈不满，尽管吕秀莲已有竞逐党主席的明显企图，但是在民进党内不仅没有得到积极的回应，还遭遇到越来越强烈的批评。2005年12月12日，吕秀莲突然宣布辞去民进党代主席职务，但是在12月14日举行的民进党中常会上，吕秀莲又表示接受“慰留”，继续担任代主席，并决定将原定于2006年1月22日举行的党主席选举，提前到2006年1月15日举行。

由于吕秀莲已于2005年12月16日表示“无意参选”民进党主席，为参选民进党主席而辞去“总统府”秘书长的游锡堃成为热门人选。尽管民进党前主席林义雄公开反对游锡堃参选党主席，认为“府内高层”出来竞选，党内必有不少人认定陈水扁要重新掌控党务，希望陈水扁劝阻游锡堃竞选党主席，但是未被陈水扁采纳。2005 年 12 月 19 日，游锡堃正式登记参选民进党主席。谢长廷所属的“福利国”则全力支持蔡同荣参选党主席，甚至为了响应蔡同荣解散派系的主张，表示如果蔡同荣当选，“福利国”即宣布解散。林义雄无法改变陈水扁的意见，转而支持“三合一”选举落选的前彰化县长翁金珠竞选党主席，翁金珠于 12 月 20 日报名截止时间前完成登记，并宣布退出所属的“新潮流系”。此举引发“新潮流系”的强烈抗议，“新潮流系”总召集人段宜康于 12 月 21 日宣布辞去总召集人一职，职位由洪奇昌接任，并且表示在党主席改选中“新潮流系”不会支持特定者。

2006 年 1 月 15 日的民进党主席选举，民进党 50 多万党员中，有投票权的党员约为 23. 5 万人，投票率仅为 19. 96%；有效票共计 46649 票，游锡堃得 25397 票，得票率为 54. 44%；蔡同荣得 16846 票，得票率为 36. 11%；翁金珠得 4406 票，得票率为 9. 45%；游锡堃当选为新一任民进党主席。游锡堃的当选，得力于“正义连线”与“新潮流系”再次合作和“苏贞昌系”的支持，是派系动员与合作产生的结果。

民进党主席选举之后，另一种人事调整也有了结果。在“三合一”选举之前，已经出现陈水扁要更换“阁揆”的传闻，使“行政院长”谢长廷备感压力。2006 年 1 月 16 日晚，陈水扁临时约见谢长廷，就“内阁”人事交换意见；谢长廷返回后，马上约见“行政院”秘书长卓荣泰、“院长办公室”主任林耀文及“新闻局长”姚文智等核心幕僚，会商后续事宜，并于 1 月 17 日中午正式向外宣布辞去“行政院长”职务。1 月 19 日，陈水扁宣布由苏贞昌接任“行政院长”职务。1 月 25 日，苏贞昌就任“行政院长”，蔡英文出任“行政副院长”，原“行政院”副秘书长刘玉山升任秘书长，并对部分“部会首长”进行了调整，陈水扁信任的“部会首长”基本保留，新任职者则主要来自苏贞昌任党主席时的党内各部门负责人。

正在“内阁”进行人事调整的时候，民进党前党主席林义雄于 1 月 24 日发表公开信，指出台湾的每一次选举，几乎都让岛内族群更加分裂，阶级更加对立，选后仍然互相仇视、恶斗，导致社会纷扰不安，自己已无意从事党务，也不愿代表政党竞选公职，所以作为民进党党员已无任何意义，宣布退出民进党，成为继许信良、施明德之后，民进党第三个退党的离任党主席。

由于陈水扁在“三合一”选举之后并未认真检讨自己应承担的责任，并且马上在人事安排上频频出手，还提出“新宪公投”、“废除国统会和国统纲领”等主张，引起民进党内部的公开批评。2006年1月8日，“新潮流系”总召集人段宜康在“民进党的改革与未来”座谈会上，批评民进党是一人决策，“党政合议”乃至陈水扁的“党政合一”，都是其一人决策的包装。1月9日，“立法委员”王拓、李文忠、黄伟哲召开记者会，批评执政5年多的陈水扁始终不改一人决策的作风，继续在搞一言堂，要求未来新任党主席要能够坚持重大决策必须经过民进党中常会讨论。段宜康在辞去“新潮流系”总召集人职务时又公开表示，民进党如今不能符合台湾人民的期待，相当程度地背离民进党的理念，问题不是出在党主席，党主席没有权限为今天这样的处境作任何改善和负责，陈水扁应该负起这个责任。辞去“行政院长”职务的谢长廷也对“当权者”的“两岸政策”提出公开批评，认为包括开放大陆人士来台观光等议题，都是对促进台湾的观光业及增加人民收入有利，即便他被迫下台，还是支持两岸应“有条件开放直航”。“新潮流系”也对陈水扁紧缩两岸关系的立场提出质疑和批评，并准备筹组“两岸政经学会”，致力于“搭建两岸沟通平台”。

2006年2月7日，民进党新任文宣部主任蔡煌琅宣布3月下旬民进党将举办党内政策与路线大辩论，在两岸政策方面可能包括“承认大陆学历与否”、“国统会、国统纲领废除与否”、“高科技产业开放条件”、“两岸三通方式、内容”等议题。对于这样的大辩论，民进党内出现了几种不同的声音。一是谢长廷和吕秀莲为代表的反对派，不赞成进行大辩论，但理由有所不同，谢长廷认为对两岸政策党内决议文曾通过“积极开放、有效管理”宣示，没有必要举办大辩论；吕秀莲则认为“台湾主权已很明确”，所以“不须再辩”。二是“新潮流系”为代表的怀疑派，质疑大辩论的动机和效果，如林浊水认为现在要辩的是民进党党内政策的整合问题，过去民进党执政是靠陈水扁的意志力，政策无法有效整合，才造成执政困境。三是以“正义连线”的少壮派为代表的“翻转派”，希望借大辩论改变陈水扁的路线，曾担任民进党首次党内政策辩论要角的郭正亮表示，尽管外界认为陈水扁已经将两岸政策定调，但从他与林佳龙接触、拟定提纲的经验来看，民进党“中央”是非常严肃地在办辩论会，如果陈水扁是先有立场来要求民进党的肯定，他不相信游锡堃敢这么做；林佳龙则积极接触民进党“立法委员”，讨论细节问题，希望通过辩论推翻陈水扁路线，为民进党制定新路线。2006年3月，“行政院”突然出台针对两岸关系的“积极管理”配套措施，使即将举办的两岸政策大辩论流产，不仅印证了反对派和怀疑派的质疑，亦使“苏贞昌系”（控制政务系统）和“游锡堃系”（控制党务系统）之间的派系斗争浮出水面。

随即爆发的陈水扁夫人吴淑珍、女婿赵建铭涉嫌贪腐的一系列案件及陈水扁涉嫌贪腐的“国务机要费案”，引起全面的反贪腐和要求陈水扁下台的浪潮，亲民党等提出的罢免陈水扁提案，尽管在“立法院”未被通过，亦使陈水扁面临最严重的执政危机。面对党外的重大挑战，2006年7月22日至23日举行的民进党第十二届“全国党员代表大会”，抑制原本蓄势待发的“倒扁”氛围，巩固党内“护扁”立场，只是象征性地通过“廉政条例”，把反贪对象扩大到正、副“总统”的配偶、子女等家属；由“新潮流系”提出的象征陈水扁“形式停权”的“党政合议”方案未被通过，“福利国”的柯建铭提出“派系自律”提案也被否决，“台独联盟”的王幸男提出的解散派系的方案反被通过，确定五项禁令，一是禁止以派系名义设立办公室；二是禁止以派系招募会员；三是禁止以派系名义收受会费或对外募款；四是禁止以派系名义召开会员大会，或邀请政府到派系报告政务或相关决策；五是“党中央”及地方党部党职人员、“中央”及地方公职人员、民意代表任职期间，应声明退出派系。此后党主席不再召集派系会议，未来重要决策都在中常会形成。会议之后，“新潮流系”、“正义连线”、“福利国”、“台独联盟”、“绿色友谊连线”都发表声明，宣布派系解散。

解散派系的主张得到陈水扁的支持，主要针对的是组织性最强的“新潮流系”，“福利国”和“苏贞昌系”也将受到严重影响，这三个派系的主要人物都不支持这样的做法，因为终止民进党的“派系共治”，实质上是强化了陈水扁通过党主席游锡堃对全党的控制，并使今后的党内外竞争，由于失去派系的奥援和相互协调，变得更加残酷和无序，还可能出现无数个大小山头，埋下不断分裂的隐患。

派系尽管解散，新当选的中执委、中常委还是各有派系背景。30名中执委，“正义连线”6名，“福利国”4名，“新潮流”6名，“绿色友谊连线”6名，“游锡堃系”1名，“苏贞昌系”4名，“蔡同荣系”3名。中常委改为15名，由中执委推选10名（谢长廷、叶菊兰、陈胜宏、吴秉睿、余政宪、陈明文、杨秋兴、黄庆林、蔡同荣、刘世芳)，由党主席任命5名（游锡堃、吕秀莲、苏贞昌、陈唐山、柯建铭)，构成是“正义连线”2名，“福利国”2名，“新潮流”2名，“绿色友谊连线”2名，“台独联盟”1名，“游锡堃系”2名，“苏贞昌系”2名，“蔡同荣系”1名，“吕秀莲系”1名。由于苏贞昌是2008年“总统”选举的热门人选，所以有人以“泛苏系”和“非泛苏系”划分出民进党内的两大势力。“泛苏系”包括“苏贞昌系”和“绿色友谊连线”、“新潮流系”，在中执委中占有16席，在中常委中占有6席，都占据优势。“非泛苏系”包括“正义连线”、“福利国”、“台独联盟”以及“游锡堃系”、“蔡同荣系”、“吕秀莲系”，在中执委中占有14席，在中常委中占有5席，均呈劣势。但是“泛苏系”与“非泛苏系”的划分，过于简单，看到的只是派系的当前结合，在台湾未来的政局中，“苏贞昌系”未必能够长期与“新潮流系”、“绿色友谊连线”结盟，也未必不与“福利国”结盟；陈水扁的嫡系人马“正义连线”和“游锡堃系”，也可能重演与“新潮流系”结盟的故事。“在选举中重新划线”，已经成为民进党这个“选举怪物”的不二法则，即便是解散派系，也无法改变派系依然存在并不断重组的现实。

2006年12月的两个直辖市市长和市议员选举，再次显示了“选举怪物”的超强能力，在大规模“倒扁”和“反贪腐”运动的巨大压力之下，出自“新潮流系”的陈菊在高雄市长选举中以微弱优势胜出，稳住了“南绿”的基本盘；“福利国”的领军人物谢长廷尽管在台北市长选举中落败，但是40.98%的得票率，也稳住了“泛绿阵营”的基本盘，被党内称为“虽败犹荣”。选举之后，苏贞昌、谢长廷、游锡堃、吕秀莲都开始为未来的“立法委员”选举乃至“总统”选举“布局”，四系人马都开始重组，而在台面下操作的，仍然是派系之间的合纵连横，并将呈现“没有派系”的派系斗争的怪异场景。

第四节　新党、亲民党——“深蓝”政党面临选择

新党和亲民党在反对“台独”方面都比国民党明确、坚决，被视为“泛蓝”政党联盟中的“深蓝”政党。在几次重要选举之后，两个政党面临重要的选择。

（一）新党的盛衰

新党的前身，是1989年8月25日国民党籍“立法委员”赵少康、李胜峰等人在“立法院”成立的“新国民党连线”，当时只是一个主张“清廉参政”的问政团体，没有特定的组织，并不是国民党内的一个派系。由于不满在国民党内受到的不断打击，1993年“新国民党连线”提出7名候选人（赵少康、郁慕明、李庆华、周荃、关中、陈癸淼、李胜峰）竞选县市长，引起国民党中央的震动，立刻派人协调，承诺给“新国民党连线”4~6席中常委席位，以使“新国民党连线”留在党内。但是赵少康、王建煊等7名国民党中生代“立法委员”未被说服，于1993年8月10日正式宣布成立新党，8月22日举行成立大会并讨论通过了党章。新党定位为“以国会为中心，以民意为导向，以选举为手段”的国民党、民进党之外的第三党，既反对国民党的腐败、金权，也反对民进党的“台独”，希望得到将选票投给国民党不甘心、投给民进党不放心的选民支持。

新党初建时不设党主席，党的负责人由“全国竞选与发展委员会”召集人担任。

新党第一届“全国竞选与发展委员会”召集人为赵少康，郁慕明任秘书长。在1993年11月的县市长选举中，新党尽管有3.08%的得票率，但是未得到席位。在1994年举行的县市议员、乡镇市长选举和乡镇市民代表、村里长选举中，新党都得到了少量席位。

1994年8月，郁慕明任第二届“全国竞选与发展委员会”召集人，赵少康为秘书长；10月，由王建煊继任为召集人。当年12月，新党以朱高正（由民进党投向新党）竞选台湾省省长，赵少康竞选台北市市长，汤阿根竞选高雄市市长，均未成功，但是赵少康在台北市的得票率高于国民党候选人黄大洲，已显示出新党的影响力增加。在同时进行的省议员和台北市、高雄市议员选举中，新党取得了15个席位（台湾省2席，台北市11席，高雄市2席），则是不小的胜利。

1995年，陈癸淼任第三届“全国竞选与发展委员会”召集人，仍以赵少康为秘书长。在当年12月的第三届“立法委员”选举中，新党得到21个席位（区域16席，不分区4席，侨选1席），成为名副其实的第三大党，新党进入鼎盛期，号称有“精神党员”6万人。1996年，陈癸淼续任第四届“全国竞选与发展委员会”召集人，以郁慕明为秘书长。在当年的

“总统”选举中，新党未提名候选人，而是支持从国民党退出参选的林洋港、郝柏村。在同时举行的“国大代表”选举中，新党则得到了46个席位。

1997年7月，郁慕明当选为“全国竞选与发展委员会”召集人，但是未就任，由周阳山出任第五届“全国竞选与发展委员会”召集人。当年，新党发生严重内讧，朱高正抨击郁慕明等人包庇涉嫌利用大陆投资诈骗的姚立明，郁慕明等人立刻反击，并将朱高正开除党籍。内讧影响了新党的选情，在1997年的县市长选举中，新党只有1.41%的得票率，一席未得。在1998年1月和6月的县市议员、乡镇市长选举及乡镇市民代表、村里长选举中，新党也只得到少量席位，新党开始走下坡路。

为改变新党的颓势，1998年陈癸淼又出任“全国竞选与发展委员会”召集人（第六届）。在当年12月举行的“立法委员”和台北市、高雄市市长、市议员选举中，新党依然成绩不佳，“立法委员”席位由21席下降到11席，王建煊、吴建国竞争台北市长、高雄市长均落选，台北市议员由11席降为9席，高雄市议员由2席降为1席。选举的不断挫败，再次引起新党内讧，赵少康等人退出了新党。陈癸淼亦辞去召集人，由冯定国接任召集人。

1999年，李庆华任第七届“全国竞选与发展委员会”召集人。为参加2000年的“总统”、“副总统”选举，新党推出李敖与冯沪祥为候选人，李庆华则转而支持宋楚瑜，引起新党内部的混乱。选举结束后，亲民党成立，李庆华等人退出新党，加入亲民党，使新党更受到重创。

2000年3月，郝龙斌任第八届“全国竞选与发展委员会”召集人。2001年3月，谢启大继任召集人，着手安排当年12月的“立法委员”和县市长选举，并将此次选举视为关系新党生死存亡的关键性战役。新党以王建煊代表“泛蓝阵营”竞选台北县长，李炷峰代表新党竞选金门县长，并推出31名候选人竞选“立法委员”，但是选举结果，新党只在金门县得到县长席位和1席“立法委员”席位，并且没有跨过5%的得票门槛，由第三党变成一个小党。

新党必须面对现实，因为新党已经没有合适的领军人物，在短期内很难打造出新的“政治明星”，没有核心人物就很难有凝聚力，在败选的颓势下，难以保证现有人员不离党而去。还有一个更现实的问题是拿不到政党补贴的新党，以仅存的800万元新台币，已经难以维持一个政党的正常正常开支和运作。

要求进行政党改造的人，则提出了三种可供选择的方案。一是将新党全委会移往金门，由新当选的县长李炷烽、“立法委员”吴成典负责领导，在台北市只设置秘书处或联络处，在台北市议会中设置党团，负责市政及党务推广。二是维持现有的全委会机制，在新党仍有影响的地区设立“人少质精”的党务和义工组织，使日常党务经费压缩到最小幅度，并以募捐为主。三是调整全委会的组织结构，除了由“立法委员”、县市议员担任“当然委员”，还要征询过去的重要领导人意愿，聘为“顾问”，共同参与新党日常决策。金门亦有人回应，指出新党对两岸关系的立场，较为贴近金门人的自我定位，但是金门的存在意义不应被狭隘解释成新党的最后基地，而是应该考虑如何在“统”与“独”对立中走出第三条路，在坚持台湾主体性的同时重新认识两岸关系的意义。

2001 年 12 月 8 日，新党召开临时全委会，同意谢启大为败选负责辞职，由现任新党“立院党团”召集人营志宏暂时接任全委会召集人，并负责召集新党改造委员会，设计政党改造方案。改造的重点，是将“柔性政党”改革成“刚性政党”，改变过去党员随时可以加入或退出，也不必缴纳党费的做法，发展具有实质意义的党员。

2002 年 9 月，新党修订党章，规定“全国党代表大会”为党的最高权力机构，“全国委员会”为党的最高党务常务机构，党主席由“全委会”委员互选产生。经过全委会推选，郁慕明成为新党的第一届党主席，继续推动党务改造，确定党主席改为党员直接选举。

2003 年 6 月 9 日，新党举行党员直选党主席，登记的党员只有 1600 余人，郁慕明以 98% 的得票率当选为党主席。

鉴于 2002 年以来的选举新党都表现不佳，已难以再跨过“立法委员”选举设定的 5% 得票率的政党门槛，新党在 2004 年的“立法委员”选举中，采用了与国民党合作的方法，除了金门县的候选人仍以新党身份参选外，新党推出的 7 名区域“立法委员”候选人都以国民党候选人的身份参选。选举结果，除了以新党名义参选的吴成典成功连任外，还有 3 名以国民党身份参选的新党候选人当选为“立法委员”，表明新党候选人以国民党身份参选是正确的选择，但在选举中主动放弃政党的独立性，使新党不得不面临被“合并”或被“吞并”的命运。

2005 年 12 月的“三合一”选举（县市长、县市议员、乡镇市长选举），新党又独立推荐候选人参选，但是只推出李炷烽争取连任金门县长，并推荐8名候选人参与县市议员选举，结果李炷烽成功连任，但是在县市议员选举中新党只得到1席。

新党在选举中的大量“缺席”，显示原来定位的“关键性少数”的政党地位已不复存在，新党只能在国民党、亲民党合作乃至合并的过程中，加入其中，正式宣布独立政党的终结。当然，在完全消失之前，新党作为“深蓝”的发言人，还会起一定作用，但切不可高估这种作用。

（二）亲民党的走向

2000年3月31日，亲民党在台北市圆山大饭店成立，选举宋楚瑜为党主席，张昭雄为副主席，钟荣吉担任秘书长，确定党的最高决策机关为“全国委员会”，并设中央执行委员会，委员21人，候补委员5人，由全委会选出，任期两年。

宋楚瑜脱离国民党建党，强调以“人民第一”为宗旨，实质是要以2000年“总统”选举中赢取的466万票为基础，逐步发展成国民党、民进党之外的台湾第三大党。亲民党初期的目标，是吸引50万党员。

2001年12月的“立法委员”和县市长选举，是亲民党建党后的第一次选举，面对来自选举的政治实力检阅和影响力考验，亲民党推出62名候选人参与“立法委员”竞争，6名候选人参与县市长竞争。选举结果，亲民党取得46个“立法委员”席位和2个县市长席位（台东县、连江县），一举实现了成为台湾第三大党的目标。

2001年12月4日，亲民党举行本党新科“立法委员”座谈会，党主席宋楚瑜明确表示党内改造是亲民党建立主体性后的第一个重大工程，改造项目包括推动党主席直接选举、建立党内民主决策机制、健全基层组织等内容。

亲民党之所以把党务改造作为“头等大事”，一是希望尽快摆脱“一人政党”的阴影，因为亲民党自成立以来，虽然组织部声称有几十万党员和数十名“中央”及地方民意代表，但没有严密的组织体系和决策机制，拿选票主要依靠的是宋楚瑜的“个人魅力”，这样的状况，离一个成熟的政党还有很大的距离。二是选举的胜利为亲民党发展和扩大基层组织、扎牢政党根基提供了极好的机会，一方面亲民党可以把自己的支持者按照既定程序吸入党内，并建立起相应的地方组织；另一方面国民党败选之后，基层组织涣散，亲民党可以借机局部甚至全盘接收，以此来扩大本党的基础。三是借此明确宣示亲民党与国民党的关系是一种新型的政党合作方式，而不是“合并”关系。

2002 年 5 月 15 日，亲民党举行第一次党员直接选举党主席，候选人只有宋楚瑜一人，并以 99.46% 的得票率当选，张昭雄仍任副主席。在 2002 年的台北市、高雄市市长和市议员选举中，亲民党采取与国民党合作的态度，不提名市长候选人，并得到 15 席市议员席位（台北市 8 席，高雄市 7 席）。2004 年的台湾“总统”、“副总统”选举，亲民党继续与国民党合作，由连战与宋楚瑜联手参选，但功败垂成。

2004 年第六届“立法委员”选举，亲民党受到国民党等的“挤压”，只得到 34 席，比上一届减少 12 席，成为建党后又一次严重的败选，引起亲民党上下对“友党”的极大不满。亲民党在选举之后既未认真检讨本党在选举中的失误，党主席宋楚瑜亦未因败选而下台，而是对国民党展开了激烈的攻击。

亲民党的败选，使“泛蓝阵营”内国、亲、新三党合并的呼声不断高涨，亲民党则明确表示眼前只谈“合作”不谈“合并”。为了走出困局，亲民党主动出击，一方面向国民党要价，提出“立法院”院长、副院长“国亲配”的要求，以维系“泛蓝”各政党的合作；另一方面与民进党接触，以期在台湾政治角逐中扮演更重要的角色。2005 年 2 月 1 日“立法院”院长、副院长选举，“国亲配”的王金平、钟荣吉顺利当选，为国民党、亲民党的继续合作奠定了新的基础，亦使“立法委员”选举后两党之间的紧张关系得以缓和。2005 年 2 月 24 日，陈水扁与宋楚瑜经过 2 个多小时会谈，达成十项结论，但是不久即被陈水扁推翻，亲民党则不再与民进党进行此类的磋商。

2005 年 7 月，亲民党举行第二次党员直接选举党主席，候选人仍然只有宋楚瑜一人。选举采用通讯投票方式，寄出选票 68000 多张。7 月 22 日，选举结果揭晓，党员投票数为 36569 票，投票率 53.35%，宋楚瑜得 36273 票，以 99.19% 的得票率当选为党主席。

2005 年 12 月的“三合一”选举，亲民党在县市长选举中只赢得 1 席（连江县），县市“议员”席位大大减少，乡镇市长只得了 3 席，“第三大党”的地位已经动摇，不能不认真考虑政党发展的前景问题。

“三合一”选举结束后，亲民党高层即开始讨论与国民党进一步合作乃至合并的问题。考虑到亲民党作为一个独立政党存在，还可以保住6席“不分区立委”席位，使“泛蓝阵营”能够继续在“立法院”保持过半席次，对“泛蓝阵营”具有极为重要的意义，宋楚瑜等人希望先建立国亲联盟而不是实质性合并，并针对台北市、高雄市市长选举和下一届“立法委员”选举，确立“一起初选，一起提名”的机制。

出于自身政治前途的考虑，一些亲民党籍“立法委员”（如孙大千、林郁芳、李庆安等）要求的不是国亲联盟而是国民党、亲民党实质性合并，甚至等不及两党之间的协商，已公开或半公开地表达投向国民党的意愿，对亲民党既定的政党合作模式提出挑战。

经过内部协调，2005年12月7日，亲民党成立国亲合并协商小组，由黄羲交、孙大千、林惠官、李鸿钧、张显耀等5人组成。12月8日，亲民党国亲合并协商小组拜会国民党主席马英九、秘书长詹春柏、发言人郑丽文等人，闭门协商2个多小时后达成三项结论：（1）国民党、亲民党将分阶段完成合作到合并工作，第一阶段希望在2006年1月底前完成两党协商交换意见，目标锁定为各级“民意代表”，如何建立合作到合并机制（包括提名机制）。（2）两党从合作到合并的过程，应该坚持“尊重民意，培养互信，建立制度，扩大优势”四项原则。（3）两党应该建立平台，磋商或执行法律、实务方面的问题，平台成员名单将在“马宋会”后确立。也就是说，尽管亲民党内有不同声音，但是最终还是按照亲民党高层确定的思路与国民党展开协商。

在两党协商之后，国民党主席马英九明确表示为避免影响两党协商进度，他不再就此项议题公开发表意见，两党协商情况均由双方指定的发言人来发言。应该说，这也是国民党的一个积极回应动作。

2005年12月12日，国民党主席马英九与亲民党主席宋楚瑜经过4个小时单独会谈，确定国亲合并缓议，两党在2007年之前维持现状，以加强合作为优先考虑，并在三个问题上形成共识：（1）按照“公职人员选罢法”的规定，不分区“立法委员”就职后如丧失其所属政党党籍，即日起即丧失“公职”人员资格；大法官会议也指出政党如被宣告解散，不分区“立法委员”即丧失资格；至于政党合并或合并后成立新政党，不分区“立法委员”的处理方式尚未明确。国民党、亲民党一旦合并为一个政党，亲民党消失，不分区“立法委员”席次问题可能交由“中选会”或“内政部”政党委员会处理，这两个单位目前都由民进党掌握，解释结果不见得对“泛蓝阵营”有利；“政党法”已经在“立法院”待审，如果完成审查通过，合并问题即可克服，所以两党必须先推动“政党法”制定完成。（2）在“政党法”通过之前，国民党、亲民党应在“立法院”维持实质多数，进行紧密合作。（3）在政策方面，为避免台湾经济被边缘化，应加速推动两岸三通；支持解决岛内退休军公教人员退休待遇问题，但须提出相关配套措施；要求“司法”检调部门，将现有弊案不分“蓝”、“绿”追查到底；继续尊重民意，坚决反对“军购”；继续追查“3·19 枪击案”真相；加强监督当局，主动“立法”，向理性问政之路迈进。

“三合一”选举后的第一次“马宋会”，未能就如何处理亲民党籍“立法委员”归属的焦点问题形成一致意见。可供选择的方案主要有两个，一是亲民党保留 7 席不分区“立委”和 1～3 席区域“立法委员”，跨过“立法院”党团门槛，使亲民党“立法院”党团继续存在，其他“立法委员”则按谈好的条件和国民党整合，直到本届“立法委员”任期结束为止；这一方案由于亲民党难以接受，未被采纳。二是国民党、亲民党组成“政党联盟”，在“立法院”密切合作，这是亲民党力主的方案，国民党亦未表示可以接受。

由于焦点问题没有解决，亲民党籍“立法委员”还可能“偷跑”，“马宋会”后马英九即明确表示，对于亲民党员个人加入国民党的问题，国民党不会主动吸收和挖墙脚，但如果有亲民党员个人入党，国民党也不会拒绝，之前已有李庆华、周锡玮等人回归国民党，一切有前例可循，这方面也已取得宋楚瑜主席的谅解。

为保证“泛蓝阵营”在“立法院”的实质多数，国民党主席马英九于 2005 年 12 月 15 日参加国民党“立法院”党团工作汇报会，强调虽然“三合一”选举国民党大胜，但国民党会减少 3～4 席“立法委员”席次，因此在维持“立法院”多数方面，国民党、亲民党两党要更团结，还要加强联合无党团结联盟，维持住稳定多数的局面。

2005 年 12 月 22 日，国民党主席马英九与亲民党主席宋楚瑜再次会谈，就“朝野合作”、“军购案”和“监委”同意权三个议题交换意见，显示国民党、亲民党在“议题”合作上有了更实质性的进展。

国民党与亲民党在“三合一”选举之后共同培育出来的合作气氛，进入 2006 年后又因部分亲民党籍“立法委员”要求加入国民党而面临考验。2006年年初，传出有6名亲民党籍“立法委员”将在春节后加入国民党的消息，马英九再次表态国民党对此“欢迎”但“不鼓励”。尽管在春节前宋楚瑜对亲民党籍“立法委员”的“偷跑”行为作了公开谴责，但是2006年1月27日，亲民党“立法院”党团副总召集人孙大千和李永萍、林德福、陈志彬等4名“立法委员”还是正式宣布退出亲民党，加入国民党。至此，亲民党已经有8名“立法委员”转投国民党，使亲民党的“立法委员”席位由34席下降到26席。2006年3月，“立法委员”高思博等也脱离亲民党，加入国民党，使亲民党的“立法委员”席位进一步减少。

尽管亲民党在2006年反贪腐和提议罢免陈水扁中起了重要作用，但是在台北市、高雄市市长和市议员选举问题上，国民党与亲民党的合作关系破裂，宋楚瑜以无党籍人士身份而不是亲民党党员身份竞选台北市长，但是只得到53281票和4.14%的得票率，宋楚瑜在选举日的12月9日最终选举结果还未出来前，即黯然宣布从此正式退出台湾的政治。亲民党在市议员选举中也再次遭受挫败，台北市只得到2席（比上届减少6席），高雄市得到4席（比上届减少3席）。

宋楚瑜退出台湾政治，以“一人党”为特征的亲民党处境艰难。为坚持亲民党的存在，亲民党内的坚定分子对宋楚瑜提出“慰留”请求，并且继续摆出与国民党结盟而不是合并的姿态。亲民党的迅速消失，也有损国民党以及整个“泛蓝阵营”的利益，国民党迅速作出回应，马英九、连战、王金平都公开表示宋楚瑜应继续执掌亲民党，并与国民党进一步会商两党合作问题。由于宋楚瑜并没有辞去党主席，所谓的“退出台湾政治”，很快被“云游四海，轻松一下”所淡化，更明确的则是2008年前不会解散亲民党的公开表态，以及党内事务暂由秘书长秦金生负责的安排。由于亲民党已经与国民党正式建立政党联盟，在第七届“立法委员”选举中，亲民党将与国民党共推候选人已成定局。也就是说，宋楚瑜不过是“暂时离去”，不久又会“重现江湖”。尤其是在国民党陷入党内危机的时候，亲民党如何在“泛蓝”阵营中发挥作用，将成为不可避免的话题。

第五节　“建国党”、“台联党”——“深绿”政党的困局

“建国党”和“台联党”都是坚持“台独”的政党，被视为“泛绿”政党联盟中的“深绿”政党。但是“建国党”始终是一个小党，“台联党”则在成为主要政党之后，已出现滑向小党的趋势。

（一）未成气候的“建国党”

“建国党”的前身是民进党内的外来派系“台独联盟”，因不满民进党对“台湾独立”的模糊态度，激进的“台独”势力决定脱离民进党另组政党。1996年10月6日，“建国党”筹备委员会在台北市举行发起人大会，并宣布“建国党”正式成立。

参加“建国党”成立大会的发起人有230多人，大学教授、中小学教师近70人，工商界职员70人左右，医界人士约26人，文化界人士近30人，显示“建国党”是知识分子型政党，成员主要来自民进党党员和过去支持民进党的外围民众。

“建国党”成立后，以李镇源（“中央研究院院士”）为首任党主席，林山田为副主席，律师李胜雄为秘书长，前“台独联盟”美国本部主席郭倍宏等为决策委员会委员。

“建国党”定位为坚持“台独”的民进党、国民党、新党之外的第四党，尽管是从民进党中分离出来的政党，但是表示如果民进党未来能坚持“独立建国理念”，建国党将会与其合作，但绝不与国民党、新党合作。

“建国党”的成立虽然造成了民进党的一次分裂，但是出走组党的大多是民进党中的失意分子。有些人如叶菊兰、陈永兴、彭百显等人，虽然与“建国党”的理念相同，但他们或留在民进党内观望，或退出民进党另组“新国家连线”，均未加入“建国党”。在争取选民方面，“建国党”原希望能够挖走民进党的票源，在重要选举中得到5%至10%的选票，跨过政党门槛，但是在1997年的县市长选举中，“建国党”推出的3名候选人（在台中县、台中市、嘉义市参选）均落选，总得票率只有0.19%。1998年的“立法委员”选举，“建国党”只得到1个席位，得票率仅为1.57%，未跨过政党门槛；在同时举行的台北市、高雄市议员选举中，

“建国党”也只得到0.66%和1.87%的得票率。选举的惨败不仅使“建国党”成为第四党的希望落空，还引发了内讧，使“建国党”的生存更为艰难。

“建国党”此后的历任党主席，有许世楷（1998~1999年）、郑邦镇（1999~2000年）、何文杞（2000~2002年）、黄千明（2002~2004年）、郑邦镇（2004年至今）等人，在选举方面依然没有较大进展。2000年民进党执政之后，“建国党”的部分党员流回民进党，创党主席李镇源也在2000年4月退出“建国党”。2001年“台联党”成立之后，“建国党”的“激进台独”地位为“台联党”所取代，已成为泡沫化的政党。

（二）以“精神领袖”为中心的“台联党”

2001年8月12日，以李登辉为“精神领袖”的“台湾团结联盟”成立，简称“台联党”。“台联党”坚持“激进台独”主张，希望以“急独”民众为主要票源，主导台湾政局走向，成为台湾的一个主要政党。

“台联党”首任党主席为李登辉的亲信黄主文（曾任“内务部长”和“中选会”主任委员），苏进强为秘书长，2001年12月林志嘉接任秘书长。尽管“台联党”党章规定党员大会为最高决策机关，但是重要的决策和人事安排等，实际上都由李登辉在幕后直接操控。由于“台联党”自诩为“精英政党”，在组织发展上求“精”而不求“多”，所以在2001年12月中旬前“台联党”的正式党员还未超过60人，大多来自李登辉主掌国民党时倾向“台独”的班底。

在2001年12月举行的“立法委员”、县市长选举中，“台联党”不推荐候选人参与县市长角逐，而是与民进党结盟，支持民进党的候选人，“台联党”本身主攻“立法委员”选举，希望跨过5%的政党门槛并拿到20个“立法委员”席位。选举结果，“台联党”得票率为7.76%，得到13个“立法委员”席位，成为台湾“国会”的第四党。

“台联党”在跨过“立法院”政党门槛之后，显露出独立发展的雄心。“台联党”秘书长苏进强明确表示“台联党”是一个独立的政党，绝对不附属于民进党或为其党内派系的一支，对政局稳定没有帮助或只是考虑民进党内派系利益的政策，“台联党”不一定支持。在政党发展方面确定的目标，一是不盲目发展“人头党员”，暂时不考虑建立地方党部，主要利用“李登辉之友会”的影响；二是完善提名参选候选人制度，既要考虑候选人与政党理念相同和具有竞争力，又要建立制度，要求推荐人负完全责任，并设置全由党外人组成的监察委员会，但是政党要有最后决断权；三是加强青年、妇女、社团的互动作用，把社会根基扎牢；四是做好“立法院”党团的支援工作，使党团能够发挥重要作用。

在此后的选举中，“台联党”开始走下坡路。2002 年 1 月的县市议员和乡镇市长选举，“台联党”只以 1.47% 的得票率得到 7 个县市议员席位，乡镇市长一席未得（得票率仅为 0.11%）。2002 年 12 月的台北市、高雄市议员选举（“台联党”未推荐候选人参加两市市长选举），“台联党”在台北市的得票率为 3.27%，但未得到席位，在高雄市的得票率为 4.55%，只得到 2 个席位。“台联党”的党员人数，也没有太大发展，至 2003 年前只有 102 名党员。

2004 年 8 月 2 日，“台联党”改选党主席，候选人只有黄主文一人，顺利连任党主席。

2004 年 12 月的“立法委员”选举，“台联党”得到 12 个席位，比第五届减少 1 席；得票率比第五届上升 0.03%，但得票数比第五届减少 44848 票；争取连任的 8 名“立法委员”，有 4 名落选。对这样的选举结果，党内立刻泛起不满呼声。2004 年 12 月 13 日，在“台联党”中执会上，黄主文请求辞去党主席职务，以表示对“败选”负责，但是中执会希望他留任到 2005 年 2 月 1 日。此后，“台联党”内部不满黄主文的势力相互串联，“倒黄派”几乎占“台联党”现任“立法委员”12 人的一半以上，使黄主文的领导地位岌岌可危。许多人私下批评黄主文主持党务不公，安插亲信，此次“立法委员”选举又把资源集中在儿子黄适卓身上，未兼顾其他候选人的需求。“批黄声浪”从“台联党”到“群策会”、“李友会”都有，甚至传入李登辉耳中。由于李登辉也不反对黄主文下台，使“倒黄派”活动更为积极。党主席的继任者，以“总统府”资政、现任“群策会”秘书长的黄昆辉资历最为深厚，是“台联党”内部最能接受的人选。但是黄昆辉对于接任“台联党”主席意愿不高，因为李登辉主持的“群策会”必须倚重他。

2004 年 12 月 19 日，“台联党”召开中执会，“倒黄派”发难，与“保黄派”吵了 2 个多小时仍无结果，黄主文利用上洗手间的空当向媒体径自宣布他再度坚持请辞，但中执委“强烈慰留”，最后“勉强同意”他的请辞。“倒黄派”认为党主席“已出缺”，可以讨论“代理”案，但

“保黄派”人马纷纷趁机离开会议室，使会议无法再开下去，最后只好散会。黄主文在会中还提出由“保黄派”的“立法委员”罗志明出任秘书长，但立即遭到反对；有人提议应由落选的陈建铭或钱林慧君出任，罗志明则表示反对到底，两派人马意见不一。“立法委员”程振隆提出建议，索性一级主管不要更换，和党主席继续“看守”到新的党主席产生为止，这项提议获得采纳。

2004年12月27日，“台联党”再次召开中执会，决定暂由“台联党”“立法院”党团总召集人黄宗源代理党主席一职；秘书长林志嘉去职，副总召集人陈建铭为代理秘书长，并预定于2005年2月1日前选出新任“台联党”主席。

在李登辉、黄主文等人的协调下，“台联党”于2005年1月10日前确定“台联党”前秘书长苏进强为新的党主席。1月17日，“台联党”中执会通过首波新任党务主管名单，秘书长由代理秘书长陈建铭续任。1月27日，苏进强正式就任“台联党”主席。

为挽救选举后的颓势，“台联党”确定了2005年建立一个党部一个社团、党员人数倍增、发行月刊和突破地方选举四大目标。无论是李登辉还是“台联党”，都唯恐被台湾政坛“边缘化”，所以急于解决内部矛盾，并依然处处彰显“台独”特性，希望借此来稳住阵脚。

2005年的“三合一”选举，“台联党”再遭败绩，推荐的2名县市长候选人（基隆市、台南市）全部落选，县市议员以2.34%的得票率得到11席，乡镇市长一席未得。2006年的台北市、高雄市市长和市议员选举，“台联党”推荐的台北市长候选人周玉蔻和高雄市长候选人罗志明均落选，“台联党”只得到了3席市议员席位（台北市2席，高雄市1席）。选举之后，苏进强辞去党主席职务，由林志嘉任代主席，并确定在2007年3月前产生新的党主席。2007年1月19日，“台联党”召开临时中执会，同意由黄昆辉为新一任党主席。

“台联党”作为“深绿”的代表，仍在顽强地表现其独立性，但是未来的“立法委员”选举，“台联党”能否跨过政党门槛，已成为关键性问题。由于民进党有太多“立法委员”要争取连任，在“单一选区两票制”的新制度安排下，显然难以与“台联党”在候选人提名问题上达成一致，不但会挤压“台联党”候选人的当选，还可能减少“台联党”的得票，使其难以再跨过5%得票率的政党门槛。即便发生这样的情况，只要“精神领袖”李登辉还在，“台联党”依然可以维持下去，不过是变成与“建国党”一样的小党。尽管李登辉在台湾政坛已被逐渐“边缘化”，民进党在重大举措上仍不能不顾忌李登辉的态度，重要的因素就在于李登辉在“深绿”民众中仍有不小影响，并握有“台联党”这张牌。维系“台联党”的“精神领袖”一旦消失，“台联党”的消失也就是时间的问题了。

第六节　非盟或无盟——无党籍人士的合作模式

在台湾政治舞台上，经常活跃着一些无党籍人士。为相互援助和支持，这些无党籍人士也会组织起来，形成松散的联盟。这样的联盟虽然大多难以持久，并且经常花样翻新，但是观察台湾选举不能不注意到它们的存在。

（一）三大联盟鼎立

1995 年的第三届“立法委员”选举，罗福助等 4 名无党籍人士当选，即开始筹组无党籍联盟，不仅参与朝野协商，取得问政空间，还为下一届选举的无党籍人士合作打下基础。1998 年，为参加第四届“立法委员”选举，罗福助成立“民主非政党联盟”，希望团结无党籍候选人，跨过 5% 的政党门槛。被国民党开除党籍的徐成焜、林志嘉、徐庆元、杜振荣等人，则于 1998 年 6 月 24 日成立“民主联盟”，以徐成焜为会长，成为团聚无党籍人士的另一支力量，与罗福助的“民主非政党联盟”展开竞争。选举结果，民主联盟得票率为 1.78%，徐成焜、林志嘉、徐庆元、杜振荣 4 人均当选。民主非政党联盟得票率仅为 0.66%，但罗福助顺利当选。

第四届“立法委员”上任后，脱离国民党以无党籍身份当选“立法委员”的黄明和、黄羲交等人组成“全国民主非政党联盟”，罗福助则成为“立法院”次级团体“无党籍联盟”的召集人，再加上徐成焜等人的民主联盟，形成无党籍“立法委员”组织形态的“三足鼎立”局面。

2000 年“总统”选举之后，台湾出现政党重组局面，亲民党、“台联党”等先后成立，对无党籍人士的联盟形成巨大冲击。民主联盟的林志嘉投向“台联党”，徐庆元、杜振荣加入亲民党，徐成焜加入亲民党后不久即退党，继续维持民主联盟并成为亲民党的“党友”。全国民主非政党联盟的黄羲交加入亲民党，黄明和恢复国民党籍，联盟则不复存在。无党籍联盟召集人罗福助 2001 年 3 月因殴打“立法委员”李庆安，被“立法院”

处以停权6个月的最高处分，2001年宣布不参加“立法委员”选举，无党籍联盟的运作亦终止（罗福助之子虽然参加竞选“立法委员”，但是以国民党候选人身份参选）。经过一系列的分化和变动，在2001年的第五届“立法委员”选举中，已没有无党籍人士组成的联盟登记参选。

（二）无党团结联盟与“第三种势力”的生存空间

2001年第五届“立法委员”，共有陈文茜（台北市）、赵永清（台北县）、颜清标（台中县）、高孟定（云林县）、张花冠（嘉义县）、蔡豪（屏东县）、林炳坤（澎湖县）、瓦历斯贝宁（山地原住民）、高金素梅（山地原住民）10名无党籍人士当选。

2004年6月15日，无党籍“立法委员”宣布成立“无党团结联盟”，简称“无盟”，在9月15日正式登记为“政团”，成为推动无党籍人士合作的一个政党。建党时共有时任“立法委员”10人，除了以无党籍身份当选的瓦历斯贝宁、高金素梅、林炳坤、陈进丁、颜清标、蔡豪6人外，还有脱离亲民党的邱创良、脱离国民党的吕新民、脱离民进党的郑余镇和何金松4人。退出民进党的朱星羽，后来也加入无党团结联盟运作。

无党团结联盟以张博雅为党主席，前“立法委员”陈杰儒为秘书长，邱创良为总召集人，吕新民为副总召集人，干事长为郑余镇，发言人为林炳坤。

在2005年12月的第六届“立法委员”选举中，无党团结联盟推出26名候选人（包括9名现任“立法委员”）参选，希望一举跨过5%的政党门槛，成为台湾的“中立”政党。选举结果，无党团结联盟只有颜清标（台中县）、李和顺（台南县）、蔡豪（屏东县）、林炳坤（澎湖县）、瓦历斯贝宁（山地原住民）、高金素梅（山地原住民）6人当选，得票率仅为3.25%，未跨过政党门槛。

由于“泛蓝阵营”和“泛绿阵营”在选举前都有过于激烈的表演，引起选民反感，如果在两大阵营中出现一个新的政党，独树一帜，扮演“居中角色”，不仅可以吸收“中间选民”的选票，也可能吸引部分“浅蓝”、“浅绿”或“厌蓝”、“厌绿”选民的选票。但是在过低的参选率之下，这一现象并未出现，表明许多选民宁愿选择放弃，也不愿意去支持一个新的政党。无党团结联盟的得票，应主要来自候选人本人的固定支持者，而不是来自新政党的号召力。台湾已经形成“政治明星”拉动选举并拉抬政党势力的格局，新成立的无党团结联盟之所以缺乏号召力，就在于它不仅没有“超级明星”，也没有像许信良、施明德、陈文茜、李敖这样的“次级明星”，在台湾政坛上几乎没有“发言”的机会，所以不仅被媒体冷淡，亦不被选民所看重。

无党团结联盟之所以在选举中受挫，与两大阵营的“夹杀”也有密切关系。脱离原政党以无党团结联盟身份参选的候选人，绝大多数落选，表明各阵营的选民并不支持这样的“变轨”行为；加上两大阵营激烈争夺“中间选民”，并且纷纷使出配票手段，使包括无党团结联盟在内的无党籍候选人的空间日益狭小，当选机会降低，通过选举扩大新成立政党势力的目标难以实现。

无党团结联盟在此后的选举中同样表现不佳。2005 年 5 月的任务型“国大代表”选举，无党团结联盟提名候选人 31 名，只获得 2 席；12 月的“三合一”选举，无党团结联盟提名的县市长候选人陈进丁（彰化县）、宋丽华（屏东县）均落选，并且在县市议员选举中未得一席，只在乡镇市长选举中得到 1 个席位。

无党团结联盟尽管力量单薄，但是在“立法院”中仍是不能忽视的“中间力量”，在具体议题上经常巡游于两大阵营之间，成为两大阵营积极争取的对象。在 2006 年台北市、高雄市市长、市议员选举之后，甚至出现宋楚瑜可能与无党团结联盟合作，另组“第三势力”的传闻，使无党团结联盟的未来走向更成为令人关注的问题。在政党严重对立的形势下，总会有一个“中间地带”为无党籍人士提供各种表演的机会，即便无党团结联盟今后走向解体，也还会有其他组织继续承载其功能，这恰是台湾政党政治的一个不可忽视的特点。

第三章　选民的价值取向

台湾经过一系列的政党重组和政党结盟，形成了以国民党、亲民党、新党为代表的“泛蓝”和以民进党、“台联党”、“建国党”为代表的“泛绿”两大阵营。政党重组的主要原因是选民政党认同的转变，无论是政党的分裂，还是几个政党的合并，都需要得到选民的支持。一旦政党失去赖以生存的选民基础，就会萎缩甚至泡沫化，所以台湾的各主要政党无不注意培育“铁杆选民”，在选举中紧紧抓住自己的“铁票”。但是单个政党的力量毕竟有限，为了达到获取政治权力的目标，不得不依靠政党结盟。从表象上看，无论是选举前的政党结盟，还是选举后的政党结盟，都是政党、派系乃至政治精英之间进行的力量整合甚至利益交换，但力量整合或利益交换，最终还是要得到选民的认同，只不过是选前结盟需要得到选民的即刻认同，选后结盟则着眼于选民的未来认同。选民价值取向的“单一化”，如只是基于“族群”或“统独”的偏好，可能产生选民内的族群对立，并在此基础上形成对代表不同族群的政党或政党联盟的认同，台湾的“泛蓝”和“泛绿”两大阵营，在很大程度上就是依赖这样的价值取向。选民价值取向的“多元化”，如不只有“族群”或“统独”的偏好，还有两岸和平、经济发展、社会安定、族群和谐、反对贪腐等诉求，就会出现不同的选民群体，其政治认同亦可能起到左右政党或政党联盟命运的作用；台湾存在的“中间选民”，就是选民价值取向“多元化”的结果；无党籍人士的联盟以及台湾诸多小党能够生存，就是在一定程度上获得了“中间选民”的认可和支持；如何影响“中间选民”，也已成为台湾主要政党不得不面临的难题。

第一节　台湾选民数量的变化

台湾年满 20 岁的公民才可以成为选民，现有选民超过 1600 万人。只有“总统”和“立法委员”选举，需要全体选民参加投票，地方级别的选举，则只需所在地区的选民参加，并且在时间上有所不同，如台北市、高雄市的选民，需参加 2006 年的本市市长、市议会议员选举，在 2005 年的

“三合一”选举（县市长、县市议会议员、乡镇市长选举）时，这两个市的选民只是“看客”，反之亦然。所以台湾各次选举统计的选民数有所不同，下面仅就涉及全台湾的选民数量作简略说明。

（一）人口数与选民数的关系

由于社会“老年化”的发展，台湾选民的增长速度大大高于人口的增长速度。从1992～2004年全体选民参加的“立法委员”和“总统”选举的人口总数和选民人数的变化，可以清晰地看出这一趋势（见表3－1）。1992年人口总数为20699446人，2004年人口总数为22640250人，新增人口1940840人，人口增长比例为9.38%。1992年选民总数为13421170人，2004年选民总数为16559254人，增加选民3138084人，增长比例为23.38%。选民增长比例比人口增长比例高14个百分点。选民占总人口数的比例，也从1992年的64.84%，提高到2004年的73.14%，增加8个百分点。台湾1992～2004年人口增长的年均比例在1%之下，选民数增长的年均比例则在2%上下，每年新增的选民应在25万人至30万人之间。按照这样的增长速度，到2008年“立法委员”选举和“总统”选举时，还要新增选民80万人左右。

表3－1　台湾人口数与选民数变化比较表①

年代	人口数			选民数			
	总数	增加人数	增加比例（%）	总数	占人口数比例（%）	增加人数	增加比例（%）
1992年	20699446	/	/	13421170	64.84	/	/
1995年	21263225	563779	2.72	14153420	67.65	732250	5.46
1996年	21311885	48660	0.23	14313288	67.16	159868	1.13
1998年	21833772	521887	2.45	14961390	68.53	807970	5.64
2000年	22134777	301005	1.38	15462625	69.86	501235	3.35
2001年	22350363	215586	0.97	15822583	70.79	359958	2.33
2004年	22640250	289887	1.30	16559254	73.14	736671	4.66

说明：1992、1995、1998、2001、2004年为“立法委员”选举统计数，1996、2000年为“总统”选举统计数。

① 各种选举数据，见台湾“中央选举委员会”网站（www.cec.gov.tw）和台湾政治大学选举研究中心与“中央选举委员会”共同建立的“台湾选举类别与结果线上浏览”（www.neeu.edu.tw），下同。

1992~2004年以来新增的300余万选民，已占选民总数的18.95%，绝大多数是台湾的青年人即所谓的“新生代”。2007~2008年，自1992年以来新增的选民将接近或超过400万人，占选民总数的比例将超过20%（选民总数应达到1700万人左右）。选民中的“新生代”当然不能与“中间选民”画等号，但是台湾青年人具有的一定程度的政治冷漠和较少族群对立意识等特征，不仅可以催生出大量的“中间选民”，还直接影响选举的投票率和对各政党、政党联盟乃至特定候选人的支持率，所以在选举中“新生代”选民的走向，显然是值得密切关注的问题。

在台湾的人口构成中，汉族占98%，少数民族（原称“山胞”，后改称“原住民”）占2%。按照居民的籍贯，又可分为外省、客家、闽南（福佬）和原住民四种，或将外省人统称为“外省籍”，客家人、闽南人和原住民统称为“本省籍”。1985年，台湾的总人口约为1900万人，其中闽南籍占74.51%，客家籍占13.19%，山胞占2.37%，外省籍占9.85%，其他占0.08%。2005年，根据户政机关的统计，台湾总人口为22778581人，其中原住民433689人，占总人口的1.90%；外省籍占14%（约320万人），闽南籍和客家籍占84%（约1913万人）。但是按照此前台湾“客委会”的人口普查民意调查，在不包括原住民的人口数2124万人中，自认是闽南人的1657万人，占78.01%；自认是客家人的286万人，占13.47%；自认是外省人的181万人，占8.52%。“客委会”的普查数据与户政机关的统计，在闽南籍和客家籍方面接近，人口数均超过1900万人（“客委会”普查数据为1943万人，只比户籍统计多30万人）；但是在外省籍方面出入较大，相差近140万人。由于在台湾的选举中，“省籍”乃至“族群”往往是敏感的问题，列出这样的参考数据，应有助于分析选民构成乃至选民的投票取向等。

（二）选民人数的“权重”排序

台湾现有2个直辖市（台北市、高雄市）和23个县市。不同行政区域的选民人数不同，在重要选举尤其是“总统”选举中的“权重”也有所不同。以1996~2004年的3次“总统”选举为例（见表3-2），选民人数“权重”排位在前5名的是台北县、台北市、桃园县、高雄市和台中县，选民人数都已发展到100万人以上（占选民总数的比例在6%以上，16.5%以下）；排位6~10名的是彰化县、高雄县、台南县、台中市、屏东县，选民人数都已发展到60~100万人之间（占选民总数的比例在4%

至6%之间）；排位11～15名的是云林县、台南市、嘉义县、苗栗县、南投县，选民人数在35～60万人之间（占选民总数的比例在2.5%至4%之间）；排位16～20名的是宜兰县、新竹县、基隆市、新竹市、花莲县，选民人数在20～35万人之间（占选民总数的比例在1.5%至2.5%之间）；排位21～25名的是嘉义市、台东县、澎湖县、金门县、连江县，选民人数在25万人以下（占选民总数的比例在1.5%以下）。

表3－2　台湾“总统”选举选民分布情况表

县市名称	1996“总统”选举			2000“总统”选举			2004“总统”选举		
	选民人数	比例（%）	排序	选民人数	比例（%）	排序	选民人数	比例（%）	排序
台北县	2166016	15.13	1	2437456	15.76	1	2685778	16.27	1
台北市	1842261	12.87	2	1914915	12.38	2	1981562	12.00	2
桃园县	985365	6.88	3	1134413	7.34	3	1273026	7.71	3
高雄市	952202	6.65	4	1042117	6.74	4	1117380	6.77	4
台中县	897357	6.27	5	992527	6.42	5	1070877	6.49	5
小计	6843201	47.81	/	7521428	48.63	/	8128623	49.24	/
彰化县	841294	5.88	6	896075	5.80	6	947526	5.74	6
高雄县	809157	5.65	7	874875	5.66	7	919717	5.57	7
台南县	742953	5.19	8	789844	5.11	8	826288	5.01	8
台中市	555794	3.88	10	636533	4.12	10	710555	4.30	9
屏东县	623207	4.35	9	647524	4.19	9	669646	4.06	10
小计	3572405	24.96	/	3844851	24.86	/	4073732	24.68	/
云林县	521592	3.64	11	538140	3.48	11	552795	3.35	11
台南市	469463	3.28	12	508517	3.29	12	547903	3.32	12
嘉义县	398362	2.78	13	410702	2.66	13	421904	2.56	13
苗栗县	376581	2.63	14	390780	2.53	14	407634	2.47	14
南投县	371630	2.60	15	383478	2.48	15	396464	2.40	15
小计	2137628	14.93	/	2231617	14.43	/	2326700	14.10	/
宜兰县	313770	2.19	16	325691	2.11	16	337886	2.05	16
新竹县	270365	1.89	17	295192	1.91	17	323148	1.96	17
基隆市	254276	1.78	18	275256	1.78	18	290439	1.76	18
新竹市	226574	1.58	20	249395	1.61	20	271967	1.65	19
花莲县	245715	1.72	19	252771	1.63	19	259334	1.57	20
小计	1310700	9.16	/	1398305	9.04	/	1482774	8.99	/
嘉义市	175137	1.22	22	183325	1.19	21	193458	1.17	21
台东县	176313	1.23	21	177706	1.15	22	180255	1.09	22

续表

县市名称	1996“总统”选举			2000“总统”选举			2004“总统”选举		
	选民人数	比例（%）	排序	选民人数	比例（%）	排序	选民人数	比例（%）	排序
澎湖县	63533	0.44	23	64887	0.42	23	69545	0.42	23
金门县	30476	0.21	24	35808	0.23	24	45353	0.27	24
连江县	3895	0.03	25	4698	0.03	25	6739	0.04	25
小计	449354	3.14	/	466424	3.02	/	495350	2.99	/
合计	14313288	100.0	/	15462625	100.0	/	16507179	100.0	/

了解选民人数的“权重”排位，对观察台湾选举尤其是“总统”选举这类重大选举应有一定作用，因为各政党、政党联盟和候选人都要根据选民人数“权重”的分析，确定自己的主攻目标；尤其是“权重”排在前5名的台北县、台北市、桃园县、高雄市、台南县，选民人数几占全台湾选民数的一半（1996年占47.81%，2000年占48.63%，2004年占49.24%），谁也不敢掉以轻心，并因此成为选举竞争最为激烈的地区，使这些地区的选民走向带有重要的指标性意义。

在直辖市市长、县市长、乡镇市长等“单一席次”的选举中，候选人同样需要注意本行政区域内不同地区选民人数的“权重”问题，尤其是对选民结构进行分析时，选民人数是一个最基本的要素。在“立法委员”、直辖市议员、县市议员和乡镇市民代表会议代表选举中，尽管候选人在特定的选区内选举，也要注意选民人数的增长和在选区内不同区域的分布状况，作出自己的“权重”判断。

第二节　选民投票率的差距

掌握选民人数变化情况固然重要，但是更重要的是选民的投票率（一次选举中参加投票选民占选民总数的比例），因为投票率是展示选民对选举关心程度的最重要指标，在每次选举中，大小政党、不同的政党联盟以及候选人，都不能不关心投票率的高低，并往往在选举之前对投票率作出预估。

（一）投票率由高到低的走势

台湾选举的投票率，有过历史性的变化。

1950～1980年，除村里长选举外，其他选举大多出现过70%以上甚至80%以上的投票率（见表3－3，投票选民数见第一章，下同）。投票率最高的是县市议员选举（73%～81%），并在县市议员与乡镇市长选举合并举行后，将乡镇市长选举的投票率从68%以下拉高到73%以上。县市长和台湾省议会议员选举自1954年开始合并举行，投票率接近，大多在70%以上，只略低于县市议员选举的投票率。台北市议会议员选举的投票率最初低于70%，与省议会议员、县市长选举合并举行后，投票率也升到70%以上。乡镇市民代表会代表和村里长选举的投票率是最低的，大多在70%以下，尤其是村里长选举，即便有乡镇市民代表会代表与其合并的拉抬作用，投票率仍大多在60%以下。由此形成的定式是各级“民意代表”（省、直辖市、县市议员和乡镇市民代表会代表）的投票率，高于同级行政首长的投票率，表明选民对“民意代表”的选举更有兴趣，原因就是各级行政首长的选举基本被国民党所操控，非国民党籍的候选人几乎没有希望，而在“民意代表”选举中非国民党籍候选人有一定的当选空间，可以在一定程度上刺激选民的投票热情。

表3－3　台湾1950～1980年选举投票率变化表

单位：%

选举类别	1950～1951	1952～1954	1955～1957	1958～1960	1961～1963	1964～1967	1968～1971	1972～1976	1977～1980
省议员		74.41	78.20	72.52	69.26		74.28	70.33	80.40
市议员							63.98	60.57	70.65
县市长	75.77	74.85	78.20	72.49	69.05		74.26	70.31	80.39
县议员	80.73	79.72	78.88	78.31	73.83	76.76	78.02	73.30	80.47
乡镇长	67.52	61.77	58.48	63.57		77.56	79.28	73.88	80.44
乡代表	65.79	57.01	62.65	64.67	72.40	74.96	72.71	58.40	69.53
村里长		51.72	57.33	58.18	62.24	52.06	53.29	55.58	66.24
差距	14.94	28.00	21.55	20.13	11.59	25.50	25.99	18.30	14.23

注：表中所列差距，为同期最高投票率与最低投票率之间的差距。

进入20世纪90年代后，投票率发生明显变化。1991～1994年的重要选举，投票率都在70%以上，应是80年代及以前高投票率的延续。1995年以后，除了“总统”选举还能够达到75%甚至80%以上的投票率外，其他选举的投票率大多在70%之下，并且呈现不断下降的趋势（具体投票率变化，见表3－4）。尤其是涉及全台湾的“立法委员”选举，投票率下降最为明显，除了第四届（1998年）比第三届（1995年）上升0.44个百分点外，第五届（2001年）比第四届下降2.09个百分点，第六届（2004年）比第五届下降6.84个百分点，并且投票率已低于60%。无怪近几年每逢“立法委员”选举，都能听到选举“偏冷”的评论。

表3－4　台湾1991～2006年选举投票率变化表

单位:%

选举类别	1992～1994	1995～1997	比例增减	1998～2000	比例增减	2001～2002	比例增减	2004～2006	比例增减
“总统”		76.04	/	82.69	+6.65	/	/	80.28	-2.41
“立法委员”	72.02	67.65	-4.37	68.09	+0.44	66.00	-2.09	59.16	-6.84
“国大代表”	68.32	76.21	+7.89	/	/	/	/	23.26	-52.95
台湾省省长	76.15	/	/	/	/	/	/	/	/
台湾省议员	76.32	/	/	/	/	/	/	/	/
台北市市长	78.53	/	/	80.89	+2.36	70.61	-10.28	64.52	-6.09
台北市议员	78.54	/	/	80.88	+2.34	70.63	-10.25	64.54	-6.09
高雄市市长	80.58	/	/	80.41	-0.17	71.38	-9.03	67.93	-3.45
高雄市议员	80.65	/	/	80.45	-0.20	71.40	-9.05	68.04	-3.36
县市长	70.68	65.92	-4.76	/	/	66.45	+0.53	66.22	-0.23
县市议员	73.00	/	/	62.65	-10.35	55.62	-7.03	66.25	+10.63
乡镇市长				64.03	/	57.07	-6.96	67.04	+9.97
村里长				63.80	/	59.90	-4.30		
差距	12.33	10.29	-2.04	20.04	+9.75	15.78	-4.26	21.12	+5.34

注：表中所列差距，为同期最高投票率与最低投票率之间的差距，但2004～2006年的“国大代表”选举为特例，不计为最低投票率。

1995年以后不仅投票率开始走低，还形成了新的定式。各级行政首长的“单一席次”选举，如“总统”、台北市市长、高雄市市长、县市长乃至乡镇市长、村里长选举，投票率大多高于单独举行的“复数选区”选出的各级“民意代表”（“立法委员”、各级议会议员和乡镇市民代表会代表)，“民意代表”选举只有和行政首长选举合并举行，投票率才会被拉高。由此显示出在两类选举中，选民主要关注的已经不是“民意代表”的选举，而是行政首长的选举，原因就在于这些职务能够掌握行政资源，甚至主导政治、经济、社会等发展走向，更能引起选民的关注和表达自己意志的兴趣。

（二）高投票率与低投票率县市的划分

以上叙述的是每次选举全台湾的平均投票率，具体到各个市、县，投票率有较大差别。列出1996年以来台湾主要选举（“总统”、“立法委员”、县市长）各县、市的投票率情况（见表3－5），可以对高投票率和低投票率的市、县作一定的区分。

表3－5　1996～2006年台湾主要选举投票率变化表

单位：%

县市名称	1996“总统”选举	1997～1998	1998～“立委”选举	2000“总统”选举	2001“立委”选举	2004“总统”选举	2004“立委”选举	2005～2006	综合评估
台北县	76.69	63.51	61.26	83.77	68.07	81.31	56.89	66.35	大选高其他低
台北市	76.26	80.89	80.88	83.53	64.37	81.71	61.28	64.52	大选高其他低
桃园县	77.91	65.55	64.33	84.16	68.30	81.33	58.88	61.77	大选高其他低
高雄市	77.79	80.41	80.46	84.25	66.00	81.81	57.53	67.93	普遍高
台中县	80.06	65.55	71.28	85.17	66.26	81.41	59.81	65.78	中央高地方低
彰化县	77.18	69.51	77.08	84.08	68.14	80.18	68.39	71.16	普遍高
高雄县	78.04	64.14	70.50	83.73	66.38	81.56	60.42	65.47	中央高地方低
台南县	75.02	67.03	65.48	82.44	67.27	81.15	61.99	65.18	中央高地方低
台中市	76.60	63.05	61.45	83.38	66.03	80.89	56.29	62.27	大选高其他低
屏东县	74.68	65.85	68.56	80.23	66.81	78.92	62.80	70.68	立委高其他低
云林县	69.63	69.59	68.23	77.23	63.39	75.94	64.07	69.73	大选低其他高
台南市	76.50	68.55	60.86	82.30	63.64	80.93	57.91	58.96	大选高其他低
嘉义县	69.82	65.01	68.96	78.23	64.76	78.03	60.57	71.64	大选低其他高
苗栗县	78.01	75.17	71.21	83.59	67.25	79.82	60.09	69.45	普遍高
南投县	74.48	67.27	67.23	81.17	67.32	77.97	57.27	70.48	地方高中央低
宜兰县	74.02	72.18	59.43	81.03	63.84	78.46	56.39	70.25	地方高中央低
新竹县	79.53	71.81	61.31	85.10	70.37	81.80	60.33	71.12	普遍高
基隆市	76.75	67.04	53.20	82.65	63.06	78.35	53.18	64.05	大选高其他低

续表

县市名称	1996“总统”选举	1997～1998	1998～“立委”选举	2000“总统”选举	2001“立委”选举	2004“总统”选举	2004“立委”选举	2005～2006	综合评估
新竹市	78.07	63.37	51.99	83.65	63.91	81.22	54.43	59.60	大选高其他低
花莲县	67.51	52.56	56.00	74.84	60.67	70.98	49.02	61.60	普遍低
嘉义市	74.24	66.93	59.10	82.00	65.08	80.53	53.74	70.77	地方高中央低
台东县	62.49	58.32	61.94	68.95	57.25	66.45	51.18	60.51	普遍低
澎湖县	64.65	58.29	56.29	69.66	60.52	66.16	55.04	72.16	普遍低
金门县	69.12	71.12	60.22	68.84	64.30	64.39	48.91	62.78	普遍低
连江县	68.75	76.72	58.20	68.92	75.14	65.66	64.65	60.99	立委高其他低
平地	/	/	51.42	/	52.30	/	44.21	/	普遍低
山地	/	/	59.41	/	60.33	/	53.00	/	普遍低
合计	76.04	65.92	68.09	82.69	66.00	80.28	59.16	66.25	/

说明：1997～1998年和2005～2006年为台北市、高雄市市长和其他县市长选举。

在1996年以来的8次主要选举中，能够保持较高投票率即投票率大多在全台湾平均投票率之上（只有1次或2次低于平均投票率）的有台北市、高雄市、新竹县、苗栗县、台中县、彰化县、高雄县7个县市；投票率一般较低即投票率大多在全台湾平均投票率之下（只有1次或2次高于平均投票率）的有宜兰县、花莲县、台东县、澎湖县、金门县、连江县6个县市以及“立法委员”选举中平地和山地原住民；居中的11个县市，其中台北县投票率高于平均投票率次数较多（5次），桃园县、台中市、云林县、台南县、屏东县5个县市投票率高于与低于平均投票率次数相等，新竹市、南投县、嘉义市、嘉义县、台南市、基隆市6个县市投票率低于平均投票率次数较多。

由此显示出台湾各县市的投票率存在着一定的不平衡状态。在25个县市中，17个县市投票率不平衡，有的选举投票率高，有的选举投票率低；只有8个县市投票率或都偏高或都偏低，形成较平衡的投票率，其中高雄市、新竹县、苗栗县、彰化县是投票率偏高的平衡，花莲县、台东县、澎湖县、金门县是投票率偏低的平衡。

投票率不平衡，有两类不同的表现（具体说明，见表3-5）。第一类是“中央”级别选举投票率高于地方选举，可以有三种不同情况，一是

“中央”级别的“总统”、“立法委员”选举的投票率走高，县市长选举投票率走低，如台中县、台南县、高雄县3个县；二是大选即“总统”选举投票率走高，其他选举投票率走低，如台北市、台北县、桃园县、新竹市、台中市、台南市、基隆市7个县市；三是“立法委员”选举投票率走高，其他选举投票率走低，如屏东县、连江县2个县。第二类是地方选举投票率高于“中央”级别选举，大致有两种情况，一是县市长选举投票率走高，“总统”、“立法委员”选举投票率走低，如南投县、嘉义市、宜兰县3个县市；二是“总统”选举走低，“立法委员”和县市长选举投票率走高，在一定程度上是县市长选举拉高了“立法委员”选举的投票率，如台中市、嘉义县。两类选举投票率大致可代表选民的两种不同取向，“中央”级别选举投票率走高，表明所在县市的选民可能更具有全局意识，更关心高级别的选举；地方选举投票率走高，表明所在县市的选民可能更关注本地利益，更关心的是离自己比较近的选举。

分析表3－5列出的各县市投票率，还可以发现在相近的市、县中，如台北市与台北县、高雄市与高雄县、新竹市与新竹县、台中市与台中县、台南市与台南县，在各次选举中县的投票率大多略高于市（其中新竹县在各次选举中的投票率都高于新竹市，台中县在各次选举中的投票率都高于台中市，其他县则在多数选举中投票率高于相关的市），显示有关联的10个县市，“县民”的投票积极性应略高于“市民”。但是就全台湾而言，并不是“县民”的投票率普遍高于“市民”。在“总统”选举中，7个市的平均投票率（1996年76.60%，2000年83.11%，2004年80.78%）就高于18个县的平均投票率（1996年73.20%，2000年78.95%，2004年76.20%）；但是在“立法委员”选举中，7个市的平均投票率（1998年63.99%，2001年64.58%，2004年56.34%）低于18个县的平均投票率（1998年64.53%，2001年65.84%，2004年58.70%）；在县市长选举中，7个市的平均投票率（1997～1998年70.03%，2005～2006年64.01%）与18个县的平均投票率（1997～1998年66.62%，2005～2006年67.06%，2001年与“立法委员”选举合并举行，投票率接近）互有高低。

（三）台湾最主要选举中的投票率排序

“总统”和“立法委员”等“中央”层级的选举，是当前台湾最主要的选举，各县市投票率的高低，对选举结果往往有重要的影响。可以结合

1996年以来3次“总统”选举和3次“立法委员”选举的投票率排序（见表3-6），作一些具体分析。

表3-6 台湾“总统”和“立委”选举各县市投票率排序表

县市名称	1996年“总统”选举	1998年“立委”选举	2000年“总统”选举	2001年“立委”选举	2004年“总统”选举	2004年“立委”选举	选民数排位	“总统”投票排位	“立委”投票排位
台北县	10	16	6	5	7	16	1-5	6-10	11-20
台北市	13	1	10	16	3	6	1-5	6-10	1-10
桃园县	6	12	4	3	6	12	1-5	1-5	11-20
高雄市	7	2	3	13	1	14	1-5	1-5	11-20
台中县	1	4	1	11	5	11	1-5	1-5	11-20
彰化县	8	3	5	4	13	1	6-10	6-10	1-10
高雄县	4	6	7	10	4	8	6-10	1-5	1-10
台南县	14	11	13	7	9	5	6-10	11-15	1-10
台中市	11	14	11	12	11	18	6-10	11-15	11-20
屏东县	15	8	18	9	15	4	6-10	16-20	1-10
云林县	20	9	20	21	20	3	11-15	16-20	1-10
台南市	12	17	14	20	10	13	11-15	11-15	11-20
嘉义县	19	7	19	15	18	7	11-15	16-20	1-10
苗栗县	5	5	9	8	14	10	11-15	6-10	1-10
南投县	16	10	16	6	19	15	11-15	16-20	11-20
宜兰县	18	19	17	19	16	17	16-20	16-20	11-20
新竹县	2	15	2	2	2	9	16-20	1-5	1-10
基隆市	9	25	12	22	17	22	16-20	11-15	21-27
新竹市	3	26	8	18	8	20	16-20	6-10	11-20
花莲县	23	24	21	23	21	25	16-20	21-25	21-27
嘉义市	17	21	15	14	12	21	21-25	11-15	21-27
台东县	25	13	23	26	22	24	21-25	21-25	21-27
澎湖县	24	23	22	24	23	19	21-25	21-25	21-27
金门县	21	18	25	17	25	26	21-25	21-25	11-20
连江县	22	22	24	1	24	2	21-25	21-25	1-10
平地	/	27	/	27	/	27	/	/	21-27
山地	/	20	/	25	/	23	/	/	21-27

比较表3-5的各县市投票率和表3-6的各县市投票率排序可以看出，在全台湾平均投票率之上的县市末位排名，3次“总统”选举为13名（1996年）、11名（2000年）和12名（2004年），3次“立法委员”选举

为9名（1998年）、13名（2001年）和11名（2004年），表明投票率排在前10名的县市，投票率大多在全台湾平均投票率之上，可以被认定为投票率较高县市。投票率排在21名的县市，3次“总统”选举投票率与全台湾平均投票率的差距百分点为6.92（1996年）、7.85（2000年）和9.30（2004年），3次“立法委员”选举为8.99（1998年）、2.61（2001年）和5.42（2004年），表明投票率排在21名以后的县市，投票率大多比全台湾平均投票率低5个百分点以上（2001年“立法委员”选举投票率差距小于5个百分点，是同时举行县市长选举“拉抬”的结果，应被视为特例），可以被认定为低投票率县市。投票率排在11～20名的县市，由于投票率大多在全台湾平均投票率之下，但又不是过低，可以被认定为投票率较低县市。

根据3次“总统”选举和3次“立法委员”选举各县市的投票率排序，可作出综合评估，列出各县市在最主要选举中的投票率综合排位（见表3－6），并作具体比较。

“总统”选举投票率排在1～5名的，应是高雄市、桃园县、新竹县、台中县、高雄县，其中3个县市（高雄市、桃园县、台中县）选民数也在1～5名之中；但是在“立法委员”选举中，只有新竹县和高雄县投票率排名在1～10名之内，选民数较多的高雄市、桃园县、台中县，排名均在11～20名之内（都在14名之前），表明这5个县市在“中央”层级选举中大体可以保持高于全台湾平均投票率的水平，并且有3个县市（高雄市、桃园县、台中县）呈现的是高选民数较高投票率形态。

“总统”选举投票率排在6～10名的台北市、台北县、新竹市、苗栗县、彰化县，有3个县市（台北市、台北县、彰化县）选民数在1～5名或6～10名之中；台北市、苗栗县、彰化县在“立法委员”选举中投票率排名亦在1～10名之内，台北县和新竹市排名则在11～20名之内；表明这5个县市虽然在“总统”选举中可以保持高于全台湾平均投票率的水平，但是在“立法委员”选举时可能出现较低投票率，尤其是选民数较多的台北市、台北县，并未保持前后一致的高选民数较高投票率形态。

“总统”选举投票率排在11～20名的台南县、台中市、台南市、基隆市、嘉义市、屏东县、云林县、嘉义县、南投县、宜兰县，在“立法委员”选举中的投票率排名也多在11～20名之内（只有台南县、屏东县、云林县、嘉义县进入1～10名之内），并且只有台南县、屏东县选民数排在6～10名之内，显示出投票率排序与选民数排序大致吻合，总体上呈现的是较高选民数较低投票率或较低选民数较低投票率的形态。

“总统”选举投票率排在21~25名的花莲县、台东县、澎湖县、金门县、连江县，除花莲县外，另外4个县的选民数也排在21~25名，并且在“立法委员”选举中只有连江县和金门县的投票率排名在1~20名之内，总体呈现的是低选民数低投票率形态。

由此可以看出，台湾各县市的选民数与选民投票率有较强的正相关关系，越是选民人数多的县市，越可能在最重要选举中投票率高于或略低于全台湾平均投票率，尤其是选民数排名在前10名的县市，即便在“中央”层级选举中出现较低投票率，也未出现过投票率排名在20名之后的现象；选民数排名在10名以后的县市，除少数县市外（如新竹县和新竹市），不仅在最重要选举中投票率普遍低于全台湾平均投票率，并且往往呈现出县市选民越少投票率越低的形态。这样的投票率形态，在短期内应不会改变，可以成为观察和分析2008年“立法委员”选举和“总统”选举的重要依据。

第三节　影响投票率的主要因素

投票率的高低，与选民的投票行为有密切关系，综合各种研究成果，可对影响投票率的主要因素作简要说明。

（一）选举重要程度的影响

政党或执政者对选举重要程度的认知，会增加某一类选举的人力、财力等投入，并加大对这类选举的宣传造势，可能会引导选民重视这一类选举，但是更重要的是选民对选举重要程度的认知，并由此作出是否去投票的决定。

选民对选举重要程度的认知，有时可能与政党或执政者对选举重要程度的认知重合，但是在台湾的多数情况中并不是重合，而是有较明显的背离。

如前所述，在台湾1950~1980年的选举中，投票率最高的是县市议员选举和乡镇市长选举（与县市议员选举合并后），投票率次高的是县市长选举和省议员选举（合并举行），而对执政的国民党而言，最重视的无疑是县市长选举和省议员选举，表明选民对这几种选举重要程度的认知与执政政党并不完全相同，尤其是在同一级别的县市议员和县市长两种选举中，投票率在多数情况下有3至6个百分点的差距（具体差距在1950~1952年为4.96，1952~1954年为4.87，1958~1960年为5.82，1961~1963年为4.78，1968~1971年为3.76，1972~1976年为2.99；只有1955~1957年县市长选举，两者的差距仅为0.52个百分点，应得力于省议员选举的拉抬作用；1977~1980年的差距仅为0.08个百分点，是因为县市议员与县市长选举合并举行，拉高了县市长选举的投票率；具体投票率数据，见表3-3，下同）。乡镇市民代表会代表和村里长选举，是执政者推行“地方自治”的重要措施之一，并且与基层民众似有更直接的利益关系，但是不少选民显然未将其列入重要选举之列，导致这两种选举的投票率一直较低，尤其是村里长选举的低投票率，与同期最高投票率的差距，始终保持在10个百分点以上，有时甚至高达25个百分点。

进入20世纪90年代后，尤其是1996年之后，台湾各政党最重视的是“总统”、“立法委员”和县市长选举，因为这些选举关系到政党存亡和力量消长，但是就台湾选民而言，除了在“总统”选举重要程度上与各政党保持一致并可维持高投票率外，对各政党高度重视的“立法委员”和县市长选举，并未给予高度重视，使“总统”选举与“立法委员”、县市长选举的投票率差距不断拉大。“总统”选举与“立法委员”、县市长选举的投票率差距的百分点，1995~1997年为8.39和10.12（具体投票率数据见表3-4，下同），1998~2002年为14.60、16.69（“立法委员”）和16.24，2004~2006年为21.12和14.06。而在“立法委员”和县市长两种选举中，从投票率上亦可反映出选民更关注县市长选举，对关系到政党命运的“立法委员”选举，显示出一定的冷淡（这样的变化是从2000年开始的，1992~2000年由于新出现的政党加入选举竞争，在一定程度上吸引了台湾选民对政党政治的关注，使得“立法委员”选举的投票率略高于县市长选举的投票率，如1992~1994年高1.34个百分点，1995~1997年高1.73个百分点；2000年以后，“立法委员”选举的投票率均低于县市长选举，并且差距逐步拉大，2001~2002年的差距为0.45个百分点，2004~2006年的差距为7.06个百分点）。县市议员和乡镇市长选举的高投票率，在2000年以后也不再出现，并且向乡镇市民代表会代表和村里长选举的低投票率靠近，无论是选民还是各政党，都将其列入了非重要选举的行列。正是由于选民对新形势下选举的重要程度有了更清晰划分，使得最高投票率与最低投票率的差距在1992~2006年间保持在10~22个百分点之间，并且这样的差距还可能进一步拉大。

当然，选举的重要程度只是相对而言，对逢选举就积极参加的选民并不适用；各县市的投票传统不同，既有投票率普遍高或普遍低的县市，也有投票率呈现“中央高地方低”或“地方高中央低”的县市（见表3-5），形成选民之间的交互影响，这些都可能在一定程度上成为淡化选举重要性的因素。

（二）选举频率的影响

一般而言，过于频繁的选举，会使选民产生“厌选”情绪，导致投票率下降。但就台湾而言，20世纪80年代以前的密集选举，不但未导致投票率大幅度下降，还有一定的上升趋势。省议员和县市长选举除1次投票率低于70%外，其他都在70%以上，并在70年代末上升到80%以上；县议员选举投票率均在73%以上，同样在70年代末上升到80%以上，并在与乡镇市长选举合并举行后拉高了后者的投票率；即便是投票率较低的直辖市议员、乡镇市民代表会代表和村里长选举，投票率也基本是上升而不是下降态势（见表3-3）。对于这样的现象，合理的解释是当时的选举是一种“动员式”选举，其主要形态属于“认可型”而不是“竞争型”的选举，尽管选民有“厌选”情绪，但是对选民的高度动员以及“黑金”等刺激，还是可以使多数选民选择不断地参与投票，使投票率不至于大幅度下降。

台湾选举投票率开始下降，出现在1992~2000年。这一时期“党禁”已经解除，新的政党不断出现，选举的竞争程度日益激烈，按照正常逻辑选民的投票率应上扬或最起码保持基本稳定，但是多数选举投票率下滑，以1995~2000年选举的投票率与1992~1994年选举的投票率（见表3-4）相比，“立法委员”选举投票率下降4.37和3.93个百分点，县市长选举投票率下降4.76个百分点，县市议员选举投票率下降10.35个百分点，高雄市市长、议员选举投票下降0.17和0.20个百分点，只有“总统”选举、台北市市长、台北市议员选举投票率有所上升（分别上升6.65、2.36和2.34个百分点）。投票率下降的原因可能很多，但选举过密造成选民“厌选”，应是一个主要原因。在1992~2000年9年之间，尽管有不少选举合并举行，但还是进行了12次选举，尤其是1994年和1998年两年，都各有3次选举（见本书第一章）。如此密集的选举，即便是政治热情较高的选民，也难免产生“厌倦”心理，有些人不得不对选举的重要性作出划分，有选择地投票，并由此导致了投票率总体呈下降态势。

2001～2006年，选举依然密集，6年内进行了10次选举，各种选举的投票率几乎全部下降。与1998～2000年的投票率相比，下降的百分点为“总统”选举2.41，“立法委员”选举2.09和8.93，台北市长选举10.28和16.37，台北市议员选举10.25和16.34，高雄市长选举9.0和12.48，高雄市议员选举9.05和12.41；县市长选举2001年与“立法委员”选举合并举行，在相互拉抬下，投票率比前一届上升0.53个百分点，但是在2005年的“三合一”选举中，又下降了0.23个百分点；2002年的县市议员和乡镇市长选举投票率分别比上届下降7.03和6.96个百分点，由于2005年“三合一”选举的拉抬，投票率才高过1998～2000年的选举（分别提高3.60和3.01个百分点）。选举间隔的时间越短，越可能出现低投票率。如2001年12月举行的“立法委员”和县市长选举，投票率都在66%以上；2002年1月即举行县市议员、乡镇市长选举，投票率则都在58%以下。再如2004年的“总统”选举，创造了80%以上的高投票率，但是同年12月举行的“立法委员”选举，投票率不到60%。由此已清楚地表明了选举频率对投票率高低的影响，过密选举造成的选民“疲劳”乃至“厌选”，是形成较低投票率的主因。当然，选民“厌选”还有其他原因，在下面将作进一步分析。

自1992年开始的因选举过密而引起的投票率上下波动，到2001年以后已经影响到台湾各县市，2000年及以前还有一些县市投票率波动幅度较小，2001年后各县市则都经历了投票率的大起大落（见表3－5），所谓投票率“普遍高”的县市，也只是历次选举高于全台湾的平均投票率，与其他选举的投票率相比，也同样有较大的波动。

（三）选民的投票动机

选民为什么去投票，或选民投票的主要动机是什么，在20世纪90年代已经成为台湾学者注意研究的问题。虽然在相关研究中台湾学者曾采用社会学、政治社会学、经济学的理论和方法，注意社会的“交叉压力”对选民投票的影响，以“利益的投票”和“从众的投票”区分选民投票动机，或将选民分为“理性的选民”和“非理性的选民”，但是影响最大的是采用由美国密歇根大学发展的归纳途径的经验研究方法，不仅注重政党认同（或党派偏好）、政策问题、候选人魅力、公民责任感、政治功效意识、团体规范等因素对选民投票行为的影响，亦综合研究“政治涉入”（包括选民对竞选活动的兴趣、选民对选举结果的关切、公民责任感、政治功效意识等要素）的影响，并将影响选民投票的规范性因素、工具性因素、表达性因素转变为适应台湾社会的规范型投票取向、工具型投票取向和动员型投票取向，用不同的问题去测试选民在三种投票取向上的异同，对选民的投票动机作出综合评估。

台湾学者对2000年“总统”选举的选民投票动机所做的研究，就采用了规范型投票取向、工具型投票取向和动员型投票取向的分类方式。①规范型投票取向应显示选民前往投票主要是基于选民具有公民基本责任和权利的规范性认知（涉及的问题是去投票的原因是尽一个公民的责任、不愿放弃自己的投票权）。工具型投票取向应显示选民前往投票主要是基于利益考虑、意见表达、政策偏好乃至对特定政治人物的支持或反对（涉及的问题是去投票的原因是为了支持喜欢的候选人、为支持某一政党、为了不让某一政党候选人当选、可以选出妥当的候选人、想要表达自己的意见或感受、想要影响政府的决策等）。动员型投票取向应显示选民前往投票主要基于维系人际关系，接受并实现个人、社会或团体的拜托（涉及的问题是去投票的原因是候选人或助选人的拜托、自己服务的机关上司或同事的拜托、社会团体的拜托、党组织的催促、乡里长或里干事的拜托、朋友或亲人的拜托等）。

通过问卷调查和交叉分析，研究者发现在2000年“总统”选举中，规范型投票取向最强的是40～59岁、初中文化程度、底层与中下阶层以及认同国民党和无党派认同的选民；工具型投票取向最强的是男性、20～39岁、大学及以上文化程度、外省籍、中上阶层以及认同新党、亲民党、民进党的选民；动员型投票取向最强的是女性、60岁以上、小学文化程度的选民。在三种投票取向中，工具型投票取向的强度最高，其次是规范型投票取向，动员型投票取向的强度最低。

对2001年以后选举的选民投票动机，台湾学者依然在进行类似的跟踪研究。这样的研究，无疑有助于我们对台湾选民有更为深刻的认识。

---

① 见朱云汉、洪永泰、黄秀瑞、张佑宗、徐永明等：《第十任总统副总统选举的分析》，“中央选举委员会”委托研究报告（2001年9月）。

（四）选民不投票的主要原因

台湾学者对选民不参加投票的原因也做过系统研究。研究者列出选民不参加投票的各种原因，供被调查选民选择。工作太忙没有时间去投票，当时人不在户籍所在地，对政治感到失望，对政治不感兴趣，对政党表现感到失望，没有理想的候选人，对候选人不够了解，不投票也不会影响选举结果，没有人来拜托我，身体不舒服或行动不便，忘了去投票等，均被列为选民不参加投票的原因。

对1996年、2000年“总统”选举和1995年、1998年“立法委员”选举的研究显示，选民不参加投票的最主要因素是当时人不在户籍所在地或工作太忙没有时间去投票；在此前的研究中（1980年开始），亦已发现这两个因素是选民最重要的不投票原因。也就是说，选民不投票主要是受客观因素的约束，而不是主观因素的驱使。但是研究者也指出，选民不投票的主观因素可能对客观因素产生增强作用，选民主观上就不想去投票，工作忙和本人不在户籍地不过是不去投票的托词，并被用来对付调查者。实际上，没有理想的候选人、对政治感到失望、对政治不感兴趣、对政党表现感到失望、对候选人不够了解等主观因素，也被一部分选民选择为主要因素。

通过交叉分析，研究者发现40～59岁的选民投票比例最高，20～39岁的选民不去投票的比例最高，因为20～39岁的选民作为主要就业者和学生，多在外地工作或求学，因而无法及时赶回户籍地投票。受教育程度较低（初中、小学）的选民在选举中较容易被动员，投票比例较高；较高学历（高中以上）选民不去投票的比例较高，原因不仅在于较高学历选民在外地工作的几率较高，不一定有时间或积极性赶回户籍地投票，还因为这样的选民有较多渠道接受各种政治信息，容易对政治或候选人做比较评论，而在对整体政治感到失望或比较所有候选人仍无法作出投票决定之后，最终会放弃投票。有政党认同的选民投票比例较高，不参加投票的选民大多数无政党倾向，因为缺乏政党认同的驱动力。对政治感到失望和对政党表现失望而不去投票的男性选民多于女性选民，显示男性选民平时比女性选民更关心政治，对政治或政党表现亦较容易产生不满。①

① 见胡佛、陈德禹、朱云汉、洪永泰、张佑宗：《投票行为与选举实务的评估——第四届立法委员选举的分析》，“中央选举委员会”2001年8月印行；《第十任总统副总统选举的分析》。

1980～2000年的相关研究显示，不参加投票选民的比例大体呈下降趋势，但是从实际投票率看，在20世纪90年代已明显下滑，不参加投票选民的比例应呈上升趋势。之所以出现这样的差异，原因在于对选民投票行为的调查研究往往在选举之后进行，一些并未参加投票的被调查者并不愿意承认未去投票，因为在中国文化背景下，承认未去投票是较为尴尬的事情，所以选后调查的投票率都会比实际投票率高。相关研究尽管会与实际情况有一定的差异并带有明显的局限性，但是依然能够提供重要的参数，去观察和分析其他选举中的选民投票或不投票原因。

2001年以来，台湾各种选举的投票率普遍下降，不参加投票选民越来越多，选民不参加投票的主要因素，是否已经发生根本性变化，由当时人不在户籍所在地或工作太忙没有时间去投票等客观因素，转变为对政治感到失望、对政治不感兴趣、对政党表现感到失望甚至厌恶恶质选举文化而不去参加投票等主观因素，还有待进一步的研究去证实，但是青年学生投票意愿不强，尤其是在地方选举中投票意愿不强，已成为台湾媒体和学者注意的现象。如2005年的“三合一”选举后，淡江大学的一位教授对一个本科班的学生是否参加投票进行询问，在50余名学生中，仅有2名在“三合一”选举中投票；询问26个研究生的投票情况，则有16名研究生在“三合一”选举中投票；这样的询问当然不足以证明多数学生未去投票，也不能说明研究生的投票意愿一定高于本科生，但至少可以作为高校学生在自认为是非重要选举中投票意愿不强的一个例证。

对选民的不投票行为，还可以有两种截然不同的理论解释。一种解释是低投票率意味着民众越来越远离政治体系，将使政治体系失去合法性和权威。另一种解释是低投票率表明民众对政治体系基本满意，或者还没有不满意到要投票去改变它的程度；而真正投票率特别高的国家或地区，可能会遭受一种政治狂热的困扰，在这种狂热下，政党政治会发展到极其危险的程度。这样的解释，并不完全适用于台湾，因为其论据的基础是选民的投票或不投票行为都是理性计算的结果，即必须有理性的选民。台湾的民主政治和选举文化发展并不成熟，选民在进行选择时会受到更多外在因素的干扰和影响，尤其是受意识形态的操弄和民粹主义的过度动员等恶质选举文化因素的影响，可能会导致一些非理性的投票行为，并由此产生矛盾的结果。一方面，部分选民对恶质选举文化感到反感和不能接受，不断有人提出以不投票或投废票的方式进行抗议和抵制，对拉低投票率产生一定作用。另一方面，也有大量“激情有余、理性不足”的选民，情绪上容易受政治人物的操弄和煽动，以不断的政治狂热抬高投票率。台湾选举的投票率尽管近期呈下降趋势，但是重要选举的投票率大多在60%以上，相对而言，投票率并不是很低，而能够保持这样的投票率，选民的非理性选择显然起了至关重要的作用。①

应该承认，尽管已经有了不少研究成果，但是对台湾选民投票动机及不投票原因等的调查分析，还未能就2001年以来台湾选举投票率的上下波动给出令人完全信服的解释。影响投票率的因素，远多于本节涉及的选举重要程度、选举频率的影响以及选民投票动机、不投票原因等，即便是加入恶质选举文化的影响，也不能囊括所有因素。当然，本节列出的都应是较为主要的因素，注意观察这些因素，应能对分析台湾选举起到一定的帮助作用。

第四节　选民的投票取向

选择投票的选民将选票投给谁，即投票选民对候选人的选择，是基于选民内在感受或价值评估的外在行为。选民作出投票决定的特定取向，已成为研究者注意观察和分析的对象，并将其命名为选民的“投票取向”。

选民的投票取向，大致可以分为政见取向和非政见取向两大类。政见取向以选举议题为核心，选民根据自己的政策偏好作出投票选择。非政见取向包括候选人取向、关系取向、政党取向等，选民在决定投票时可能考虑多种因素，并作出最适合自己的选择。综合已有的研究成果②和个人的分析观察，可对台湾选民的不同投票取向作简略说明。

（一）日益淡化的政见取向

在选举过程中，焦点问题应该是候选人的政见和主张。候选人需要围绕选民关注的议题，表明自己的立场、见解或政策主张，向选民宣示如何为他们的利益服务，供选民判断和选择。如果选民具有较强的政见取向，

① 见李鹏：《台湾恶质选举文化对民众投票行为之影响分析》，“中国网”2006年10月8日载文。

② 有关研究成果，除前引胡佛等、朱云汉等、李鹏的报告和论文外，还有盛治仁：《台湾两千年总统选举投票行为研究》，韦伯文化事业出版社2001年7月版。

可以导致选举的良性竞争，营造出优质的选举文化。

在2000年及以前的台湾选举中，政见取向还是仅次于候选人取向的选民重要投票取向。2000年“总统”选举后的调查显示，男性选民的政见取向程度高于女性选民；年龄层越低，受教育程度越高，表现出来的政见取向越强烈；选民的社会阶层越高，政见取向越强。在台湾的外省、客家、闽南和原住民四种籍贯的选民中，客家和外省籍选民政见取向较强，闽南和原住民选民政见取向较弱。有政党认同的选民中，认同民进党的选民政见取向程度最高，其次是认同新党和亲民党的选民，认同国民党的选民政见取向程度最低，并且有政党认同的选民的政见取向高于无政党认同的选民。

选民的政见取向往往被选举议题所左右，有学者对2000年“总统”选举中的议题作了分析，认为传统的“统独”议题和改革、安定的新议题在选民作出投票决定的过程中享有同等的重要性。如果将此次选举视为“议题投票”（选民依据自己对选举议题的立场投票，支持与自己议题看法最接近的候选人），可以发现“投射作用”远远大于“说服作用”。所谓“投射作用”，指的是选民对候选人议题立场的认知会受到他们对候选人个人喜好度的影响，对自己喜欢的候选人，会倾向于认为与自己的议题立场接近，对自己讨厌的候选人，则倾向于认为与自己的议题立场疏远。所谓“说服作用”，指的是选民的议题立场因为喜欢或讨厌某位候选人而被改变；选民因喜欢某位候选人改变自己的议题立场，使之更接近此候选人，是正面的说服作用；选民因讨厌某位候选人改变自己的议题立场，使之更远离此候选人，是负面的说服作用。比较宋楚瑜、连战、陈水扁三位“总统”候选人在“统独”议题上的投射作用，宋楚瑜受到的投射作用最大，其次是陈水扁，连战受到的投射作用最小，并且选民的立场与候选人立场差异越大，投射作用会越强烈。由于宋楚瑜被定位为“偏统”，陈水扁被定位为“偏独”，“统派”的支持者若不喜欢陈水扁，就会将他投射到极端“偏独”的位置；反之，“独派”的支持者若不喜欢宋楚瑜，也会将他投射到极端“偏统”的位置；这样的投射作用，往往不受选民教育程度、政治兴趣以及收看媒体频率的影响。非“统派”和非“独派”的选民，对候选人议题立场的认知，则较容易受教育程度、政治兴趣以及收看媒体频率的影响。在选举中，候选人越刻意保持模糊，投射作用越可能发生；如果候选人采取明确的政策立场，就比较容易发生说服作用，并且议题对选民越重要，说服作用越不容易发生。在台湾选举中，各政党尤其是民进党善于操弄“统独”议题，但是候选人又在关键性问题上刻意保持模糊，所以难以发生说服作用，但是却不可避免地出现投射作用。

尽管一些台湾学者在2000年“总统”选举后曾乐观地表示“统独”激烈的对立将渐趋缓和，由分割社会意见和团体主要议题引起的“社会分歧线”，将不再只以“统独”画线，还会增加改革与安定、经济、失业等议题，形成相互交错的“社会分歧线”，并促成不同党派、团体在不同的议题上合作，降低全社会的冲突程度，亦使选民更看重政见取向。但是2001年以后台湾选举的发展表明，“统独”的激烈对立并未缓和，即便有了新的议题，并没有发展成足以影响选举的“社会分歧线”，也没有起到强化选民政见取向的作用。在2004年的“总统”选举中，民进党的施政无能已经众人皆知，虽然“泛蓝”和“泛绿”都提出了各种政策“白皮书”，但这些政见最终仍被“统独”议题所淹没；在2004年的“立法委员”选举和2005年的“三合一”选举中，大多数候选人和他们的政见同样被抛到一边，选举被拉高到政党对决的层次，左右选民投票的主要是政党取向而不是政见取向。尤其是2005年发生“高捷弊案”，2006年又出现震动全台湾的“反贪腐”浪潮，“反贪腐”似已成为新的“社会分歧线”，但受“弊案”等重挫的民进党，依然能够在高雄市赢得选举，不但表明这样的“社会分歧线”即便存在也难以发挥关键性作用，因为政见取向并没有成为主导台湾选民的投票取向，而且不断被弱化，实际上已成为位居政党取向和候选人取向之后的不太重要的投票取向。

（二）被严重扭曲的候选人取向

候选人的个人条件，包括能力、学识、成就、品德、经历等，以及候选人的党派背景、议题立场和政策主张等，应是吸引选民投票的重要因素。选民对候选人积极回应形成的候选人取向，既可能倾向于认可候选人的个人条件和素质，忽略候选人的党派背景等，导致“选人不选党”的投票行为；也可能倾向于候选人个人条件与党派背景并重，甚至更看重候选人的政党背景，导致“选人又选党”或“选党不选人”的投票行为，并在很大程度上与选民的政党取向重合；还可能倾向于候选人提出的政策主张，与选民的政见取向重合；或者更看重选民与候选人的关系，在一定程度上与选民的关系取向重合。

台湾学者的研究显示，在1998年“立法委员”选举和2000年“总统”选举中，近一半甚至超过一半的台湾选民具有较强的候选人取向，候选人取向已经成为最主要的投票取向。年龄层越低、受教育程度越高的选民，候选人取向的程度越强。自认为属于中、上阶层的选民，也具有较强的候选人取向。有政党认同的选民，认同新党、亲民党、民进党的选民具有较强的候选人取向，认同国民党的选民候选人取向较弱，甚至低于无政党认同的选民。具有较强候选人取向的选民，主要看重的是候选人的成就、贡献、操守和能力。2000年“总统”选举的选票结构还显示，支持宋楚瑜的选民，组成结构大致偏向女性，40岁以下，大学程度，无宗教信仰或信仰天主教，外省籍、客家籍和原住民，亲民党的支持者，《中国时报》和《联合报》的读者，TVBS、三立和东森电视台的观众，赞成统一和主张维持现状者，认为自己是中国人以及是台湾人也是中国人者。支持连战的选民，组成结构大致偏向40~60岁，国民党的支持者，“台视”的观众，赞成统一者，认为自己是中国人以及是台湾人也是中国人者。支持陈水扁的选民，组成结构大致偏向男性，40岁以下，小学文化程度或以下，佛教、道教、一贯道以及民间信仰者，本省籍，民进党的支持者，《自由时报》的读者，“民视”的观众，主张“台湾独立”者，认为自己是台湾人者。1995~2000年正是台湾政党认同走向定型的关键时期，在1998年“立法委员”选举中，“选人不选党”的取向虽然较为明显，但是到了2000年的“总统”选举，虽然选民的投票取向对宋楚瑜而言是“选人不选党”，但是对陈水扁、连战来说基本是“选人又选党”，已经出现了由“选人不选党”向“选人又选党”过渡的趋势。

2000年“总统”选举之后，台湾的政党对立更为明朗，“泛蓝”、“泛绿”两大阵营的壁垒日趋分明，各政党乃至各阵营更熟练地应用“配票”、“弃保”等选举策略，以及候选人之间的恶意人身攻击和肆意“爆料”，随意的“抹红”、“抹黑”甚至“抹黄”等，不仅使不少选民不得不抛弃自己的候选人偏好，随着政党的指挥棒转，还使一些选民不得不质疑候选人的德行，无法作出理性的判断。在这样的选举氛围下，“选人不选党”的范围逐渐缩窄，只是在各级“民意代表”选举中还可以看到少数例证，更多的例证是“选人又选党”甚至“选党不选人”，一些表现“优秀”的“立法委员”候选人在选举中的落败，从表面上看是“配票”等技术操作的失败，但实质上能够使“配票”顺利进行的，恰恰是“选党不选人”的投票取向。在“总统”、直辖市市长、县市长等行政首长选举中，“选人又选党”更成为常态，已很少看到“选人不选党”的例证，“选党不选人”同样成为影响此类选举的重要投票取向。在行政首长选举中具有典型意义的“选党不选人”事例，是宋楚瑜加入2006年台北市市长的竞争，以宋楚瑜的“个人魅力”和亲民党在台北市的影响（2004年“立法委员”选举，亲民党在台北市的得票率为16.43%），按照“选人又选党”的逻辑，宋楚瑜至少可以得到10%以上的选票，但选举结果是宋楚瑜只得到4.14%的选票，支持“泛蓝”阵营的选民，绝大多数将选票投给了国民党候选人郝龙斌，主要原因并不在于郝龙斌个人条件优于宋楚瑜，其政策诉求更能打动“泛蓝”选民，而是选民担心选票分散可能导致民进党候选人当选，失去“泛蓝”阵营对台北市的控制权，所以集中选票支持国民党，使宋楚瑜成了“选党不选人”的牺牲品。

从“选人不选党”到“选人又选党”，乃至向“选党不选人”的发展，表明台湾选民的候选人取向正被逐步弱化（在各种民意调查和相关研究中，选民的候选人取向可能依然表现得较强，与实际情况存在巨大差异，这正是此类调查和研究的局限性所致，因为无论是问题设计还是被调查者的回答，都具有突出候选人取向的导向，不一定能够真实反映选民的投票取向），并被台湾的政党政治严重扭曲。候选人不需要通过政绩、政见来赢取选票，或是靠政党的“奥援”，或是着力于产生短线效应的选举花招，就可赢得选举，大大地改变了选民对候选人的看法和要求，尤其是当候选人和选民都沦为各政党在选举中的“玩偶”时，选民的候选人取向已经成为无关紧要的因素。

（三）部分选民存在的关系取向

人际关系在华人社会中具有重要的作用，反映到选举中，可能形成受个人关系（家人、亲友、朋友、同学、师长、上司）或社会关系（任职机关、社团、教会、同乡会、邻里、派系、省籍等）以及选民与候选人之间关系影响的关系取向，导致“受托”于他人的投票行为。

在台湾选民的几种主要投票取向中，关系取向是最弱的一种取向，并且在关系取向中，“接受家人、亲友、长辈的拜托”是最主要的因素，显示家庭和亲情关系对选民的政治态度仍具有不可忽视的影响力。对1998年“立法委员”选举和2000年“总统”选举的研究显示，女性选民、60岁以上选民、受教育程度在小学以下的选民以及中下阶层的选民，具有较强的关系取向；原住民、闽南籍选民的关系取向程度，高于客家和外省籍选民；无政党认同和认同国民党的选民，关系取向程度最高，其次是认同民进党的选民，认同新党和亲民党的选民，关系取向程度最低。

在2000年以后的选举中，选民的关系取向依然存在，尤其在台湾南部县市，由于原住民、闽南籍选民较多，关系取向仍然较为明显，但是相对于其他的选民投票取向，关系取向应还是最弱的一种取向。

（四）不断强化的政党取向

以政党认同、政党印象等为基础的选民的政党取向，显示选民对政党的归属感或忠诚感，在选举中会成为支持特定政党的投票行为。对选民的政党取向，既可以通过问卷调查等方法作出基本评估，也可以通过政党得票率的统计作出综合判断。

对选民的问卷调查显示，在1998年“立法委员”选举和2000年“总统”选举中，选民的政党取向居于候选人取向和政见取向之后，与关系取向的程度接近。也就是说，政党取向只是在走向成型，还未成为主导台湾选民的最主要投票取向。

列出1980~2000年台湾主要选举（涉及全台湾的选举）中各政党的得票率（见表3-7），可以看出选民政党认同逐渐增强的趋势。

表3-7　1980~2000年台湾主要选举中各政党得票率变化情况表

单位:%

选举类别	国民党	民进党	新党	其他政党与无党籍	林洋港/宋楚瑜
1980年“国大代表”	66.35	/	/	33.65	/
1980年“立法委员”	71.91	/	/	28.09	/
1981年省议员	69.90	/	/	30.10	/
1981年县市长	56.40	/	/	43.60	/
1983年“立法委员”	69.41	/	/	30.59	/
1985年省议员	70.54	/	/	29.46	/
1985年县市长	60.93	/	/	39.07	/
1986年“国大代表”	60.20	22.21	/	17.59	/
1986年“立法委员”	66.30	24.78	/	8.92	/
1989年“立法委员”	59.67	28.67	/	11.66	/
1989年省议员		25.36	/		/

续表

选举类别	国民党	民进党	新党	其他政党与无党籍	林洋港/宋楚瑜
1989年县市长	52.69	38.58	/	8.73	/
1991年“国大代表”	71.17	23.94	/	4.89	/
1992年“立法委员”	53.02	31.03	/	15.95	/
1993年县市长	47.32	41.16	3.08	8.44	/
1994年台湾省长	56.22	38.72	4.31	0.75	/
1994年省议员	51.00	32.50	3.70	12.80	/
1995年“立法委员”	46.06	33.17	12.95	7.82	/
1996年“总统”	54.00	21.13	/	9.98	14.89
1996年“国大代表”	49.68	29.85	13.67	6.80	/
1997年县市长	42.12	43.32	1.41	13.15	/
1998年县市议员	48.85	15.81	3.06	32.28	/
1998年“立法委员”	46.43	29.56	7.06	16.95	/
2000年“总统”	23.10	39.30	0.13	0.63	36.84

在1980～2000年的20年中，国民党的得票率呈下降趋势，“民意代表”选举的得票率从60%～70%下降到46%～50%，行政首长选举的得票率从50%～60%下降到40%～50%，并在2000年的“总统”选举时跌到23%的最低点。1979年的“美丽岛事件”之后，国民党虽然阻遏了党外人士建立反对党的行动，但是直到1986年民进党成立之前，党外反对派人士和无党籍人士在各项涉及全台湾的选举中大致可保持30%上下的得票率。1986年民进党成立，在当年的“中央民意代表”选举中就取得了20%以上的得票率，应是将1986年以前党外反对派人士的支持者大部分转化成了认同民进党的选民，并由此使无党籍人士的得票率下降到10%上下；1986～2000年，民进党在“民意代表”选举中的得票率大多在20%～30%之间，即便在民进党不太重视的县市议员选举中，民进党亦可以取得15%以上的得票率，在行政首长选举中的得票率甚至可以接近或超过40%。从国民党中分裂出去的新党，在1993～2000年的“中央民意代表”选举中的得票率在7%～14%之间摆动，但是在“地方民意代表”和行政首长选举中得票率较低，都在5%以下。

在主要选举中的政党得票率，由于包含了带有候选人取向、政见取向甚至关系取向的选民的投票，当然不能与选民的政党取向画等号，但无疑是最有参考价值的指标。相比之下，单一席次的行政首长选举，将不同投票取向的选民“聚焦”在几个候选人身上，难以真实反映选民的政党取向；各种“民意代表”选举，由于候选人较多，又分散在不同的选区进行，可以较清晰地看出选民的政党偏好，尤其是政党始终比较稳定的得票率，可以作为判定选民政党认同乃至政党取向的重要依据。从各种“民意代表”选举政党得票率的稳定性看，到20世纪90年代后期，国民党的得票率基本在46%～51%之间浮动，民进党的得票率（去除得票率过低的县市议员选举）基本在29%～33%之间浮动，新党的得票率（去除得票率过低的县市议员选举）基本在7%～14%之间浮动。以这样的得票率分布看台湾选民的政党认同，即便是最保守的估计（考虑县市议员的政党得票率），在台湾全体选民中，认同国民党的占4～5成，认同民进党的占2～3成，认同新党的约占1成，还有2～3成左右的选民无政党认同。也就是说，至少有6成以上的选民有较强的政党认同，在选举中的政党取向，应该已经成为最主要的选民投票取向。如前所述，1995～2000年是台湾政党认同走向定型的关键时期，政党得票率的变化更清楚地印证了这一点，由“选人不选党”到“选人又选党”的过渡，在这一时期应该已经基本完成。

2001年以后，出现了新的政党亲民党和“台联党”，使各政党的得票率有了新的变化（见表3－8）。国民党的得票率表现为“中央民意代表”（包括“立法委员”和任务型“国大代表”，下同）选举28%～39%，县市议员选举35%～40%，行政首长选举44%～50%（2001年的县市长选举，国民党在台北县支持新党候选人参选，计入这部分得票，国民党的得票率应为44.87%）。民进党的得票率表现为“中央民意代表”选举33%～45%，县市议员选举18%～22%，行政首长选举41%～50%。新党的得票率急剧下跌，多数选举已在1%以下。亲民党的得票率表现为“中央民意代表”选举6%～19%，县市议员选举3%～7%，行政首长选举3%之下。“台联党”的得票率表现为“中央民意代表”选举7%～8%，县市议员选举和行政首长选举均在3%以下。

分析“民意代表”选举各政党得票率的变化，可以发现无论国民党、亲民党的得票率如何变化，两党加总的投票率都与20世纪90年代后期国民党46%～50%的得票率接近（2001年、2004年“立法委员”和2005年“国大代表”选举得票率分别为47.13%、46.73%和45.03%，2002年和2005年县市议员选举分别为42.97%和44.14%），这当然不是偶然的巧合，而是说明原来认同国民党的选民在国民党分裂后依然具有强烈的政党认同取向，并在后来的选举中固化了这种取向。民进党除了在任务型“国大代表”选举中得票率突破40%，在“立法委员”选举中的得票率亦与20世纪90年代后期接近，不过是未再出现30%以下的得票率，使得票率在35%上下浮动，县市议员选举的得票率虽有较明显的提高，提升幅度也没有超过10个百分点，表明认同民进党的选民的投票取向也已经固化。新党已经“泡沫化”，无须讨论。“台联党”在三次“中央民意代表”选举中都能够取得7%的得票率，表明认同“台联党”的选民政党取向也趋于固化。

表3-8 2001~2005年台湾主要选举中各政党得票率变化情况表

单位:%

选举类别	国民党	亲民党	新党	民进党	“台联党”	无党籍等
2001年“立法委员”	28.56	18.57	2.61	33.38	7.76	9.12
2001年县市长	35.15	2.35	9.95	45.27	/	7.28
2002年县市议员	35.96	7.01	0.44	18.19	1.47	36.93
2004年“总统”	49.89	/	/	50.11	/	/
2004年“立法委员”	32.83	13.90	0.12	35.72	7.79	9.64
2005年“国大代表”	38.92	6.11	/	42.52	7.05	5.40
2005年县市长	50.96	1.11	0.20	41.95	1.13	4.65
2005年县市议员	40.21	3.97	0.45	22.25	2.34	30.78

从新的政党得票率分布看台湾选民的政党认同，2001年以后，在台湾全体选民中，认同国民党、亲民党的仍占4~5成，认同民进党的占3成多，认同“台联党”的约占1成，还有1~2成左右的选民无政党认同。无政党认同选民的减少，表明选民的政党取向更趋明显，并且在政党联盟和阵营对立的形态下，形成强烈的“蓝”、“绿”情结。2001年以后的重要选举，动辄出现“政党对决”或“蓝绿对决”，其根基就在于政党取向已成为左右台湾选民的关键性投票取向，在这样的形势下出现“选党不选人”的投票行为（见前述），不过是选民政党取向过强的一个注脚而已。

台湾选举自1989年出现全面变化后，选民的投票取向也发生了重大变化。在政见取向、候选人取向、关系取向、政党取向4种主要取向中，候选人取向和政见取向曾是影响台湾选举的主要取向，但是自1995年以后，政党取向逐渐超越其他取向，成为主导台湾选举的最主要取向，并造成了选民的

“割裂”和“蓝”“绿”对峙的政治版图。在选民政党取向日益增强的台湾社会里，“中间选民”的问题逐渐凸现出来，需要进行专门的讨论。

第五节　“中间选民”的走向

对于台湾的“中间选民”，存在不同的认识，需要作一些澄清，并进而探讨“中间选民”在未来选举中可能发挥的作用。

（一）对“中间选民”的不同解释

西方民主国家的所谓“中间选民”，应是代表中产阶级价值，在政治认同上表现为不极端，以稳健的态度参与政治，或形成左、右派之间的中间力量，或形成执政党与在野党之间的制衡力量；中间选民的力量和影响越大，政党或政治人物越不会走向极端，极端的政党也不易执政。有些学者在研究台湾选举时亦将“中间选民”作为中产阶级的代表或是具有“中产阶级价值”的选民，并认为台湾的中间选民具有投票自主意识强、较少“统独”意识、省籍情结和政党倾向等特征。

由于台湾的政党对立和“蓝”、“绿”两大阵营的对抗日趋激化，“中间选民”的概念逐渐偏离中产阶级价值，或者专以有无政党取向或阵营取向为标准，把“蓝”、“绿”两大阵营之间的选民划定为“中间选民”；或者以“统独”等特定议题为标准，区分选民区块，如将要求统一的称为“统派”选民，将主张“台湾独立”的称为“独派”选民，希望“不独不统”或“维持现状”的就被定位为“中间选民”。政党标准和议题标准的划分还可以重合，“统派”选民大致可对应于支持“泛蓝”阵营的选民，“独派”选民大致可对应于支持“泛绿”阵营的选民，希望“维持现状”的选民即可对应为“蓝”、“绿”两大阵营之间的“中间选民”。在一些论著和报道中，不仅可以经常看到这样的对应表述，还不时出现混用各种称呼的现象。

可能是为了便于观察和分析台湾选举，还有人将选举前进行民意调查时不明确表态的选民和选举中不参加投票的选民全部划入“中间选民”的范围，使“中间选民”成了一个“泛化”的概念。如有人认为台湾的“中间选民”可以分为5种，一是对蓝绿阵营都不满，但最后会去投票的选民；二是还没有决定将选票投给谁的选民；三是完全不关心政治，更不会去投票的选民；四是根据利害关系选边的选民；五是已经决定投票给某位候选人，但没有公开表态的选民。

对“中间选民”概念解释不同，对“中间选民”的数量等判断亦会产生极大差异。

以阵营或政党为标准划分“中间选民”，得出结论的关键在于对“蓝”、“绿”两大阵营或主要政党支持者比例的判断。较有影响的看法是“泛蓝”阵营有4成支持者，“泛绿阵营”有3成支持者，“中间选民”始终保持着3成的水平（与此接近的看法是“泛蓝”阵营大致有4成支持者，“泛绿”阵营约有3成至3.5成的支持者，所余2.5～3成的选民是“中间选民”）。稍有不同的看法是“蓝”、“绿”两大阵营或国民党、民进党的支持者“旗鼓相当”，都接近4成，只有约2成选民是“中间选民”。还有人认为“蓝”、“绿”两大阵营的支持者都在4.5成上下，只有1成的选民是浮动的“中间选民”（另有民意调查显示在2004年“总统”选举前，“中间选民”的实际比例可能为5%～10%；还有人认为当前“中间选民”的比例是6%）。最为极端的看法是2004年的“总统”选举使台湾形成“双峰社会”，“蓝”、“绿”支持者分别成为两个高峰，没有交集，没有“中间选民”；甚至有人指出，有别于过去台湾人对于政治的不表态、不反抗、不选边，全台湾选民在这段期间，几乎完全分裂成为两种人。

以“统独”议题为标准划分“中间选民”，大多以台湾就“统独”问题进行的问卷调查数据为依据，估算“中间选民”的比例和人数，所不同的是有人看重的是“维持现状”或“不统不独”的选民比例，有人看重的是“自认为是台湾人也是中国人”的选民比例。由于问卷调查数据经常变化，所以估算的“中间选民”比例亦经常变化，但也有人认为要求“维持现状”的“中间选民”始终占台湾全体选民的40%。

以“泛化”的概念定位“中间选民”，标准差异最大。有的人以年龄作为主要标准，将年轻选民大多划为“中间选民”；如在2004年“总统”选举前，有人推算出台湾35岁以下选民有570万人，约占全体选民的1/3，其中的7成约400万人为“中间选民”，尤其是20～23岁首次投票者约150万人，绝大多数是“中间选民”。有的人以不参加投票的选民或投废票的选民为主要标准，将此类选民全部划入“中间选民”的范围；由于台湾选举的投票率大致在60%～80%之间移动，按照这样的标准，“中间选民”的比例应在20%～40%之间，如果以2004年的选民总数（1656万人）推算，“中间选民”的人数应在330～660万人之间。还有人以各政党或两大阵营在重要选举中损失的选票为主要标准，将转换政党或转换阵营以及流失的选票数全部划入“中间选民”的范围。

以“中产阶级”或“中产阶级价值”作为划分“中间选民”的依据，关键在于是侧重“中产阶级”还是看重“中产阶级价值”，由此产生了两种不同的观点。一种观点是台湾的中产阶级正在不断扩大，所以“中间选民”的数量持续增长。另一种观点是台湾的中产阶级未成气候，没有成为“中道力量”，很多中产阶级自以为自己是“中间选民”，其实所谓的“中间选民”并不是指中产阶级，而是指“中产阶级价值”，“中间选民”应是投票倾向曾在不同政党、不同“光谱”挪移过的；研究台湾选民投票行为就可以发现，投“绿”的就是投“绿”，投“蓝”的也就是过去的“橘军”、“黄军”或“蓝军”，投票“光谱”挪移得很少，在正常民主社会中最重要的“中间选民”，在台湾实际上并不存在。

（二）“中间选民”标准的澄清

对台湾“中间选民”的不同解释和推断，核心点是“中间选民”在台湾还没有公认的统一标准，学者、媒体、政党、政治人物以及选民都按照自己的观点和标准来区分“中间选民”，造成了极大的混乱，并且不少解释带有绝对化的倾向。

有无明确的政党认同，确实是区分“中间选民”的重要标准，但不是唯一标准，如果以此为唯一标准，就是过分看重选民的政党取向，忽视了选民还有候选人取向、政见取向和关系取向等投票取向。如前文所述，政党取向已经是当前主导台湾选举的主要投票取向，但并不是说其他投票取向不存在，不发生任何作用。过分强调选民的政党取向，容易造成错觉，不仅可以得出“双峰社会”一类的绝对化观点，还可能出现误判，尤其是只依据重要选举中各主要政党或两大阵营得票率变化作出的对“中间选民”的解释，并不能准确说明“中间选民”的状况。

选民在重要的选举议题上能够坚持自己的立场、观点，对候选人的政策主张等作出理性的判断和选择，具有较强的政见取向和候选人取向，也是区分“中间选民”的重要标准，但是议题和政策主张应是多样化的，而不是单一化的。由于台湾的政党尤其是民进党经常把选举议题单一化，并聚焦在“统独”问题上，以“统独”为标准区分不同的选民群体，甚至进而作出“族群”的划分，并不是完全不可取，但是这样的划分显然不能与上述政党认同的划分作简单等同，学者的研究已经注意到“统独”立场不同的选民，可能支持相同的政党或阵营，“统独”立场相同尤其是要求“维持现状”的选民，可能支持不同的政党或阵营，也带有较强的政党取向。只有通过仔细的研究，才能发现和说明选民“统独”立场与政党认同的联系和差别，不是简单的比例对照就可以把不同标准划分的“中间选民”对应起来。当然，除了“统独”议题外，还有其他的议题，在台湾是否除了“统独”的“社会分歧线”外，还有其他“社会分歧线”，仍是需要注意的问题，换言之，新的“社会分歧线”的出现，可能恰是“中间选民”力量壮大的重要指标。

选民不去投票，可能有很多因素，已见前述。不去投票的选民中，确实可能存在不少的“中间选民”，但是将不投票的选民全部划入“中间选民”范围，显然是不正确的。只举一个简单的例子就能说明不能作出这样的划分。根据台湾的统计，到中国内地投资的台湾商人人数已经超过100万人，这些人大多数是台湾选举中的缺席者，但是“台商”中不乏“泛蓝”或“泛绿”的支持者，“泛蓝”支持者的比例更大一些。如果把这些不常回去投票的人全部算作“中间选民”，就会人为夸大“中间选民”的比例或数量。在选举中出现的废票，既有选民故意为之，以显示自己的“中间选民”意识，也有纯技术方面的问题，如乱勾乱画、符号不标准等填写错误，同样不能一概算作“中间选民”的投票。至于各政党、阵营在历次选举中的得票数和得票率变化，尤其是选票的增减，原因更为复杂，以政党或阵营选票的流失作为投票“光谱”移动的参数，显然是可行的，但是要考虑各种因素，作出综合判断，而不能将其全部算作“中间选民”的作为。

台湾的“新生代”选民，由于较少“统独”意识和政党认同，对政治比较冷漠，确实有不少人应划为“中间选民”，但是“新生代”选民亦受关系取向影响，加上国民党、民进党等政党着力在“新生代”选民身上下功夫（如国民党已在近期成立青年团），使一些“新生代”选民亦有了较强的政党取向，所以很难说“新生代”选民中有几成应属于“中间选民”，只有通过多次问卷调查才能推测出大致比例，但是这样的研究成果还不够多，无法作出整体的判断。

“中间选民”并不能等同于中产阶级，显然是正确的，但是中产阶级的存在，应是“中间选民”的重要基础，在讨论相关问题时，既不能以台湾中产阶级的扩大来说明“中间选民”必然增加，也不能无视台湾中产阶级存在的现实，尽管其还未能成为左右台湾政局的“中道力量”。在“蓝”、“绿”两大阵营的夹杀下，台湾“第三势力”的生存空间确实狭小，但不是没有，“无党联盟”等还能存在，就是极好的例证。以“中产阶级价值”判断台湾是否存在“中间选民”，答案应该是肯定的；在重大的单一席次行政首长选举中，台湾选民投票“光谱”挪移确实很少，会出现绝对的“投蓝”或“投绿”现象；但是在“民意代表”选举中，会出现不同的投票取向，投票“光谱”挪移较为明显，也是不争的事实，不能简单地判定台湾不存在“中间选民”。

我们不妨根据台湾的实际情况，整理一下台湾“中间选民”的标准，找出以下4个指标，作为划分“中间选民”的依据：一是无强烈的政党取向，在选举中没有固定的“投蓝”或“投绿”立场。二是有较强的政见取向和候选人取向，不仅在“统独”问题上保持不极端的立场，还关心其他议题和候选人的政策主张。三是具有“中产阶级价值”的政治取向，有较强的自主意识主导自己的政治行为。四是对政治有一定程度的冷漠，较少关心并参与选举。这样的4个指标，并不奢求各方面都可以接受，但是至少可以作为本书观察和分析“中间选民”动向的基本依据。

（三）“中间选民”的作用

以整理后的台湾“中间选民”4个指标观察台湾的选民构成，台湾“中间选民”显然是存在的。考虑4个指标而不是单一指标，对台湾的“中间选民”可以作出综合判断。

在各项选举中，支持无党籍候选人的选民，大多应是“中间选民”。需要说明的是，有些政治人物在选前脱离所属政党，以无党籍候选人身份参选，或者某一政党、阵营刻意支持的无党籍候选人，他们的支持者有相当部分带有明显的政党取向，这些支持者当然不能算作“中间选民”。小党和无党籍候选人在各种“民意代表”选举中的得票率，是确定这一类“中间选民”的重要参考数据（行政首长选举往往要求去投票的“中间选民”在阵营分明的候选人之间作出最终选择，各政党、阵营冲高的得票率，使人难以认清“中间选民”的真实面目，所以不宜以此作为参考数据）。1986～2006年，小党和无党籍候选人在“中央民意代表”（“立法委员”和“国大代表”）选举中的得票率，大致在5%～18%之间浮动（2001年以来的“立法委员”选举一直在9%～10%之间浮动，）；1998～2005年，小党和无党籍候选人在县市议员选举中的得票率在30%～37%之间浮动（见表3－7和表3－8）。也就是说，此类“中间选民”的参考比例，下限是占投票选民的5%（更具参考价值的应是2001年以来“立法委员”的9%的得票率），上限是占投票选民的37%（在县市议员选举中，“中间选民”有更多的发挥空间）。2004年的“立法委员”选举，无党团结联盟和无党籍候选人共计得票936387票；2005年的县市议员选举，小党和无党籍候选人得票2716358票。可以认为在两年中投票给无党团结联盟、小党和无党籍候选人的90～270万名选民中，大部分（当然不是全部）应是“中间选民”。“立法委员”选举改为“单一选区两票制”之后，一票选人，一票选党，选民有无明确的政党倾向，会更清晰地表现出来。无政党取向或较少政党取向的选民，在未来的“民意代表”选举中还会继续表达自己的意志，但是“单一选区两票制”的“选人”部分已与单一席次的行政首长相同，使此类“中间选民”的投票行为不得不向行政首长选举靠拢，可能起到分化“中间选民”的作用，这是不能不注意到的问题。

在选举议题上保持不极端立场的“中间选民”，以及具有“中产阶级价值”的“中间选民”，都很难估算其比例和人数。以选举议题为例，即便是以“统独”立场可以划分出“中间选民”，以传统的“中间选民理论”（又称为“选举空间理论”）也难以对“中间选民”的行为作出合理的解释。“中间选民理论”假设选举的议题可以通过数量化，把候选人和选民的政策位置放在一个从0到1的向度上，选民在选举议题的空间上的位置站好后，政党的领导人就可以判断中间选民的位置会在哪里，竞争的双方都要在中间的位置去挤，把对手挤到49%的位置就会赢得选举；为了挤到中间选民，双方的立场都要尽量温和化。但是在台湾的选举中，尤其是2004年的“总统”选举，连战和宋楚瑜都尽量保持温和立场，陈水扁却表现得非常激进和极端，按照“中间选民理论”，连战和宋楚瑜应该赢得选举，结果却是陈水扁赢了选举。引入政治心理学的“认知不协调理论”后，可以看到选民对于他所喜欢的候选人的政治立场，既可能把它曲解成和自己的立场比较接近，也可能调整自己的政策立场，缩小与候选人在政策上的空间差距，以处理认知和情感不一致的矛盾。“中间选民理论”之所以没有帮助连战和宋楚瑜赢得选举，就是因为这一理论只注意了“温和”立场对选民的影响，没有看到“中间选民”在“统独”问题上其实是彷徨的选民，并且存在着两个有关联的单元区。一个单元区从0～1是“统”与“独”的关系，即常被用来定位“中间选民”走向的单元区。另外一个单元区在以往对选举中的“统独”议题所作的研究中从没有发现，它不是“统”是0“独”是1，而是1这边是“可统可独”，0这边是“反对统也反对独”。连战和宋楚瑜由于在“可统可独”或“反对统也反对独”方面并没有明确表态，无法拉近选民的认知差距，等于完全放弃了第二单元区的选民。陈水扁则以激烈言辞中包含的强烈的维持现状导向，利用并不极端选民要求现状安定感的心理，把第二单元区“可统可独“或“反对统也反对独”的选民都拉到了自己一方。① 这样的解释尽管不一定被多数人接受，但是已展示了议题取向和选民价值取向的复杂性，提醒选举观察者不能简单看待这类问题。

台湾的“新生代”选民中，确实有相当比例的“中间选民”，并有一部分“新生代”选民会因政治冷漠不去投票，但是这样的选民到底有多少，在多大程度上与参加投票并且没有政党取向或较少政党取向的选民重合，至今还是难以回答的问题。不过应有一个基本的认识，如果出现80%以上的投票率，“新生代”选民应大部分选择投票。以2004年的“总统”选举为例，在1650万选民中，投票者为1325万人，约325万选民没有投票。如果在中国内地100万左右的“台商”大多数未回去投票，那么人在台湾的选民应有200多万人未投票。依据前文所引的推算，当时35岁以下的选民有570万人，那么35岁以下的选民至少应有300~400万人参加了投票（人在台湾但未投票的选民中，还应包括一些年老体弱的选民和35岁以上不愿投票的选民）。由此应该纠正“新生代”选民投票意愿不强的误解，“新生代”选民对其认为不够重要的选举（包括“立法委员”选举），投票意愿可能确实不强，但是像“总统”这样的选举，“新生代”选民的投票意愿未必很弱，甚至未必低于80%的平均投票率。注意“新生代”选民的走向，虽然不能完全等同于重视“中间选民”的走向，但至少是关注“中间选民”的一个重要方面。尤其需要注意的是，2008年的“立法委员”选举首次采用“单一选区两票制”，对于乐于尝试“新生事物”的“新生代”选民来说，“新制度”是一种刺激，可能“很好玩”，由此导致前往投票的“新生代”选民增多，并提高投票率。对台湾各主要政党而言，投票率的提高并不都是福音，需要面对的将是更复杂的局面。

---

① 见石之瑜：《两岸关系下的投票空间理论与战略三角理论》，中国社会科学院网站载2004年8月12日所作的学术报告。

第四章 “蓝绿对峙”的政治版图

在不同投票率下形成的各政党及“泛蓝”、“泛绿”两大阵营的得票率，不仅可以较清晰地反映选民对各政党及各阵营的支持率，还可以进行比较和分析，了解支持各政党或阵营选民的分布情况，说明其选民基础的变化，解释台湾政治版图形成与变化的原因。

第一节 “中央民意代表”选举显示的各政党选民基础

台湾“中央民意代表”选举中各政党的得票率，不仅是政党兴衰的晴雨表，也是昭示选民基础变化的最重要参考数据。通过对1992年以来5次“立法委员”选举、1次“国大代表”选举得票率的分析，可以看出各政党在不同县市选民基础的变化情况。

（一）国民党、民进党得票率的变化

国民党与民进党在“中央民意代表”选举中的对峙，始于1986年。当年的增额“国大代表”和“立法委员”选举，国民党得票率为60.20%和66.30%，民进党得票率为22.21%和24.78%，国民党占绝对优势。1989年的增额“立法委员”选举，国民党得票率下降到59.67%，民进党得票率上升至28.67%。1991年的第二届“国大代表”选举，国民党得票率为71.17%，民进党得票率只有23.94%，国民党更占优势（见表3-7）。

1992～1996年，两大党的得票率差距已明显缩小（在各县市得票率情况，见表4-1）。

1992年的“立法委员”选举，国民党得票率为53.02%，只有3个县市得票率低于40%，但有1个市（嘉义市）得票率低于民进党。民进党得票率为31.03%，尽管在24个县市得票率低于国民党，但是已有14个县市的得票率超过30%，1个县（南投县）的得票率与国民党接近。

1995年的“立法委员”选举，国民党得票率下降到46.06%，5个县市得票率低于40%，4个县市（台北市、宜兰县、南投县、基隆市）得票

率低于民进党，但是嘉义市的得票率超过民进党。民进党得票率上升到33.17%，15个县市的得票率超过30%（5个县市超过40%）。两党的得票率差距，由1992年的21.99个百分点缩小到12.89个百分点。

1996年的“国大代表”选举，国民党得票率上升到49.68%，只有台北市的得票率低于40%并低于民进党。民进党得票率下降到29.85%，只有10个县市的得票率超过30%。两党的得票率差距，也由1995年的12.89个百分点拉大到19.83个百分点。

表4-1 1992～1996年“中央民意代表”选举国民党、民进党得票率变化表

单位:%

县市名称	1992年“立法委员”选举			1995年“立法委员”选举			1996年“国大代表”选举		
	国民党	民进党	差距	国民党	民进党	差距	国民党	民进党	差距
台北县	45.74	26.00	+19.74	38.16	28.54	+9.62	42.80	31.08	+11.72
宜兰县	49.42	14.36	+35.06	45.16	54.84	-9.68	51.89	45.95	+5.94
桃园县	60.93	37.61	+23.32	44.85	35.29	+9.56	50.51	28.35	+22.16
新竹县	54.07	38.22	+15.85	51.92	35.50	+16.42	61.92	26.28	+35.64
苗栗县	72.13	5.48	+66.65	69.51	22.69	+46.82	70.07	14.30	+55.77
台中县	62.21	24.81	+37.40	59.46	27.55	+31.91	51.93	26.86	+25.07
彰化县	68.63	29.19	+39.44	54.59	31.35	+23.24	66.33	22.33	+44.00
南投县	39.89	39.36	+0.53	36.11	50.69	-14.58	52.12	28.23	+23.89
云林县	58.00	19.19	+38.81	64.01	29.44	+34.57	69.41	16.48	+52.93
嘉义县	57.61	22.85	+34.76	59.91	31.58	+28.33	70.31	25.51	+44.80
台南县	50.66	38.58	+12.08	51.78	41.49	+10.29	47.62	39.21	+8.41
高雄县	46.93	38.92	+8.01	50.83	36.15	+14.68	52.98	30.60	+22.38
屏东县	54.94	34.93	+20.01	49.61	43.32	+6.29	53.55	34.74	+18.81
台东县	52.85	31.53	+21.32	41.94	29.41	+12.53	76.49	19.46	+57.03
花莲县	77.36	21.74	+55.62	49.56	25.42	+24.14	47.27	22.31	+24.96
澎湖县	89.54	10.46	+79.08	65.85	27.66	+38.19	59.06	24.44	+34.62
基隆市	57.96	39.40	+18.56	31.48	36.07	-4.59	46.83	27.09	+19.74
新竹市	38.67	32.59	+6.08	43.23	32.30	+10.93	57.17	29.44	+27.73
台中市	56.16	39.42	+16.74	43.83	32.21	+11.62	44.61	31.41	+13.2
嘉义市	49.91	50.09	-0.18	51.71	45.40	+6.31	49.42	35.42	+14.00
台南市	44.83	38.19	+6.64	34.77	28.86	+5.91	41.94	30.97	+10.97
金门县	44.07	2.71	+41.36	52.74	2.76	+49.98	45.70	2.06	+43.64
连江县	58.71	0	+58.71	55.99	1.06	+54.93	56.74	1.12	+55.62

续表

县市名称	1992年“立法委员”选举			1995年“立法委员”选举			1996年“国大代表”选举		
	国民党	民进党	差距	国民党	民进党	差距	国民党	民进党	差距
台北市	39.22	35.62	+3.60	30.71	35.94	-5.23	32.50	35.16	-2.66
高雄市	52.73	35.36	+17.37	40.89	32.08	+8.81	41.89	36.07	+5.82
平地	83.59	0	+83.59	66.73	2.77	+63.96	86.06	4.42	+81.64
山地	73.83	5.90	+67.93	84.85	2.68	+82.17	76.76	0	+76.76
合计	53.02	31.03	+21.99	46.06	33.17	+12.89	49.68	29.85	+19.83

1998～2004年，国民党在“中央民意代表”选举中的得票率优势逐渐丧失（两大党在各县市的得票率情况，见表4－2）。

表4－2　1998～2004年“中央民意代表”选举国民党、民进党得票率变化表

单位:%

县市名称	1998年“立法委员”选举			2001年“立法委员”选举			2004年“立法委员”选举		
	国民党	民进党	差距	国民党	民进党	差距	国民党	民进党	差距
台北县	42.65	29.03	+13.62	24.16	31.49	-7.33	36.51	35.83	+0.68
宜兰县	49.43	48.77	+0.66	31.00	47.76	-16.76	28.45	53.57	-25.12
桃园县	47.29	32.27	+15.02	29.83	34.35	-4.52	39.95	34.17	+5.78
新竹县	57.49	28.29	+29.20	31.69	25.56	+6.13	42.73	36.90	+5.83
苗栗县	51.28	7.61	+43.67	39.66	13.63	+26.03	43.03	33.56	+9.47
台中县	52.61	20.97	+31.64	31.53	34.75	-3.22	36.74	35.69	+1.05
彰化县	59.43	20.62	+38.81	37.31	29.56	+7.75	35.74	27.02	+8.72
南投县	34.76	26.88	+7.88	38.62	36.37	+2.25	27.57	29.79	-2.22
云林县	63.65	21.07	+42.58	37.46	35.11	+2.35	28.43	29.03	-0.60
嘉义县	66.56	26.98	+39.58	29.63	29.24	+0.39	37.97	45.03	-7.06
台南县	52.92	40.34	+12.58	39.59	45.79	-6.20	30.69	44.58	-13.89
高雄县	54.89	31.35	+23.54	30.99	35.28	-4.29	29.05	42.88	-13.83
屏东县	37.20	32.75	+4.45	18.74	42.06	-23.32	29.29	43.20	-13.91
台东县	34.92	21.77	+13.15	42.52	30.73	+11.79	61.59	37.99	+23.60
花莲县	56.71	19.68	+37.03	37.83	30.35	+7.48	0	27.42	-27.42
澎湖县	62.78	31.13	+31.65	0	29.03	-29.03	0	39.47	-39.47
基隆市	50.22	25.97	+24.25	16.88	23.70	-6.82	23.94	22.65	+1.29
新竹市	50.92	29.75	+21.17	25.48	24.65	+0.83	27.32	25.74	+1.58
台中市	36.47	26.66	+9.81	25.88	32.65	-6.77	32.27	31.96	+0.31

续表

县市名称	1998年“立法委员”选举			2001年“立法委员”选举			2004年“立法委员”选举		
	国民党	民进党	差距	国民党	民进党	差距	国民党	民进党	差距
嘉义市	39.20	33.90	+5.30	30.62	31.71	-1.09	45.84	30.22	+15.62
台南市	42.60	30.16	+12.44	24.04	40.28	-16.24	27.20	41.42	-14.22
金门县	44.76	0	+44.76	15.68	5.65	+10.03	0	5.92	-5.92
连江县	100.0	0	+100.0	43.63	0	+43.63	0	4.40	-4.40
台北市	34.93	36.30	-1.37	20.97	34.03	-13.06	33.17	34.67	-1.50
高雄市	36.54	37.14	-0.60	23.57	36.83	-13.26	20.27	41.37	-21.10
平地	78.60	6.53	+72.07	54.83	8.02	+46.81	44.29	13.23	+31.06
山地	65.96	7.54	+58.42	42.02	5.34	+36.68	37.80	7.09	+30.71
合计	46.43	29.56	+16.87	28.56	33.38	-4.82	32.83	35.72	-2.89

1998年的“立法委员”选举，国民党得票率为46.43%，尽管比1996年“国大代表”选举得票率下降3.25个百分点，但是比1995年“立法委员”选举得票率上升0.37个百分点，7个县市得票率低于40%，并且在具有指标性意义的台北市和高雄市得票率低于民进党。民进党得票率为29.56%，是1992年以来“中央民意代表”选举得票率最低的一次，只有10个县市的得票率超过30%。两党的得票率差距，则缩小到16.87个百分点。

2001年的“立法委员”选举，受政党重组的影响，国民党的得票率严重下挫，只有28.56%，能够保持30%以上得票率的只有13个县市（2个县市在40%以上），并有3个县市得票率在20%以下，13个县市得票率低于民进党（澎湖县让给友党，不计算在内），出现了选民认同方面的巨大危机。民进党得票率33.38%，比1998年上升3.83个百分点，16个县市得票率超过30%（4个县市超过40%）。两党得票率相比较，民进党反超国民党4.82个百分点。

2004年的“立法委员”选举，由于亲民党影响力减小，国民党拿到32.83%的得票率，比2001年上升4.27个百分点，在22个县市（花莲、金门、连江3个县让给友党）中，得票率超过30%的有12个（4个县市超过40%），另外10个县市，除澎湖县未派人参选外，得票率虽然低于30%，但都高于20%，并且屏东县、基隆市、新竹市、台南市4个县市得票率有所上升，只有高雄市、宜兰县、南投县、云林县、高雄县5个县市得票率继续下滑；得票率低于民进党的县市也由13个下降为10个（不包括让给友党的3个县市）。民进党的得票率35.72%，比2001年上升2.34个百分点，17个县市得票率超过30%（7个县市超过40%）。民进党领先国民党的得票率差距，由2001年的4.82个百分点缩小到2.89的百分点。

到2004年，在“中央民意代表”选举中，国民党能够在新竹县、苗栗县、台东县、花莲县、嘉义市、金门县、连江县7个县市（包括让给友党的3个县市）占较大优势（得票率达到40%以上，下同），在平地、山地原住民中国民党则具有绝对优势的得票率；民进党在高雄市、宜兰县、彰化县、嘉义县、台南县、高雄县、屏东县、澎湖县、台南市9个县市占较大优势。另外9个县市，两党得票率差距不大，在台北县、桃园县、台中县、基隆市、新竹市、台中市6个县市国民党略占优势，在台北市、南投县、云林县3个县市民进党略占优势。

2005年的任务型“国大代表”选举，国民党得票率为38.92%，民进党得票率为42.33%，比国民党高3.41个百分点。尽管此次选举选民投票率过低（只有23.26%），不具有代表性，但还是大致反映出两党得票率的态势和差距没有发生根本性变化。

（二）新党、亲民党、“台联党”的得票率

在台湾依然比较活跃的3个主要政党新党、亲民党和“台联党”（“建国党”得票率过低，已在第二章作了说明，不再列入主要政党之内），在“中央民意代表”选举中的具体得票率情况，见表4－3。

表4－3　1995～2004年“中央民意代表”选举新党、亲民党、“台联党”得票率变化表

单位:%

县市名称	新党				亲民党		“台联党”	
	1995“立法委员”选举	1996“国大代表”选举	1998“立法委员”选举	2001“立法委员”选举	2001“立法委员”选举	2004“立法委员”选举	2001“立法委员”选举	2004“立法委员”选举
台北县	17.11	18.11	8.80	3.27	23.43	18.07	7.05	9.04
宜兰县	0	2.15	1.81	0	13.41	17.99	4.12	0
桃园县	18.24	18.37	7.09	1.96	23.33	13.57	7.70	6.67
新竹县	12.58	11.80	7.87	1.34	20.01	20.36	11.42	0
苗栗县	7.20	7.91	4.45	2.25	17.15	18.48	6.89	3.20

续表

县市名称	新党				亲民党		“台联党”	
	1995“立法委员”选举	1996“国大代表”选举	1998“立法委员”选举	2001“立法委员”选举	2001“立法委员”选举	2004“立法委员”选举	2001“立法委员”选举	2004“立法委员”选举
台中县	11.79	11.05	5.66	1.58	18.65	8.76	4.59	6.07
彰化县	4.73	6.08	1.54	0.50	16.64	11.57	7.98	4.53
南投县	7.21	11.85	0.57	0.39	11.73	14.33	8.72	13.65
云林县	2.46	0	0.74	0.35	10.52	8.24	6.16	9.45
嘉义县	2.92	1.95	0.62	0.32	8.87	2.96	8.68	6.45
台南县	4.72	6.73	0.61	0.19	7.06	4.93	4.07	5.13
高雄县	7.81	6.69	3.70	0.35	14.46	12.85	13.92	10.71
屏东县	4.50	6.59	0.67	0.12	7.28	2.86	7.43	9.49
台东县	2.36	4.05	0.86	0.60	23.41	0	2.73	0
花莲县	5.14	13.56	3.44	1.57	26.94	30.03	3.31	3.58
澎湖县	5.19	16.50	0	0.82	13.79	0	0	0
基隆市	19.26	20.85	17.45	6.24	30.67	35.07	9.03	14.18
新竹市	23.16	11.22	17.64	6.27	28.55	21.43	13.31	18.75
台中市	22.85	17.82	13.09	2.96	26.50	18.41	9.74	8.68
嘉义市	2.89	6.91	.88	0.48	11.75	0	14.02	23.46
台南市	7.78	10.31	4.37	0.47	15.04	13.89	11.31	10.40
金门县	33.42	50.75	5.64	41.13	23.47	0	0	0
连江县	42.79	42.14	0	0	56.37	39.34	0	0
台北市	28.62	28.24	17.30	8.34	22.11	17.11	5.39	5.87
高雄市	11.19	14.03	7.59	2.86	15.82	15.01	11.82	11.93
平地	0	7.31	0	0	30.06	21.09	6.39	1.68
山地	4.74	13.77	0	0	25.77	14.93	4.78	4.56
合计	12.95	13.67	7.06	2.61	18.57	13.90	7.76	7.79

新党在1995年的“立法委员”选举中得票率达到12.95%，并在5个县市（台北市、新竹市、台中市、金门县、连江县）得票率超过20%。在1996年的“国大代表”选举中，新党的得票率上升到13.67%，但是只有4个县市（台北市、基隆市、金门县、连江县）得票率超过20%。1998年的“立法委员”选举，新党得票率下降至7.06%，已没有1个县市得票率超过20%。2001年的“立法委员”选举，新党只有2.61%的得票率，在5%得票率的政党门槛之下，已沦为小党，但是在金门县还有40%的得票率。2004年“立法委员”选举，新党不得不依附国民党，只在金门县独立

推荐候选人参选，取得54.07%的得票率。从当前的得票率看，在未来的“立法委员”选举中，新党如果没有其他政党协助，已不可能突破5%的政党门槛。

亲民党在2001年“立法委员”选举中取得18.57%的得票率，基本取代了新党的地位，并在11个县市（台北市、台北县、桃园县、新竹县、台东县、花莲县、基隆市、新竹市、台中市、金门县、连江县）得票率超过20%，平地、山地原住民的得票率也超过20%。但是2004年的“立法委员”选举，亲民党的得票率下降至13.90%，只有5个县市（新竹县、花莲县、基隆市、新竹市、连江县）和平地原住民得票率超过20%。2005年的任务型“国大代表”选举，亲民党的得票率仅为6.11%。按当前亲民党的走势，在未来的“立法委员”选举中，亲民党如果不与国民党协作，很可能难以再取得5%以上的得票率。

“台联党”在2001年“立法委员”选举中取得7.76%的得票率，并且没有1个县市得票率超过20%。2004年的“立法委员”选举，“台联党”得票率为7.79%，与2001年基本持平，只有在嘉义市的得票率超过20%。2005年的任务型“国大代表”选举，“台联党”的得票率为7.05%。在两次“立法委员”选举和一次“国大代表”选举中，“台联党”的得票率比较稳定，表明认同“台联党”的选民群体基本固化，即便在“单一选区两票制”的选举制度下，“台联党”当选“立法委员”的席次因受民进党的“挤压”可能会减少，但是从现有的趋势看，由于还有投给政党的一票，“台联党”可能在未来的“立法委员”选举中保住5%以上的得票率。

（三）三次“立法委员”选举显示的两大阵营选民基础变化

1996年以前，由于“建国党”还未成立，国民党与新党主要是竞争关系，还未形成两大阵营对峙的局面。“建国党”成立后，以国民党、新党为一方，民进党与“建国党”为另一方，形成了不同的选民群体，两大阵营的对峙已有雏形。2000年后，“泛蓝”（国民党、新党、亲民党）与“泛绿”（民进党、“台联党”，“建国党”在“立法委员”选举中几无得票率，可不计在内）两大阵营的对峙成型，使“立法委员”选举两大阵营的得票率更具有指标性意义，所以应对1998年以来三次“立法委员”选举两大阵营的得票率（见表4－4）作进一步分析。

表4-4 1998~2004年"立法委员"选举两大阵营得票率变化表

单位:%

县市名称	1998年"立法委员"选举			2001年"立法委员"选举			2004年"立法委员"选举		
	国民党、新党	民进党、"建国党"	差距	蓝	绿	差距	蓝	绿	差距
台北县	51.45	29.46	+21.99	50.86	38.54	+12.32	54.58	44.87	+9.71
宜兰县	51.24	48.77	+2.47	44.41	51.88	-7.47	46.44	53.57	-7.13
桃园县	54.38	32.27	+22.11	55.12	42.05	+13.07	53.52	40.84	+12.68
新竹县	65.36	28.82	+36.54	53.04	36.98	+16.06	63.09	36.90	+26.19
苗栗县	55.73	11.53	+44.20	59.06	20.52	+38.54	61.51	36.76	+24.75
台中县	58.27	21.97	+36.30	51.76	39.34	+12.42	45.50	41.76	+3.74
彰化县	60.97	20.85	+40.12	54.45	37.54	+16.91	47.31	31.55	+15.76
南投县	35.33	27.86	+7.47	50.74	45.09	+5.65	41.90	43.44	-1.54
云林县	64.39	21.07	+43.32	48.33	41.27	+7.06	36.67	38.48	-1.81
嘉义县	67.18	27.29	+39.89	38.82	37.92	+0.90	40.93	51.48	-10.55
台南县	53.53	40.34	+13.19	46.84	49.86	-3.02	35.62	49.71	-14.09
高雄县	58.59	33.48	+25.11	45.80	49.20	-3.40	41.90	53.59	-11.69
屏东县	37.87	33.19	+4.68	26.14	49.49	-23.35	32.15	52.69	-20.54
台东县	35.78	21.77	+14.01	66.53	33.46	+33.07	61.59	37.99	+23.60
花莲县	60.15	19.68	+40.47	66.34	33.66	+32.68	30.03	31.00	-0.97
澎湖县	62.78	31.13	+31.65	14.61	29.03	-14.42	0	39.47	-39.47
基隆市	67.67	25.97	+41.70	53.79	32.73	+21.06	59.01	36.83	+22.18
新竹市	68.56	29.75	+38.81	60.30	37.96	+22.34	48.75	44.49	+4.26
台中市	49.56	28.8	+20.76	55.34	42.39	+12.95	50.68	40.64	+10.04
嘉义市	41.08	33.9	+7.18	42.85	45.73	-2.88	45.84	53.68	-7.84
台南市	46.97	37.38	+9.59	39.55	51.59	-12.04	41.09	51.82	-10.73
金门县	50.40	0	+50.40	80.28	5.65	+74.63	54.07	5.92	+48.15
连江县	100.0	0	+100.0	100.0	0	+100.0	39.34	4.40	+34.94
台北市	52.23	36.78	+15.45	51.42	39.42	+12.00	50.28	40.54	+9.74
高雄市	44.13	45.51	-1.38	42.25	48.65	-6.40	35.28	53.30	-18.02
平地	78.60	6.53	+72.07	84.89	14.41	+70.48	65.38	14.91	+50.47
山地	65.96	7.54	+58.42	67.79	10.12	+57.67	52.73	11.65	+41.08
合计	53.49	31.01	+22.48	49.74	41.14	+8.60	46.85	43.51	+3.34

1998年"立法委员"选举，国民党、新党的得票率为53.49%，民进党、"建国党"的得票率为31.01%。民进党、"建国党"只在高雄市的得票率超过国民党、新党，在其他县市国民党、新党均占优势，但是宜兰县、南投县、屏东县、嘉义市、台南市双方的得票率差距已在10个百分点

以下，预示可能出现重大变化。

2001年“立法委员”选举，“泛蓝”阵营得票率为49.74%，比1998年下降3.75个百分点；“泛绿”阵营得票率为41.14%，比1998年上升10.13个百分点。“泛绿”阵营已在高雄市、宜兰县、台南县、高雄县、屏东县、澎湖县、嘉义市、台南市8个县市得票率超过“泛蓝”阵营，南投县、云林县、嘉义县3个县两大阵营的得票率差距在10个百分点以下，但是就总体而言，“泛蓝”阵营还占有一定优势（在18个县市和平地、山地原住民中得票率超过“泛绿”阵营），得票率比“泛绿”阵营高8.60个百分点。

2004年“立法委员”选举，“泛蓝”阵营得票率为46.85%，比2001年下降2.89个百分点；“泛绿”阵营得票率为43.51%，比2001年上升2.37个百分点。“泛绿”阵营在高雄市、宜兰县、南投县、云林县、嘉义县、台南县、高雄县、屏东县、花莲县、澎湖县、嘉义市、台南市12个县市得票率超过“泛蓝”阵营，在台北市、台北县、台中县、新竹市4个县两大阵营的得票率差距已在10个百分点以下。尽管“泛蓝”阵营还略占优势（在13个县市和平地、山地原住民中得票率超过“泛绿”阵营），但得票率仅比“泛绿”阵营高3.34个百分点。

“立法委员”选举的得票率，大体显示了支持“泛蓝”和“泛绿”阵营选民的南北分割状况。“泛蓝”阵营在台湾北部的台北市、台北县、基隆市、桃园县、新竹市、新竹县、台中市、台中县、苗栗县、彰化县以及金门县、连江县有较好的选民基础，只有宜兰县选民基础有利于“泛绿”阵营。“泛绿阵营”在台湾南部的高雄市、南投县、云林县、花莲县、嘉义市、嘉义县、台南市、台南县、高雄县、屏东县、澎湖县有较好的选民基础，只有台东县选民基础有利于“泛蓝”阵营。也就是说，尽管不是纯粹的“北蓝南绿”，但是基本格局已经形成，即便出现政党的合并，这样的格局也难以在短期内被打破，并将直接影响近期的各种选举。

第二节　各政党在地方主要“民意代表”选举中的得票率

台湾地方“民意代表”选举中各政党的得票率，尽管在选民基础方面的指标意义低于“中央民意代表”选举（因为有的政党对此类选举不太重视），但是能够在一定程度上反映政党认同最强的选民（所谓“铁杆选民”）的分布情况，也应该作认真的梳理。由于乡镇市民代表会代表选举除国民党外其他政党得票率都很低，不具代表性，所以只分析台北市、高雄市议员和县市议员选举的情况。

（一）各政党在台北市、高雄市议员选举中得票率的变化

在1989年的台北市和高雄市议员以及台湾省议员的选举中，国民党的综合得票率为62.10%，首次以政党身份参选的民进党的综合得票率为25.60%，两党的得票率差距为36.50个百分点。

1994年以后，由于新党、“建国党”等的成立，台北市和高雄市议员选举已成为各政党选民支持率的重要指标（各政党得票率情况，见表4-5）。

表4-5　1994~2006年台北市、高雄市议员选举各政党及两大阵营得票率变化表

单位：%

党派/阵营	台北市议员选举				高雄市议员选举			
	1994年	1998年	2002年	2006年	1994年	1998年	2002年	2006年
国民党	39.06	40.02	32.08	43.65	46.22	45.24	25.76	35.95
新党	21.72	18.60	9.02	5.87	4.83	3.85	0.63	0.03
亲民党	/	/	17.56	6.98	/	/	11.94	6.78
“泛蓝”	60.78	58.62	58.66	56.50	51.05	49.09	38.33	42.76
民进党	30.12	30.95	28.52	30.77	24.91	26.90	25.03	30.49
“建国党”	/	0.66	/	/	/	1.87	/	/
“台联党”	/	/	3.27	5.12	/	/	6.72	5.74
“泛绿”	30.12	31.61	31.79	35.89	24.91	28.77	31.75	36.23
差距	+30.66	+27.01	+26.87	+20.61	+26.14	+20.32	+6.58	+6.53

国民党在台北、高雄两市都经历了2002年得票率下挫和2006年得票率上升，但是在1994年以来的4次选举中，都能保持政党得票率第一的位置。相比之下，国民党在台北市更占优势，得票率从1994年的39.06%上升为2006年的43.65%，上升4.59个百分点；在高雄市的优势有所减弱，得票率已从1994年的46.22%下降为2006年的35.95%，下降了10.27个百分点。

民进党在台北、高雄两市也经历了2002年得票率下挫和2006年得票率上升，但是比例升降的幅度小于国民党，并在1994年以来的4次选举中，始终保持政党得票率第二的位置。相比之下，民进党在台北市的得票

率基本持平，从1994年的30.12%上升为2006年的30.77%，只增加0.65个百分点；在高雄市的得票率则明显上升，从1994年的24.91%上升为2006年的30.49%，上升了5.58个百分点。

新党在台北、高雄两市的得票率，1998年以后均呈下降趋势，但是相比之下，新党在台北市还有一定影响，2006年还能有5.87%的得票率（比1994年下降15.85个百分点）。在高雄市，新党本来影响力较小，在1994年的议员选举中只有4.83%的得票率，到2006年则仅有0.03%的得票率。

亲民党在台北、高雄两市都曾取得10%以上的得票率，但是在2006年得票率都下降到6%，显示出该党对两市选民的影响力已走向衰退。

“台联党”在台北、高雄两市大致维持3%～7%的得票率，在台北市的得票率，2006年为5.12%，比2002年上升1.85个百分点；但是在高雄市的得票率2006年为5.74%，比2002年下降0.98个百分点。

按阵营划分，“泛蓝”阵营在台北、高雄两市议员选举中始终占有优势。在台北市，“泛蓝”阵营的得票率始终保持在55%以上，与“泛绿”阵营的差距在20个百分点以上；在高雄市，“泛蓝”阵营的得票率大体可以维持在40%以上，与“泛绿”阵营的差距已经由26个百分点缩小到6个百分点。

需要注意的是，“泛蓝”阵营在台北、高雄两市议员选举中的优势，并没有都转化为“中央民意代表”选举的优势。“泛蓝”阵营在台北市议员选举中的得票率，与“立法委员”选举得票率大体保持一致性，在1998年以来的三次“立法委员”选举中能够保持50%以上的得票率，与“泛绿”阵营的得票率差距亦保持在10个百分点左右。“泛蓝”阵营在高雄市议员选举中的得票率，与“立法委员”选举得票率尽管相差不大，但是“泛绿”阵营在1998年以来的三次“立法委员”选举中的得票率都超过45%，占有明显优势，两大阵营的得票率差距也从1998年的1.38个百分点拉大到了2005年的18.02个百分点（相关比例见表4－4）。

（二）各政党在县市议员选举中得票率的变化

国民党在县市议员选举中始终占有优势，即便是1986年后有了来自民进党的挑战，国民党仍能保持一定的得票率优势。1994年的县市议员选举，国民党得票率为55.20%，比民进党15.34%的得票率高39.86个百分点。1998年以后的三次县市议员选举，国民党的得票率有所下降，从1998

年的48.85%下降到2002年的35.98%，在2005年又升为40.21%，但是与民进党的得票率差距，在2002年和2005年仍能保持在17个百分点以上，并且只是在2005年有2个县（嘉义县、台南县）的得票率低于民进党，其他县市的得票率都高于民进党（具体得票率情况，见表4-6）。比较国民党在2004年“立法委员”和2005年县市议员选举的得票率（见表4-2与表4-6），只有嘉义市、嘉义县和台东县3个县市“立法委员”选举得票率高于县市议员选举得票率，其他县市都是县市议员选举得票率高于“立法委员”选举得票率，显示在较低投票率（66%以下，下同）的情况下，国民党在基层选举中的选民优势依然可以发挥出来。

民进党在县市议员选举中的得票率至今未超过25%，但是保持了稳定上升的态势，1998年得票率为15.81%，比1994年上升0.47个百分点；2002年得票率为18.20%，比1998年上升2.39个百分点；2005年得票率为22.25%，比2002年上升4.05个百分点。至2005年，民进党在县市议员选举中已在4个县市（宜兰县、嘉义县、高雄县、台南市）的得票率超过30%，7个县市（台北县、桃园县、台中县、彰化县、台南县、屏东县、台中市）的得票率超过20%，但是在6个县市（新竹县、苗栗县、台东县、澎湖县、金门县、连江县）的得票率在10%以下（具体得票率情况，见表4-6）。比较民进党在2004年“立法委员”和2005年县市议员选举的得票率（见表4-2与表4-6），所有县市“立法委员”选举得票率都高于县市议员选举得票率，确实可以看出民进党对县市议员选举不够重视，否则不会有这么大的差距。尽管如此，在较低投票率的情况下，仍有11个县市在县市议员选举中的得票率可以达到20%以上，并且南北都有这样的县市，而不是只分布在南部地区，显示的应是支持民进党的“铁杆选民”，在基层选举中的投票意愿同样比较强。

表4-6　1998~2005年县市议员选举国民党、民进党得票率变化表

单位：%

县市名称	1998年			2002年			2005年		
	国民党	民进党	差距	国民党	民进党	差距	国民党	民进党	差距
台北县	46.79	21.40	+25.39	33.62	19.32	+14.30	38.05	21.43	+16.62
宜兰县	50.88	27.30	+23.58	33.90	24.26	+9.64	43.11	34.61	+8.50
桃园县	43.44	19.84	+23.60	35.59	15.72	+19.87	40.76	20.51	+20.25

续表

县市名称	1998年			2002年			2005年		
	国民党	民进党	差距	国民党	民进党	差距	国民党	民进党	差距
新竹县	48.47	15.22	+33.25	49.18	15.02	+34.16	58.13	7.07	+51.06
苗栗县	55.41	5.36	+50.05	26.41	6.27	+20.14	44.77	6.86	+37.91
台中县	53.09	15.55	+37.54	32.48	19.66	+12.82	45.88	20.46	+25.42
彰化县	55.65	13.17	+42.48	41.24	17.55	+23.69	44.00	20.76	+23.24
南投县	45.73	10.68	+35.05	25.37	13.03	+12.34	29.00	15.42	+13.58
云林县	51.85	7.52	+44.33	42.38	15.91	+26.47	34.75	16.33	+18.42
嘉义县	61.11	9.62	+51.49	28.12	24.79	+3.33	28.25	41.30	-13.05
台南县	36.73	14.85	+21.88	33.11	21.25	+11.86	32.17	27.11	+5.06
高雄县	37.26	19.31	+17.95	34.95	23.33	+11.62	43.59	33.21	+10.38
屏东县	43.92	13.07	+30.85	33.75	15.03	+18.72	29.55	23.89	+5.66
台东县	61.95	2.88	+59.07	55.56	5.98	+49.58	56.19	4.50	+51.69
花莲县	63.15	13.09	+50.06	60.19	12.73	+47.46	57.95	12.12	+45.83
澎湖县	53.31	6.49	+46.82	43.50	10.77	+32.73	31.30	4.15	+27.15
基隆市	61.03	17.53	+43.50	53.62	19.56	+34.06	49.08	15.46	+33.62
新竹市	51.53	14.46	+37.07	32.39	12.86	+19.53	39.07	14.15	+24.92
台中市	60.48	17.83	+42.65	44.62	24.79	+19.83	52.90	28.01	+24.89
嘉义市	42.72	11.07	+31.65	21.46	15.35	+6.11	25.40	17.71	+7.69
台南市	42.83	24.69	+18.14	32.21	23.77	+8.44	31.17	35.78	-4.61
金门县	73.93	1.74	+72.19	40.21	2.98	+37.23	54.04	2.82	+51.22
连江县	78.39	0	+78.39	65.62	0	+65.62	54.55	0	+54.55
合计	48.85	15.81	+33.04	35.98	18.20	+17.78	40.21	22.25	+17.96

新党、亲民党和“台联党”在县市议员选举中的得票率都不高（见表4-7），并不是因为这些政党不重视县市议员选举，而是力量不够，难以赢得较高的选民支持率。

表4-7 1998~2005年县市议员选举新党、亲民党、“台联党”得票率变化表

单位:%

县市名称	新党			亲民党		“台联党”	
	1998年	2002年	2005年	2002年	2005年	2002年	2005年
台北县	8.59	2.04	1.57	16.06	7.88	3.30	3.17
宜兰县	0.95	0	0	8.29	1.51	0	0
桃园县	4.55	0	0.75	12.75	8.99	0.09	2.08
新竹县	2.47	0	0	1.78	0	0.94	0

续表

县市名称	新党			亲民党		"台联党"	
	1998 年	2002 年	2005 年	2002 年	2005 年	2002 年	2005 年
苗栗县	2.24	0	0	3.35	0.46	0.37	0
台中县	3.84	0.46	0	7.02	4.35	2.68	3.14
彰化县	0.42	0	0	1.31	0.01	0.48	1.73
南投县	1.79	0	0	6.58	4.01	0	3.37
云林县	0.65	0	0	3.08	0	1.50	4.11
嘉义县	0.11	0	0	0.97	0	0	0
台南县	0.56	0	0	1.93	0.48	0.21	0.42
高雄县	1.79	0	0	4.09	2.58	3.40	1.75
屏东县	0.67	0	0	3.27	0.37	1.17	2.53
台东县	1.01	0	0	3.95	0.84	0	1.81
花莲县	2.28	0	0	9.07	4.75	0	0
澎湖县	0.53	0	0	0.88	1.20	0.96	0.25
基隆市	6.65	0	0	13.97	9.03	0	4.07
新竹市	5.15	1.64	0	8.68	3.99	5.64	6.20
台中市	5.47	0.75	0.75	10.13	4.56	2.41	5.23
嘉义市	1.35	0	0	3.63	3.12	1.04	3.65
台南市	1.53	0	0	4.88	4.66	0.55	1.01
金门县	6.95	7.98	9.08	5.28	3.46	0	0
连江县	20.99	0	0	9.79	3.79	0	0
合计	3.06	0.44	0.45	7.01	3.97	1.47	2.34

新党在1994年的县市议员选举中只有1.98%的得票率，1998年上升为3.06%，但只在1个县（连江县）的得票率超过10%。2002年和2005年县市议员选举，新党的得票率分别为0.44%和0.45%，得票率为0的县市，也由2002年的18个扩大到2005年的19个，已经是县市议员选举中无足轻重的政党。

亲民党在2002年的县市议员选举中取得7.01%的得票率，并在4个县市（台北县、桃园县、基隆市、台中市）中的得票率超过10%。2005年的县市议员选举，亲民党的得票率只有3.97%，比2002年下降3.04个百分点，并且已无1个县市得票率超过10%（3个县得票率为0），显示出明显的颓势。

"台联党"在2002年的县市议员选举中只有1.47%的得票率，并且在8个县市中的得票率为0。2005年的县市议员选举，"台联党"的得票率为

2.34%，比2002年上升0.87个百分点，得票率为0的县市减为7个，尽管有缓慢上升的趋势，但是仍没有1个县市得票率超过10%。

由于国民党在县市议员选举中始终占有得票率的优势，使“泛蓝”阵营亦保持较大优势。2002年，“泛蓝”阵营的得票率为43.43%，比“泛绿”阵营的19.67%高23.76个百分点。2005年，“泛蓝”阵营的得票率为44.63%，比2002年上升1.20个百分点，比“泛绿”阵营的24.59%高20.04个百分点。

（三）各政党和两大阵营在“民意代表”选举中得票率的综合走势

综合1986年以来各政党在“中央”和地方历次主要“民意代表”选举中的得票率情况，可以看出各政党选民支持率的基本走势（见表4-8）。

图4-8 1986~2005年主要“民意代表”选举各政党得票率走势表

单位:%

政党	1986增额选举	1989增额选举	1991“国代”选举	1992“立委”选举	1995“立委”选举	1996“国代”选举	1998议员选举	1998“立委”选举	2001“立委”选举	2002议员选举	2004“立委”选举	2005议员选举
国民党	66.3	59.7	71.2	53.0	46.1	49.7	48.8	46.4	28.6	36.0	32.8	40.2
民进党	24.8	28.7	23.9	31.0	33.2	29.9	15.8	29.6	33.4	18.2	35.7	22.3
新党	/	/	/	/	12.9	13.7	3.1	7.1	2.6	0.4	0.1	0.4
亲民党	/	/	/	/	/	/	/	/	18.6	7.0	13.9	4.0
“台联党”	/	/	/	/	/	/	/	/	7.8	1.5	7.8	2.3

从表4-8显示的走势看，在主要“民意代表”选举中，国民党的得票率总体呈下降趋势，尽管在2001年跌到最低点后有所上升，但已难以达到1998年以前的高点。民进党的得票率总体呈上升趋势，低点是县市议员选举的得票率。新党的得票率自1998年以后一路下跌，已经接近0点。亲民党起点虽然较高，但是短短几年中得票率连续下跌，似已难挽回颓势。“台联党”则保持着较稳定的得票率态势，但始终在低比例区徘徊。

两大阵营在主要“民意代表”选举中的得票率走势（见表4-9），“泛蓝”阵营虽然大致呈下降趋势，但没有出现40%以下的低点，总体上还保持一定优势。“泛绿”阵营的得票率大体呈上升趋势，并使两大阵营的得票率差距逐渐缩小。

表 4-9 1986~2005 年主要“民意代表”选举两大阵营得票率走势表

单位:%

阵营	1986增额选举	1989增额选举	1991“国代”选举	1992“立委”选举	1995“立委”选举	1996“国代”选举	1998议员选举	1998“立委”选举	2001“立委”选举	2002议员选举	2004“立委”选举	2005议员选举
泛蓝	66.3	59.7	71.2	53.0	59.0	63.4	51.9	53.5	49.8	43.4	46.8	44.6
泛绿	24.8	28.7	23.9	31.0	33.2	29.9	15.8	29.6	41.2	19.7	43.5	24.6

主要“民意代表”选举各政党及两大阵营的得票率，显示的是选民的“政党支持度”或“政党偏好”，成为各政党赖以生存和发展的重要选民基础。但是，选民的这种“政党偏好”，在“单一席次”的选举中，并不一定能够全部转变为政党或不同阵营提名候选人的得票率，下面就来看看其中的差别。

第三节　单一席次选举呈现的“蓝”、“绿”支持率

尽管台湾“泛蓝”、“泛绿”两大阵营的形成在 2000 年以前，但是 1986 年以来的国民党与民进党以及国民党、新党与民进党、“建国党”之间的竞争，已带有“蓝”、“绿”之争的色彩，尤其在单一席次选举中，这样的色彩更为浓厚，所以在本节的叙述中，亦一并将竞争的双方称为“泛蓝”和“泛绿”。

（一）县市长选举两大阵营得票率的变化

县市长选举中“泛蓝”、“泛绿”两大阵营的得票率有较大变化（见表 4-10 和表 4-11），可先概述总体情况，再分别介绍各县市的情况。

1989 年的县市长选举，“泛蓝”得票率为 52.69%，比“泛绿”38.58% 的得票率高 14.11 个百分点，但是在 21 个县市中，7 个县市得票率低于“泛绿”（包括“泛绿”支持的无党籍人士，下同），使“泛绿”得到 7 席县市长席位。

1993 年的县市长选举，“泛蓝”得票率为 50.40%，比“泛绿”41.16% 的得票率高 9.24 个百分点，在 23 个县市中（下同），6 个县市得票率低于“泛绿”，但 1 个县（台北县）虽然“泛蓝”得票率高于“泛

绿”，但由于“泛蓝”有2个候选人参选，分散了选票，使“泛绿”提名候选人当选，“泛绿”依然得到7席县市长席位。

1997年的县市长选举，两大阵营的得票率基本持平，“泛蓝”得票率（43.53%）只比“泛绿”（43.32%）高0.21个百分点。“泛蓝”虽然在14个县市得票率高于“泛绿”，总体看还占一定优势，但是有4个县市因同一阵营提名候选人过多，分散了选票，导致“泛绿”提名候选人当选，使“泛蓝”只得到9席县市长席位，“泛绿”得到14席县市长席位。

表4-10　1989~1997年县市长选举两大阵营得票率变化表

单位:%

县市	1989年			1993年			1997年		
名称	国民党	民进党	状态	国、新	民进党	状态	国民党	民进党	状态
台北县	48.0	49.0	绿/民	52.29	46.38	蓝*民	41.01	40.67	蓝*民
宜兰县	44.0	54.0	绿/民	40.41	57.49	绿/民	46.17	53.83	绿/民
桃园县	54.0	44.0	蓝/国	39.32	36.27	蓝/国	42.96	56.20	绿/民
新竹县	49.0	51.0	绿/民	43.25	50.04	绿/民	32.89	36.12	蓝*民
苗栗县	59.0	35.0	蓝/国	33.58	25.40	无党派/蓝	41.03	4.17	无党派/蓝
台中县	60.0	40.0	蓝/国	58.89	41.11	蓝/国	53.59	38.60	蓝*民
彰化县	48.0	49.0	绿/民	52.81	40.84	蓝/国	49.56	48.66	蓝/国
南投县	50.0	49.0	蓝/国	49.54	21.48	蓝/国	37.37	30.80	无党派/绿
云林县	63.0	27.0	蓝/国	53.12	46.88	蓝*国	34.93	29.11	蓝*国
嘉义县	41.0	37.0	蓝/国	66.39	32.04	蓝*国	53.26	46.74	蓝/国
台南县	49.0	48.0	蓝/国	42.85	53.99	绿/民	34.27	65.73	绿/民
高雄县	40.0	56.0	绿/民	47.11	51.31	绿/民	44.69	51.74	绿/民
屏东县	46.0	54.0	绿/民	50.93	48.16	蓝/国	41.45	55.42	绿/民
台东县	61.0	25.0	蓝/国	68.57	/	蓝/国	47.64	5.73	蓝*国
花莲县	63.0	27.0	蓝/国	60.31	30.68	蓝/国	56.76	43.24	蓝/国
澎湖县	100.0	0	蓝/国	42.44	57.56	绿/民	57.53	42.47	蓝/国
基隆市	56.0	42.0	蓝/国	54.66	45.34	蓝/国	37.97	42.75	蓝*民
新竹市	57.0	31.0	蓝/国	65.19	26.88	蓝*国	42.79	56.11	绿/民
台中市	61.0	39.0	蓝/国	58.13	41.87	蓝/国	48.60	51.40	绿/民
嘉义市	37.0	/	无党派/绿	43.22	/	无党派/绿	42.52	7.25	无党派/绿
台南市	57.0	27.0	蓝/国	46.13	30.28	蓝/国	40.24	35.75	蓝*民
金门县	/	/	/	100.0	0	蓝/国	100.0	0	蓝*国
连江县	/	/	/	100.0	0	蓝/国	100.0	0	蓝*国
合计	52.69	38.58	14/7	50.40	41.16	16/7	43.53	43.32	9/14

说明：带*者表示该阵营有多名候选人参选。

2001 年县市长选举,“泛蓝”的得票率上升到50.95%,“泛绿”的得票率上升到47.00%,两大阵营的得票率差距为3.95 个百分点,“泛蓝”略占优势,并在13 个县市得票率高于“泛绿”,使“泛蓝”得到13 席县市长席位,“泛绿”得到10 席县市长席位(两阵营各有1 个县市因同阵营提名候选人过多分散选票,导致另一阵营提名候选人当选)。

2005 年县市长选举,“泛蓝”的得票率上升到54.18%,“泛绿”的得票率下降到44.22%,两大阵营的得票率差距扩大为9.96 个百分点,“泛蓝”明显占优势,并在17 个县市得票率高于“泛绿”;尽管有1 个县因同阵营提名候选人过多分散选票,导致“泛绿”提名候选人当选,但是另1 个县“泛绿”分裂导致“泛蓝”候选人当选,使“泛蓝”得到17 席县市长席位,“泛绿”只得到6 席县市长席位,比1989 年时得到的7 席还少1 席。

表4-11　2001~2005 年县市长选举两大阵营得票率变化表

单位:%

县市名称	2001 年			2005 年		
	“泛蓝”	“泛绿”	状态	“泛蓝”	“泛绿”	状态
台北县	48.16	51.31	绿/民	54.87	44.30	蓝/国
宜兰县	47.17	50.89	绿/民	51.39	47.75	蓝/国
桃园县	55.24	44.20	蓝/国	60.84	38.32	蓝/国
新竹县	53.61	46.39	蓝/国	67.09	32.91	蓝/国
苗栗县	75.68	23.55	无/蓝	64.97	29.86	蓝/国
台中县	58.98	41.02	蓝/国	59.45	39.12	蓝/国
彰化县	48.36	49.17	绿/民	55.46	40.52	蓝/国
南投县	46.18	52.50	绿/民	45.32	52.41	绿*国
云林县	59.82	37.40	蓝/国	44.48	53.37	绿/民
嘉义县	47.83	47.22	蓝*民	37.31	62.69	绿/民
台南县	44.47	51.50	绿/民	47.16	50.30	绿/民
高雄县	45.20	54.80	绿/民	40.86	59.14	绿/民
屏东县	40.61	55.34	绿/民	51.52	46.19	蓝*民
台东县	81.20	17.32	蓝*亲	59.18	38.23	无/蓝
花莲县	66.80	31.37	蓝*国	67.25	19.86	蓝*国
澎湖县	55.32	36.25	蓝/国	50.69	48.16	蓝/国
基隆市	58.09	41.91	蓝/国	67.04	32.96	蓝*国
新竹市	56.00	42.78	蓝/国	69.27	30.73	蓝/国
台中市	49.08	50.92	绿*国	60.58	39.00	蓝*国
嘉义市	34.71	58.22	绿*无	54.63	45.37	蓝/国

续表

县市名称	2001 年			2005 年		
	"泛蓝"	"泛绿"	状态	"泛蓝"	"泛绿"	状态
台南市	37.40	46.13	绿/民	41.40	58.60	绿*民
金门县	90.83	6.20	蓝*新	97.87	0	蓝*新
连江县	100.0	0	蓝*亲	52.90	0	蓝*亲
合计	50.95	47.00	13/10	54.18	44.22	17/6

说明：带*者表示该阵营有多名候选人参选。

综观两大阵营1989年以来县市长选举的得票率，23个县市可以分为三种类别。

第一类"蓝"、"绿"色彩分明，在5次选举中某一阵营得票率始终高于另一阵营，8个县市属于这一类。"泛蓝"（包括"泛蓝"支持的候选人，下同）得票率始终占优势的有苗栗县、台中县、台东县、花莲县、基隆市、金门县、连江县7个县市，但是台中县（1997年）、基隆市（1997年）出现过由于"泛蓝"内部"分裂"（候选人多于1人，下同）而败选的情况。"泛绿"一方得票率始终占优势的只有1个高雄县。

第二类"偏蓝"或"偏绿"，在5次选举中某一阵营得票率有4次高于另一阵营，8个县市属于这一类。"偏蓝"的5个县市，即桃园县（1997年"转绿"，后"转蓝"），云林县（2005年"转绿"），嘉义县（2005年"转绿"），澎湖县（1993年"转绿"，后"转蓝"）和新竹市（1997年"转绿"，后"转蓝"），但嘉义县（2001年）出现过因"泛蓝"分裂导致的败选情况。"偏绿"的3个县市，即宜兰县（2005年"转蓝"），台南县（1989年"蓝"，后"转绿"）和嘉义市（2005年"转蓝"）。

第三类在"蓝"、"绿"之间游移，两大阵营得票率互有高低，台北县、新竹县、南投县、屏东县、台中市、台南市、彰化县7个县市属于这一类，并且都是"泛蓝"阵营略占优势（3次得票率高于"泛绿"），但是台北县（1993年、1997年）、新竹县（1997年）、屏东县（2005年）、台南市（1997年）都出现过因"泛蓝"分裂导致的败选情况，台中市（2001年）出现过因"泛绿"分裂导致的败选情况，南投县则出现过"泛蓝"分裂败选（2001年）和"泛绿"分裂败选（2005年）情况。

由于不少县市出现过选民支持"蓝"、"绿"候选人的变化，加上因分裂导致的某一阵营败选情况，使多数县市出现过"执政权"在"蓝"、

“绿”之间转换的现象（台湾媒体习惯地称之为“变天”）。1989 年以来，未出现过“执政权”转换的只有 6 个县市，其中苗栗县、台东县、花莲县、金门县、连江县 5 个县市“执政权”始终掌握在“泛蓝”手中，只有高雄县 1 个县的“执政权”始终掌握在“泛绿”手中。“执政权”较长期（4 届）掌握在某一阵营手中的有 12 个县市，“泛蓝”较长期“执政”的有桃园县、台中县、基隆市、新竹市、台中市（均为 1989 ~ 1993 年 2 届，2001 ~ 2005 年 2 届）、云林县（1989 ~ 2001 年 4 届）、澎湖县（1989 年及 1997 ~ 2005 年 4 届）7 个县市，“泛绿”较长期“执政”的有台北县、嘉义市、宜兰县（均为 1989 ~ 2001 年 4 届）、台南县（1993 ~ 2005 年 4 届）、屏东县（1989 年及 1997 ~ 2005 年 4 届）5 个县市。另外的 5 个县市，“泛绿”执政较长（3 届）的有新竹县、彰化县、嘉义县、台南市 4 个县市，“泛蓝”执政较长（3 届）的有南投 1 个县。

（二）台湾省长与直辖市长选举两大阵营的得票率

1994 年的台湾省长选举，国民党候选人得票率为 56. 20%，民进党候选人得票率为 38. 70%，国民党占绝对优势，并在参加选举的 21 个县市中（台北市、高雄市和属于福建省的金门县、连江县不参加），只有 1 个县（宜兰县）国民党得票率低于民进党。

台北市市长选举显示的选民支持率始终倾向于“泛蓝”阵营，只要“泛蓝”不分裂，就能够赢得选举。1994 年选举，国民党候选人黄大洲得票率为 25. 88%，新党候选人赵少康得票率为 30. 16%，民进党候选人陈水扁得票率为 43. 67%，尽管“泛蓝”的得票率（56. 04%）比“泛绿”高 12. 37 个百分点，但是陈水扁当选为台北市长。1998 年选举，国民党候选人马英九得票率为 51. 13%，新党候选人王建煊得票率为 2. 97%，民进党候选人陈水扁得票率为 49. 91%，虽然“泛蓝”依然分裂并且得票率（54. 10%）比 1994 年下降 1. 94 个百分点，但是支持“泛蓝”的选民自动“弃保”，压低了王建煊的得票，使马英九险胜陈水扁，当选为台北市长。2002 年选举，国民党候选人马英九得票率为 64. 1%，民进党候选人李应元得票率为 35. 9%，马英九以绝对优势成功连任台北市市长。2006 年选举，属于“泛蓝”的国民党候选人郝龙斌得票率为 53. 81%、无党籍候选人宋楚瑜得票率为 4. 14%、李敖得票率为 0. 61%；属于“泛绿”的民进党候选人谢长廷得票率为 40. 89%，“台联党”候选人周玉蔻得票率为 0. 26%；

尽管“泛蓝”有多名候选人参选，并且得票率（58.56%）比2002年低5.54个百分点，但是支持“泛蓝”的选民再次自动“弃保”，压低了宋楚瑜的得票，使郝龙斌当选为台北市市长。需要注意的是，在台北市市长选举中虽然“泛蓝”能够保持50%以上的得票率，“泛绿”的得票率亦大致能保持在40%以上（2006年为41.15%）。

高雄市市长选举显示的选民支持率略有利于“泛绿”阵营。1994年选举，国民党候选人吴敦义得票率为54.46%，新党候选人汤阿根得票率为3.45%，民进党候选人张俊雄得票率为39.29%，尽管“泛蓝”阵营分裂，但是国民党候选人的优势明显，吴敦义当选为高雄市市长。1998年选举，国民党候选人吴敦义得票率为48.13%，新党候选人吴建国得票率为0.81%，民进党候选人谢长廷得票率为48.71%；“泛蓝”不仅得票率（48.94%）比1994年（57.91%）下降8.97个百分点，还由于吴建国分走了6457票，使谢长廷以4565票的微弱优势险胜吴敦义，当选为高雄市市长。2002年选举，国民党候选人黄俊英得票率为46.8%，民进党候选人谢长廷得票率为50.0%，谢长廷成功连任高雄市市长。2006年选举，国民党候选人黄俊英得票率为49.27%，民进党候选人陈菊得票率为49.41%，“台联党”候选人罗志明得票率为0.85%，虽然“泛绿”有2名候选人参选，但是陈菊还是以1114票的微弱优势险胜黄俊英，当选为高雄市市长。自1998年以来，在高雄市市长选举中两大阵营的得票率都相当接近，成为引人注意的现象。

（三）“总统”选举两大阵营在各县市的得票率

1996年的“总统”选举，国民党候选人李登辉、连战得票率为54.00%；民进党候选人彭明敏、谢长廷得票率为21.13%，无党籍候选人林洋港、郝伯村得票率为14.90%，无党籍候选人陈履安、王清峰得票率为9.97%，李登辉、连战以绝对优势当选。由于林洋港、郝伯村和陈履安都是脱离国民党自行参选，所以“泛蓝”的得票率高达78.87%。仅比较国民党候选人与民进党候选人的得票率，国民党在25个县市的得票率都高于民进党（见表4-12，下同）。

表 4－12 “总统”选举两大阵营得票率变化表

单位:%

县市名称	1996 年			2000 年				2004 年		
	国民党	民进党	状态	连	宋	陈	状态	蓝	绿	状态
台北县	48.28	22.55	蓝	22.37	40.26	36.73	蓝	53.06	46.94	偏蓝
宜兰县	54.92	29.56	蓝	19.51	33.05	47.03	偏蓝 *	42.29	57.71	绿
桃园县	55.85	15.16	蓝	22.15	43.83	31.72	蓝	55.32	44.68	蓝
新竹县	66.20	11.11	蓝	20.69	51.58	24.75	蓝	64.06	35.94	蓝
苗栗县	69.87	10.70	蓝	22.20	49.64	26.81	蓝	60.75	39.25	蓝
台中县	60.15	16.22	蓝	24.74	38.10	36.51	蓝	48.21	51.79	偏绿
彰化县	63.63	18.12	蓝	25.71	33.71	40.05	蓝 *	47.74	52.26	偏绿
南投县	31.52	16.63	无	18.15	46.94	34.49	蓝	51.25	48.75	偏蓝
云林县	66.29	19.17	蓝	24.78	27.70	46.99	蓝 *	39.68	60.32	绿
嘉义县	65.70	22.94	蓝	23.06	26.98	49.49	偏蓝 *	37.21	62.79	绿
台南县	63.05	24.47	蓝	24.70	21.10	53.78	绿	35.21	64.79	绿
高雄县	59.88	24.30	蓝	23.95	28.43	47.14	偏蓝 *	41.60	58.40	偏绿
屏东县	62.91	25.46	蓝	27.73	25.48	46.28	偏蓝 *	41.89	58.11	绿
台东县	68.42	13.37	蓝	23.66	52.78	23.20	蓝	65.52	34.48	蓝
花莲县	64.05	11.24	蓝	19.28	58.81	21.42	蓝	70.20	29.80	蓝
澎湖县	62.61	19.92	蓝	23.25	39.55	36.79	蓝	50.53	49.47	偏蓝
基隆市	50.27	17.71	蓝	21.52	47.01	30.84	蓝	59.44	40.56	蓝
新竹市	53.65	16.17	蓝	22.40	42.83	33.79	蓝	55.12	44.88	蓝
台中市	46.45	19.55	蓝	21.19	41.37	36.86	蓝	52.66	47.34	偏蓝
嘉义市	47.04	33.35	蓝	23.24	29.34	47.01	偏蓝 *	43.94	56.06	绿
台南市	56.58	23.85	蓝	25.93	27.53	46.06	偏蓝 *	42.23	57.77	绿
金门县	40.65	1.63	无	14.50	81.81	3.11	蓝	93.95	6.05	蓝
连江县	46.51	1.33	无	24.43	73.31	1.80	蓝	94.24	5.76	蓝
台北市	38.90	24.34	蓝	21.90	39.79	37.64	蓝	56.53	43.47	蓝
高雄市	50.62	27.32	蓝	23.97	29.78	45.79	偏蓝 *	44.35	55.65	绿
合计	54.00	21.13	/	23.10	36.84	39.30	/	49.89	50.11	/

说明：表中“ * ”表示连、宋相加才能占优势。

2000 年的“总统”选举，国民党候选人连战、萧万长得票率为 23.10%，民进党候选人陈水扁、吕秀莲得票率为 39.30%，新党候选人李敖、冯沪祥得票率为 0.13%，无党籍候选人宋楚瑜、张昭雄得票率为 36.84%，无党籍候选人许信良、朱惠良得票率为 0.63%。“泛蓝”的三组候选人（连战与萧万长，宋楚瑜与张昭雄，李敖与冯沪祥）的总得票率为 60.07%（比 1996 年下降 18.80 个百分点）；“泛绿”的两组候选人（陈水扁与吕秀莲，许信良与朱惠良）的总得票率为 39.93%（比 1996 年上升 18.80 个百分点）。尽管"泛蓝"有 20 个百分点的得票率优势，但是连战与萧万长及宋楚瑜与张昭雄两组候选人得票率都在 20% 以上，造成选票分散，致使陈水扁、吕秀莲当选。比较连战与萧万长及宋楚瑜与张昭雄两组候选人与陈水扁、吕秀莲在各县市的得票率，可以看出只有在台南县陈水扁、吕秀莲的得票率高于连、宋两组候选人得票率之和，其他县市都是连、宋两组候选人得票率之和高于陈水扁、吕秀莲的得票率，"泛蓝"的优势还是相当明显的。

2004 年的"总统"选举，只有两组候选人，国民党、亲民党候选人连战、宋楚瑜得票率为 49.89%，民进党候选人陈水扁、吕秀莲得票率为 50.11%，陈水扁、吕秀莲以微弱优势再次当选。如果说 2000 年的"总统"选举"泛蓝"输在分裂上，而 2004 年"泛蓝"并没有分裂，并且在 25 个县市中，14 个县市得票率占优势，"泛绿"只在 11 个县市得票率占优势，但总的得票率却是"泛蓝"比 2000 年下降 10.18 个百分点，"泛绿"比 2000 年上升 10.18 个百分点，除了民进党挟"执政"优势以及"突发事件"的影响外，选民的支持率还是出了问题，需要作进一步分析。

具体分析 2004 年"总统"选举两组候选人的得票数（见表 4－13），并将其与选民的"权重"排位联系在一起，可以看出"泛蓝"失败的重要因素是在"中段"选民区处于劣势，应结合数据做具体说明。

表 4－13 2004 年"总统"选举两大阵营得票情况表

县市名称	"泛蓝"			"泛绿"			得票数差距
	得票数	占总得票数的百分比（%）	排序	得票数	占总得票数的百分比（%）	排序	
台北县	1130615	17.55	1	1000265	15.46	1	+130350
台北市	897870	13.94	2	690379	10.67	2	+207491
桃园县	555688	8.63	3	448770	6.93	4	+106918
高雄市	398769	6.19	5	500304	7.73	3	-101535
台中县	410082	6.37	4	440479	6.81	5	-30397
小计	3393024	52.68	/	3080197	47.60	/	+312827
彰化县	350128	5.43	6	383296	5.92	8	-33168
高雄县	302937	4.7	7	425265	6.57	6	-122328
台南县	229284	3.56	9	421927	6.52	7	-192643
台中市	297098	4.61	8	267095	4.13	10	+30003

续表

县市名称	“泛蓝”			“泛绿”			得票数差距
	得票数	占总得票数的百分比（%）	排序	得票数	占总得票数的百分比（%）	排序	
屏东县	215796	3.35	10	299321	4.62	9	-83525
小计	1395243	21.65	/	1796904	27.76	/	-401661
云林县	159906	2.48	14	243129	3.76	12	-83223
台南市	183786	2.85	12	251397	3.88	11	-67611
嘉义县	118189	1.83	19	199466	3.08	13	-81277
苗栗县	191059	2.97	11	123427	1.91	16	+67632
南投县	153913	2.39	15	146415	2.26	15	+7498
小计	806853	12.52	/	963834	14.89	/	-156981
宜兰县	108361	1.68	20	147848	2.28	14	-39487
新竹县	165027	2.56	13	92576	1.43	18	+72451
基隆市	132289	2.05	16	90276	1.39	19	+42013
新竹市	118924	1.85	18	96818	1.5	17	+22106
花莲县	126041	1.96	17	53501	0.83	21	+72540
小计	650642	10.10	/	481019	7.43	/	+169623
嘉义市	67176	1.04	22	85702	1.32	20	-18526
台东县	76382	1.19	21	40203	0.62	22	+36179
澎湖县	22639	0.35	24	22162	0.34	23	+477
金门县	26433	0.41	23	1701	0.03	24	+24732
连江县	4060	0.06	25	248	0	25	+3812
小计	196690	3.05	/	150016	2.31	/	+46674
合计	6442452	100.00		6471970	100.00		-29518

如前所述，选民“权重”排在前5名的台北县、台北市、桃园县、高雄市和台中县5个县市，选民超过800万人，占选民总数的49.24%（参见表3-2，下同），可视为“前段”选民区。在这5个县市“泛蓝”得票数超过“泛绿”31万票，占明显优势。但是结合投票率排序（见表3-6，下同）和比较得票率，可以看出“泛蓝”的优势并没有扩大到足以影响整个选举。选民“权重”排序1、3名的台北县和桃园县，选民投票率排序都不在前5名之内（台北县第7名，桃园县第6名），表明选民投票意愿不是最强，与2001年的县长选举相比，桃园县“泛蓝”与“泛绿”的得票率几乎没有变化（“泛蓝”55%，“泛绿”44%），台北县“泛蓝”得票率上升4.90个百分点，“泛绿”得票率下降4.37个百分点，“泛蓝”有明显进步。台北市尽管投票率排序在前5名之内，但是“泛蓝”得票率只有

53.06%，比2002年台北市长选举的得票率下降7.57个百分点，“泛绿”得票率相应上升7.57个百分点，这样的差距实际上已经抵消甚至超过了“泛蓝”在台北县的进步。“泛绿”在投票意愿最强的高雄市和台中县（选民投票率排序都在前5名之内）扩大了优势，高雄市的得票率比2002年市长选举上升5.65个百分点，台中县的得票率比2001年县长选举上升10.77个百分点，大大缩小了在“前段”选民区与“泛蓝”的差距。尤为关键的是，台中县原本“泛蓝”占优势，在此次选举中突然转为“泛绿”占优势，成为“泛蓝”在“前段”选民区的致命伤。

选民“权重”排在6~10名的彰化县、高雄县、台南县、台中市、屏东县5个县市，选民超过400万人，占选民总数的24.68%；排在11~15名的云林县、台南市、嘉义县、苗栗县、南投县5个县市，选民超过200万人，占选民总数的14.10%。这10个县市，可视为“中段”选民区，共有选民640万人，占选民总数的38.78%。这10个县市选民投票意愿并不是很强（只有高雄县选民投票率排序在前5名之内），“泛绿”在这10个县市得票数超过“泛蓝”55万票（选民“权重”6~10名的5个县市得票数多40万票，11~15名的5个县市得票数多15万票），成为制胜的关键。具体分析，“泛绿”在彰化县、高雄县、台南县、屏东县、台南市、嘉义县6个县市的得票率优势，在2001年县市长选举时已经确立。云林县原本“泛蓝”占优势，在2001年县长选举中“泛蓝”得票率高达59.82%，比“泛绿”（37.40%）高22.42个百分点，但此次选举“泛绿”得票率高达60.32%，“泛蓝”得票率仅为39.68%，差距为20.64个百分点，选民支持率的转向，使“泛绿”超出“泛蓝”8万多票，成为“泛蓝”在“中段”选民区的致命伤。尽管“泛蓝”在台中市和南投县都成功地“转绿为蓝”，使在台中市的得票率从2001年市长选举的49.08%提升到52.66%，在南投县的得票率从2001年县长选举的46.18%提升到51.25%，但在2个县市得票仅超过“泛绿”3.8万票，加上具有传统得票优势的苗栗县超出的6万票，只是弥补云林县的得票损失后略有结余，使“泛绿”在彰化县等6个县市的得票率优势更为突出。

选民“权重”排在16~20名的宜兰县、新竹县、基隆市、新竹市、花莲县5个县市，有近150万选民，占选民总数的8.99%；排在21~25名的嘉义市、台东县、澎湖县、金门县、连江县5个县市，选民接近50万人，占选民总数的2.99%。这10个县市，可视为“后段”选民区，共有选民近200万人，占选民总数的11.98%。除新竹县和新竹市（投票率排序在第2名和第8名）外，选民投票意愿都不是很强。“泛蓝”在这10个县市得票数超过“泛绿”21万票（选民“权重”16~20名的5个县市得票数多近17万票，21~25名的5个县市得票数多4万票），并在8个县市得票率高于“泛绿”阵营，但是多数县市选民数太低，无法起到扭转大局的作用，仅“泛绿”在宜兰县多得的近4万票，就基本抵消了“泛蓝”在选民“权重”排位21~25名5个县市多得的票数。

也就是说，在2004年“总统”选举中，“泛蓝”阵营以近3万票的差距落败，从选民支持率的角度看，台北市选民支持率降低是一个重要的因素，台中县和云林县选民从主要支持“泛蓝”转为主要支持“泛绿”，更是关键性的因素。需要注意的是，造成这两种现象的原因可能不同，台北市选民“泛蓝”支持率降低，可能是“中间选民”的走向起了决定性作用；台中县和云林县选民的“转向”，地方派系的影响应起了决定性的作用。

第四节 “北蓝南绿”政治版图的解读

因选举导致的执政权转换，使台湾的政治版图发生了较大的变化。分析形成不同政治版图的原因，既要考虑选民支持取向在重要选举中是否能够保持一致，也要考虑各政党在不同县市执政的影响和选民的籍贯构成等因素。

（一）台湾政治版图的变化

列出1989年以来台湾历次重要选举“蓝”、“绿”两大阵营在各县市得票率占优势的情况（见表4-14，分别以“蓝”、“绿”显示得票率占优势的一方），可以对台湾政治版图的变化作简要说明。

表4-14 1989~2006年历次重要选举两大阵营得票率形态表

县市名称	1989年县市长选举	1992年“立法委员”选举	1993年县市长选举	1995年“立法委员”选举	1996年“总统”选举	1996年“国大代表”选举	1997年县市长选举	1998年“立法委员”选举	2000年“总统”选举	2001年“立法委员”选举	2001年县市长选举	2004年“总统”选举	2004年“立法委员”选举	2005年县市长选举	当前态势评估
台北县	绿	蓝	蓝	蓝	蓝	蓝	蓝	蓝	蓝	蓝	绿	蓝	蓝	蓝	偏蓝
宜兰县	绿	蓝	绿	绿	蓝	蓝	绿	蓝	蓝	绿	绿	绿	绿	蓝	偏绿
桃园县	蓝	蓝	蓝	蓝	蓝	蓝	绿	蓝	蓝	蓝	蓝	蓝	蓝	蓝	蓝

续表

县市名称	1989年县市长选举	1992年“立法委员”选举	1993年县市长选举	1995年“立法委员”选举	1996年“总统”选举	1996年“国大代表”选举	1997年县市长选举	1998年“立法委员”选举	2000年“总统”选举	2001年“立法委员”选举	2001年县市长选举	2004年“总统”选举	2004年“立法委员”选举	2005年县市长选举	当前态势评估
新竹县	绿	蓝	绿	蓝	蓝	蓝	蓝	蓝	蓝	蓝	蓝	蓝	蓝	蓝	蓝
苗栗县	蓝	蓝	蓝	蓝	蓝	蓝	蓝	蓝	蓝	蓝	蓝	蓝	蓝	蓝	蓝
台中县	蓝	蓝	蓝	蓝	蓝	蓝	蓝	蓝	蓝	蓝	蓝	绿	蓝	蓝	偏蓝
彰化县	绿	蓝	蓝	蓝	蓝	蓝	蓝	蓝	蓝	蓝	绿	绿	蓝	蓝	偏蓝
南投县	蓝	蓝	蓝	绿	蓝	蓝	绿	蓝	蓝	蓝	绿	蓝	绿	绿	偏绿
云林县	蓝	蓝	蓝	蓝	蓝	蓝	蓝	蓝	蓝	蓝	蓝	绿	绿	绿	偏绿
嘉义县	蓝	蓝	蓝	蓝	蓝	蓝	蓝	蓝	蓝	蓝	蓝	绿	绿	绿	偏绿
台南县	蓝	蓝	绿	蓝	蓝	蓝	绿	蓝	绿	绿	绿	绿	绿	绿	绿
高雄县	绿	蓝	绿	蓝	蓝	蓝	绿	蓝	蓝	绿	绿	绿	绿	绿	绿
屏东县	绿	蓝	蓝	蓝	蓝	蓝	绿	蓝	蓝	绿	绿	绿	绿	蓝	偏绿
台东县	蓝	蓝	蓝	蓝	蓝	蓝	蓝	蓝	蓝	蓝	蓝	蓝	蓝	蓝	蓝
花莲县	蓝	蓝	蓝	蓝	蓝	蓝	蓝	蓝	蓝	蓝	蓝	蓝	绿	蓝	蓝
澎湖县	蓝	蓝	绿	蓝	蓝	蓝	蓝	蓝	蓝	绿	蓝	蓝	蓝	蓝	偏蓝
基隆市	蓝	蓝	蓝	绿	蓝	蓝	蓝	蓝	蓝	蓝	蓝	蓝	蓝	蓝	蓝
新竹市	蓝	蓝	蓝	蓝	蓝	蓝	绿	蓝	蓝	蓝	蓝	蓝	蓝	蓝	蓝
台中市	蓝	蓝	蓝	蓝	蓝	蓝	绿	蓝	蓝	蓝	绿	蓝	蓝	蓝	偏蓝
嘉义市	绿	绿	绿	蓝	蓝	蓝	绿	蓝	蓝	绿	绿	绿	绿	蓝	偏绿
台南市	蓝	蓝	蓝	蓝	蓝	蓝	蓝	蓝	蓝	绿	绿	绿	绿	绿	绿
金门县	/	蓝	蓝	蓝	蓝	蓝	蓝	蓝	蓝	蓝	蓝	蓝	蓝	蓝	蓝
连江县	/	蓝	蓝	蓝	蓝	蓝	蓝	蓝	蓝	蓝	蓝	蓝	蓝	蓝	蓝
台北市	/	蓝	蓝	绿	蓝	绿	蓝	蓝	蓝	蓝	蓝	蓝	蓝	蓝	蓝
高雄市	/	蓝	蓝	蓝	蓝	蓝	蓝	绿	蓝	绿	绿	绿	绿	绿	绿

1989 年“泛绿”阵营在县市长选举中取得 7 个席位，在台北县、宜兰县、新竹县、彰化县、高雄县、屏东县、嘉义市 7 个县市得票率超过“泛蓝”，“泛绿”得票率占优势县市的地理分布是“北三”（台北县、宜兰县、新竹县）、“南三”（高雄县、屏东县、嘉义市）和“中一”（彰化县）。尽管“泛绿”在 1997 年的县市长选举中取得 14 个席位，加上 1998 年改由“泛绿”执政的高雄市，形成“地方包围中央”的态势（地理分布为基隆市、台北县、宜兰县、桃园县、新竹县、新竹市北台湾 6 县市，台中县、南投县、台中市中台湾 3 县市，高雄市、高雄县、台南市、台南县、屏东县、嘉义市 6 县市），但是直到 2000 年的“总统”选举，“泛绿”在 25 个县市中只有台南县得票率超过“泛蓝”，总体上说还没有形成较固定的政治版图；“泛绿”

得票率略占优势的（陈水扁的得票率超过宋楚瑜而不是超过宋楚瑜、连战的得票率总和），有高雄市、宜兰县、彰化县、云林县、嘉义县、高雄县、屏东县、嘉义市、台南市9个县市（见表4－12带＊者），除宜兰县外，均分布在中台湾和南台湾，已经显示出走向“北蓝南绿”的趋势。

2001年的“立法委员”和县市长选举，以及2002年的台北市、高雄市市长选举，“泛蓝”得到了台北市市长和13个县市长席位（在各县市的“立法委员”选举中得票率都高于“泛绿”），执政县市的地理分布为北台湾5县市（台北市、基隆市、桃园县、新竹市、新竹县），中台湾5县市（台中市、台中县、苗栗县、云林县、花莲县），南台湾1县（台东县），离岛3县（澎湖县、金门县、连江县）。“泛绿”得到了高雄市市长和10个县市长席位（除台北县、彰化县、南投县外，在其他县市的“立法委员”选举中得票率都高于“泛蓝”），执政县市的地理分布为北台湾2县（台北县、宜兰县），中台湾2县（彰化县、南投县），南台湾7县市（高雄市、高雄县、嘉义市、嘉义县、台南市、台南县、屏东县）。由此大致形成了以台中县与彰化县交界的大肚溪为界的“北蓝南绿”对峙局面，但是在北部还有一条“泛绿”控制的“绿色走廊”（台北县、宜兰县）。

经过2004～2006年的“立法委员”、县市长和直辖市长选举，“泛蓝”得到了台北市市长和17个县市长席位，不仅消除了北台湾的“绿色走廊”，掌握了北台湾7县市（台北市、台北县、基隆市、宜兰县、桃园县、新竹市、新竹县）的执政权，还在中台湾7县市中掌握了6个县市（台中市、台中县、苗栗县、花莲县、彰化县、南投县）的执政权，在南台湾掌握2个县市（嘉义市、台东县）执政权，并继续保持离岛3县（澎湖县、金门县、连江县）的执政权。“泛绿”得到了高雄市市长和6个县市长席位，执政的县市除云林县外，另外6县市（高雄市、高雄县、嘉义县、台南市、台南县、屏东县）都在南台湾。因“泛蓝”向南推进形成的新政治版图，以彰化县与云林县交界的浊水溪为界，北部全部控制在“泛蓝”手中，南部则“绿中有蓝”（“泛蓝“控制了嘉义市和台东县）。

综观2001年以后历次选举的情况，可以对当前两大阵营的选民基础作出基本评估（见表4－14）。在25个县市中，“泛蓝”阵营可以得到较多选民支持的有15个县市，其中在台北市、桃园县、新竹县、苗栗县、台东县、花莲县、基隆市、新竹市、金门县、连江县10个县市可以保证“泛蓝”在所有重要选举中都能在得票率上占优势，台北县、台中县、彰化县、澎湖县、台中市5个县市出现过少数得票率占劣势的情况，只能算作“偏蓝”；“泛绿”阵营可以得到较多选民支持的有10个县市，其中在高雄市、台南县、高雄县、台南市4个县市可以保证“泛绿”在所有重要选举中都能在得票率上占优势，宜兰县、南投县、云林县、嘉义县、屏东县、嘉义市6个县市出现过少数得票率占劣势的情况，只能算作“偏绿”。也就是说，虽然是“北蓝南绿”，但是有11个县市“偏蓝”或“泛绿”，还可能出现变化，并改变当前的政治版图。

（二）不同选举中选民支持取向能否保持一致

选民支持的转向，是导致政治版图变化的重要因素。2004年“总统”选举中出现的台中县和云林县选民由主要支持“泛蓝”转为主要支持“泛绿”，是台湾选举的较普遍现象，还是较少出现的特殊现象，已成为观察台湾选举不能不注意的问题。换言之，在单一席次选举中呈现的选民支持取向（主要支持“泛蓝”还是支持“泛绿”），能否成为预测台湾选举结果的重要指标，关键在于这样的选民支持率能否在历次单一席次选举中保持一致性，如果大多县市能够保持一致性，就可以表明这样的指标具有不可替代的作用。由此引申出来的问题是“中央民意代表”选举尤其是“立法委员”选举的选民支持取向，是否与单一席次选举中的选民支持取向一致，能否以“立法委员”选举的选民支持取向，来预测单一席次选举的选民支持率走向。根据表4-12列出的情况，可以对这两个问题作具体说明。

单一席次选举主要应比较的是历次县市长选举和“总统”选举两大阵营的得票率，并且应以2000年为界，因为2000年“总统”选举后政党生态发生了重大的变化。比较2000年以前的5次选举（3次县市长选举和2次“总统”选举），在25个县市中（包括台北市、高雄市2个直辖市，下同），“泛蓝”阵营在12个县市的得票率始终高于“泛绿”阵营，表现出在两种单一席次选举中选民支持率的高度一致性。另外的13个县市，7个县市（台北县、桃园县、彰化县、南投县、澎湖县、新竹市、台中市）表现出较高的一致性（5次选举中有4次“泛蓝”得票率高于“泛绿”）；5个县市表现出局部的一致性，或是县市长选举“泛绿”得票率占优势但“总统”选举“泛蓝”得票率占优势（宜兰县、高雄县、嘉义市），或是1996年以后的县市长选举与“总统”选举得票率占优势者相同（新竹县、台南县）；只有屏东1个县出现较大的不一致性。由此得出的结论是，在国民党尚能控制政权的时候，尽管放开了选举，但是在单一席次选举中绝大多数县市可以保持或基本保持选民支持取向的一致性。

2001年以来的3次选举（2次县市长选举和1次“总统”选举），15个县市在两种单一席次选举中选民支持取向一致（“泛蓝”11个，“泛绿”4个）。不一致的10个县市中，2001年县市长选举与2004年“总统”选举选民支持取向一致的有宜兰县、彰化县、屏东县、嘉义市4个县市；2004年“总统”选举与2005年县市长选举选民支持取向一致的有台北县、云林县、嘉义县、台中市4个县市；真正出现“蓝－绿－蓝”或“绿－蓝－绿”变化的只有台中县、南投县2个县。由此得出的结论是，在两大阵营激烈竞争形态下的单一席次选举，绝大多数县市可以保持或基本保持选民支持取向的一致性，选民支持率的不断“转向”，并没有成为“常态”，只是少数特例，当然这种特例有时足以影响整个选举的结果，需要特别注意。

也就是说，单一席次选举中的选民支持取向，尤其是最近几次选举的取向是否一致，可以作为分析、预测台湾选举的重要指标，并由此对两大阵营的选民基础作出评估。

“中央民意代表”选举与单一席次的行政首长选举在选民支持取向上是否保持一致，需要将“立法委员”选举与县市长选举、“总统”选举分别作比较。

“立法委员”选举与县市长选举比较，仍以2000年为界，并包括台北市、高雄市市长的选举。在1989～2000年的6次选举（3次“立法委员”、3次县市长选举）中，只有9个县市的选民支持取向完全一致，另外的16个县市，都出现过选民支持取向不一致的情况，但是有9个县市（台北县、桃园县、彰化县、澎湖县、基隆市、新竹市、台中市、台北市、高雄市）仅出现过1次不一致的情况，7个县市（宜兰县、新竹县、南投县、台南县、高雄县、屏东县、嘉义市）出现过多次不一致的情况。由此表明选民对不同阵营的支持取向还不太稳定，“立法委员”选举表示出的选民支持率不一定转化为县市长选举的选民支持率，反之亦然，县市长选举的选民支持率也不一定转化为“立法委员”选举的选民支持率。2001年以来的4次选举（2次“立法委员”和2次县市长选举），情况有所变化。2001年的县市长选举与“立法委员”选举是同时举行的，18个县市的选民支持取向一致（12个县市支持“泛蓝”，6个县市支持“泛绿”），5个县（台北县、彰化县、云林县、嘉义县、花莲县）不一致。2004年“立法委员”

选举后，2005 年县市长选举，2006 年台北市、高雄市市长选举，在这一组选举中，21 个县市的选民支持取向一致（13 个县市支持“泛蓝”，8 个县市支持“泛绿”），只有 4 个县市（宜兰县、屏东县、花莲县、嘉义市）不一致。综合 4 次选举的情况，15 个县市的选民支持取向完全一致（10 个县市支持“泛蓝”，5 个县市支持“泛绿”），并有 8 个县市的选民支持率趋向一致（在 4 次选举中 3 次一致，4 个县市趋向支持“泛蓝”，4 个县市趋向支持“泛绿”），只有云林县和嘉义县出现选民的重大“转向”，但是表现出的是“转向”前后的选民支持取向一致，没有一个县市出现过“蓝－绿－蓝－绿”或“绿－蓝－绿－蓝”的变化。由此表明 2001 年以后的“立法委员”选举与县市长选举，在选民支持取向上具有较明显的一致性，“立法委员”选举的支持率走向也可以成为分析县市长选举的重要参数。

“立法委员”选举与“总统”选举比较，应重点比较 2001 年以来的 3 次选举（2 次“立法委员”和 1 次“总统”选举），因为在此前的“总统”选举中，“泛蓝”在选民支持率方面占绝对优势，无须作比较。2001 年的“立法委员”选举与 2004 年的“总统”选举相对照，20 个县市选民支持取向完全一致（13 个县市支持“泛蓝”，7 个县市支持“泛绿”），只有 5 个县市（台中县、彰化县、云林县、嘉义县、澎湖县）不一致。2004 年的“总统”选举与同年的“立法委员”选举相对照，21 个县市选民支持取向完全一致（12 个县市支持“泛蓝”，9 个县市支持“泛绿”），只有 4 个县市（台中县、彰化县、南投县、花莲县）不一致。综合 3 次选举的情况，18 个县市的选民支持取向完全一致（11 个县市支持“泛蓝”，7 个县市支持“泛绿”），一致性程度高出“立法委员”选举与县市长选举选民取向的一致性，表明“立法委员”选举的支持率走向更可以作为分析“总统”选举的重要参数。

在重要的选举中，多数县市选民支持取向保持一致，是选民政党和阵营认同强化的具体表现。正是由于有了这样的一致性，才使“北蓝南绿”的政治版图能够成型并且趋于稳定。那么，为什么在多数县市会出现选民支持取向的一致性？这还需要作进一步的解释。

（三）地方执政者的影响

如前所述，1989 年以来，台北市、高雄市和 23 个县市，未出现过“执政权”在“蓝”、“绿”两大阵营之间转换的只有苗栗县、台东县、花莲县、金门县、连江县、高雄县6个县市，另外19个县市都出现过“执政权”的转换。各阵营的执政是否影响选民的政党或阵营认同，是否可以在重要选举中提升执政阵营的得票率，巩固、扩大得票率优势，或缩小与另一阵营的得票率差距，可以从两大阵营执政县市在其他选举中的得票率差距变化看出端倪。

列出1992年以来历次“立法委员”和“总统”选举两大阵营的得票率差距和各阵营在不同县市执政的届次（见表4－15。1989～2006年，台北市、高雄市、金门县、连江县各4届，其他县市各5届，参见表4－1至表4－4、表4－12），可以看到三类不同的情况。

第一类是未出现过“执政权”转换的6个县市。“泛蓝”长期执政的苗栗县、台东县、花莲县、金门县、连江县，都能保住本阵营的得票率优势（花莲县在2004年“立法委员”选举中的得票率差距，只计算了各政党的得票率，未计算脱离国民党自行参选的候选人的得票率，加上此得票率，“泛蓝”在花莲县仍占优势）。“泛绿”长期执政的高雄县，则能将“泛绿”得票率由劣势转为优势。这一类县市的情况表明，稳定未变的执政权，对执政者提升或维持本阵营的得票率具有正面作用。

表4－15　“立法委员”和“总统”选举两大阵营得票率差距与县市执政权转换关系表

单位:%

县市名称	1992年“立委”选举	1995年“立委”选举	1996年“总统”选举	1998年“立委”选举	2000年“总统”选举	2001年“立委”选举	2004年“总统”选举	2004年“立委”选举	执政届次
台北县	+19.74	+26.73	+25.73	+21.99	+25.90	+12.32	+6.12	+9.71	绿4
宜兰县	+35.06	−9.68	+25.36	+2.47	+5.53	−7.47	−15.42	−7.13	绿4
桃园县	+23.32	+27.80	+40.69	+22.11	+34.26	+13.07	+10.64	+12.68	蓝4
新竹县	+15.85	+29.00	+55.09	+36.54	+47.52	+16.06	+28.12	+26.19	绿3
苗栗县	+66.65	+54.02	+59.17	+44.20	+45.03	+38.54	+21.50	+24.75	蓝5
台中县	+37.40	+43.70	+43.93	+36.30	+26.33	+12.42	−3.58	+3.74	蓝4
彰化县	+39.44	+27.97	+45.51	+40.12	+19.37	+16.91	−4.52	+15.76	蓝3
南投县	+0.53	−7.37	+14.89	+7.47	+30.60	+5.65	+2.50	−1.54	蓝3
云林县	+38.81	+37.03	+47.12	+43.32	+5.49	+7.06	−20.64	−1.81	蓝4
嘉义县	+34.76	+31.25	+42.76	+39.89	+0.55	+0.90	−25.58	−10.55	蓝3
台南县	+12.08	+15.01	+38.58	+13.19	−7.98	−3.02	−29.58	−14.09	绿4
高雄县	+8.01	+22.49	+35.58	+25.11	+5.24	−3.40	−16.80	−11.69	绿5

续表

县市名称	1992年“立委”选举	1995年“立委”选举	1996年“总统”选举	1998年“立委”选举	2000年“总统”选举	2001年“立委”选举	2004年“总统”选举	2004年“立委”选举	执政届次
屏东县	+20.01	+10.79	+37.45	+4.68	+6.93	-23.35	-16.22	-20.54	绿4
台东县	+21.32	+14.89	+55.05	+14.01	+53.24	+33.07	+31.04	+23.60	蓝5
花莲县	+55.62	+29.28	+52.81	+40.47	+56.67	+32.68	+40.40	-0.97	蓝5
澎湖县	+79.08	+43.38	+42.69	+31.65	+26.01	-14.42	+1.06	-39.47	蓝4
基隆市	+18.56	+14.67	+32.56	+41.70	+37.69	+21.06	+18.88	+22.18	蓝4
新竹市	+6.08	+34.09	+37.48	+38.81	+31.44	+22.34	+10.24	+4.26	蓝4
台中市	+16.74	+34.47	+26.90	+20.76	+25.70	+12.95	+5.32	+10.04	蓝4
嘉义市	-0.18	+9.20	+13.69	+7.18	+5.57	-2.88	-12.12	-7.84	绿4
台南市	+6.64	+13.69	+32.73	+9.59	+7.40	-12.04	-15.54	-10.73	绿3
金门县	+41.36	+83.40	+39.02	+50.40	+93.20	+74.63	+87.90	+48.15	蓝4
连江县	+58.71	+97.72	+45.18	+100.0	+95.94	+100.0	+88.48	+34.94	蓝4
台北市	+3.60	+23.39	+14.56	+15.45	+24.05	+12.00	+13.06	+9.74	蓝3
高雄市	+17.37	+20.00	+23.30	-1.38	+7.96	-6.40	-11.30	-18.02	绿3

第二类是某一阵营连续执政3届或4届的12个县市。“泛蓝”连续执政的云林县、嘉义县、澎湖县、台北市4个县市，都出现了两大阵营得票率差距缩小的现象，在云林县、嘉义县和澎湖县，“泛蓝”还由得票率优势转变为劣势。“泛绿”连续执政的8个县市中，宜兰县、台南县、屏东县、嘉义市、台南市、高雄市都能将“泛绿”得票率由劣势转为优势，台北县、新竹县虽然“泛绿”得票率仍占劣势，但缩小了与“泛蓝”的差距。这一类县市的情况表明，连续执政并不必然对执政者提升或维持本阵营的得票率具有正面作用，有时还可能出现反面作用，这一点在“泛蓝”方面表现得尤为明显。

第三类是执政权在中间被割裂的7个县市。“泛蓝”执政4届的桃园县、台中县、基隆市、新竹市、台中市5个县市，在1997～2001年均由“泛绿”执政，并且“泛绿”执政期间两大阵营得票率差距都有所缩小，“泛蓝”夺回执政权后则能基本稳定住既有的得票率优势（在台中县还将已出现的得票率劣势转成了微弱优势）。彰化县则无论是“泛蓝”执政还是“泛绿”执政，本阵营的得票率优势都会逐步减弱，甚至由优势变劣势。南投县则恰恰相反，无论是“泛蓝”执政还是“泛绿”执政，都能将本阵营的得票率由劣势变为优势。这一类县市的情况表明，执政权的中间切换，在多数情况下对执政方取得得票率优势有正面作用。

总体而言，掌握地方执政权的政党或阵营，对巩固本政党或阵营的选民基础可以起积极作用（或维持本政党或阵营的得票率优势，或将得票率劣势转为优势，或缩小与对峙阵营的得票率差距），但是也有少数相反的情况，掌控地方执政权却未能强化执政政党或阵营的选民基础。在观察台湾选举时，更应注意的是后者，因为选民基础的削弱，意味着执政权即将丧失，并可能导致台湾政治版图的变动。毋庸置疑，地方执政权的掌控是形成台湾政治版图的重要因素，但是不能过分强调这一因素的作用。如有人认为“泛绿”之所以赢得2000年的“总统”选举，是由于“泛绿”已经握有15个县市的执政权，形成“地方包围中央”的态势；但是2004年“总统”选举前，“泛蓝”握有14个县市的执政权，也形成了“地方包围中央”的态势，却没有赢得选举，显然只从执政县市的多少无法作出有说服力的解释。执政县市人口数的比较，可能更有说服力。2004年“总统”选举前，“泛蓝”控制的14个县市，按照2001年的人口统计（台湾总人口2232.73万人，各县市人口数，见表4－16），共计1010.97万人，占人口总数的45.28%；“泛绿”控制的11个县市，共计1221.76万人，占人口总数的54.72%，从双方控制的人口数上看，“泛绿”占明显优势。但是这样的人口优势并不一定能够全部转换为得票率优势，只能说对关键性选举可能有一定的影响，同样不能作过度解读。

（四）省籍对选民的影响

一些对台湾选民的调查显示，本省籍（包括闽南籍、客家籍）选民大多数支持民进党或“泛绿”阵营，外省籍选民大多数支持国民党、亲民党或“泛蓝”阵营，原因在于本省籍选民大多认为自己是台湾人，较少中国情结，具有较强的“台湾独立”倾向，在政党认同上容易倾向于民进党；外省籍选民大多认为自己既是台湾人也是中国人，有较强的中国情结，在“统独”问题上倾向于统一或维持现状，在政党认同上容易倾向于国民党、亲民党。还有的研究指出，客家籍选民的立场往往接近外省籍选民，在政党认同上较倾向于国民党、亲民党。

分析台湾人口的籍贯构成及其与“蓝”、“绿”两大阵营选民基础的关系，可以对相关问题作进一步解释。

按照台湾2001年的人口统计，总人口2232.73万人，其中闽南籍

1568.52万人，占70.27%；客家籍330.62万人，占14.79%；外省籍292.25万人，占13.09%；原住民41.34万人，占1.85%（各县市人口的籍贯构成情况，见表4－16）。

在台湾25个县市中，闽南籍人口占70%以上（在闽南籍占总人口平均比例之上）的15个县市中，高雄市、高雄县、台南市、台南县、云林县、嘉义市、嘉义县、南投县、宜兰县9个县市的选民支持取向为“绿”或“偏绿”，台北县、台中县、彰化县、澎湖县、台中市、基隆市6个县市的选民支持取向“偏蓝”（闽南籍人口占90%以上，选民支持取向也可能“偏蓝”，如彰化县和澎湖县）；闽南籍人口占50%～70%的3个县市中，屏东县选民支持取向“偏绿”，台北市、新竹市选民支持取向为“蓝”。闽南籍人口占50%以下的桃园县、苗栗县、新竹县、花莲县、台东县、金门县、连江县7个县，选民支持取向则均为“蓝”。

表4－16 台湾人口籍贯构成情况（2001年）

人口单位：万人

比例单位：%

县市名称	总人口数	闽南籍		客家籍		外省籍		原住民		选民取向
		人口	比例	人口	比例	人口	比例	人口	比例	
台北县	358.69	267.88	74.69	33.97	9.47	53.67	14.96	3.17	0.88	偏蓝
台北市	264.18	173.3	65.60	23.38	8.85	66.63	25.22	0.87	0.33	蓝
桃园县	174.04	71.22	40.92	69.02	39.66	29.98	17.23	3.82	2.19	蓝
高雄市	149.38	113.81	76.19	10.85	7.26	23.97	16.05	0.75	0.50	绿
台中县	149.69	109.84	73.38	25.81	17.24	12.65	8.45	1.39	0.93	偏蓝
彰化县	131.17	119.3	90.94	6.5	4.96	5.07	3.87	0.3	0.23	偏蓝
高雄县	123.45	93.4	75.52	13.49	11.07	15.18	12.29	1.38	1.12	绿
台南县	110.66	100.79	91.08	3.13	2.83	6.54	5.91	0.2	0.18	绿
台中市	97.52	74.39	76.28	7.5	7.69	15.2	15.59	0.43	0.44	偏蓝
屏东县	90.67	60.64	66.88	17.74	19.57	7.13	7.86	5.16	5.69	偏绿
云林县	74.23	71.52	96.35	1.16	1.56	1.47	1.98	0.08	0.11	偏绿
台南市	73.81	63.75	86.37	2.35	3.18	7.61	10.31	0.1	0.14	绿
嘉义县	56.27	46.46	82.57	7.07	12.56	2.28	4.05	0.46	0.82	偏绿
苗栗县	55.96	13.99	25.00	37.93	67.78	3.19	5.70	0.85	1.52	蓝
南投县	54.12	41.32	76.35	7.66	14.15	2.64	4.88	2.5	4.62	偏绿
宜兰县	46.87	41.45	88.34	1.34	2.88	2.82	6.07	1.26	2.71	偏绿
新竹县	44.22	4.66	10.54	34.96	79.05	3.01	6.81	1.59	3.60	蓝
基隆市	38.95	28.6	73.43	2.21	5.67	7.47	19.18	0.67	1.72	蓝

续表

县市名称	总人口数	闽南籍		客家籍		外省籍		原住民		选民取向
		人口	比例	人口	比例	人口	比例	人口	比例	
新竹市	37.06	19.93	53.78	9.12	24.61	7.85	21.18	0.16	0.43	蓝
花莲县	35.3	12.69	35.95	9.57	27.11	4.61	13.06	8.43	23.88	蓝
嘉义市	26.67	21.25	79.68	2.51	9.41	2.85	10.69	0.06	0.22	偏绿
台东县	24.44	10.11	41.37	3.3	13.50	3.34	13.67	7.69	31.46	蓝
澎湖县	9.03	8.15	90.25	0.05	0.56	0.82	9.08	0.01	0.11	偏蓝
金门县	5.58	0.05	0.90	0	0	5.52	98.92	0.01	0.18	蓝
连江县	0.77	0.02	2.60	0	0	0.75	97.40	0	0	蓝
合计	2232.73	1568.52	70.27	330.62	14.79	292.25	13.09	41.34	1.85	

客家籍人口占14%以上（在客家籍占总人口平均比例之上）的8个县市中，桃园县、台中县、苗栗县、新竹县、新竹市、花莲县6个县市的选民支持取向为“蓝”或“偏蓝”（客家籍占人口比例50%以上的苗栗县和新竹县，选民支持取向均为“蓝”），但屏东县、南投县2个县市的选民支持取向“偏绿”。客家籍人口占7%～14%的8个县市中，台北市、台北县、台中市、台东县4个县市的选民支持取向为“蓝”或“偏蓝”，高雄市、高雄县、嘉义县、嘉义市4个县市的选民支持取向为“绿”或“偏绿”。客家籍人口占7%以下的彰化县、台南市、台南县、云林县、宜兰县、基隆市、澎湖县、金门县、连江县9个县市，因所占人口比例过低，可不分析其与选民支持取向的关系。

外省籍人口占13%以上（在外省籍占总人口平均比例之上）的11个县市中，台北市、台北县、桃园县、台中市、基隆市、新竹市、花莲县、台东县、金门县、连江县10个县市的选民支持取向为“蓝”或“偏蓝”，只有高雄市的选民支持取向为“绿”。外省籍人口占7%～13%的6个县市中，台中县、澎湖县的选民支持取向“偏蓝”，高雄县、屏东县、台南市、嘉义市的选民支持取向为“绿”或“偏绿”。外省籍人口占7%以下的宜兰县、新竹县、彰化县、台南县、云林县、嘉义县、苗栗县、南投县8个县，因所占人口比例过低，亦可不分析其与选民支持取向的关系。

原住民绝大多数是“泛蓝”的支持者，原住民人口比例最高的花莲县和台东县（比例均超过本县人口的20%），选民支持取向均为“蓝”。

按不同籍贯人口所占比例单独分析，得出的结论应是闽南籍人口比例较高（占所在县市人口数50%以上）的县市，选民支持取向多为“绿”或“偏绿”；客家籍和外省籍人口占一定比例（各占所在县市人口数14%以上和13%以上）的县市，选民支持取向多为“蓝”或“偏蓝”。如果进行交叉分析，将客家籍和外省籍人口相加，可以得出更进一步的结论。客家籍和外省籍人口超过30%的县市，如台北市、桃园县、苗栗县、新竹县、新竹市、花莲县（加原住民）、台东县（加原住民）、金门县、连江县9个县市，选民支持取向全部为“蓝”；客家籍和外省籍人口在20%～30%之间的县市，则受地理位置影响，北部和中部的基隆市、台北县、台中市、台中县4个县市的选民取向“偏蓝”，南部的高雄市、高雄县、嘉义市、屏东县4个县市的选民取向为“绿”或“偏绿”；客家籍和外省籍人口在10%～20%之间的台南市、嘉义县、南投县3个县市，选民取向都为“绿”或“偏绿”；客家籍和外省籍人口在10%以下的彰化县、台南县、云林县、宜兰县、澎湖县5个县中，则有彰化县和澎湖县选民支持取向“偏蓝”。

也就是说，省籍和所谓的台湾人、中国人认同等，并不是绝对的“蓝”、“绿”分明，相关研究指出“泛绿”的主要支持者是闽南籍的选民，“泛蓝”的主要支持者是外省籍、客家籍、原住民选民，只是说明了省籍以及“统独”议题等对选民影响的基本特征，并不能因此得出绝对的结论，认定闽南籍选民必定支持代表“本土”的政权（如民进党的执政），外省籍、客家籍选民必定支持“外来”的政权（如国民党的执政）。如果真是这样的话，也就不会出现“北蓝南绿”的政治版图了。按照人口数统计，闽南籍1568.52万人，其中北台湾7县市共计607.04万人，占38.70%；中台湾7县市共计443.05万人，占28.25%；南台湾9县市（包括澎湖县）共计518.36万人，占33.05%；北台湾闽南籍人口数和所占比例都高于南台湾和中台湾，如果仅以闽南籍的人口分布确定选民的支持取向，北台湾的选民支持取向更应该倾向于“泛绿”，台湾的政治版图应该是“南北绿中间蓝”，但事实恰恰不是如此。将2004年“总统”选举“泛蓝”、“泛绿”的得票数与2001年不同籍贯的人口数作比较（见表4-17），可以看出在25个县市中，有17个县市“泛蓝”得票数超过外省籍、客家籍人口数，表明在“泛蓝”的得票中还有相当一部分来自闽南籍选民。分地区而言，北台湾7个县市中，4

个县市有明显的闽南籍选民投“蓝”现象，外省籍、客家籍选民占人口的比例（35.83%）与“泛蓝”得票比例（54.77%）的差距为18.94个百分点（差距的存在即表明有闽南籍选民投“蓝”，差距越大，说明闽南籍选民投“蓝”的情况越多）；中台湾7个县市中，5个县市有明显的闽南籍选民投“蓝”现象，外省籍、客家籍选民占人口的比例（23.58%）与“泛蓝”得票比例（50.46%）的差距为26.88个百分点；南台湾9个县市中，8个县市有明显的闽南籍选民投“蓝”现象，外省籍、客家籍选民占人口的比例（19.59%）与“泛蓝”得票比例（41.83%）的差距为22.24个百分点。相比之下，外省籍、客家籍选民占人口的比例与“泛蓝”得票比例之间的差距，中台湾最大，南台湾次之，北台湾最小，说明闽南籍选民投票支持“泛蓝”的现象在中台湾和南台湾表现得更为普遍和突出。来自另一方面的情况也应引起注意，还有2个县（苗栗县、新竹县）“泛绿”得票数超过闽南籍人口数，表明在“泛绿”的得票中有相当一部分来自客家籍甚至外省籍选民（由于这2个县客家籍人口较多，可暂算作客家籍投“绿”现象）；在外省籍人口占绝对优势的金门县，则存在少量外省籍选民投“绿”的现象。

表4-17　台湾各县市人口籍贯与两大阵营2004年“总统”选举得票数对照表

单位：万人

县市名称	人口籍贯				2004“总统”选举得票		投票情况综合评估
	总人口	闽南籍	客家籍	外省籍	“泛蓝”	“泛绿”	
基隆市	38.95	28.6	2.21	7.47	13.2289	9.0276	闽南籍投“蓝”
台北市	264.18	173.3	23.38	66.63	89.7870	69.0379	闽南籍投“蓝”
台北县	358.69	267.88	33.97	53.67	113.0615	100.0265	闽南籍投“蓝”
桃园县	174.04	71.22	69.02	29.98	55.5688	44.8770	
新竹市	37.06	19.93	9.12	7.85	11.8924	9.6818	
新竹县	44.22	4.66	34.96	3.01	16.5027	9.2576	客家籍投“绿”
宜兰县	46.87	41.45	1.34	2.82	10.8361	14.7848	闽南籍投“蓝”
小计	964.01	607.04	174	171.43	310.8774	256.6932	
比例	100.0	62.97	18.05	17.78	54.77	45.23	闽南籍投“蓝”
苗栗县	55.96	13.99	37.93	3.19	19.1059	12.3427	客家籍投“绿”
台中市	97.52	74.39	7.5	15.2	29.7098	26.7095	闽南籍投“蓝”
台中县	149.69	109.84	25.81	12.65	41.0082	44.0479	闽南籍投“蓝”
彰化县	131.17	119.3	6.5	5.07	35.0128	38.3296	闽南籍投“蓝”
南投县	54.12	41.32	7.66	2.64	15.3913	14.6415	闽南籍投“蓝”

续表

县市名称	人口籍贯				2004“总统”选举得票		投票情况综合评估
	总人口	闽南籍	客家籍	外省籍	“泛蓝”	“泛绿”	
云林县	74.23	71.52	1.16	1.47	15.9906	24.3129	闽南籍投“蓝”
花莲县	35.3	12.69	9.57	4.61	12.6041	5.3501	
小计	597.99	443.05	96.13	44.83	168.8227	165.7342	
比例	100.0	74.09	16.08	7.50	50.46	49.54	闽南籍投“蓝”
嘉义市	26.67	21.25	2.51	2.85	6.7176	8.5702	闽南籍投“蓝”
嘉义县	56.27	46.46	7.07	2.28	11.8189	19.9466	闽南籍投“蓝”
台南市	73.81	63.75	2.35	7.61	18.3786	25.1397	闽南籍投“蓝”
台南县	110.66	100.79	3.13	6.54	22.9284	42.1927	闽南籍投“蓝”
高雄市	149.38	113.81	10.85	23.97	39.8769	50.0304	闽南籍投“蓝”
高雄县	123.45	93.4	13.49	15.18	30.2937	42.5265	闽南籍投“蓝”
屏东县	90.67	60.64	17.74	7.13	21.5796	29.9321	
台东县	24.44	10.11	3.3	3.34	7.6382	4.0203	闽南籍投“蓝”
澎湖县	9.03	8.15	0.05	0.82	2.2639	2.2162	闽南籍投“蓝”
小计	664.38	518.36	60.49	69.72	161.4958	224.5747	
比例	100.0	78.02	9.10	10.49	41.83	58.17	闽南籍投“蓝”
金门县	5.58	0.05	0	5.52	2.6433	0.1701	外省籍投“绿”
连江县	0.77	0.02	0	0.75	0.4060	0.0248	
小计	6.35	0.07	0	6.27	3.0493	0.1949	
比例	100.0	1.10	0	98.74	93.99	6.01	外省籍投“绿”
合计	2232.73	1568.52	330.62	292.25	644.2452	647.1970	

“省籍”问题在研究台湾选举时显然是一个不能忽视的问题，亦应承认不同籍贯人口的分布情况，是形成台湾政治版图的重要社会条件之一，但是不能因为台湾一些政党在选举中动辄操弄“省籍”等议题，就认为“省籍”是主导选民投“蓝”还是投“绿”的关键性因素。在新生代选民越来越多的情况下，总体趋势应是“省籍”对选民投票的影响越来越弱化。如果看不到这种趋势，就可能犯绝对化的错误。

第五章 选举的策略与技术要素

选举作为一种政治行为，或者“政治游戏”，既要有共同的“游戏规则”，在既定的制度规范下展开竞争并认同选举结果，更要注重选举策略和选举技术的应用，尤其是在台湾选举已经成为公认的“选战”后，无论是“排兵布将”的候选人提名和组织动员，还是围绕选举主题的“文宣战”或“口水战”，以及“天王助选”的造势活动，拔高自已、打击对手的真假民调，“配票”、“弃保”的具体操作，甚至“买票”、“抹黑”等行为，无不显示各政党的“攻防”策略和选举技巧，因此需要对影响台湾选举的策略与技术要素作综合说明。

第一节 候选人的选择

候选人是选举中的一个至关重要的因素。在台湾的单一席次选举中，尤其是“总统”和县市长选举等，参与竞争的主要是各政党提名的候选人，缺乏政党支持的候选人即便参选，获胜的机会也很小。但是在各级“民意代表”选举中，各政党提名的候选人，不仅要面对其他政党候选人及无党籍候选人的挑战，有时还不得不与本政党提名的其他候选人展开竞争。各政党采用何种方式产生候选人，在两大阵营对峙的形势下如何通过协商推出最理想的候选人参选，各政党提名的候选人和无党籍候选人在选举中主要采用什么样的经营方式，都是需要认真讨论的问题。

（一）政党提名候选人制度的变化

政党采用何种方式提名候选人，不仅影响选举的成败，还是反映党内民主程度及处理党内冲突机制是否健全的重要指标。台湾主要政党的候选人提名制度，大多有过重要变化。①

① 台湾各政党的候选人提名制度，见王业立：《比较选举制度》，第143～196页；黄嘉树、程瑞：《台湾选举研究》，第34～43页；张文生、王茹：《民进党选举策略研究》，第21～36页。

国民党曾采用过择优提名（1950～1951年）、党员直接投票提名（1954～1957年）、地方党部推荐（1957～1977年）、干部评鉴与报备参选（1980～1986年）、党员初选加干部评鉴（1989～1992年）、党员意见反映加民意调查（1993～2000年）等候选人提名制度；2000年后，国民党改以党员投票和民意调查为候选人提名的主要方式。

民进党曾采用党内初选（1989～1994年）、“二阶段初选”（党员、干部投票和公民投票，1994～1996年）等候选人提名方式，并且自1996年开始将“二阶段初选”改为党员投票和民意调查，使之成为候选人提名的主要方式。

新党曾采用“全委会”提名（1994～1995年）、征召（1995年）、党内初选（1996年）、开放式初选（即公民投票，1998年）等候选人提名方式，但是自1998年以后，主要采用全委会征召和提名委员会提名方式产生候选人。

2000年以后成立的亲民党和“台联党”，主要采用的是初选提名、征召、开放等候选人提名方式。

各政党采用的候选人提名制度尽管名目有所不同，但论其实质，无非是要解决三方面的问题。一是如何划分提名权力，是采用“中央决定”方式、最终提名完全由各政党“中央”掌握，还是地方党部或基层组织亦握有提名候选人参选的决定权，体现的是党内高度集权还是有限度分权的不同理念和不同做法，由此产生的应是“中央决定”与“地方自主”两种候选人提名类型。二是选择什么样的候选人产生机制，是主要通过沟通、协商（包括地方党部的内部协商、地方党部与“中央”协商以及征召候选人等）产生候选人，还是采用投票方式（包括党内初选、开放式初选等）产生候选人，体现的是党内民主的发展程度；由于协商主要在政党的各级组织之间进行，普通党员难以参与意见，所以“票选”候选人往往成为各政党推进党内民主的重要步骤。三是如何收集对候选人的反映，是主要依靠干部评鉴和基层组织、党员的意见反映，还是主要依靠民意调查，体现的是掌握民意的方法是否科学、公正。

（二）候选人提名权限划分与“中央决定”的影响

台湾的主要政党，尤其是国民党和民进党，对候选人提名的权限都有明确的划分。

国民党规定“总统”候选人由“中央委员会”提名（“副总统”候选人由“总统”候选人推荐），经“中央常务委员会”（简称中常会）核备后，在“全国代表大会”通过。直辖市市长、县市长、“立法委员”、直辖市议员候选人由相关直辖市委员会、县市委员会提出建议名单，报中常会核定。县市议员、乡镇市长候选人由县市委员会提出建议名单，报中央党部核定。乡镇市民代表会代表、村里长候选人，由乡、镇、市、区委员会提出建议名单，报上一级党部核定。

民进党规定“总统”、“副总统”、“立法委员”、直辖市市长、县市长、直辖市议员候选人提名由“中央党部”办理，县市议员、乡镇市长候选人提名由县市党部办理，乡镇市民代表会代表、村里长候选人提名由乡、镇、市、区党部办理。

比较国民党与民进党提名权限的规定，可以看出两党划定的“中央决定”与“地方自主”的界线有所不同。国民党只将乡镇市民代表会代表、村里长候选人提名交由地方党部办理，其他公职人员的候选人提名都要由“中央”核定或决定。民进党“地方自主”的界线则高一级，县市议员、乡镇市长以及乡镇市民代表会代表、村里长的候选人提名，均由地方党部办理。

在“中央决定”的方式上，国民党与民进党也略有不同。国民党早期实行的制度是由“中央”主管部门负责核定各地提名的候选人，报中常会批准；1993 年后则由专门成立的“中央提名审核委员会”（原为七人小组，后改为九人小组）排定候选人名单，或由“中央委员会全体会议”投票决定，或报中常会决定（中常会内部出现争议，由党主席作出最后决断）；“总统”、“副总统”候选人，二任至八任（1954～1990 年）均由“中央委员会全体会议”选举产生，所不同的是二至四任采用的是投票方式，五至八任采用的是起立表示同意的方式；九任至十一任（1996～2004 年）则由国民党“全国代表大会”代表投票，选出候选人。民进党“中央党部”办理的候选人提名，由“中央执行委员会”作出最终决定，并且也曾采用“全国代表大会”代表表决通过“总统”候选人的方式，2000 年陈水扁就是以此种方式成为民进党的“总统”候选人；2004 年“总统”选举，由于陈水扁是争取连任，既未进行党内初选，也未经民进党“全国代表大会”代表表决，而是由“中央执行委员会”直接决定，即成为民进党的“总统”候选人。

新党、亲民党和“台联党”虽然也是台湾的主要政党，但是都未能建立遍布台湾的基层组织，候选人提名均应属于“中央决定”类型。新党建立初期，由“全国竞选暨发展委员会”（简称“全委会”）决定各项候选人提名。1995 年第三届“立法委员”选举，由于“全委会”的不少成员要争取提名，新党临时建立由 71 人组成的“提名委员会”，成员为“全委会”成员、列席“全委会”的顾问、正副秘书长、县市长以上公职人员和社会贤达公正人士等；提名候选人经“全委会”会议审议通过后，由“提名委员会”委员投票决定最终候选人名单。此后，新党还采用过全体公职人员投票决定候选人的做法（1997 年），并在党内初选和开放式初选效果不佳的形势下，又改为“全委会”提名。2001 年，新党为应对“立法委员”选举，再次成立“提名委员会”，成员只有 4～6 名，由新党党员和社会客观公正人员组成，负责提名事宜。由于此次选举新党未冲过 5% 的政党门槛，此后选举的候选人提名，仍由“全委会”负责，并主要依靠政党合作提名参与重要选举。亲民党的候选人提名，由每次选举前成立的候选人提名小组负责，提名小组会议决定并公布各项候选人名单。亲民党还采用过召开“全国委员会”决定候选人的做法，如 2004 年“总统”选举，宋楚瑜即由此种方式成为与连战搭档的“副总统”候选人。“台联党”则由提名审核委员负责候选人提名等事宜。

“中央决定”的候选人提名方式，优点在于各政党“中央”更掌握全局情况，更可能使本党的人才资源发挥出最大优势，并可以通过组织协调等手段，照顾各派系的利益，还可以有效地展开与“友党”的合作。更为重要的是，各政党“中央”只有在握有重要选举候选人提名主导权的情况下，才能体现出“中央”驾驭党务和协调内部矛盾的能力，不至于因提名候选人的分权出现“软弱的中央”或“一盘散沙”局面，所以台湾各主要政党大多保留了“中央决定”的候选人提名方式。但是采用这样的提名方式，一旦“中央”误判选举形势，可能造成全线失利；并且可能使候选人提名权集中在少数几个人手中，尤其是集中在党魁手中，形成党内专制；还可能因“中央”无法控制一些人的行为，造成一些候选人“脱党”参选，分散本党的票源。也就是说，面对复杂的选举，不仅要划分“中央决定”与“地方自主”的权责，还要在候选人提名机制方面不断进行改进。

（三）协商提名机制的作用

通过推荐和协商产生初步候选人，是台湾多数政党采用过的候选人提名方法，但是在“初选”逐渐被各政党采用后，这样的提名方式已经退到次要位置。

国民党曾长期依赖推荐和协商制度产生初步候选人。国民党刚迁到台湾时，由于地方组织还不健全，曾采用省党部与“中央”主管单位在党员及非党员中“择优提名”的方法。由于“择优提名”便于“黑箱操作”，受到来自各方面的批评，国民党很快放弃这一方式，一方面尝试党员投票提名候选人（详见下述），另一方面开始实行地方党部推荐制度，基层组织根据党员意见反映提出候选人后，由省党部审查，报“中央”决定，1957 年的县市长选举即采用了这种做法，并在此后逐渐制度化，由县市党部收集整理党员意见反映，对候选人进行初审，省党部审查通过，提出“加倍名单”，上报“中央”决定。这样的提名制度，强调党员个人对组织的无条件服从以及下级组织对上级组织的无条件服从，可以使国民党“中央”得心应手地操控选举，但是由地方党部专职“党工”掌握提名建议权，或形成地方党部与地方派系协商提名人选的局面，或变成对“效忠者”的奖赏，为某些人利用金钱或利益输送谋取公职提供便利，导致“黑金政治”的出现。为应对党外人士的竞争并加强对候选人的情况掌握，国民党自 1980 年开始不仅在地方党部推荐候选人中增加“干部评鉴”（详见下述）内容，还改变了未获提名的人不允许参选的传统做法，开放党员“报备参选”。1989 年国民党开始实行党内初选，但是由县市党部委员会决议并经省党部呈报“中央”决定的候选人，不需党员投票，使一些地方依然维持原提名制度。由于党内初选至 1993 年已经名存实亡，国民党又走回老路，依然实行地方党部推荐制度，只不过在做法上略有变化，由县市党部办理意见征询（包括党员意见反映、民意调查或弹性办理党员投票与干部评鉴），省党部审核后提出“加倍名单”，报“中央”决定。2000 年以后，国民党在重要选举中普遍实行党员投票和民意调查的候选人提名制度，但是经协商产生的建议人选，仍不必实行党员投票和民意调查。

民进党成立之后虽然以党内初选为主要候选人提名方式，但是为遵循“地方自主”原则，各项公职人员候选人均先以沟通协调方式产生，无法协调的才进行党员投票。实行“二阶段初选”后，能够通过沟通协调确定候选人的依然不进行初选，在第一阶段初选后能够协调出候选人的，也可不再进行第二阶段初选。县市议员、乡镇市长、乡镇市民代表会代表、村里长选举等的候选人提名，由民进党县市党部及基层组织负责，大多实行的是沟通协调的提名办法。

新党、亲民党和“台联党”都是有重点地建立地方组织，既无法像国民党一样实行地方党部推荐候选人制度，也难以像民进党那样依赖地方和基层组织的沟通协调，都不得不倚重于“中央决定”的提名方式，但是协商还是必要的，并且协商的重点往往是特定的候选人和地方派系，而不是地方组织和党员。

各政党采用的“征召”候选人方式，也是沟通协调的一项重要内容。征召候选人最早由国民党实行，是针对可能出现的党内分裂或“人才不济”采用的应对措施。民进党、新党以及亲民党、“台联党”都效仿国民党，将征召作为候选人提名的备用制度。出现以下情况，需要征召候选人：一是政党的地方组织内出现严重分歧，无法按既定程序产生候选人；二是本政党候选人对立，可能出现有人“脱党参选”局面；三是本政党无人参选；四是党外有更合适人选，可以拉来作为本政党的候选人。征召一般由各政党“中央”决定和实施，被征召的人可以跨过党内提名程序（如党内初选、干部评鉴、民意调查等），直接成为候选人。

（四）“封闭式初选”与“开放式初选”

各政党候选人的“初选”，既可以是党员投票，实行党内初选，即“封闭式初选”；也可以是由不分党派的公民投票，即“开放式初选”。在台湾几十年的选举演进过程中，只有过两次“开放式初选”，至今仍被国民党、民进党等主要政党采用的都是“封闭式初选”。

国民党是最早实行党员直接投票提名候选人的政党。1954 年临时省议会议员和县市长选举，国民党即采用党员直接投票产生候选人的做法，投票结果由省党部审定后，报“中央”决定。1957 年临时省议会议员和县市长选举时，改变做法，临时省议会议员候选人由党员直接投票决定，县市长候选人则改为征求党员意见。由于党员投票结果并不公开，加上当时国民党党员人数不多，党员成分又多为“军公教人员”，党员投票不仅难以真实反映民意，还可能造成党内的派系斗争，所以国民党在 1957 年选举后即放弃了这一做法。

民进党于 1989 年确定党内初选原则，以选区党员投票为主要候选人提名方式，规定凡入党 6 个月以上的党员可以登记为公职候选人，可以参与提名投票，由地方党部决定并办理党员投票，但“全国党员代表大会”2/3 以上代表通过决议，可以否决地方党部的初选结果。在当年的增额“立法委员”、县市长和省市议员选举中，民进党即开始实行党内初选。受民进党的影响，国民党也在此次选举中采用了党内初选做法，县市长候选人以无记名单记法圈选，增额“立法委员”和省市议员实行无记名限制连记法，投票党员圈选人数不得超过应选名额的1/2；党员初选结果公开，作为候选人提名的主要依据，但投票率未达到50%的，其结果只作为候选人提名的重要参考，最终提名名单均由“中央”核定。

两党实行党内初选后，遇到了不同的问题。民进党由于党员较少，地方资源整合与动员有一定困难，难免出现党意与民意脱节现象；党员投票还使党内的派系、山头之争更为激烈和公开，并出现了“人头党员”现象，有的候选人为了在初选中胜出，以各种手段积极拉人入党，不仅代人登记和代交党费，甚至代为保管党证。国民党虽然党员多，但党员投票率偏低，地方党部的动员能力也有明显差距，严重影响投票结果；党员投票拉长了候选人的竞选时间，不仅增加了候选人的经费支出，还容易造成党内的对立与分裂，不利于新人参选，并且同样存在“人头党员”问题；尤其是一些有实力的政治人物，并不参加初选，而是以征召、报备等形式直接参选，更使初选难以发挥其应有的功能。

针对党内初选出现的问题，民进党和国民党采用了不同的做法。民进党对党内初选进行改革，从1994年开始实行“二阶段初选制”，第一阶段以党员投票和干部投票各占50%产生提名名额加额1/2的准候选人，如协调无结果，即举行第二阶段的公民投票，根据投票结果决定候选人，但是这一制度只适用于“总统”、省长、直辖市市长等单一席次的行政首长选举，其他选举的候选人提名，只须进行第一阶段的投票。国民党先是对党内初选进行调整，增加干部评鉴程序，在1991年以党员投票占60%、干部评鉴占40%作为提名候选人的依据，1992年又改为党员投票和干部评鉴各占50%，并且在当年的“立法委员”选举中，29个选区只有11个选区实行了党内初选，此后国民党不再全面实行党内初选，地方党部在提名过程中可弹性办理党员投票和干部评鉴。

民进党在1994年的省长和直辖市市长选举中，由于候选人退出，并未举行第二阶段投票。1995年7月10日至9月24日，民进党进行“总统”候选人党内提名，才真正实行“二阶段初选制”，参与第二阶段公民投票竞争的是许信良和彭明敏。民进党虽然为公民投票召开了49场“公投辩论会”，但参加投票的选民只有30万人，仅占选民总数的2%，彭明敏得票率为42%，许信良得票率为36%，彭明敏尽管得17万票，但是比规定的自行参选公民连署的门槛（选民总数的1.5%，约21万人）还低，加上参加投票的主要是民进党的支持者，所以代表性并不充分。民进党采用“公民投票”的初衷是要克服“人头党员”、派系操控提名过程等弊端，并通过公开举行的“政策辩论会”和公民投票扩大民进党的影响，开拓票源，这样的目标显然并未实现。经过党内的激烈争论，民进党先后废除干部投票和公民投票，于1996年确定实行党员投票与民意调查各占50%的“二阶段初选制”。

民进党废除公民投票后，新党又成为公民投票的实践者。1997年的县市长选举，由于在候选人提名时出现内部争议，新党于4月1日作出规定，凡是党员人数超过1万人的“有竞争”县市，应实行党内初选，并划分了提名比重，党员投票占50%，全体公职人员大会投票占30%，民意调查占20%，三者同日举行；不实行党员投票的县市，登记参选人员由“全委会”审查同意后，提交全体公职人员大会投票决定。当时新党党员超过1万人的只有台北县，由于候选人退出，所以新党在1997年并未真正实行党内初选。1998年，在赵少康等人的坚持下，新党开始实行“开放式初选”，“立法委员”、台北市议员、高雄市议员等选举，在“有竞争地区”都由公民投票决定候选人，凡是有选举权的公民，都可凭身份证在户籍所在地参加新党的初选投票。新党本想通过这种方式扩大影响，争取更多的选民支持，但是当年8月1日开始的为期1个月的“开放式初选”（利用周六、周日分场举办，逐场开票统计），不断出现买票、“人头党员”充斥等争议，不仅加剧新党内的争斗，还有了国民党黄复兴党部和宋楚瑜阵营介入新党初选的传言。新党在当年年底的选举中遭受挫败，显示“开放式初选”并未达到预期目标。此后新党不仅不敢再试“开放式初选”，连党内初选也一并被放弃。

民进党实行党员投票与民意调查各占50%的“二阶段初选制”后，由于党员投票仍占重要地位，“人头党员”和派系操控选举的现象依然存在，民进党遂在2000年作出新规定，将党员投票的比重由50%降低至30%，民意调查的比重则提升至70%，但是在此后的选举中，仍无法阻遏党内初选选风败坏的趋势。

国民党自2001年开始，再次实行党内初选，规定党员投票与民意调查各占50%。2004年，将党员投票的比重降为40%，民意调查的比重升为

60%。2005年，又将党员投票的比重降为30%，民意调查的比重升为70%，国民党的候选人党内初选，在制度安排上与民进党趋向一致，并且除乡镇市民代表会代表和村里长外，其他公职人员都应实行党内初选（经协商确定的候选人和征召候选人不需党内初选）。

“封闭式初选”作为重要的党内提名方式，被民进党、国民党先后采用，但是两党都被“人头党员”和党内派系斗争等因素所困扰，不得不一再降低党员投票在提名候选人中所占的比重，表明即便是推进党内民主的举措，在台湾选风败坏的大形势下，其真实作用已受到置疑。“开放式初选”在尝试后均被放弃，显示这样的初选方式对台湾社会并不适用，而在世界范围内，除美国在部分州实行“开放式初选”外，其他国家和地区也极少使用这种提名方式。

（五）干部评鉴与民意调查

“干部评鉴”（包括干部投票）和党内意见反映，是政党通过本身组织系统掌握候选人情况的重要手段。“民意调查”则由专门的民调机构（既可能是政党内部设立的民调单位，也可能是与政党无瓜葛的独立民调机构）通过抽样调查，了解特定人员的选民支持率等，一般情况下，应是党外信息反馈的重要渠道。

国民党最早在提名候选人中实行党内意见反映和干部评鉴。在20世纪50年代短暂实行党员直接投票提名候选人后，国民党即以党内意见反映取代党员投票，作为候选人提名的重要依据。为应对党外反对派势力的挑战，在候选人提名中增加地方党部党工及地方各界人士的参与比重，国民党从1980年开始采用干部评鉴制度，并且注重保持干部评鉴在候选人提名中的较大权重，1991年规定干部评鉴占候选人提名参考依据的40%，1992年提高到占50%，1998年又降为占40%。在国民党2001年普遍实行“党内初选”后，党内意见反映和干部评鉴退居次要地位，但仍是原住民、不分区、侨选“立法委员”候选人提名以及县市议员、乡镇市长、乡镇民代表会代表、村里长候选人提名的重要方式。

民进党于1994年开始采用干部投票制度，确定候选人提名党员投票与干部投票各占50%，并以此作为平衡“人头党员”影响力的手段。由于干部投票与党员投票所占比例相同，使干部的影响力大增，并且干部比数目庞大的党员更容易受党内派系操纵，可以通过派系操盘、集体“配票”、换票等支持特定候选人过关，其作用受到越来越多的质疑。1996 年，民进党废除了干部投票制度。

在提名候选人中以民意调查为重要依据的做法，始于国民党。1993 年的县市长选举，国民党即以民意调查、党员意见反映为主要提名方式，但是民意调查、党员意见反映的结果不公布，民意调查并未成为提名候选人的重要机制。民进党于 1996 年决定由民意调查取代公民投票，使之成为与党员投票并重（各占 50%）的两大机制之一，并在 2001 年将民意调查所占比重提高到 70%。国民党曾在 1998 年直辖市长选举时考虑采用党内干部投票占 40%、党员民调和一般民调各占 30% 的方式提名候选人，但结果只作为“建议提名参考”，民意调查仍未成为制度化的一种提名机制。2000 年国民党决定将民意调查制度化，与党内初选并重，各占 50%。2001 年“立法委员”选举后，国民党将民意调查所占比重提高到 60%，2004 年又将民意调查所占比重提高到 70%。新党自 1997 年开始采用民意调查做法，但是在提名候选人中的比重只有 20%。2001 年，新党在提名“立法委员”候选人时，在“有竞争选区”，采用民意调查与提名委员会评鉴各占 50% 的做法。亲民党和“台联党”在提名候选人时亦要参考民意调查，但是并未将民意调查作为制度化的提名机制。

以民意调查作为候选人提名的重要机制，是台湾特有的做法。依据民意调查“选人”，可以在一定程度上降低“人头党员”的影响和降低党内派系操控候选人提名的作用，缩小党意与民意的差距，扩大候选人的民意基础，所以被台湾主要政党所青睐，在提名候选人中的权重不断提高。但是民意调查也有重大缺陷。首先是民意调查是否公正，不受派系、地方党部、候选人等的操纵，经常受到置疑，在选举中亦确实发生过有意参选者指责政党提名候选人时搞“假民调”并愤而退党参选的实例；尽管国民党、民进党都采用委托两家以上专业机构进行民意调查的做法，但这样的机构也可能被人暗中操控。其次是民意调查是否能够准确反映候选人的支持率，更是争论不休的话题，因为接受调查的人毕竟有限，不可能全面反映选民对候选人的真实态度，加之每次民意调查往往有 1/3 左右的被调查者不表态，使这部分人代表的选民群体成为“盲区”，无法把握；在技术层面上，如果仅以相差几个百分点的支持率决定候选人的上下，也难以说是科学的方法；在实际运作中，有名气的人往往可得到较高的民意支持率，不利于新人的出现和培养。再次是选举前的民意调查实际拉长了候选人的竞选期，参选人为了争取政党提名，不得不在候选人提名前就展开宣传造势活动，并由此大大增加人力、财力的投入。尽管民意调查有这些缺陷，但是至今还没有更好的替代办法，所以这种提名机制还将在未来的选举中继续发挥重要作用。

（六）不分区、侨选等“立法委员”候选人提名方式的不同

国民党提名原住民、不分区、侨选“立法委员”候选人，曾长期采用“中央决定方式”。在2001年正式实行党内初选后，对原住民、不分区、侨选“立法委员”的提名方式也作了小幅度调整。原住民“立法委员”候选人依据原住民党员投票与干部评鉴各占50%的结果，提出建议名单，报中常委核定；不分区及侨选“立委”候选人，必须有3年以上党龄，由中央提名审核委员会通过提名名额、名单及排名顺序后提交中央委员会进行同意投票后，报主席核定。2004年，国民党又规定不分区、侨选“立法委员”候选人提名，不受须具备3年党龄的限制；为促进新陈代谢，不分区“立法委员”以一届为限，有特殊贡献和党有需求者可以连任一届；侨选“立法委员”因名额有限，不得连任，候选人提名方式则与2001年相同。也就是说，国民党虽然在具体做法上略有变化，但依然采用的是“中央决定方式”。新党、亲民党、“台联党”的原住民、不分区、侨选“立法委员”候选人提名，也都采用“中央决定方式”，并且多采用内部协商的方法。

民进党在1991年选举“国大代表”时，不分区代表候选人由中执会投票产生，每次投票产生5位排名顺序。1992年“立法委员”选举，不分区“立法委员”候选人由全体党员投票决定排名顺序，名额由中执会决定；每4名不分区、侨选“立法委员”，保留1席给专家学者，1席给弱势群体。1995年，民进党对不分区“立法委员”候选人提名采用“三三三制”，将名单分为政治人物、专家学者、弱势团体三组，由党员和干部分组投票，分组比票，依序循环排名决定提名人选。1998年，民进党将“三三三制”的党员、干部投票改为全部由党员投票。2001年，民进党对侨选“立法委员”候选人也实行党员投票产生，原住民“立法委员”候选人由原住民党员投票与中执委记名投票各占50%的方法产生。

由于不分区、侨选“立法委员”候选人不需要在选举中到选区去与对手竞争，而是依靠政党的得票率当选，所以“中央决定方式”可以保证部

分资深“立法委员”不经“选战”即可连任，也可以安排特定人选（如党主席、党内重要人物以及预定的“立法院”院长、副院长人选等）进入“立法院”，所以多数政党采用了这样的方式。但是“中央决定方式”在具体人事安排上永远无法彻底“摆平”各种利益关系，可能引起党内的不满。民进党的不分区、侨选“立法委员”候选人也以党员投票的方式产生，可以起到弱化“中央”照顾特定人选的作用，但是也有其弊病。由于不分区、侨选“立法委员”候选人只以党员投票决定，不需参考民意调查，并且每名党员可以投不分区“立法委员”候选人3票、侨选“立法委员”候选人1票，不分区“立法委员”候选人可以在各县市与区域“立法委员”参选人结合，联合绑桩、换票等，造成党内初选的混乱。也就是说，在不分区、侨选“立法委员”候选人提名方面，无论“中央决定方式”，还是“三三三制”的党员投票，都有其不足之处，并都有改变的余地。

（七）政党协商提名候选人的发展

在2000年以前的台湾选举中，较少看到政党在候选人提名中的合作，2000年台湾“总统”选举之后，随着亲民党、“台联党”的出现和“蓝”、“绿”两大阵营的对抗日趋明显，各政党为了胜选，开始在候选人提名方面展开合作。

2001年的县市长选举，成为政党协商提名候选人的开端。国民党、亲民党、新党经过协商，同意以民意调查结果决定台北县县长候选人，并且认同以民意调查支持率领先的王建煊（新党）为三党共推的候选人，成为“泛蓝”成功合作的典范，但是亲民党先后提出的在县市长选举中国民党“取三让三”和“取一让一”建议，都未被国民党接受，两党都各自提出了自己的候选人（详见本书第八章）。由于李登辉多次公开表示支持陈水扁执政，在县市长选举中促成民进党与“台联党”的合作，“台联党”不提名候选人，实现了“泛绿”的整合。但是在同时举行的“立法委员”选举中，各政党虽有协商提名候选人的意愿（尤其是“泛蓝”政党），但最终都没有实质性的合作，形成“兄弟各自登山”的竞争局面。

由于2001年“立法委员”选举出现了候选人提名过多、两大阵营候选人内斗不休的局面，在2004年“立法委员”选举时，两大阵营都不得不考虑政党合作问题。国民党、亲民党和新党经过协商，同意对区域“立法委员”候选人提名进行“总量管制”，压缩各党提名候选人人数；国民党还与新党达成共识，除金门的1名时任“立法委员”继续以新党候选人身份参选外，其他候选人均以国民党候选人身份参选。此外，国民党、亲民党还采用了“礼让”做法，在国民党、新党候选人具有当选优势的选区，尤其是只有1个席位的选区（如嘉义市、台东县、金门县），亲民党不安排候选人，使其选票能够过渡到友党的候选人名下，保证其当选；国民党则在亲民党候选人具有当选优势的花莲县不提名候选人。但是在多数选区，国民党、亲民党并没有协商提名候选人，还是“各自为战”。民进党和“台联党”亦早已表示在2004年“立法委员”选举中合作，但是合作形式主要是“联合配票”，在候选人提名方面既没有“总量管制”的约定（民进党在此次选举中采用的是扩张型的候选人提名策略），也没有相互的协商和“礼让”。

2004年的台湾“总统”选举，两大阵营都采用协商机制产生候选人，国民党、亲民党、新党认同“国亲配”的候选人连战、宋楚瑜，民进党、“台联党”共同支持民进党候选人陈水扁、吕秀莲，进一步提升了候选人提名中政党合作的水平。

2005年的县市长选举，国民党、亲民党先采用民意调查决胜负的方法确定了两党在屏东县共同提名国民党籍的王进士为县长候选人，并商定以“屏东模式”决定有争议县市的县市长候选人，但是两党协商破裂，亲民党提出的“以一换三”的建议亦未被国民党采纳，亲民党最终还是自动采用“退让”做法，只在5个县市提名候选人参选。由于“台联党”坚持提名基隆市市长候选人，民进党“劝退”本党提名候选人，但只是在形式上实现了“泛绿”的整合（详见本书第八章）。也就是说，在此次县市长选举中，两大阵营在候选人协商提名方面都乏善可陈。

2006年的台北市、高雄市市长选举，两大阵营都没有出现政党协商提名候选人的局面，“泛绿”在台北市、高雄市都有民进党、“台联党”候选人参选，“泛蓝”在高雄市只有国民党候选人参选，但是在台北市国民党未能与亲民党合作，按照党内提名程序以从新党“回归”国民党的郝龙斌为候选人，导致亲民党主席宋楚瑜以无党籍候选人身份登记参选，为国民党、亲民党在未来选举中的合作投下了阴影。

政党协商提名候选人，既要有共同的利益基础，还要有相互信任的心理基础，并需要必要的制度基础。尽管因两大阵营的对峙使“泛蓝”政党和“泛绿”政党在各阵营整体利益取向上趋于一致，并可能营造出合作的空间，但是各党都有自己的盘算，都唯恐利益均沾使其他政党“坐大”；尤其是各党的候选人多从本身利益出发，其强烈诉求往往汇聚成巨大的党内压力，导致“中央”屈从于内部压力，使协商提名候选人“破局”或只是成为“表面文章”。在台湾的政党生态下，同一阵营各政党之间的相互猜疑远盛于相互信任，尤其“泛蓝”的新党、亲民党都是国民党分裂的产物，三党之间尤其国民党与亲民党之间的不信任与猜忌根深蒂固，其冲突有时不亚于与民进党、“台联党”的对抗；“台联党”主要来自国民党内的“本土派”，与反国民党起家的民进党也有一定的隔膜，加之“台联党”标榜代表“深绿”选民，也使希望囊括“深绿”、“浅绿”选民的民进党不安。在缺乏相互信任的氛围下，“兄弟各自登山”往往成为最终的选择。各政党协商提名候选人虽然有过一些成功的范例，但是并未形成固定制度，主要依靠的是各政党秘书长或选举操盘手之间的协商，以及各政党高层之间的对话，缺乏各政党认同的具体程序。尤其是国民党、民进党的党内提名已普遍实行党内初选加民意调查的方法，亲民党、新党、“台联党”则未能全面采用此种方法，提名程序的差异可能使国民党、民进党认为友党提名候选人不具备当选所需的民意基础，产生意见分歧。

在未来的“立法委员”和“总统”选举中，由于主要是单一席次选举，“蓝”、“绿”各政党都不得不考虑政党合作问题，相应的政党协商提名候选人机制已经呼之欲出，两大阵营各政党如何在共同的利益基础上建立互信基础并给予制度保障，将成为我们观察的重点所在。

（八）候选人提名的策略要素

对各政党而言，确立较好的候选人提名机制固然重要，但候选人提名策略的应用同等重要，如果整体的提名策略失败，再好的提名机制也无用。在候选人提名策略方面，台湾各政党有所不同。

提名候选人人数的多少，是各政党提名策略的重要指标，在单一席次和多席次选举中的策略重点有所不同。

在单一席次选举中，为避免党内竞争，各政党一般只提名 1 名候选人，但是有的政党（如国民党）因无法解决党内矛盾，有时不得不以 2 名或更多候选人参选。在两大阵营出现之后，重要的“单一席次”选举已不再是各政党以 1 名候选人参选的问题，而是同一阵营只推 1 名候选人参选才可能获胜，由此才出现了政党协商共推候选人的需求以及各种做法，已见上述。

在多席次选举中，政党在各选区提名候选人的人数是否“适当”，按照台湾学者的归纳，应主要考虑以下因素：（1）政党过去在该选区性质类似的选举中的得票率；（2）本次选举的预估得票率；（3）其他政党的提名策略；（4）政党本身的配票能力；（5）选区的选民结构；（6）党内的派系生态平衡；（7）对不分区席次的影响；（8）妇女保障名额。①

考虑这些因素之后，在多席次选举中提名候选人人数可以采用两种不同的策略。一种是“扩张型”的“高额提名”策略，极致的做法是有多少应选名额即提名多少候选人，甚至提名候选人人数超过应选名额；不极致的做法是根据以往得票数和得票率，推算出可能得到的席位，全部“满额”（候选人人数与可得席次相同）或“超额”（候选人人数超出可得席次）提名候选人。“扩张型”策略的优点在于“全面参选”，不至于因未提名或少提名候选人丧失当选机会；缺点是可能导致有的选区本党候选人人数过多，造成本党候选人之间的竞争态势和“排挤效应”，反而丢失应得的席位。另一种是“保守型”的“低额提名”策略，根据自己的竞争实力确定可得席次范围，从紧控制候选人人数，尤其是根据以往得票数和得票率推算可得席位后，采用“低额”提名候选人的做法（候选人人数低于可得席次）。“保守型”策略的优点在于“求稳”，减少候选人可以弱化党内候选人之间的竞争，提高候选人的当选几率；缺点是可能因提名候选人人数过少，失掉本来可以争取到的席位。

在2000年以前的选举中，国民党、民进党、新党都曾采用过“扩张型”的候选人提名策略，可以用3次“立法委员”选举作为例证。1992年“立法委员”选举，应选名额共计161名，包括区域120名，山胞5名，不分区、侨选36名；国民党共计提名候选人158名（占总名额的98%），其中区域114名（占应选名额的95%），山胞11名（超过应选名额6人），不分区、侨选33名（占应选名额的92%）；民进党共计提名候选人78名（占总名额的48%，但民进党的总得票率只有31%），其中区域58名（占应选名额的48%），山胞1名（占应选名额的20%），不分区、侨选19名（占应选名额的53%）。1995年“立法委员”选举，应选名额共计164名，包括区域122名，原住民6名，不分区、侨选36名；国民党共计提名候选

① 见王业立：《比较选举制度》，第154~155页。

人 139 名（占总名额的 85%），其中区域 95 名（占应选名额的 78%），原住民 10 名（超过应选名额 4 人），不分区、侨选 34 名（占应选名额的 94%）；民进党共计提名候选人 92 名（占总名额的 56%，但民进党的总得票率只有 33%），其中区域 69 名（占应选名额的 57%），原住民 2 名（占应选名额的 33%），不分区、侨选 21 名（占应选名额的 58%）；新党提名候选人 45 名（占总名额的 27%，但新党的总得票率只有 13%），其中区域 35 名（占应选名额的 29%），原住民 1 名（占应选名额的 17%），不分区、侨选 9 名（占应选名额的 25%）。综观 1992 年、1995 年的提名情况，各党采用的都是“扩张型”提名策略，不同的是国民党采用的基本上是极致的做法，民进党、新党采用的是不极致的做法。1998 年“立法委员”选举，应选名额共计 225 名，包括区域 168 名，原住民 8 名，不分区、侨选 49 名；国民党共计提名候选人 161 名（占总名额的 75%，国民党的总得票率为 46%），其中区域 107 名（占应选名额 64%），原住民 8 名（与应选名额相同），不分区、侨选 46 名（占应选名额的 94%）；民进党共计提名候选人 112 名（占总名额的 50%，民进党的总得票率为 30%），其中区域 77 名（占应选名额的 46%），原住民 2 名（占应选名额的 25%），不分区、侨选 33 名（占应选名额的 67%）；新党提名候选人 51 名（占总名额的 23%，新党的总得票率为 7%），其中区域 36 名（占应选名额的 21%），不分区、侨选 15 名（占应选名额的 30%）。从 1998 年各政党“立法委员”候选人提名情况看，国民党虽然依然采用“扩张型”提名策略，但是已放弃极致的做法，改为不极致的做法；民进党则在选举前已提出明确目标，将区域“立法委员”候选人人数控制在应选名额的 45% 左右，转向“保守型”的提名策略；新党则继续采用 1995 年的“扩张型”提名策略。

2000 年以后，由于有亲民党、“台联党”加入“选战”，国民党、民进党、新党的候选人提名策略都有所调整，可仍以“立法委员”选举（名额与 1998 年相同）为例作简要说明。2001 年“立法委员”选举，国民党共计提名候选人 146 名（占总名额的 65%，国民党的总得票率为 29%），其中区域、原住民 99 名（占应选名额的 56%），不分区、侨选 47 名（占应选名额的 96%）；民进党共计提名候选人 111 名（占总名额的 49%，民进党的总得票率为 33%），其中区域、原住民 83 名（占应选名额的 47%），不分区、侨选 28 名（占应选名额的 57%）；新党提名候选人 41 名（占总名额的 18%，新党的总得票率只有 3%），其中区域 31 名（占应选名额的18%），不分区、侨选10名（占应选名额的20%）；亲民党提名候选人90名（占总名额的40%，亲民党的总得票率为19%），其中区域、原住民62名（占应选名额的35%），不分区、侨选28名（占应选名额的57%）；“台联党”提名候选人55名（占总名额的24%，“台联党”的总得票率为8%），其中区域、原住民39名（占应选名额的22%），不分区、侨选16名（占应选名额的33%）。在参选的5个政党中，只有民进党采用的是“保守型”的提名策略，其他4个政党则都采用了“扩张型”提名策略。2004年“立法委员”选举，政党提名候选人策略出现逆转现象。国民党、新党共计提名候选人104名（占总名额的46%，国民党、新党的总得票率为33%），其中区域、原住民75名（占应选名额的43%），不分区、侨选29名（占应选名额的59%）；民进党共计提名候选人129名（占总名额的57%，民进党的总得票率为36%），其中区域、原住民92名（占应选名额的52%），不分区、侨选37名（占应选名额的75%）；亲民党提名候选人65名（占总名额的29%，亲民党的总得票率为14%），其中区域、原住民41名（占应选名额的23%），不分区、侨选24名（占应选名额的49%）；“台联党”提名候选人40名（占总名额的18%，“台联党”的总得票率为8%），其中区域、原住民30名（占应选名额的17%），不分区、侨选10名（占应选名额的20%）。在参选的4个政党（新党已与国民党联合）中，国民党采用了“保守型”的提名策略，民进党则采用了“扩张型”提名策略，亲民党、“台联党”虽然仍采用“扩张型”提名策略，但是在区域、原住民“立法委员”候选人人数方面都有所缩紧。2001年和2004年各政党候选人提名策略带来的结果，将在本书第七章作专门叙述，本处不再赘述。但是需要说明的一点是，较小政党如新党、亲民党、“台联党”等采用“扩张型”提名策略，往往包含“全面参战”的意图，有提升本党士气的重要作用，与大党的“扩张型”提名有所不同，因为大党的“扩张型”提名可能成为错误的策略选择，导致选情逆转。

提名候选人的知名度与竞争力，是不可忽视的策略因素，但各党情况不同，显示出较大差距。国民党、民进党党内不乏“明星级”甚至“天王级”人物，在重要选举中的策略重点是摆平“天王”和“明星”的关系，并且可以主打候选人的“形象牌”，以争取当选机会。在单一席次选举中，国民党、民进党都以其现任者争取连任为首要选项，现任者无法连任，则尽可能选择“重量级”人物（既可能来自行政、立法部门等，也可能来自党内高层）为候选人；在多席次选举中，同样以现任者为候选人提名重点，但是也适当考虑新一代的培养问题，“以老带新”（在这方面民进党更为注重，国民党则更注重“论资排辈”）。新党原有少量“明星级”人物，但始终未出现过“天王级”人物，并且自建党以来就备受人才匮乏的困扰；由于新党在历次重要选举中多主打“清新”牌，对候选人的资历及社会知名度等都有所要求，所以有时不得不面对候选人“难产”的尴尬局面。亲民党有过“天王级”人物宋楚瑜，也有一些“明星级”人物，但是毕竟人数有限，所以在重要选举中不仅“明星级”人物全部上阵，有时“天王级”人物亦亲自出马，以候选人身份参选，并不得不推荐一些资历较浅、名气不高的候选人，或用征召的方式解决候选人不足的问题。“台联党”虽然有“天王级”人物李登辉支持，但李登辉只“助选”不参选，“台联党”本身缺乏“明星级”人物，只能有选择地参加选举，在重要的单一席次选举中往往缺席或只派少数候选人参选，在“立法委员”等多席次选举中则勉强拼凑候选人队伍参选，候选人之间的资历和知名度等往往有较大差距。

在单一席次或多席次选举中，以本地或本选区的候选人参选，还是以外来的候选人参选，是各政党经常面临的策略问题。以本地或本选区的候选人参选，由于候选人在当地经营多年，有较好的人脉基础等，胜选的希望较大，但是候选人可能受地方派系的牵制和影响，并可能较多纠缠于以往的矛盾，为选举带来不利因素。以外来的候选人参选，即“空降”候选人，虽然可以摆脱地方派系的掣肘，但是如何动员基层力量，则是不能不面临的难题，所以各政党在“空降”候选人方面都较为慎重，反复斟酌利弊得失。较小政党由于缺乏地方组织系统，“空降”候选人比例较高。但就总体而言，在台湾重乡情、重人情、重基层耕耘的选举文化氛围中，“空降”候选人当选的几率较低，在2005年的县市长选举中，民进党“空降”及“回笼”参选的4名县市长候选人（罗文嘉、陈定南、林佳龙、邱太三）全部落选，就是具有代表性的例证。

政党在一个选区提名多位候选人，候选人之间应该有一定的互补关系和合作关系。如果候选人的“同质性”过高，如背景、经历相同或出于同一地域或同一派系等，无法有效作出选票区隔，难以吸引各方面的选民。所以各政党在安排多名候选人时，不能不作合理的“配对”，既要考虑老、中、青的搭配以及男女的搭配，也要突出各候选人的“专攻”方向，“配对”越细致，胜选的可能越大。在一个选区本党有多名候选人参选的情况下，每个候选人为了自己能够当选，本能地具有排斥本党候选人的心理，为避免“同室操戈”，给他党可乘之机，在竞选前即作出候选人合作的安排，包括共同文宣造势、捆绑式参选以争取“全垒打”（候选人全部当选）以及提前作出“配票”决定等，都是重要的策略选择。在注重候选人互补和合作方面，民进党比其他政党略胜一筹，尤其是在“立法委员”选举中，有不少成功的范例，详见后述。

小党的候选人及无党籍候选人参选，也需要一定的策略，或努力经营地方，聚集当地人气；或争取地方派系支持，成为派系代表；或剑走偏锋，专门挑战大人物和主要政党，以名气争选票（如李敖 2004 年“立法委员”选举时，即以此类做法在台北市当选）；或争取主要政党的暗中甚至公开支持。在两大阵营对抗日趋激烈的大形势下，小党候选人及无党籍候选人的当选空间已经相当狭小，为争取当选，未来将不得不更倾向于争取主要政党支持的策略选择。

第二节　选举的攻防方略

“选战”中的攻防方略，不仅直接影响选举的结果，也可展示各政党驾驭选举的综合能力，可结合 2001 年以来台湾选举的一些实例，对各种策略的应用作初步分析。

（一）选举的总体目标

台湾各政党在重要选举前，都要确定此次选举拟达到的目标，并围绕具有战略性意义的目标确定主攻方向，下面比较 2001 年以来几次重要选举的情况。

2001 年的县市长和“立法委员”选举，是台湾执政权转换后的第一次重要选举，各政党有不同的定位。国民党主席连战在 2001 年 7 月 29 日的国民党第十六次全国代表大会的致辞中已明确表示：“年底立法委员与县市长的选举，就是我们重新执政、报效国家的关键选举。我们必须尽一切的力量，使中国国民党维持在国会第一大党的地位，我们要尽一切的力量，争取县市的重新执政。”民进党则希望巩固现有的执政成果，在一半以上的县市继续执政，还要更上一层楼，希望在“国会”中成为第一大党，所以在“立法委员”选举上亦颇下功夫，设定的选战总体目标就是“国会最大党，县市红不让”。亲民党不但要通过此次选举检阅自己的政治实力和影响力，还希望在新的政治版图中扩大自己的影响，为下一次“总统”选举做准备，但是亲民党并不奢求第一次选举就成为“国会”中的大党，而是以当选“立法委员”45~50席为主要目标，实际定位为“国会”中的第三党。新党则将2001年的选举视为生死存亡之战，高层人士坦率承认，在此次选举中，尽管新党设定了争取15席“立法委员”的目标，但首要目标不是席位，而是要冲过5%的政党门槛。“台联党”由于不参加县市长的角逐，把“立法委员”选举的席位锁定在20席上下，不但希望跨过5%的政党门槛，还要争取得到15%的得票率。国民党、民进党都要争当“国会第一大党”，但是对“国会第一大党”的定义，各主要政党有不同解读。国民党、亲民党和新党均认为席位最多的政党为第一大党，民进党却强调得票数最高的党为第一大党（明显对争取成为最多席位的政党底气不足）。选举的结果，民进党确实成为“国会第一大党”（得票数和所得席位都位列各政党第一），但是“县市红不让”的目标没有达到，民进党执政的县市由11个降为9个。国民党未能实现维系“国会第一大党”的目标，但是在县市长选举中略有进步，执政的县市由8个增至9个。亲民党、“台联党”都基本实现了既定目标，只有新党未冲过5%的政党门槛，并且只得到1个“立法委员”席位。

2004年的台湾“总统”选举，成为“泛蓝”与“泛绿”的对决，两大阵营各以一组候选人参选，“泛蓝”的国民党、亲民党、新党的共同目标是夺回执政权，“泛绿”的民进党、“台联党”的共同目标是保住执政权，在突发事件的影响下，“泛绿”实现了继续执政的目标。

2004年的“立法委员”选举，国民党、亲民党、新党经过协商，确定以保住“泛蓝”在“国会席次过半”的既有格局为共同目标，新党设定了一个具体目标，就是本党候选人以国民党候选人身份参选后，支持新党的20万选民将过渡给国民党，为国民党增加1~2席不分区“立法委员”席位。民进党设定的选举竞选主轴是“立委过半数，改革大进步——快活台湾”，但是所谓的“立委过半数”，并没有明确声明民进党本身的“立法委员”席次超过半数，而是强调“民进党和其他改革力量必须合作，在国会中取得过半的席次，这是年底立委选举的总目标”。“台联党”也表示对“立法委员”选情充满信心，相信能再度拿下漂亮成绩单，达到“泛绿过半、入主国会”的目标。两大阵营争抢“国会席次过半”，结果是“泛蓝”得到了过半席次（114席），新党由此认为该党功不可没，党主席郁慕明特别强调没有新党的努力，“泛蓝”不可能有席次过半的选举结果，因为新党不仅有4人当选，还为国民党增加了26万张选票，使其多得到2席不分区“立委”席位。新党的评估，与事实略有出入。在本次选举中，新党候选人总得票为261063票，但是能够“输送”给国民党的得票，只有248926票，为国民党增加的不分区“立法委员”席位，只是1席而不是2席。

2005年的县市长、县市议员和乡镇市长“三合一”选举，虽然主要是国民党与民进党在地方执政权上的争夺，但是国民党将选战主轴确定为“把台湾赢回来”，要求“终结腐败，不能等待；铲除无能，就趁现在”，并宣称此次选举是一次“信任”投票，借此营造“政党对决”、“蓝绿对决”和“总统选举前哨战”的气氛。民进党确定的“三合一”选战主轴是“用心打拼，建设进步”，但是在一系列“弊案”的影响下，不得不低调参选，既没有“县市红不让”的再度宣示，也尽量避免出现“政党对决”或“蓝绿对决”局面。选举目标的差异，最终造成了有利于“泛蓝”的局面，在23个县市中，“泛蓝”各政党候选人以及“泛蓝”支持的无党籍候选人赢得了17席县市长席位，民进党只得到了6席县市长席位。

如果只简单地以选举目标实现与否判定选举的输赢，“蓝”、“绿”政党各有千秋，但是其中包含的策略因素不容忽视，需要作进一步的分析。

（二）文宣策略及其成效

各政党的选举目标要得到选民的认可和支持，在一定程度上依赖于政见宣示、广告宣传及大型造势活动等所谓“文宣攻势”。文宣既要有明确的选战主轴，也要有适当的选举口号，还要讲究策略和把握时机，使宣传攻势具有扬己之长、击敌之短的重大影响力和杀伤力。① 以2001年台湾县市长、“立法委员”选举的“文宣战”为例，可对各政党的文宣策略及其效果作一比较。

国民党为2001年县市长、“立法委员”选举提出的口号是“抢救经济为人民，融合族群为台湾”，文宣策略是既大打“经济牌”，猛烈抨击民进

---

① 见黄嘉树、程瑞：《台湾选举研究》，第70~81页。

党的无能和腐败导致台湾经济衰败；又大打“政治牌”，揭示民进党的种种“乱政”及其在处理两岸关系中的失误，并为此设计了强大的宣传攻势，在正式竞选时间内按部就班地展开。国民党先于11月23日刊出大幅广告，以“谁把台湾的经济奇迹变不见了”为标题，列出表格比较国民党与民进党执政时期的经济数字，展示民进党在发展经济方面的无能，强调“民进党害我们过苦日子”，呼吁“投蓝，就是救台湾”。随即推出国民党财经团队，并公开打出“十全十美经济愿景”。11月26日，国民党发布“政府无能，人民遭殃”为标题的大幅广告，强调“国民党矢言再造经济奇迹，还给人民好日子”；同时，党主席连战以尊重宪政体制的诉求，推出以前“行政院长”萧万长领衔的18位国民党财经团队，并提出国民党的十大经济政策：(1) 因应WTO冲击，落实新台币1000亿元农产品进口损害救助基金及建立失业人口创业基金100亿元。(2) 台湾优先，两岸和平。(3) 将失业率降到3%以下，每年增加10万个工作机会。(4) 4年内达到预算平衡。(5) 提升银行放款成长率至5%。(6) 每年经济成长提高到6%。(7) 明年股市重登7000点。(8) 国民年金每人每月超过8700元。(9) 台湾优先，产业根留台湾，确立长治久安根基。(10) 10年再创每人所得倍增奇迹，重建台湾光明愿景。为配合这一造势活动，国民党不仅组织了反失业大游行，还打出了“要繁荣，不要萧条”、“创造台湾的新希望，国民党为人民打拼”等大幅广告，强调“国民党国会拼第一，让财经团队拼经济”。在“政治牌”方面，连战在临近选举日的11月29日向陈水扁提出了以下10个问题：(1) 承不承认“中华民国宪法”？尊不尊重宪法体制？(2) 是否推动台湾“独立”公投？(3) 是否推动核四停建公投？(4) 执政一年半，人民财产少一半，是否向全民道歉？(5) 股市、汇市低迷，失业率创新高，治安败坏，是否承认执政无能、施政无力？(6) 口说拼经济，其实拼选举，全力辅选，经费何来？是否公器私用？(7) 白天说一套，晚上做一套，视诚信、尊重如玩物，是否承认玩弄政治，欺骗人民？(8) 工时方案40小时政见是否放弃？(9) “总统”大选前承诺不参与政党活动，是否为戏言？(10) 去年六月公开表示接受“一中各表”，为何今年矢口否认？推翻“九二共识”是否受到“台独”基本教义派的压力？为获得选民的支持，国民党还通过广告形式发出公开信，呼吁选民积极参加投票并支持国民党；或继续刊登大幅广告，强调“一旦民进党成为国会最大党，经济一定更衰退，失业一定更严重，两岸一定更紧张”，“集中火力投国民党，就是投好日子一票”。

民进党2001年县市长、“立法委员”的选战主轴是“国家要进步，台湾不走回头路”，并围绕选战主轴提出了“拼经济、改国会、扫黑金、救土地”的具体诉求：拼经济的措施有促进就业，产业升级，再造金融，重整财政，招商引资，全球运筹；改“国会”的建议是“立法委员”席次减半，修正选举制度，修正“国会”相关法规，健全“国会”问政环境；扫黑金的办法是加强肃贪工作，持续扫除黑金，改善治安，整顿基层金融；救土地的方案是建立可行性国土保安制度，成立国土保安专卖机构，健全国土保安法规，提升高品质的水资源与居住环境。在文宣策略上，民进党主打的是“安定牌”，把在野党锁定为破坏政府治理和社会安定的最主要因素，并将主要矛头对准国民党，发起了“删除预算”、“清理党产”和“破除银弹”三大攻势。11月7日，民进党打出“再怎么野蛮，也不要删除儿童福利预算”的竞选广告，指在野党“立法委员”正在“野蛮”删除预算（在此之前，陈水扁已在不同竞选场合指责在野党“立法委员”删除地方补助款预算等），被指明“删除”或者“冻结”的预算，有194亿元（新台币，下同）地方补助款，131亿元追加预算，184亿元儿童福利预算，以及“8100扩大内需方案”中的700亿元，等等。被点名参与“删除预算”的“立法委员”，第一拨有李显荣、陈宏昌、廖风德、林建荣、吴克清、郑金玲6人，第二拨有郭荣振、周五六、黄显洲、曾蔡美佐、林宏宗、林国龙6人，第三拨有张福兴、林政则、陈荣盛、朱立伦、陈振盛5人。11月19日，民进党又展开清理国民党“党产”的行动，“行政院”指示“法务部”草拟特别法，追讨国民党不法、不当取得的党产。投票日即将来临，民进党突然揭出国民党以60亿元经费用作选举，展开大规模调查，同时打出大幅广告，指国民党有800亿身价，“这次选举，它已砸下60亿以上，要吃你的选票。今天，它先吃你的选票；明天，它再吃你的钞票”。民进党在策略应用上还有一套具体办法。在竞选过程中，亲民党拿到了民进党的一份“教战守则”，从中可以看出民进党如何为选战中候选人应该回答的各种问题“定调”：（1）在两岸关系上，列出大陆及国民党、亲民党、新党在“一中各表”和“九二共识”等问题上的说法，并订出民进党的基调。（2）在对台北市长马英九的“扫黄”行动的回应上，强调陈水扁任台北市长时同样进行过“扫黄”，并通过比照将马英九的势头压下去。（3）在“谁最爱台湾”的问题上，明确列出选举输了不服气、唱衰台湾处境、亲共媚共及国民党与中共起舞、把党或个人利益置于国家利益之上、反对本土化、放任黑金横行、胡乱说话混淆视听、在“国会”里作乱企图瘫痪政府财政、挑拨离间制造族群冲突的人不爱台湾。（4）对国民党主席连战，定位为“几乎是每四天、每一百小时就开骂一次”。（5）对亲民党主席宋楚瑜，则指其在两岸政策上“对内激进，对外退缩”，其他言论则“前后矛盾”。

亲民党为2001年县市长和“立法委员”选举确定的政见主轴是“打造救台湾”一个目标，“新希望，新政治，新台湾”三大愿景，“重振经济，推动新政，改造国会，稳定两岸”四大诉求，并在四大诉求中包括了16项共同政策主张，在重振经济方面，提出解决失业问题、健全财政收支、加速金融改革、改善投资环境、发展两岸经贸、均衡区域发展等主张；在推动新政方面，提出清除政治垃圾、国土重新规划、提升政府效能、促进族群融合、照顾弱势团体与农渔劳工等主张；在改造“国会”方面，提出了推动“国会”改造、尊重“国会”多数、落实双首长制主张；在稳定两岸方面，提出了依循国统纲领、推动阶段整合的主张。但是在文宣策略上，亲民党主打的是“成长牌”，在经费紧缺的限制下，亲民党发布的竞选广告较少，攻击的色彩和激烈的语言也很少，主要显示的是一种在宋楚瑜领导下稳步成长的气度。亲民党利用有限的公告不断打出“票投亲民党，宋进立法院”的标语，清楚地告诉选民“宋楚瑜名列亲民党不分区立委，当选后将率领亲民党扮演关键监督角色，要国、民两党停止互斗，拼经济救台湾”。直到竞选的最后一刻，亲民党的广告才把矛头直接对准陈水扁，提出了下列问题：善变是不是一种病？是谁选前高喊“台独”万万岁，选后“中华民国”万岁？是谁停建核四，又盖核四？是谁选择唐飞又要他单飞？是谁说承认“一中”就是消灭“中华民国”，然后又改口要到大陆去寻根？是谁选前说不参与政党活动，选后却天天拼选举？没有健康的政府，哪来快乐的人民！“扁政府”政策左右摇摆，大家没有安全感！广告的最终诉求是“就让宋楚瑜带领亲民党专业服务团队进入‘立法院’，盯紧‘扁政府’，打拼救台湾！”

新党在2001年县市长和“立法委员”选举中本来应该继续主打传统的“和平统一牌”，但是党内不少人认为这样做会被选民所抛弃（赖士葆就持此种看法），所以除了冯沪祥以外，没有人明确举起这面旗帜。新党全委会召集人谢启大在专访中强调的只是“坚持一中，主张两岸三通”，并指出“急独”才是“急统”的实践者。新党用来替换“和平统一牌”的，是挽救本党危亡的“悲情牌”。新党打出的大幅广告，以“国家兴亡，在此一举”为标题，作了如下陈述：“政权绿化一年半，已经搞得民不聊生，‘中华民国’的国运，已到危急存亡之秋，我们两千三百万同胞的命运，更是退此一步即无死所！可是我们明明有百分之六十的选票，绝对不能坐视‘中华民国’就此沦丧，人民所最亲痛仇快的，就是泛蓝分裂！谁能促成泛蓝军重新团结再振雄风？连宋两位老大，谁也不肯相让，得有人居中调和，这中间人还得无私无我；这个角色只有新党可以扮演，新党一向不求官位，不争权力，只要为国家好，新党可以不计荣辱！千万不能让泛蓝军继续分裂下去，千万不能让新党就此消失；新党正是泛蓝军的胶合剂！未来的路还很长，明天会不会有奇迹，没有人知道！但是我知道，如果新党泡沫了，台湾的政治将更混乱！台湾的经济将更恶劣！‘台独’的气焰将更嚣张！新党泡沫了，阿扁欢欣，李登辉鼓舞，台联高兴！宋楚瑜高兴，泛宋军可以独立当老大！连战忧心，泛蓝军终必整合无望！大哥二哥抢第一，做老大，阿扁连任必无阻碍！台联和民进党势必走向‘台独’之路！广大人民怎么办？一人一票救新党！一个燃烧自己、照亮别人的党！一个成功不必在我的党！”

“台联党”为2001年“立法委员”候选人确定的共同政见（“台联党”不派候选人参加县市长角逐），一是稳定政局，二是振兴经济，三是巩固民主，四是壮大台湾。在文宣策略上，“台联党”主打“本土牌”，重点突出李登辉的地位和号召力，如在11月12日推出的三个广告片中，就特别强调要还李登辉一个“公道”，诉求选民痛惜李登辉就投“台联党”一票。“台联党”主席黄主文也在专访中表示，选后李登辉将重回政坛的“制高点”，“台联党”虽然乐见“国家安定联盟”的团结诉求，但“台联党”会保持主体性，不可能与民进党合并。“台联党”在报纸上发出的广告，继续以“为李登辉讨回公道”为标题，除了用CNN的报道攻击国民党、亲民党受到北京支持之外，还强调了三点：一是选择“台联党”，阿扁才能避免第二次罢免危机；二是旧“国会”“泛蓝”军过半，政局动荡，经济萧条，人民需要再度尝试错误吗？三是“台联党”是关键的政党，稳定的力量。广告明指“泛蓝军”是“联共反台”的力量，将其称为接受中国指挥的“中国党”，并强调民进党提名的总席次不足以成为“国会”多数，只有加上“台湾团结联盟”，“泛蓝”军的“中国党”才不敢、才不能再度糟蹋台湾，台湾的主体价值才能确立。

在2001年的县市长竞选中，还是出现了一些政策辩论和较具理性的竞争。如2001年11月18日，《中国时报》、东森电视台、台视电视公司和公共电视公司组织了台北县县长候选人王建煊与苏贞昌的公开辩论会，不仅由电视台现场转播，各自阐述的观点第二天还刊载在报纸上。在政见方面，王建煊强调的是水土保持，治水为先；苏贞昌强调的是以有限预算拼建设。在政策辩论方面，两人就财政恶化、失业严重、县市合作、县市政令、配合款运用、终结水患、基层选举等发表自己的看法并回答了媒体提问人的问题。

在各政党相互角力的“文宣战”中，民进党明显始终占上风。民进党把国民党研究透了，专打要害，并采取“只打国民党，不打宋楚瑜”的策略，作出明显区隔，既可以制造“泛蓝”的内部猜忌，也可以整体压低“泛蓝”的声势。民进党的三波攻势，都使国民党难以应对。“删除预算广告”以诉求国会改造为经，争取地方建设为纬，战略、战术清晰，炮火集中猛烈，完全出乎国民党意料。民进党秘书长吴乃仁还进一步说明，针对地方选民关切的问题展开攻势，是争取中间选民的最佳策略，在财政困难时，地方政府、民意代表越来越难以争取到预算，但在野党“立法委员”竟然删除已经同意编列的预算，不论在野党如何辩解，各地选民都无法接受这种行为。为回应民进党的攻击，国民党、亲民党籍“立法委员”纷纷出来澄清事实，还一起到台北地检署按铃控告民进党涉嫌诽谤，违反《选罢法》。11月21日，国民党在《中国时报》刊登整版广告，不但列出“民进党自导自演删除预算明细表”，还打出“谁野蛮？谁白贼？民进党心里有数”的大字标题。由于在版面上没有用“广告”而是用了“专题”，引起民进党的抗议，《中国时报》不得不于次日刊出启示加以说明，民进党则进一步做文章，指国民党高层不乏熟知新闻伦理之人，却使出“广告新闻化”的手法，践踏了新闻专业，又给了国民党一击。在党产问题上，国民党亦反驳乏力，只强调党产均依法取得，可受任何检验，并质疑民进党借“清查”之名煽惑选民，“行政院”有违行政中立原则，强调国民党党产是法律问题，不是政治和选举问题。至于选举日前突如其来的“破除银弹”，国民党即便要辩驳，已经来不及了，其影响则是显而易见的。

国民党打出的重振经济牌，计划得不能说不周密，但不是数字就是口号，连宋楚瑜都指出国民党太不争气，只会挥舞“空头支票”和“数字游戏”，“难怪让人民失望”。这样的文宣，与民进党处处打在要害上的文宣形成了鲜明对照，无怪选举后国民党文传会主任对文宣进行检讨，认为“两头不靠，两边抓”的文宣造成了选举失利，并且指出国民党在本土化、外来政权、联共反台、蓝中带绿、国民合作、族群意识等定位上不清楚，亦影响了选情。此外，国民党、亲民党对突发事件尤其是对有利于自己的经济事件缺乏快速行动能力。如在选举之前，台湾突然爆出了“米酒风波”。预计台湾加入WTO之后米酒会大幅涨价，社会上出现抢购米酒现象，部分商家则大量囤积米酒，以获涨价之利，造成市场上米酒缺货。由于无法调集充足红标米酒供应市场，“台湾省烟酒专卖局”决定自2001年11月20日起至12月31日止，消费者可持户口名簿（不限户籍所在地）在公卖局开放的119个直销据点和660个巡回定点处一次性定量购买米酒，每户最多6瓶。米酒问题很快“政治”化，成为在野党攻击执政党的口实。连战指这是在走“回头路”，政府应该负起责任；宋楚瑜则说拜托为辅选走透透的阿扁赶紧回去办公，不要老想和他拚场，先把民生问题的米酒荒解决完才来拚选举。但是，两党都停留在口头攻击和文宣攻势上，没有采取任何实际行动。“行政院”则很快布置人员，大规模查缉米酒囤积，使事态不再向严重化方向发展。

相比之下，亲民党、“台联党”的文宣策略都起到了一定的作用，有利于两个新成立的政党进入“国会”。新党主打的“悲情牌”，把内心的担忧公开化，显然不是成功的策略选择；尤其是新党放弃“和平统一牌”，认为坚持“统派”的立场在台湾没有市场，难以取得选民的信任，所以除了冯沪祥还敢高举“统派”大旗外，其他新党候选人都尽量回避“两岸”问题，甚至有人明确说“谁沾大陆谁死得快”，使新党的色彩变得模糊不清，难以再得到“深蓝”选民的认同，“深蓝”选民大多倒向亲民党，与新党文宣策略的失误应有一定的关系。

从整体上看，主打不同牌的各政党，在文宣广告中存在大量未经证实的“证据”，充斥着赤裸裸的攻击语言和“抹黑”手法。这样的“文宣战”，引来了激烈的批评。如《中国时报》的社论即指出，2001年县市长、“立法委员”选举的特征，一是没有政见的选举，二是没有执政党的选举，三是“总统”大选的会外赛，四是与社会脉动脱节、与人民期望脱离、与国际走向脱轨。社论的作者强调，为改变这种状况，各政党应该扮演冷静的政策筹划角色，向民众呈现一套完整的政策理念；各政党的领导人应以公共政策作为诉求重点，让选战聚焦于实质的政策，使民众的需求受到尊重与关照，树立理性负责的民主风范。①

在此后的选举中，“文宣战”都再次登场，并且往往提前开打，缺乏政见和激烈的相互攻击一如既往，“抹黑”、“抹黄”、“抹红”有增无减，使台湾的选举文化成为一种“闹剧文化”。尽管媒体对此有尖锐的批评，民众对此甚为反感，但是同样的“闹剧”还将在未来的选举中继续上演。

（三）“天王”辅选的变化

为提名的候选人辅选或助选，是政党的重要功能，在提高候选人当选几率的同时，政党也通过宣传候选人、宣示政见和对选举议题表态等，提升政党的影响力。台湾选举中的政党辅选，始于国民党。国民党在20世纪50年代就建立了辅选制度，按组织系统、民运系统、从政党员系统发挥动员功能，以保证本党提名候选人当选。辅选主要由地方党部组织实施，并通过法令形式限制非国民党候选人的辅选，将辅选作为压制党内派系和打击党外异己力量的重要手段。1977年，党外反对派人士组成“康（宁祥）黄（信介）联线”，为党外人士助选，开党外人士有组织辅选先河，此后又先后出现“党外人士助选团”、“党外推荐团”、“党外选举后援会”等助选组织，并最终导致了民进党的成立。民进党成立之后，即建立了系统的辅选制度，不仅每次重要选举都派出“中央巡回助选团”，在各地为民进党候选人辅选，还在重点地区建立专门助选机构，并注意发挥党内各派系的助选作用。为应对民进党的挑战，国民党也对传统的辅选制度作了调整，更注重发挥“组织战”的作用，并在重要选举中，由李登辉以“总统”、“党主席”之尊为国民党候选人站台辅选，使“公职人员不得助选”的法律规定再无法被真正执行，民进党也开始效仿国民党的做法，积极以现任公职人员组织“助选团”为候选人站台辅选。②

2000年以来，随着亲民党、“台联党”等加入选举，各主要政党都建立了辅选机制，并更注重辅选策略的应用，“天王辅选”形式应运而生。

2001年的县市长、“立法委员”选举，各主要政党在选举前都已对辅

① 见《中国时报》2001年11月7日社论《以政策辩论取代口舌缠斗——向朝野政党领导人进一言》。

② 见黄嘉树、程瑞：《台湾选举研究》，第43～46页；张文生、王茹：《民进党选举策略研究》，第37～44页。

选作出了具体安排。国民党安排连战和台北市长马英九两大政治明星，在各处“站台”助选，并利用庞大的组织系统动员支持力量。亲民党的选举策略是将宋楚瑜竞选“总统”时的466万张得票化作对亲民党候选人的支持，所以由宋楚瑜亲自带队南征北战，以唤得民众的支持。新党没有“天王”级的政治明星，在竞选造势方面处于劣势，只能支持候选人进行个人造势，并且积极鼓吹“泛蓝”各政党之间的合作。民进党则充分利用“总统”的影响力和号召力，不但陈水扁本人四处“站台”助选，夫人甚至母亲也积极“站台”助阵。“台联党”以李登辉为“精神领袖”，在竞选策略上主要围绕李登辉做文章，不仅以李登辉周游助选的办法拉抬“台联党”的形象，还将李登辉与具体候选人联系起来，直接为候选人拉票。由此形成了“四大天王”（扁连宋李）① 角力的辅选大战。

“四大天王”的比拼，各有其政治意图和策略。陈水扁的积极助选，其原因不仅是“朝小野大，在野掣肘”，必须争取“国会”最大党和组成“国会”多数联盟，确保主导执政地位，还要借此次选举取得下届“总统”选举的有利地位，把原来的3成“铁票”抬升到4成以上的支持率。为此，陈水扁使用了三条辅选管道，一是利用行政主导，二是参与民进党的辅选造势活动，三是自组“世纪首航”辅选团。2001年11月3日，陈水扁的新书《世纪首航——政党轮替五百天的沉思》由圆神出版社正式出版，此前为营造声势，曾在报纸上连载此书。“世纪首航”辅选团自定规划，不仅确定选前陈水扁至少要到各县市“走透透”3次以上，还要确切掌握各县市组织人脉，为下次大选做准备。为保住“国会第一大党”的地位并进而维系国民党的团结与生存，连战不得不亲自出马助选，既要打出国民党的“泛蓝”正统形象，亦不能过分迁就亲民党。连战奉行的策略，一是党机器全面开动，二是自己勤走基层，多为候选人说好话。宋楚瑜面临的是双重压力，一方面陈水扁与李登辉互相配合，在发动议题和“口水战”中，刻意将宋楚瑜“边缘化”；另一方面在国民党与亲民党的合作中，宋楚瑜很容易被刻画为“泛蓝老二”的角色。提高亲民党的支持率，既可以使该党在未来的“国会”中处于左右逢源的有利地位，也为宋楚瑜下届竞选“总统”打下基础；而参加下届“总统”选举并争取胜利，是宋楚瑜

① 当时还有“五大天王”的说法，将台北市长马英九也列入“天王”行列，但是与扁连宋李相比，马英九的实际影响力还是低一些。

的坚定目标。为此，宋楚瑜不但有意将自己摆在亲民党不分区“立法委员”第11名的位置上，显露出危险态势和悲情诉求；还冲破“泛蓝”的局限，打出“橘”色招牌，凸显亲民党的形象；此外，还不得不注意“泛蓝”的整合，不时扮出“真蓝军”的角色。恰是因为宋楚瑜的尴尬地位，使他在竞选中的表演经常遭到来自“蓝营”内部的非议。李登辉不甘心退出政坛，在“四大天王”中率先越过攻击线，甩出了“蓝”“绿”重组的新版图，并且声称选后还有一套办法稳定政局。李登辉出面支持“台联党”组党和参选，按照陈水扁的解读，“支持台联只是一个过程，而不是目的”。由于李登辉助选活动频繁，引起“泛蓝”政党的担心，如果李登辉出现异常情况如心脏病发作住院甚或突然死亡，“台独”教义派会借机大做文章，以此引起民众同情，使民进党和“台联党”大大得分。

由于“四大天王”到处站台，大大冲淡了县市长候选人和“立法委员”候选人的形象，各政党的辅选大多围绕“天王”的活动展开，加上媒体的帮忙，重点报道“天王”的行踪与言论，使其他辅选都黯然失色。选举之后，有人明确指出以陈水扁为首的“世纪首航”助选团在竞选期间扮演的是“主角”，民进党中央党部的竞选机构反而成为“协办单位”。民进党内部亦坦承竞选中确实有两套班子，但是为防止出大问题，也有两套班子的协调机制。

2004年的“总统”选举，依然主要是“四大天王”的角力，不过是将“天王”辅选变成了“天王”竞选。当年年底举行的“立法委员”选举，“天王”的队伍有所扩大。民进党除了陈水扁积极助选外，还安排了党内“四大天王”（游锡堃、谢长廷、苏贞昌、吕秀莲）的助选活动。国民党除了党主席连战积极助选外，现任“立法院”院长王金平和台北市市长马英九都上升为“天王级人物”，在各地展开助选活动。只有亲民党依然以宋楚瑜为主安排助选活动，“台联党”仍依靠李登辉拉抬声势。

2005年的县市长、县市议员和乡镇市长“三合一”选举，“天王”辅选出现重大变局。由于政治人物的地位升降，传统的“天王”连战、宋楚瑜、李登辉已经被“边缘化”，不仅较少助选活动（连战在选前最后一周在少数县市为国民党候选人站台助选；宋楚瑜只为亲民党候选人助选，并在选前最后一周才在台北县为国民党候选人周锡玮助选；李登辉除了为“台联党”候选人助选外，还在部分县市为民进党候选人助选，但是未到台北县为民进党候选人罗文嘉助选），亦较少被媒体关注。两大阵营“天王比拼”，主要在马英九与陈水扁之间展开。

国民党围绕党主席马英九展开大规模辅选活动，除了推出“闪亮台客助选团”巡回演出外，还为马英九安排了密集的辅选行程，并有7次公开政策演讲会，希望以马英九的“人气”拉抬候选人的气势，不仅稳固“泛蓝阵营”的基本盘，还要积极争取中间选民，并在“泛绿阵营”的票仓展开助选活动，力求打破马英九过不了浊水溪的神话。到12月2日，马英九已经在全岛跑了几圈，安排了300多场助选活动，超过了他本人竞选台北市长时的活动场次安排。为强化支持“泛蓝”选民的危机意识，营造“蓝绿对决”气氛，马英九还于12月1日正式宣布，如果国民党不能取得过半席位（除金门县和连江县外，在21个县市中取得11席县市长席位），他就辞去党主席职务，以表明对选举的责任，为地方执政权的争夺加入了“抢救马英九”的因素。

民进党安排了大规模的“府院党”助选活动，希望以“天王辅选”拉抬“泛绿阵营”士气，“五大天王”陈水扁、吕秀莲、苏贞昌、谢长廷、游锡堃在各县市都有辅选的安排，但是相比之下，谢长廷参与助选活动较少，苏贞昌以台湾北部尤其是台北县的辅选为主，只有陈水扁与吕秀莲安排的是在各县市的“全程辅选”，并且专门为陈水扁安排了“卡车之旅”的助选行程，每个周末在各县市巡回活动。但是陈水扁的大规模辅选活动，被部分民进党候选人视为“选举毒药”，这样的现象在以前的选举中从未发生过。在一些县市，“扁政府”的施政不佳使“绿营”选情热不起来，对以政务官身份临时下乡参选的县市长候选人影响尤其明显，他们的“中央”任职资历反而成为负担。在这样的形势下，民进党的县市长候选人不得不主打“个人形象”，并尽量与“中央执政”划清界限，如苗栗县的民进党竞选活动中就喊出“中央政绩不会影响地方选情啦！选县长当然是考虑个人形象，民进党的邱炳坤行政能力强，应该不会被中央施政不佳拖累”；南投县民进党候选人蔡煌琅刚辞官参选时常提自己是阿扁嫡系，但随着“扁政府”受弊案冲击，亦只好改打形象牌。陈水扁的助选，不仅再难拉动“人气”，再加上多次出现“口误”（如在台中市喊出“胡志强当选”，或喊出支持“买票”等）和“乱放炮”，亦往往使候选人感到尴尬。为改变选情低迷的局面，民进党于11月18日由选举操盘老手邱义仁（“国安会”秘书长）和“行政院”秘书长卓荣泰、民进党秘书长李逸洋、党团三长、柯建铭共同组成辅选小组，并要求对重点县市实行责任制，由苏贞昌负责台北县的选举，谢长廷负责澎湖县的选举，吕秀莲负责桃园县的选举，游锡堃负责宜兰县的选举，力求必胜。12 月 2 日，民进党也使出“杀手锏”，党主席苏贞昌正式宣布，如果民进党未能得到 10 个县市长席位，将为“败选”负责，选后即辞职；如果输了台北县的选举，作为责任者，即使其他县市选举取得重大胜利，苏贞昌也要辞去党主席职务。

2005 年“天王”辅选，最终结果是“泛蓝”取得重大胜利，苏贞昌因民进党败选而辞职。对两大阵营的辅选动作进行比较，可以看出国民党主打“马英九牌”确实对“泛蓝选民”甚至“中间选民”产生了一定的影响，“泛蓝”在县市长选举中的得票比 2001 年县市长选举增加近 53 万票，与马英九“败选即辞党主席”的“临门一脚”显然有密切的关系。亲民党主席宋楚瑜尽管不再具有“天王”光环，其助选活动主要在亲民党候选人参选的县市展开，但亦在台北县等“超级战区”为国民党候选人“站台”或拉票，并且未在选举中出现国民党、亲民党两党严重对立的事件，对“泛蓝”最终赢得县市长选举起到了一定的配合作用。在“泛绿”方面，民进党“天王辅选”的魔力不再，陈水扁尽管四处奔跑，但是发挥的作用可能恰恰相反，使“选举毒药”成为不少“泛绿阵营”候选人难以抹去的阴影；吕秀莲虽然也到处跑，但是显然对助选并不尽力，不但经常“忙里偷闲”，在重要的场合“缺席”，还以其惯有的“大嘴巴”，在媒体上公开表态，明指民进党在“三合一”选举中不是胜败问题，而是大败还是小败的问题，即便选后证明吕秀莲的说法并没有错，但是在选前抛出这样的表态，对民进党的选情显然难以起到正面作用；苏贞昌作为民进党党主席，过于关注北部地区尤其是台北县的选举，几乎整天与候选人罗文嘉“绑”在一起，忽略了其他县市的助选活动，亦不能说尽到了党主席应尽的职责；谢长廷在“高捷弊案”的影响下，在助选中始终以低调应对，即便是“责任区”，也较少公开出面助选，在媒体也很少露面，已谈不上真正的助选；游锡堃距“天王”还有不小的距离，其助选作用亦不能高估；“五大天王”在竞选中的“各自为政”，使辅选功效大打折扣；苏贞昌宣示的“败选即辞党主席”，尽管早已在酝酿之中，但是正式发布晚于马英九的表态，不仅在时间上慢了一拍，给人以被动效仿的印象，亦因为民进党竞争 2008 年“总统”选举的人选未定，难以在“泛绿”支持者或“中间选民”中掀起类似于“抢救马英九”的“抢救苏贞昌”浪潮，所以对“泛绿”支持者可能有一定的激励作用，但其作用显然低于马英九的“临门一脚"，"泛绿"在县市长选举中的得票比2001年减少，应是极好的证明。也就是说，在2005年的"三合一"选举中，"泛蓝阵营"的助选发挥了较好的作用，"泛绿阵营"的助选则未能很好发挥作用，而这样的现象，在2000年以来的选举中还较少出现，表明官僚化、利益化的民进党，在助选方略方面已有明显退步。这样的变化是否会影响以后的"立法委员"选举和"总统"选举，还有待进一步的观察。

（四）应对"抹黑"、"抹黄"的成功范例

在国民党执政时期，台湾的"黑金政治"泛滥，政治人物与黑道、财团勾结，以金钱、黑道势力控制选举，成为国民党腐败的重要特征之一。国民党虽曾尝试"扫除黑金"，但是收效甚微，并使"黑金"成了国民党在选举中的软肋，经常成为民进党等的攻击靶子。重大弊案对选举的影响，后文将专门讨论，这里只分析"抹黑"、"抹黄"、"抹红"策略的应用及其应对方略。

民进党利用民众厌恶"黑金"的心理，将"抹黑"竞争对手视为制胜法宝，不但竭尽全力收罗对手的"涉黑"证据，甚至挖空心思编造证据，将对手与"黑金"绑在一起。民进党还是"老账新账一并算"的高手，对已经结案或有明确说法的案件，依然纠缠不休，目标就是给对手戴上"黑帽子"。宏观的"抹黑"策略是通过清理国民党"党产"和清算旧案，将国民党与腐败、"黑金"联系在一起；微观策略则是针对具体候选人"下猛药"，如2004年的"总统"选举，对国民党、亲民党联合参选的连战和宋楚瑜，一方面大张旗鼓侦办与宋楚瑜有关的"兴票案"，另一方面发行小册子，质疑连战上百亿家产来源的合法性。如"抹黑"不成功，还可以"抹红"或"抹黄"对手，或动辄给竞争对手戴上"联共卖台"的"红帽子"，或深挖竞争对手的私密，揭示其生活中的不检点（如"喝花酒"、"宿娼"等），甚至无中生有地编制"婚外恋"等"传闻"，将竞争对手"抹黄"。对于民进党乃至"泛绿"阵营的"抹黑"、"抹黄"、"抹红"手法，"泛蓝"各政党一直以被动的姿态应对，难以摆脱被穷追猛打的厄运，直到2005年的"三合一"选举，才出现了转机。

马英九为2005年"三合一"选举确定的基调是"清廉选举"，除了突出马英九"清廉、勤政、爱民"再造国民党的形象外，还于2005年11月23日召开国民党籍县市长候选人记者会，公开签署"选举不买票，执政不

贪污”的“清新公约”，用“干净”选举来争取选民支持。同时，党内成立议题小组、快速反应小组及以“立法院”党团为主的揭弊小组，重点揭露民进党弊案，积极运作，因应时势作出及时反应。“泛绿”阵营受“高捷弊案”等影响，士气低落，为避免在竞选中受“弊案”影响和被对手“抹黑”，2005年10月12日，民进党台北县长候选人罗文嘉、台中县长候选人邱太三发起“自清运动”，邀集14名县市长候选人共同联署“清廉执政公约”，强调与“黑金”划清界限，并提出了四项自我要求。与此同时，民进党再次祭出“抹黑”、“抹黄”、“抹红”法宝，一方面主攻马英九，持续以“联共反台”等攻击性词汇将其“抹红”，以降低马英九的“人气”；另一方面提高攻击火力，以“遍地烽火”向“泛蓝阵营”候选人发动全面进攻，陆续推出“揭弊案”，不仅用“以弊打弊”来改变颓势，还抛出了一系列“涉黄”话题，借以诋毁“泛蓝”候选人的人格，并由此引发了“非常光盘”等事件。

在2004年台湾“总统”选举之前，曾出现过攻击“泛蓝”候选人的“非常报导”光盘，已有人指出“台独联盟”中央委员、台湾通联科技公司执行长林一方是光盘的幕后制作者。2005年10月，有人揭发林一方委托制作“抹黄”桃园县长朱立伦的“非常光盘”母带，11月13日，桃园县警局查获了这卷光盘，林一方抗议警方非法搜索时简短回应媒体询问，未否认是朱立伦“非常光盘”母带的制作人，但强调未公开前都不违法。这卷片名暂定为“朱立伦之非常光盘”的影片，片长约1小时，内容为三男二女演员围坐聊天，影射“朱立伦有情妇、和女秘书交往暧昧等绯闻”，还聊到朱立伦岳父高育仁交女友并且是桃园县的太上皇，桃园缺水是朱立伦的责任，朱立伦纵容“华映”等电子公司未核准先动工，以及朱立伦任用亲戚，利用特权不砍亲戚门前的路树，让消防队进出困难等。由于光盘还未发行，检调机关不能采取进一步行动，但是围绕“非常光盘”，“蓝”、“绿”两大阵营展开了激烈的争辩。2005年11月16日，马英九在国民党中常会斥责“非常光盘”是“贱招”，卑劣、没水准，听说下一片光盘主角讲他是同性恋，配对的是台中市长胡志强；文传会主委郑丽文也指出“非常光盘”第一集是朱立伦，续集有胡志强、马英九、周锡玮、林益世。马英九强调对民进党的文宣强攻、主导议题方式，国民党候选人应采取“偏冷的适度响应方式”，对民进党转移焦点的选战操作，一概不随之起舞；对于来自民进党等的“抹黑”行为，候选人应尽快澄清事实，一次讲清楚，不要再纠缠下去，才是破解之道；马英九还提醒参选人要特别注意，民进党在选前还会有许多“贱招”，候选人应妥为因应。按照这样的策略，朱立伦公开澄清自己没有婚外情后，不再回应“非常光盘”的攻击。“泛绿阵营”则指责桃园警方搜索“非常光盘”母带是不当行为，光盘未发行即“打压”干涉“新闻自由”，并组织了一系列抗议行动，并进而演变为民进党桃园县县长候选人郑宝清的绝食抗议等，一直延续到选举日之前，“非常光盘”事件仍是媒体关注的一个热点问题。

针对马英九、胡志强“同性恋”的“非常光盘”虽未出台，但是对国民党台中市市长候选人胡志强的人身攻击又有了新的发展，陈水扁在台中市的“助选”演说中指胡志强身体欠佳，在新的市长任期内可能“挂掉”（死亡）；配合陈水扁的说法，不仅民进党台中市候选人林佳龙继续在胡志强的健康问题上做文章，台中市12名医师还公布了胡志强的病历，列出了胡志强患有的各种疾病。在竞选中以候选人的健康为话题，招来一系列批评，公布候选人病历更牵涉到医生的职业操守和道德问题，引起社会各界的强烈谴责，台湾医疗主管部门亦公开宣布将对12名医师进行处罚（选举之后，对12名医师作了吊销执照和暂停行医3个月等处罚）。

“三合一”选举中的一系列“抹黄”候选人或对候选人进行人身攻击的“贱招”，引起媒体的高度关注，产生了轰动性效应，但是亦将“竞选品质低下”暴露无遗，引来了不少批评。选举的结果显示，民进党“以弊打弊”的“抹黑”竞争对手的手法，虽然给国民党部分县市候选人带来一定麻烦，但是在马英九强调“一次说清楚”的“偏冷的适度响应方式”后，被攻击者都不再纠缠于此类议题，加上这些议题多数缺乏令人信服的证据，无法持续“发酵”，吸引公众注意，最后都变成了“泛绿”候选人的“口号式”攻击内容，逐渐淡出公众视野，受攻击的“泛蓝”候选人最终都能够当选，表明民进党“以弊打弊”策略并没有奏效。民进党“抹黄”竞争对手的“非常光盘”及质疑“胡志强健康问题”，都没有形成对“泛蓝”候选人朱立伦、胡志强的“致命打击”，也没有就此制造出能够主导选举走向的议题，2人均顺利当选，反而显示出“泛绿阵营”手法低劣，被斥为“贱招”恰如其分。至于“抹红”马英九的做法，已是难以再起作用的旧招，并没有起到降低马英九“人气”的作用。

民进党的“抹黑”、“抹黄”、“抹红”策略全面失灵，在台湾选举中还是第一次，国民党“一次说清楚”的“偏冷的适度响应方式”，显然是应对“抹黑”、“抹黄”、“抹红”的有效策略。但是这样的策略，未必能成为制胜的法宝，在2006年的台北市、高雄市市长选举时，马英九面对突如其来的“特别费问题”，就变成了难以“一次说清楚”，并最终因此辞去了党主席职务。在今后的选举中，“抹黑”、“抹黄”、“抹红”还会卷土重来，不仅“泛蓝”各政党需要研究更有效的破解方略，“泛绿”各政党也不得不面对“抹黑”、“抹黄”的杀伤力，研究相应的防范措施。

第三节　选举的技术操作

选举的技术操作，包括竞选机构的建立、选举经费的筹集、竞选技巧的应用、基层力量的动员、“配票”与“弃保”的使用等，本节将简要介绍台湾各政党和候选人常用的技术操作方法。

（一）竞选机构和人员

在台湾1950年第一届县市议员选举时，就规定候选人可以设立竞选办事处，邀请人员协助竞选活动，并对助选人员数额有所限制。此后无论是政党提名候选人，还是无党籍候选人，大多在选举前建立竞选办事处或竞选办公室甚至竞选总部等，指定专门的负责人，统辖助选人员，掌管竞选的各种事宜。竞选机构的负责人，有政党背景的候选人，或由政党指定党工充任，或由候选人在党内、党外聘请意志相投者担任；无政党背景的候选人，则全要由自己去邀请支持者或对选战有经验的人担任。竞选机构的助选人员，既可能来自党工或者普通党员（有政党背景的候选人），也可能来自临时的“义工”（各政党提名候选人和无党籍候选人，为解决助选人员不足的问题，往往招收“义工”，承担竞选机构的具体事务）。尽管建立竞选机构在台湾是相当普遍的现象，但有些无政党色彩的候选人，为了节省竞选经费或减少麻烦，并不建立专门的竞选机构，只靠自己的“单打独斗”。

由于竞选是一个复杂的系统工程，竞选办事处或竞选办公室往往还设置一些下辖机构，专司某项事宜。越是重要职务的选举，分工越细化，机构设置越多。以陈水扁竞选2004年“总统”的机构为例，在竞选总部之下，设立竞选委员会、政策及发展委员会、“立法院”党团、财务委员会、“挺扁”总会、顾问团、助选团、客家总部等，并设置竞选总部总干事和执行总干事，管辖文宣及研究群、组织群、动员群、行政群、发言人群、候选人事务群，并专设“总统候选人”特别助理等。① 其他候选人设立的分支机构，名目有所不同，但是负责竞选策划、文宣设计、组织动员、竞选资金、物资保障、对外发言等专门机构往往是不可缺少的。即便是规模较小的竞选办事处或竞选办公室，不建立专门机构，也要指定专人负责这些事务。

在各政党重要竞选机构的各种人员中，有四类人最为重要。

第一类是选举专家或选战干才，由于具有丰富的选举经验，一般作为竞选的核心人员或灵魂人物，即所谓的“选举操盘手”，对竞选作出整体谋划并时刻关注选举中的席位变化，作出及时的反应和调整。台湾各政党都有一些有名的“操盘手”，如国民党的关中、民进党的邱义仁等。

第二类是提供智力或技术支持的学者。台湾部分学者在选举中与政党合作，为选举出谋划策甚至直接站台助选，早已不是新鲜事（近年来有减少的趋势）。各政党的竞选机构，既需要学者对选情的综合分析与判断、对相关政策的解读、对选举议题的看法等，也需要学者设计或参与辩论，还需要学者主持民意调查并分析民意调查结果等。国民党、民进党、亲民党等都很注意与学者的结合，在每次重要选举时都会与一些相关学者主动联系，以争取他们支持并加入选战。

第三类是所谓的“行销者”，不仅具有“推销”候选人的经验和技巧，还要为候选人设计出可以感染选民的竞选口号和广告，并善于对候选人进行“包装”，为迎合不同选民为候选人塑造不同形象。从竞选中的广告、看板、招牌等，就可以看出是否有专业人士参与其中。尤其是在都市区，不同候选人的旗帜、广告、看板等挤在一起，其间的差别着实不小。

第四类是组织动员者，即具体安排或实施组织动员的人员。各政党的地方组织与基层组织，是组织动员的核心力量，在重要选举中往往全力投入，成为组织动员的基本力量。台湾地方派系错综复杂，利用地方派系进行组织动员，往往是胜选的保障，所以不少候选人都争取将地方派系的重量级人物纳入竞选机构，或聘请为竞选顾问等，以增加自己的胜选砝码。

由于在竞选中既有政党建立的竞选机构，也有候选人建立的竞选机构，在政党建立的竞选机构中还有“中央”与“地方”分别建立的机构，执政党更可能有党、政不同的竞选系统，各种竞选机构之间的合作与协调往往成为棘手的问题。如2001年的县市长、“立法委员”选举，民进党就

① 见张文生、王茹：《民进党选举策略研究》，第187~189页。

有两套竞选班子，一套是中央党部的竞选机构，另一套是以陈水扁为首的“世纪首航”助选团。尽管按照民进党内部的说法，整个竞选过程始终以中央党部的竞选机构为主，并且有两套班子的协调机制，防止出大问题，但是选举后还是有人指出“世纪首航”助选团在竞选期间扮演的是“主角”，民进党中央党部的竞选机构反而成为“协办单位”，显示两套竞选班子之间的协调并不是没有问题。国民党面临的问题则往往是地方不听“中央”的安排，自行其是，甚至有的地方组织不支持本党提名的候选人，本党的竞选机构形同虚设。在各政党都不同程度地受党内派系影响的情况下，派系的介入往往使竞选机构之间的协调更为困难，并可能因此产生本党候选人之间的缠斗。这样的问题在未来的选举中依然会出现，只不过程度或轻或重而已。

（二）选举经费的筹措

在台湾各项选举中，对候选人的竞选经费总额有所限制。1983 年 11 月 11 日颁布的《公职人员选举候选人竞选经费查核准则》，在 1994 年 9 月 22 日作了最新修订，对各项选举的竞选经费限额都有明确规定。以县市长、“立法委员”候选人的竞选经费为例，县市长与“立法委员”候选人竞选经费的固定金额为 600 万元（新台币，下同），再加上候选人所在选举区人口总数除以应选名额数的 70%，乘以 15 元，即成为竞选经费的最高限额；最高限额尾数不满 1000 元的，均按 1000 元计算。竞选经费的额度限制，由“中央选举委员会”核定并在选举前公布。2001 年公布的区域“立法委员”候选人竞选经费限额，最高的是台东县的 7758000 元，最低的是连江县的 6083000 元；县市长候选人竞选经费限额，最高的是台北县的 26103000 元，最低的是连江县的 6044000 元。除了竞选经费的限制外，候选人参选还要交纳保证金，县市长、“立法委员”候选人每人需要交纳保证金 200000 元。如果候选人得票超过所在选区选举人总数除以应选名额达 10% 以上者，于公布当选人名单后 10 日内退回保证金。

由“中央选举委员会”确定的竞选经费最高限额，往往大大低于候选人在竞选中的实际支出。候选人参加一次竞选，花费是相当大的。尽管候选人的竞选经费被视为“机密”，但在“立法委员”之间流传着“要选上个‘立委’，少则 1000 万，多则上亿”的说法。2001 年“立法委员”选举时有人指出，过去竞选经费 3 亿元不算什么，现在台湾经济不景气，竞选经费到

3000万元就是天文数字了。还有人作了估计，一个“立法委员”候选人的竞选经费支出，包括文宣费、竞选总部杂支、人事费、活动费等大项，即便是节省开支的所谓“阳春版立委候选人”，最少要花费4729200元；略显大方的所谓“小康版立委候选人”，最少要花费11800150元；至于“豪华版立委候选人”，最少要花费13021250元，而这些只是看得见的费用，还有更多在账面上看不到的费用。① 实际选举中确实有高额的竞选经费支出，以2001年新当选的3个年轻“立法委员”郑志龙、林岱桦、孙大千为例，郑志龙和林岱桦花费的竞选经费都将近1000万元，孙大千自己花费的竞选经费不到500万元，但“叩应”（call-in）节目替他付了1000万元。②“总统”候选人的竞选经费支出更为惊人，如2000年“总统”选举，“中央选举委员会”核定的一组候选人的竞选经费最高限额为311508000元，陈水扁的竞选经费支出合计949583922元，高出竞选经费最高限额2倍。③

候选人的竞选经费支出，符合相关法律规定的有交纳保证金、自办竞选宣传费（包括自办政见发表会、印发宣传标语、广告、名片、宣传单、制作看板和旗帜等费用）、竞选机构日常费用（包括助选人员薪贴、交通费以及办公用房房租、水电、电话、邮资等费用）、宣传工具使用费（包括租用车辆、使用扩音设备等费用）及按一定标准付给支持候选人选民的餐饮补贴（每人每次不得超过30元）等；与相关法律规定不符合的有超过标准的选民餐饮招待费、为选民提供招待所或其他住所的花销、为选民提供交通工具或旅费以及用来“买票”的费用等。由于台湾“黑金”泛滥，许多候选人的竞选经费支出，不合法的部分往往超过合法部分。④

候选人竞选经费超过“中央选举委员会”核定的最高限额，理应受到处罚。但是已经有台湾学者指出，对选举经费的总额及支出项目，恐怕无法妥善地规范，再加上罚规又轻，实际上形同虚设；⑤ 不但难以杜绝“黑金”对选举的侵蚀，⑥ 还造成了候选人在申报竞选经费时纷纷“做账”的

---

① 见张琬琳：《在台湾选一个“立委”要花多少钱》，《新新闻》第767期（2001年11月15日~11月21日）。

② 见《中国时报》2001年12月9日对三人的采访报道。

③ 见张文生、王茹：《民进党选举策略研究》，第148~149页。

④ 见黄嘉树、程瑞：《台湾选举研究》，第102~107页。

⑤ 见许介鳞：《政党政治的秩序与伦理》，台湾业强出版社1997年版。第77~79页。

⑥ 见高资敏：《2000年总统大选——作票》，台湾商智文化事业股份有限公司2000年版，第189~206页。

现象，选举委员会并没有主动查核。①

候选人的竞选经费，主要来源于自有资产和外来捐赠；各政党的选举经费，主要来自政党补贴、党员交纳的党费、党内的集资或竞选分担金以及政治捐款、募款等。由于募款是候选人竞选经费的重要来源，募款餐会是募款的重要方式，所以每到选举时，就可以看到充斥台湾各地的五花八门的募款餐会。

由于实行所谓的“公费”选举制度，候选人凡达到法定得票数以上的，由政府补贴候选人每票竞选费30元。各政党在“立法委员”选举中所推候选人，总得票率超过5%，由政府补贴政党每票竞选费50元。以1998年“立法委员”选举为例，总得票率超过5%的国民党、民进党和新党，共得8334978票，由政府补贴给各党的竞选费用应为416748900元。2001年“立法委员”选举，“中央选举委员会”的政党竞选经费补助预算为416749000元，显然参照了1998年选举的支出状况；此外，“中央选举委员会”办理“立法委员”和县市长选举的经费预算为1282285000元，与政党竞选费用合在一起，共计1699034000元。②

政党补贴费对各政党具有重要意义。新党在2001年“立法委员”选举中没有跨过“政党门槛”，无法拿到政党补贴费成为加速其泡沫化的重要因素。在政党合作参选时，所得政党补贴费如何分配，也容易引起争执。2004年“总统”选举，国民党、亲民党实行连战和宋楚瑜联合参选，所得政党补贴费1亿9千多万元，亲民党希望得到8千万元，但是国民党强调“总统”选举虽是国民党、亲民党合作，所有竞选支出几乎都是国民党出钱，拿到政党补贴费后也多用于“还债”，亲民党要8千万元，国民党实在拿不出来，但也努力给了3千万元。③按照亲民党的说法，国民党在2004年“立法委员”选举前，根本没有付给亲民党3000万元，选后才开始讨论付款问题，并由此造成了亲民党在“立法委员”选举中面临严重经济困难的局面。

也就是说，不管台湾经济形势好坏，只要进行选举，无论对候选人、政党，还是政府，都不得不面对一次巨额的支出。这种昂贵的“政治游

① 见张琬琳：《第四届“立委”选举实录之怪现象：这些“立委”统统在作帐》，《新新闻》第767期。

② 《“中央选举委员会”九十年度施政目标与重点》，见“中央选举委员会”网站。

③ 见《中时晚报》2004年12月14日载文《橘要8000万，蓝：勉力给3000万》。

戏”，还要继续玩下去，争取相应的经费支持依然是政党和多数候选人不得不面对的难题。

（三）竞选技巧的应用

选战类同于“商战”，竞选大致可以等同于“商战”中的行销。行销的各种要素，如开发市场、创造顾客、推销产品、顾客至上以及市场分析、战略指导、战术组合、创造名牌等，可以转化为开拓票源、争取民心、推销政客、民意至上的竞选原则和选情分析、选战策略、攻防战术、打造候选人知名度等竞选技巧。所以有人指出，20 世纪 90 年代以来，台湾选举已经进入了所谓“市场行销”的时代。①

综观台湾选举中各政党和候选人在竞选中的表现，可以看出竞选方式已经模式化，选战中的各种战术也被人们所熟知。

选举中的竞选方式，除了遍插竞选旗帜、树立大型看板、悬挂竞选宣传单、刊布竞选广告（不仅在电视、报纸、刊物上发布广告，还可以通过互联网发布各种竞选消息和广告，甚至在公共汽车等公共交通工具上打出竞选广告和候选人画像等）、向选民寄发宣传品、“叩应”（call－in）等文宣方式外，候选人的主要活动方式有扫街拜票、访问选民、举行造势会或募款餐会、举办政策公见会、参加政策辩论会、接受媒体采访乃至发起请愿、示威、抗议活动等；政党组织的大型竞选活动，近年来多以“天王”的巡回助选或竞选为主要方式，除了重量级人物站台助选和“天王”与候选人等共同扫街造势外，还经常组织大型的群众游行，甚至举办全岛统一行动的支持活动等。

选战中的战术，可以分为两类，一类是自我推销战术，另一类是打击对手战术。

自我推销战术，既可以扬己之长，显示特点和优势，也可以诉之危局，争取同情，于是就有了候选人的不同“出牌”方法：标榜清新、廉洁、为民，主打“形象牌”；强调执政、问政有成，主打“政绩牌”；争取特定省籍选民的支持，主打“族群牌”；注重政策主张和候选人对时局的看法等，主打“政见牌”；彰显候选人的政治立场，主打“蓝营合作”、“绿营合作”甚至凸现“深蓝”或“深绿”背景；明示候选人的“统独”

---

① 见黄嘉树、程瑞：《台湾选举研究》，第 65～67 页。

立场，主打“和平统一牌”、“维持现状牌”或“台独牌”；展示候选人受到不公待遇，主打“受打压牌”；呼唤选民的危机意识和抢救意识，主打“危情牌”、“悲情牌”、“抢救牌”等。候选人当然并不局限于一种“出牌”方法，可以在一次选举中打出不同的牌，但是时机和对象的把握往往是至关重要的因素。

打击对手的战术，就是通过击敌之短，置对手于“死地”。在台湾特有的选举文化中，既有正常的攻击方法如指责竞选对手政绩不佳、政策思路不清、政见模糊、不为选民谋利等，也有非正常攻击方法如“抹黑”、“抹黄”、“抹红”竞选对手等。在实施打击对手的战术时，既要慎重选择批判角度和出手时机，也要注意留有余地，防范对手的反攻。①

各政党在选举中，还往往展开“组织战”、“阵地战”或“挖墙脚战”等。国民党有庞大的组织系统，所以动辄划分责任区，由地方党部或基层组织展开“组织战”、“阵地战”等。民进党也有地方党部和基层组织，不仅可以打“组织战”，还利用“后援会”、“扁友会”、“挺扁会”等进行广泛动员。地方派系和社会团体等也会积极动员，投入选战，而拉拢地方派系，尤其是瓦解或拉拢竞选对手的派系或地方组织支持力量，发动“挖墙脚战”，更是一些候选人的妙招。

（四）民意调查的作用

在台湾选举中，各政党和主要媒体都通过民意调查对选举作出预测，并在“新闻大战”的同时展开“网络大战”，纷纷在网络上开辟专栏并专设民调广场、民调库等，供上网者查询和投票。尤其是取消了民意调查公布时间的限制后，民意调查已被各政党和候选人用作选举工具，并由此引发了民意调查是否准确、是否具有倾向性和误导性的争议。

通过对选前民意调查结果的比较和分析，对民意调查的可信度，可以归纳出四点认识：（1）单一席次的竞争以及应选名额较少的选区，民意调查具有较高的准确度。在应选名额较多的地区，民意调查的准确性往往会大大降低。（2）应用“配票”和“弃保”等重要选举技术，是造成民意调查失准的重要因素。（3）任何民意调查都会遇到一定比例的不表态选民，并有一定的误差率，使民意调查的准确性受到影响。（4）选举中各媒

① 见黄嘉树、程瑞：《台湾选举研究》，第78~81页。

体所做民意调查，由于受“配票”等因素影响，准确度较低，可能严重影响公众对民调的信任度。近年来，民意调查出现了高拒访率、低表态率及“泛绿”隐性选民增多等现象，更难以成为预测选举结果的依据，学术界亦警告选民不要盲目信任民意调查，如台湾大学政治系教授洪永泰认为选举民调应该调查会去投票的人，但目前实务界多半没有认真设计筛选机制来过滤可能投票者，将“电访民众”当成投票选民，自然会使调查结果参考价值大大降低，和开票结果产生差距；“中央研究院”人文社会科学研究中心助理研究员徐永明指出“电访民众”教育程度普遍高于“实际选民”，这个因素是选举民意调查的致命伤；东吴大学政治系副教授盛治仁亦指出，选前民意调查测的是选民比较理性的部分，但无法掌握选前感性的因素加进去后的变化，关键要看民进党的隐性选民会不会被动员出来。①

在台湾特定的选举环境中，民意调查能够起以下作用：（1）民意调查会左右选民的投票行为，尤其在政党认同感较强的选民中，具有强烈的“配票”、“弃保”、“抢救”倾向，民意调查恰恰为他们提供了“行动”的依据。（2）民意调查会改变候选人的竞选态势，候选人往往根据民调排名次序的变化，不断修正自己的竞选策略。（3）民意调查既是部分政党用以决定提名候选人的有利工具，又是各政党分析选情和采取行动的重要依据。（4）民意调查作为文宣工具，可以“打压”或“迷惑”竞争对手。正是由于民意调查具有这样的作用，使一些候选人对民意调查具有较大的恐惧心理，尤其是在“立法委员”选举中，不少候选人都不希望自己的民意调查支持率冲得太高，因为过高的支持率可能使选民误以为自己当选已无问题，转而去支持或“抢救”其他候选人，反而使自己落选。越是民意调查支持率高的人越恐惧，“民调第一”甚至比文宣“抹黑”更具杀伤力。②

2001年县市长、“立法委员”选举后，台湾“法务部”和“中央选举委员会”都指出民意调查已经严重干扰选情，有必要比照“总统选举罢免法”的规定，在选前10天禁止公布民意调查，并得到了一些落选候选人的支持。

民意调查如果只作用于候选人和政党本身，只是一个把握选情的重要“内部参数”，对选举会有影响，但是既不“干扰”其他候选人和政党，也

---

① 见《联合报》2005年11月29日载文《今年选举民调解读更审慎》。

② 见李庆雄：《民调冲第一，候选人怕怕》，《中国时报》2001年11月22日。

不直接“干扰”选民的投票意向，这样的民意调查显然不需要限制，也不可能限制。反之，民意调查成为一种完全公开的“参数”，作用于选民和所有候选人、政党，必然会被“各取所需”，甚至引发冲突，真实地成为“干扰”选情的重要因素，对这样的民意调查，确实应该加以限制。尤其是在选举日之前的一段时间内，限制公布民意调查显然是必要的。① 但是亦有人指出，民意调查的弊端是由台湾现行选举制度造成的，只有从制度层面才能彻底解决问题，而不是仅仅限制选前发布民意调查。②

（五）“配票”与“弃保”

“配票”和“弃保”都是改变选票自然流动的技术手段，在近年的台湾选举中已成为各政党经常使用的方法。

“配票”只在“单记非让渡投票制”多席次选举并且同一政党或同一阵营提名多名候选人的时候出现，尽可能将同一政党或同一阵营的得票平均分配给各候选人，避免出现有的候选人得票过高、有的候选人得票率过低现象，以增加当选席次，使所得选票实现“席次极大化”。可以举一个选举实例作具体说明。2004 年“立法委员”选举，台北市第一选区应选“立法委员”10 名，民进党提名候选人 5 名，总得票 215047 票，按照该选区的最低当选票（36047 票）计算，可以当选 5 席，但是其中 1 名候选人的得票如果高于65000 票（该选区候选人的最高得票为 66156 票），剩下的得票只能勉强得到另外的 4 席，并且其中只要再有 1 名候选人得到 60000 票以上的高票，就会使 1 名甚至 2 名候选人落选；实行“配票”后，5 名候选人的最高得票为 48624 票，最低得票为 36047 票，5 名候选人全部当选。

“弃保”在单一席次和多席次选举中都可能出现，在候选人超过 2 名的情况下，选民为了避免最不喜欢的人当选，进行策略性选择，放弃自己原来支持的候选人，改为支持自己原来不太喜欢的候选人。同样可以举一个选举实例作具体说明。2000 年的台湾“总统”选举，共有 5 组候选人参与竞争，由于国民党的分裂，宋楚瑜脱离国民党以无党籍候选人参选，与国民党候选人连战、民进党候选人陈水扁抗争，原来支持国民党的选民，认为连战当选可能不大，转而支持宋楚瑜或陈水扁，产生“弃连保宋”或

---

① 见吴芳铭：《民调的美丽与忧愁》，《中国时报》2001 年 12 月 5 日。

② 见刘丽芳：《限制民调不如修改选制》，《联合报》2001 年 12 月 5 日。

“弃连保扁”的“弃保”效应，使连战的得票率只有23.10%，而国民党候选人在1996年的“总统”选举的得票率为54%，“弃保”显然成为选票流失的重要因素。①

“配票”有两种方式，一是政党有组织地“强制配票”，包括公开发布“配票”通知和主动利用组织系统动员“配票”；二是选民根据民意调查结果自发进行“自动配票”。

政党的“强制配票”，根据台湾学者的归纳，需要具备4个先决条件：（1）要有一定比例具有高度政党认同的支持者，并且愿意配合接受政党强制配票的指令。（2）政党整体的估票要准确，票源要充足，配票要公平。（3）同党候选人愿意配合整体的配票作业，而不是阳奉阴违、互挖墙脚。（4）同一政党提名各候选人之间的理念、形象与各方面条件差距不能太大，因为选民难以改投理念差距过大的其他候选人的票。②

选民的“自动配票”，是选民根据自己对选情的理解，主动在自己支持的候选人中选择“扶强”或“救弱”，往往带有较大的盲目性和极大的“弃保”效应，造成对选情的冲击。

台湾各政党“强制配票”的方法有所不同。民进党、新党常用的方法是以选民身份证字号最后一位数字划分，确定每位数支持的特定候选人；或以选民出生月份划分，规定每个月支持的特定候选人；或以春、夏、秋、冬四季分别代表不同候选人，要求选民按出生的季节支持特定候选人。国民党则有一套责任区配票系统，以区里为单位，分配给每位候选人15~20位“核心党员”，再由这些“种子”负责拉票。亲民党除了采用民进党、新党所用的“配票”方法外，还进行内部协调，以组织动员的方式大块移动选票，抢救处在当选边缘的候选人。

台湾各政党采用配票的情况也有所不同。由于票源是“配票”的基础，没有足够的票源，根本谈不上“配票”，所以“配票”是“大党”才能玩的“选举游戏”，而不是“台联党”曾经讥讽过的“小朋友的游戏”。新党曾有过成功的“配票”范例，但是在该党走下坡路之后，已和“台联党”一样，在绝大多数选区都不具备“配票”的基本条件，新党和“台联党”如果需要“配票”，只能分别与国民党、民进党合作。具备“听话”

---

① 具体分析，见盛治仁：《台湾两千年总统选举投票行为研究》，第69~77页。

② 见王业立：《比较选举制度》，第160页。

或"自觉"的选民，是"配票"的先决条件，如果选民都绝对按照自己的好恶和意愿投票，就不会存在人为导引选票投向的现象，也就无所谓"配票"了；从这一点来讲，"配票"显然是有违民主原则的。由于能够作出"配票"行为的绝大多数选民政党认同感较强，而且就民进党的支持者而言，"听话"的选民比较多；就国民党和亲民党的支持者而言，"自觉"的选民比较多（所谓"自觉"，即自动根据民意调查选择需要"抢救"的候选人），这恰是民进党敢于公开进行大规模"配票"而国民党、亲民党主要依赖责任区配票或选民"自动配票"的原因。

政党的"强制配票"以及可能出现的选民"自动配票"，加上随时可能发生的"弃保"，经常引起一些候选人的紧张。由于"配票"、"弃保"的主要依据是各大媒体公布的民意调查（尤其是选民的"自动配票"和自发的"弃保"），在民意调查出现重大变化后，有些候选人担心选票流失，会急忙发出告急文书甚至"黑函"、"耳语"，请求支持自己的选民坚定立场，不要采用"配票"、"弃保"行为。尤其是竞选进入"冲刺"阶段后，常出现候选人个个"告急"的局面，到处都是"悲情倾诉"，甚至同党、同阵营候选人之间撕破面皮，大哭大闹，形成选举投票前的最后一道风景线。

"配票"能否成功，除了需要满足上述 4 个先决条件外，还取决于一个重要因素，就是在同一选区内是否还有其他"配票"行为。在一个选区内，如果只有一组候选人"配票"，成功的概率会很高，甚至能实现该组候选人全部当选的所谓"全垒打"；如果有两组候选人"配票"，各自的成功率会降低甚至减半；假如各组候选人都进行"配票"，从理论上说"配票"的效能等于"0"，但实际上仍会有一定的效果，因为各组候选人的"配票"有"政党强制配票"和"选民自动配票"的差别，不但存在技术上是否娴熟的问题，还有判断失误和选票盲目流动的问题，以及各候选人得票不可能绝对均衡的问题。也就是说，"配票"最能发挥效力的，是在其他候选人不"配票"或即便有"配票"行为亦不是很成功的状态之下。

选举中各政党和候选人选举策略应用是否正确，选举技术操作等是否成功，应结合选举实例进行分析，本书将在第七章和第八章作具体说明。

第六章　影响选举的重要因素

选举在特定的政治环境、社会条件和文化背景下进行，影响选举结果的因素，不仅是政党表现得好坏、候选人的素质及影响力、选举策略的选择和选举技术的操作，还有其他的因素。由于2000年是台湾选举的转折点，下面可以结合部分实例，对近年来影响台湾选举的重要因素作一简要介绍。

第一节　选举议题的主导性功能

选举中政党及其推荐的候选人需要得到选民的认可，以选举议题吸引公众眼球，争取得到更多选民的支持并以此左右选情发展，掌握选举的主导权，已成为选举的制胜策略。虽然选举议题属于“文宣”的范畴，但是往往超出各政党原定的选战主轴和文宣范围，成为参选各方不得不表态的焦点问题，使选举议题具有高于一般文宣的特定造势功能，成为影响选举的一个重要因素。列举2000年以来一些主要选举议题的变化，可以大致看出选举议题的基本走势。

（一）持续发酵的“统独”议题

“统独”议题在2000年以前的选举中已经成为影响选举的最重要议题，并成为台湾的“社会分歧线”，与之相关的则有“国家认同”、“族群意识”、“省籍矛盾”、“两岸关系”、“扩展国际空间”等议题。① 2000年的台湾“总统”选举，在“统独”议题上多数候选人都显示出较温和的态度，除新党候选人李敖公开赞成“一国两制”外，国民党候选人连战主张“一个中国、各自表述”，脱离国民党以无党籍候选人参选的宋楚瑜提出“统独放两边，台湾摆中间”，脱离民进党以无党籍候选人参选的许信良也表示对“一个中国”原则的肯定；具有强烈“台独”意识的陈水扁则以“新中间路线”为竞选策略，强调他上台后不会改“国号”，不会让“两

① 相关分析，见盛治仁：《台湾两千年总统选举投票行为研究》，第79～121页。

国论”入宪，借以淡化“台独”色彩，赢得更多选民支持。① 陈水扁当选之后，更正式提出了“四不一没有”的承诺，即不会宣布独立，不会更改“国号”，不会推动“两国论”入宪，不会推动改变现状的“统独”公投，也没有废除“国统纲领”与“国统会”的问题。

2001年的县市长、“立法委员”选举，在“四大天王”（扁连宋李）争论中尽管涉及两岸关系问题，李登辉还公开指连战忘恩负义，并通过“台联党”主席黄主文之口攻击连战偏离本土路线、“联共反台”，但是未就“统独”议题展开过多的交锋。

2004年“总统”选举，在只有国民党、亲民党联合提名的连战、宋楚瑜和民进党提名的陈水扁、吕秀莲两组候选人的形势下，连战、宋楚瑜仍坚持过去的立场，陈水扁则改变“新中间路线”，置“四不一没有”于不顾，先后抛出“一边一国”、“公投制宪”、“防御性公投”等与“统独”有关的议题。② 极端的议题和极端的事件（选前突发的“3·19枪击陈水扁、吕秀莲事件”），使陈水扁、吕秀莲再次赢得了选举。

陈水扁再次当选“总统”后，尽管重申“四不一没有”的承诺，但是在重要选举中更积极操弄“统独”议题。在2004年的“立法委员”选举中，陈水扁除了重提“公投制宪”议题外，还“对内彻底去中国国民党化”，公开要求国民党在3个月内修改“党徽”，改变过去“党国不分”的状况；“对外去中国化”，要求尽快为“外馆、国企正名”，将驻外使馆“正名”为台湾代表处，把名称容易与中国造成混淆的相关单位逐一“正名”，由国、公营事业率先实施。国民党、亲民党等迅速作出回应。连战指出陈水扁实质是“终结中国宪法”，将把“国家”带入非常可怕的境界中。宋楚瑜亦明指陈水扁为台湾的“乱源”。国民党不仅指出当前“党国不分”的恰恰是陈水扁和民进党，国民党“立法院”党团还限陈水扁3天选定新“国徽”，放上民进党喜欢的图腾，推动心中理想的“台独”建国。美国亦通过国务院发言人的讲话重申美国政府严肃看待陈水扁的“四不一没有”主张，明确表示对“公投制宪”的担心，亦指出“正名”是“单方面改变两岸现状”的行为。在强大的内外压力下，陈水扁不得不公开表态不会改变“四不一没有”主张，并将已经排入“行政院”院会议程的

---

① 见黄嘉树、程瑞：《台湾选举研究》，第146～148页。

② 见张文生、王茹：《民进党选举策略研究》，第191～198页。

“公投法修正草案”撤回。

2005年的县市长、县市议员和乡镇市长“三合一”选举，“统独”再次成为“泛蓝”和“泛绿”两大阵营交锋的选举议题，但内容有所变化。

为落实2005年国民党主席连战访问北京时提出的发展两岸关系目标，国民党邀请国务院台湾事务办公室主任陈云林等参加12月中旬在台北市举行的“国共经贸论坛”，台湾“陆委会”则表示陈云林来台需经两岸官方洽谈，并在“三合一”选举前否决了陈云林等人的赴台申请；“泛蓝”阵营则在“立法院”采取行动，冻结了“陆委会”的预算。关于陈云林赴台的交锋，主要在“内部”进行，两大阵营未就此展开公开争辩，亦未因此涉及更深层次的“两岸议题”。

2005年11月27日，国民党“立法院”党团引述美商金融集团“美林证券”11月18日刊出的“台湾策略深度报告”，指市场不支持民进党，只要民进党没有赢得“大县”，市场上的反应会趋于正面，并能迫使民进党考虑松绑两岸政策，以重新获得选民注意，来面对2008年台湾“总统”选战；被解读为重要指标的“大县”，应包括台北县、宜兰县及嘉义市等县市。民进党则立刻加以反驳，认为国民党刻意曲解外资报告。尽管“美林证券”公开澄清绝不会在报告中明显地站在执政党或在野党的任何一方，但台湾两大阵营很快就“两岸议题”交锋，并上升到了“天王”层级。11月29日，马英九在澎湖辅选时指出，如果国民党在2008年执政，两年内一定“三通”，“听说陈水扁很紧张”，但“扁政府”目前卡在“一个中国”的问题上没办法解决，要看能不能回到“九二共识”；马英九认为大陆方面现在已经很不一样，许多地方水准提升，台湾如果不要做得太过头，两岸可以相安无事，“陈水扁不希望看到这样，但他没有生路了”；对于外商普遍评估若国民党胜选，民进党政府将会调整两岸政策，马英九认为很有可能，他指出陈水扁选后会有何动作，还是要看选举结果而定，除了两岸政策外，也会处理内阁、“吕游苏谢”排名顺序等善后问题，并呼吁选民让国民党赢得过半县市，催化“扁政府”调整两岸政策。陈水扁则在中南部辅选时谈到，2004年民进党“立法委员”没选好，“泛蓝”才“好大胆”，要通过“两岸和平促进法”这部“投降法”；如果县市长再让“泛蓝”过半，台湾就惨了，“一个个泛蓝立委都会跟连宋去捧中共的LP”，宣称县市长选举是路线之争，要“团结反共保台”。

陈水扁在2005年的“三合一”选举的“两岸议题”交锋中处于劣势，

在选举之后一反常态，连续抛出两岸政策“有效开放，积极管理”和“新宪公投”、“废除国统会和国统纲领”等主张，再次触及两岸关系的底线，背离“四不一没有”承诺。在选举后还持续操弄“统独”议题，其用意应有五点：一是转移视线，制造新的议题，把岛内的关注点转向两岸关系，借此躲过对“三合一”选举失败责任的追究；二是向“深绿”党员和“台独基本教义派”示好，使大规模的人事调整能够在“深绿”党员和“台独基本教义派”的支持下顺利完成；三是表明自己仍是民进党的政策和路线的主导者，不仅借此压制党内的批评意见，更要通过党内的争论重新“画线”，加强自己的力量；四是激化“蓝”、“绿”矛盾，通过挑起两大阵营的新争论，掩盖或淡化民进党乃至“泛绿”内部的矛盾；五是制造外部矛盾，通过给大陆方面制造麻烦，希图再造“被打压”形象，并借此团结内部力量。也就是说，陈水扁的这一次议题操弄，主要是为了摆脱困境，采用的手法仍是其惯用的以敏感话题制造矛盾，掌握议题的主导权。

从“统独”议题的发展变化不难看出，尽管该议题在不同选举中可以涉及不同的话题或不同的内容，但民进党乃至“泛绿”阵营希望通过操弄激进的“统独”议题以掌握选举议题主导权、打击“泛蓝”各政党声势的基本策略思路没有改变。但是2000年以来以激进议题赢得选举的实例并不多（最具代表性的只有2004年“总统”选举），更多的则是不成功的例证（如2004年“立法委员”选举和2005年“三合一”选举）。由此产生的变化是“泛蓝”各政党对应对“统独”议题更有经验和信心，并开始摆脱总是被动回应的局面；民进党内则已对反复操作“统独”议题的效果提出质疑。在未来的选举中，还会涉及“统独”议题，但是在“维持现状”的“主流民意”下，激进的“统独”议题还有多大市场，操弄“统独”议题能否掌控选举的主导权，显然是各政党不得不面对的重大问题。

（二）常流于空谈的“安定”与“改革”议题

2000年的台湾“总统”选举，已涉及安定和改革方面的议题。在“换党执政”之后，更有人认为台湾已经出现了新的“社会分歧线”，“统独”议题不再独占政治舞台，改革、安定的议题在选民作出投票决定的过程中至少与“统独”议题享有同样的重要性。①

---

① 见盛治仁：《台湾两千年总统选举投票行为研究》，第79～100页。

在2001年的县市长、“立法委员”选举中，围绕与改革、安定相关的“国家安定联盟”、“共商国是”等议题，“蓝”、“绿”两大阵营展开了激烈的争论。

为解决“朝小野大”的问题，陈水扁提出了筹组“跨党派国家安定联盟”的设想，表示将在选举之后筹组“跨党派联合政府”和“跨党派国家安定联盟”，并为“跨党派国家安定联盟”设定了四个政策纲领：一是共同推动“国会”改革，“立法委员”席次减半，单一选区两票制；二是在“国家”安全上，坚持“中华民国”是“主权独立国家”；三是在社会福利上，同意发放敬老津贴；四是落实“经发会”322项共同意见。连战与宋楚瑜很快对“国家安定联盟”的设想作出了反应。连战质疑这是陈水扁又在打“牌”，指出按照宪法规范的“中央政府”体制运作才是正途，不必叠床架屋。宋楚瑜则指出陈水扁的构想把“国家”定位、宪政争议、社会福利、“国会”改造等诉求拼凑在一起，如同“杂烩拼盘”，并呼吁陈水扁选后召开朝野政党领袖会议，建立协商沟通机制。国民党秘书长林丰正也就此发表三项声明：一是陈水扁提出的构想完全是选举花招，不可信也不可行；二是按照过去经验，凡是跨党派组织，无论是全民政府、两岸跨党派小组、“经发会”，还是扁宋会谈，都是事先好话说尽，事后弃于一旁，很难相信陈水扁的诚意；三是陈水扁真有诚意解决朝野僵局，应该回归宪政体制，进行政党协商。李登辉也作出了反应，表示陈水扁提出的“国家安定联盟”是什么东西他不清楚，但若能组成跨党派小组维持政局稳定，将是很好的做法。

陈水扁为回应来自各方的质疑，就“国家安定联盟”作出进一步解释，强调筹组联盟不是为了招降纳叛，他与民进党愿意释出权力与资源，和大家分享、共治；联盟将由120位以上的“立法委员”加入，以政党为主，个人为辅，基本上仍是政党与政党的协商；从联盟的名称到纲领，都可以由下而上再讨论。陈水扁的解释引起一轮新的论战，宋楚瑜称“国家安定联盟”是要搞“会头”和“会脚”，连战则以显示国民党的财经团队来对抗“国家安定联盟”。陈水扁则指连战是“国家安定联盟”的最大障碍，表示选后第一个要拜访的就是连战。连战的回应是陈水扁是极不诚实的人，国家乱源和政局不安定都起因于陈水扁一人。对有传闻说宋楚瑜对“国家安定联盟”态度较有弹性，宋楚瑜明确表示，要他参加“国家安定联盟”有三个前提，一是陈水扁当局要尊重宪政体制；二是尊重“国会”

多数；三是欲求政局安定，必须走中道路线。

在县市长、“立法委员”选举投票日的前两天，连战提出愿与陈水扁见面，请教“国家安定联盟”问题；陈水扁的答复是选前不宜见面，免生造势联想。连战随即表示，如果陈水扁不遵循宪政体制，他将在选后主动拜访相关政党和各界人士，组成“全民护宪联盟”，为抢救台湾政治而努力，共谋国家安定政策。投票日的前一天，即2001年11月30日，连战为回应“国家安定联盟”又提出选举后他将邀请陈水扁、李登辉、宋楚瑜以及民进党主席谢长廷、新党全委会召集人谢启大，共同商议国家要走的路。这是国民党预计自己在“立法委员”选举中会取胜，仍为“国会”第一大党所采取的主动出击战略。对于这一建议，李登辉明确表示拒绝，宋楚瑜则持怀疑态度，认为徒具形式的拜会没有实际意义，应该建立的是朝野互信机制；态度稍微积极的只有谢长廷，表示可以参加共商国是的任何聚会，但更重要的还是筹组“国家安定联盟”。

县市长、“立法委员”选举之后，“国家安定联盟”受到了“冷遇”，吕秀莲更在2001年12月5日的谈话中泄露了“天机”，指明“国家安定联盟”是因为选前预设民进党不会成为“国会”第一大党而抛出来的计划，选后形势变化，在既有体制内运作是最妥善的方式。

在2004年的“总统”选举中，陈水扁曾将拼经济、拼改革作为三大竞选主轴之一，但是不久三大竞选主轴就变成了“一边一国”一个主轴，①有关改革的议题都没有成为选举中的主要议题。

2004年3月19日，陈水扁、吕秀莲在进行竞选活动时遭到枪击，对次日的台湾“总统”选举产生重要影响，亦严重影响台湾社会安定。选举之后，国民党、亲民党不仅提出“选举无效之诉”，还推动建立了“3·19枪击事件真相调查委员会”，要求对枪击事件进行彻底调查，“3·19枪击事件”由此成为2004年年底“立法委员”选举中的重要议题。2004年10月4日，“3·19枪击事件真相调查委员会”第一次开会，亲民党在程序委员会提出“真调会条例”修正版本。陈水扁在次日与哈佛大学教授孔杰荣见面时指“3·19枪击事件真相调查委员会”不受法律规范，不必传票、搜索票，可做尽一切事情，是“荒腔走板、无法无天，让人非常遗憾”，并且重申“3·20没有作票就不怕验票，3·19中枪没作假就不怕调查，

① 见张文生、王茹：《民进党选举策略研究》，第191~192页。

欢迎调查也支持调查，但绝对不能违宪调查”。“行政院长”游锡堃亦表示“行政院”的立场是支持调查，在不违宪的前提下依法处理，但“3·19真调会”的经费支出，必须依预算法办理，才能动支“行政院”第二预备金，不是“要多少、给多少”，侵犯行政权。“立法院”国民党团书记长黄德福随即反批陈水扁的说法，指出民进党动用行政资源，发动大法官关说复议案，“真调会条例”依法公告时，又不甘心地加注意见，更率先违法不任命依法产生的“真调会”委员，其行为除了“荒腔走板、无法无天”外，更是“目无法纪”。黄德福还表示，“真调会条例”已送大法官会议释宪，在结果未出炉前，“真调会条例”是否要修正，国民党不会骤下定论。如果“真调会”委员在运作过程中发现确有需要调整的部分，“真调会”应该正式行文“立法院”各党团，那时再作修正的参考。11月12日，陈水扁再次发难，要求成立“台湾真相调查委员会”，追查3·19枪击事件真相，以讨回公道。国民党主席连战很快作了回应，指出这是大笑话，“立法院”依法成立的“3·19枪击事件真相调查委员会”陈水扁都不尊重，还加杯葛、阻挠，陈水扁的做法谁能相信？尽管此后又发现了3·19枪击事件的一些重要线索，但是在第六届“立法委员”选举日之前，无论是“泛蓝”还是“泛绿”，均未就3·19枪击事件真相继续纠缠，而是把注意力转向了其他议题。

2004年3月20日台湾“总统”选举结果揭晓，陈水扁成功连任。3月21日，台湾“国防部长”汤曜明请求辞职。3月22日，在台湾“行政院长”等人的劝说下，汤曜明表示可以任职到5月20日。4月23日，李登辉在“群策会”举办的专题演讲中提出所谓“军事政变说”，指汤曜明在非常时期辞职实质上是“泛蓝”主导的“军事政变”。4月24日，陈水扁亦在彰化县的谢票餐会中，首次提到所谓的“流产政变”，并于次日更明确地说3月21日至27日是“流产政变”。4月25日，国民党、亲民党共同谴责“政变”指控，亲民党还限时要求陈水扁、李登辉道歉，陈、李未予理睬。在2004年“立法委员”选举的助选活动中，陈水扁不仅于11月14日再次提起3月21日至27日是一场“柔性政变”，还于11月19日明确点名前“总政治作战部”主任许历农及前“国防部长”涉入“柔性政变”，由“中国统一联盟网络后援会”网站号召全体“国军”官兵携带枪械攻击民进党，枪杀陈水扁及吕秀莲并攻占“总统府”。针对陈水扁的再次发难，2004年11月17日，连战和宋楚瑜联合向法院告陈水扁恶意中伤，求偿2元，并要求陈水扁在中外媒体刊登道歉启事。连战还指出，陈水扁既然掌握所有资料，就有责任采取行动，否则就是“他心中有鬼、造谣生事”。但是此后围绕“柔性政变”的争论未继续展开，一般民众对于这一议题亦较少关注。

在2005年县市长、县市议员和乡镇市长的“三合一”选举中，改革议题有了新的内容。国民党为“三合一”选举提出具体政策诉求，强调“优质民主、效能政府、和平两岸、活力经济、公义社会”五大政策主轴，要求优先制定或修订政党法、行政区划法、财政纪律法、两岸人民关系法、族群平等法、国民年金保险法、全民健康保险法、“立法院”职权行使法等10个法律。民进党则提出了“改革公务人员18%优惠利率”的“改革”方案。“泛蓝阵营”握有“立法院”过半席次，可能推动法律制定和修订，但是在选举之前并没有就10个法律提出更详细的制定或修订意见，并使之进入立法程序，民进党也不屑回应，使其未能成为主要的选举议题。“改革公务人员18%优惠利率”，有损“军公教”人员利益，对都市区的影响较大，民进党权衡选票得失差距后，将其作为固守中南部基本盘的“利器”，国民党对这一议题不作回应，交给民众评判。从选举的结果看，民进党操弄这一议题，在中南部各县确实起到了稳固“泛绿”阵营“基本盘”的作用，但是在都市区“泛绿”得票普遍下降，造成民进党在县市长选举中的惨败，显然是“失大于得”。

在台湾重要选举中出现的与安定、改革相关的议题，大多成为选举中“争风头”的策略手段，几乎没有一个政党在选举之后还继续关注此类话题，使安定、改革议题并没有像台湾一些学者预期的那样，成为台湾新的“社会分歧线”。台湾选举的“劣质性”，除了选举议题的激进化、极端化的表现外，不断打出欺骗选民的安定、改革幌子，也是一种重要表现，并且在短期内不会有根本性改变。

（三）愈演愈烈的“蓝绿之争”

比起安定、改革议题来，无论是“泛蓝”各政党，还是“泛绿”各政党，都更热衷于涉及“蓝绿之争”的各种议题，其中既有涉及各方利益分配的问题，也有相互打击或意在分裂敌对阵营的问题。

国民党的“党产”问题，在民进党取得执政权之后，就成为“泛绿”阵营在各次重要选举中攻击国民党的主要议题。在2004年的“立法委员”

选举中，“追讨国民党党产”达到高潮，尽管民进党提出的“政党不当取得财产处理条例”还没有被通过，但民进党担心国民党迅速“脱产”，加快了追讨国民党“党产”的步伐。2004年10月22日，“行政院”就追讨国民党“党产”展开法律行动，首波锁定板桥、花莲两笔争议土地，约12亿元，拟向法院提出“所有物返还之诉”。11月15日，投资人保护中心以“中视”应负起“博达公司”（发生会计舞弊案）监察人责任为由，申请假扣押中视大楼，随即又锁定了追讨“中广”土地的诉讼。11月20日，陈水扁亦呼吁选民支持民进党“立法委员”过半，好通过“政党不当取得财产处理条例”，追回国民党党产，并将之作为国民年金。国民党对民进党等的追讨行为消极应对，只是在不得已的状况下才做一些回应，如2004年11月20日，国民党文传会主委张荣恭即公开表示，“行政院”院长等用讨“党产”来向陈水扁示好，掩饰的是自己的无能。由于历次选举民进党都主打“党产”牌，已经“招式用老”，追打“党产”并不能开拓多少票源，但是民进党仍希望以此显示民意多数支持，并起到一定的威吓作用，为国民党筹措选举资金增加难度。

为彻底摆脱“党产”问题的阴影，马英九在2005年“三合一”选举结束之后，加速解决遗留问题。国民党于2005年12月27日（台湾“广电法”规定的“党政军”退出媒体的最后期限）前夕，由国民党党营事业华夏公司出售所持有“中视”、“中广”、“中影”股权（“中视”33.94%，“中广”97%，“中影”50%），与买家《中国时报》完成签约，成交价包含50亿元（新台币，下同）负债，金额超过90亿元，国民党从此不再持有“三中”股权。国民党希望借此向台湾民众表明在“党政军”退出媒体方面，国民党实现了自己的承诺。由于富丽堂皇的中央党部大楼象征着国民党的“黑金”形象，要重塑国民党，必须彻底摆脱这一对国民党不利的形象，马英九宣布并落实了国民党中央党部迁出国民党中央党部大楼的行动，将国民党中央党部转到2004年“总统”选举时“连宋竞选总部”所在的台北八德大楼办公。这样的行动当然不会使“泛绿”满意，国民党的“党产”问题在未来的选举中还可能被“旧话重提”。

在2001年的“立法委员”选举中，李登辉抛出“群策会”议题，表示选举之后，将结合一群爱台湾的精英知识分子组成“群策会”，作为政府体制外的第三部门。“群策会”的发起人，有李登辉、黄昆辉、林诚一、彭荣次、吴东升、刘昭慧等人。李登辉将出任“群策会”总裁兼会长，

“总统府资政”彭明敏担任最高顾问，黄昆辉、林诚一担任副会长，彭荣次为召集人。李登辉还表示“群策会”有七大属性：一是非营利的民间团体；二是超越政党、超越族群，促进多元文化，共存共荣；三是简单真实的理念，整合台湾最大公约数的民意，密集人民力量，影响政局及政策制定；四是具备动员群众功能，掌握人民力量；五是搜集政策，研究协调，推动精英人士研讨政治、经济问题；六是策划、研究及实际行动同时并行，以经验主义发展行动智库的功能；七是体制外的第三部门，可与民间社团、智库结成联盟关系。由于“群策会”广发邀请信，国民党高层人士如萧万长等表示愿意出席成立酒会，使国民党内部是否会有人在选后“带枪投靠”的争论骤起，并引发了国民党是否会出现“两个中央”和“第四次分裂”的话题。

李登辉提议的“群策会”，在2001年“立法委员”选举后付诸实现，李登辉、陈水扁和民进党、“台联党”的党主席等都出席了成立酒会，国民党要人如副主席萧万长、“立法院”院长王金平等也出席了酒会。由于李登辉要通过“群策会”主导政局甚至插手人事安排的意图已经非常明显，“台联党”亦希望借此成为政府改组的主流力量，引起民进党的警觉。为支持陈水扁的执政（并暗含与“群策会”对垒的意义），由林钟雄建议的台湾智库在2001年12月30日成立；在智库成立之前，已经设立了财经、科技产业、农业、政府改造、社会发展、大陆、亚太、WTO等8个论坛，筹划中的还有经济、国土规划、环境、文化、国防安全等论坛。两个“智库”先后浮出台面，李、陈的矛盾已经隐现，本是分裂“泛蓝”的策略手段，反而使“泛绿”阵营内部出现对抗局面，可说是对此类选举议题的极大讽刺。

在2001年和2004年的“立法委员”选举中，“组阁权”都成为两大阵营激烈争论的议题。由于在野党不断提出“总统”交出“组阁权”的要求，陈水扁在2001年10月26日接受美联社采访时表示，国民党在“立法院”中过半数的优势在选举后不会存在，民进党将组成“国会”多数执政联盟，并由他和民进党主导组成联合政府；他不会把行政权让出、交出，而是与其他政党一起分享。此后，陈水扁又多次强调“总统”享有组阁权是毋庸置疑的。在认识到民进党不会交出组阁权的前提下，“泛蓝”阵营的“智库”建议采取以下策略：选举后的12月6日用旧“国会”进行倒阁，逼陈水扁任命新阁揆，使陈水扁既不能解散“国会”，又无法从容组阁。如果陈水扁不顺从，可以用旧“国会”罢免“总统”。这一建议实现的前提，是国民党、亲民党、新党即“泛蓝”能够取得120席以上的“立法委员”席位，并且国民党依然是“国会”第一大党。但是国民党未待选举结果揭晓，就提前出招了。11月24日，连战要求陈水扁在选前对于“行政院长”张俊雄选后是否续任阁揆表态，并指出如果张俊雄续任，台湾的明天在哪里？如果张俊雄不续任，那么他以及政府官员现在为辅选到处开的支票，还能不能算数？张俊雄等起而反击，由此成为一时争论的话题。2004年，“组阁权”争议再起，国民党主席连战公开表示，如果“泛蓝”在“立法委员”大选中维持过半席位，将依宪法规定“组成政府”，才可真正维护国家尊严。国民党文传会主委张荣恭随后表示，宪法规定“总统”组织政府，连战之意是要陈水扁考虑新的民意，但组阁权仍在“总统”；如果“泛蓝过半”而被指定组阁，为了国家安定及政治进步，应义不容辞；如果“总统”仍和过去一样，坚持少数党组阁，则“总统”要负完全的责任；依近年人民对政府的要求，多数倾向由“国会”多数党来组阁，但最后还得看陈水扁的政治智慧。陈水扁随即作出激烈回应，指责“泛蓝过半要组政府”是毁宪、违宪。由于两次“立法委员”选举“泛蓝”都只得到微弱过半席次，国民党也已不是“国会第一大党”，“组阁权”依然操在陈水扁手中，并没有因选举中的争论而有所变化。

通过拉拢“泛蓝”阵营的人达到分裂“泛蓝”的目的，始终是民进党的重要选举策略，并由此在选举中引出一些话题。如在2004年“总统”选举中，民进党就重点对国民党内的重要政治人物萧万长、王金平、马英九、朱立伦、胡志强等进行拉拢或“策反”。在当年年底的“立法委员”选举中，民进党更是故技重演，民进党“立法院”党团公开表示要推举王金平担任“监察院长”，陈水扁在造势晚会上亦大动作予以附和；陈水扁还指“泛绿过半”马英九才有明天，如果“泛蓝过半”，连战、宋楚瑜不会下台，马英九永远没有机会；陈水扁亦向台中市市长胡志强喊话，表示胡志强如果能够释出行政资源支持“泛绿”在“国会”过半，他保证摆平“立法院”，支持古根汉建设项目；并对台东县县长徐庆元（亲民党）、苗栗县县长傅学鹏（无党籍）等进行拉拢、利诱，希望他们改变立场，转而支持“泛绿阵营”。此类话题一时能引起媒体的注意，但是较少实际效果。

“蓝绿之争”的各种议题，尽管凸现的是议题背后的政党利益甚至“天王”的个人利益，引起不少选民的反感，并由此带来对台湾民主政治与政党政治的失望和质疑。但是不容否认的是，此类议题对于加深“蓝”、“绿”矛盾，强化选举中的对抗性，重新割据台湾政治版图，起着重要的作用，所以“蓝”、“绿”阵营都不会放弃这类议题，并会使其在未来选举中依然占据重要的地位。

综观重要选举议题的争论，2000年以来，民进党往往操控着选举议题的主导权，并迫使国民党、亲民党等“随之起舞”；国民党、亲民党亦希望用“反制议题”夺回主导权，但大多并不成功。这样的形势尽管从整体上对“泛绿”阵营有利，但是一旦选举议题的选择失误，反而会对“泛绿”带来不利影响。马英九在2005年“三合一”选举中为应对民进党的文宣强攻和主导议题方式，要求国民党采取“偏冷的适度响应方式”，对民进党转移焦点的选战操作一概不随之起舞，实际上还是“泛蓝”一种应战的策略。对“泛蓝”各政党而言，如何在选举议题方面变被动为主动，掌握主导权，依然是未解决的问题。

第二节　选举中的“行政中立”问题

按照台湾现有的法律规定，在选举中应保持“行政中立”，不能以行政资源支持特定政党。但是国民党执政时期，在威权体制之下，党政不分，无所谓选举中的“行政中立”。民进党在台湾执政之后，每到选举就会出现有关“行政中立”的争论，争论的焦点往往是政务官辅选、选举机构中立等问题。

（一）政务官辅选问题

政务官是否可以在选举中为候选人站台辅选，是台湾每次选举都要争论的问题。台湾“考试院”曾草拟《公务人员行政中立法》，但送进“立法院”多年，仍未正式立法，造成“无法可管”的现实。

在2001年的县市长、“立法委员”选举中，“行政院”明确表示政务官可以辅选，事务官不能辅选。“行政院”秘书长邱义仁更明确说明，政务官只要不在上班时间，不利用行政资源，爱替谁站台是自己的事，由此为政务官站台助选大开方便之门。

对于是否站台辅选，政务官有不同的态度。按照民进党中央党部的规定，民进党籍的政务官都要积极站台辅选，并且实行责任制，每人必须扛下10场以上的造势晚会。在"府"、"院"、党的联合推动下，大批民进党籍的政务官在各地站台造势。同样，其他党派的政务官，自然亦为本党候选人站台辅选，如新党籍的环保署长郝龙斌，就公开为新党候选人站台辅选。在政务官中，还有相当一部分人被视为民进党"党友"，民进党中央党部亦鼓励这些"党友"为民进党候选人站台助选。"行政院长"张俊雄等则着意为其安排机会，如"新闻局长"苏正平、"行政人事局"副局长李若一、"陆委会"主委蔡英文等，都曾为民进党候选人站台辅选，但是蔡英文亦为部分国民党候选人站台辅选，甚至与连战同台助选。政务官中还有一些"较无政党色彩"的人，其中一些人强调不愿意卷入纷争拒绝站台辅选，如"国防部长"伍世文、"教育部长"曾志明、"卫生署长"李明亮、"海巡署长"王郡等；还有一些人则因始终标榜"中立"而拒绝站台辅选，如"行政院"副院长赖英照、"财政部长"颜庆章等。当然，亦有一些人为未来仕途着想，积极为民进党候选人站台辅选，如"人事行政局长"朱武献、"侨委会"主委张富美等。①

2001年11月6日，就政务官站台辅选问题，"行政院长"张俊雄公开表示"法务部长"负责查贿，假如"法务部长"站台辅选，恐怕会让人民怀疑执法是否公正，所以希望"法务部长"不要投入辅选；军队"国家化"后，在选举中应保持中立，不介入选举，所以也不希望"国防部长"去辅选。针对《中国时报》所指"身份相当敏感的'法务部长'陈定南，亦在造势晚会中登台露脸"，陈定南则马上出来澄清，说他从未有任何辅选行为。

与此相关的，还有陈水扁带着"世纪首航"助选团到处跑，引起在野党的极大反对。国民党更公开指责陈水扁频频利用"总统专机"到处助选，"公器私用"，还常使用空军的战备油。民进党忙出来解释陈水扁搭专机助选完全是自费，并且根本没有使用过空军的战备油。但是，就搭乘行政专机助选"使用者付费"的问题，空军总部私下表示事涉敏感，不便评论。

同样的问题在后来的选举中亦经常出现。只要不对公务人员尤其是政务官辅选作出明确限制，所谓的公务人员在选举中的"中立"，显然无法实现。

---

① 见林淑玲：《政务官辅选不设限，帮谁站台不过问》，《中国时报》2001年11月6日。

（二）选举机构能否保持中立

在选举中，选举机构是否能够保持中立，是选举公正性的一个重要标尺。在2001年县市长、“立法委员”选举中，由于发生了几个事件，使“中央选举委员会”（简称“中选会”）的中立地位受到了怀疑。

第一个事件是王建煊的参选身份问题。王建煊被新党、国民党、亲民党联合推荐为台北县县长候选人，在候选人党籍一栏中要求填写三党联合推荐，而不是只填写新党党籍。“中选会”以不符合法律规定为由，不同意王建煊如此填写。2001年11月5日，王建煊致函“中选会”并拜访“中选会”主委黄石城，说明《选罢法》及实施细则没有禁止多党推荐的条文，如果“中选会”不同意他代表新党、国民党、亲民党参选台北县长，他将被迫在政党栏中填上空白，并指出“中选会”的这项决定是一种“绿色恐怖”和“政治迫害”。11月7日，“中选会”讨论后决定，函请新党党部于11月12日前函复“中选会”同意王建煊在选举公报党籍栏内填写空白，如果新党没有在限期内复函，则“中选会”将王建煊的党籍处理为“新党”。11月9日，新党秘书长李炳南前往“中选会”递交复函，表明“被迫”同意王建煊在选举公报党籍栏内填写空白。

第二个事件是黄昆虎站台助选。2001年10月10日，台南县选举委员会委员金卫民为县长候选人吴清基（国民党籍）站台辅选；10月13日、14日，“中选会”委员黄昆虎分别为“立法委员”候选人陈唐山（民进党籍）和台南县县长候选人苏焕智（民进党籍）站台助选；台南县选举委员会为此分别开出三张选务人员违法通知书，并上报“中选会”请求处理黄昆虎站台助选事件。黄昆虎虽为无党籍人士，但是任“总统府国策顾问”，政治倾向相当明显。黄昆虎的夫人邱碧玉亦任台南县选举委员会委员，出面为黄昆虎辩护，说黄昆虎是以国策顾问、来宾身份致辞，并不是站台助选，黄昆虎已经担任20多年选举委员会委员，知道什么是违法行为。黄昆虎站台助选事件被新闻媒体曝光之后，“中选会”主委黄石城于11月9日表示将在查清事实之后作出适当处置。11月10日，新党推荐的“中选会”新任委员（10月23日就任）周阳山为抗议“中选会”的“高度政治化”，而要求辞职。

黄昆虎站台助选事件还未处理，又起风波。11月12日，黄昆虎在“台联党”中央党部召开记者会，宣布将于11月14日成立“李登辉之友会全国总会”，由他出任总会长，由此更引起争议。11月15日，黄昆虎又公开出席支持“台联党”候选人许登宫的晚会。事后，在野党人士纷纷发出黄昆虎辞职的呼吁，黄昆虎则一面为自己的行动辩解，一面坚决表示不会考虑辞职。黄昆虎的辩解，一是他为人站台并非在“选举活动期间”；二是选务人员回避选举活动只是“共识”，没有罚则；三是他是好人，不在“中选会”是“中选会”的损失。由此，黄昆虎又招来了更为激烈的批评。

11月15日，“行政院长”张俊雄表示“选务人员应中立超然”。“中选会”于16日紧急通知委员，将在20日召开委员会讨论黄昆虎案。11月20日，“中选会”召开临时委员会议，专案讨论黄昆虎站台助选事件。17位委员中，6位委员缺席（民进党代表委员许阳明，亲民党代表委员李祖源，新党代表委员周阳山，“法务部长”陈定南，无党籍委员廖学兴、黄昭元），只有11位委员与会。无党籍委员赖浩敏等要求黄昆虎回避会议，黄昆虎则坚决表示不回避，会议为黄昆虎是否应该回避此次会议吵了2个小时，才在黄昆虎继续在场的情况下进行讨论。无党籍委员吴丰山提议“中选会”应作出决议，“中选会”委员不得为任何候选人站台助选，黄昆虎则为其行为辩解，但遭到廖义男等委员的反驳，并有委员直接表示黄昆虎应该辞职，黄昆虎坚持自己没有违法，不需要辞职，但表示愿意“请假”，有委员则坚持“不是你自己请假，是我们要你回避”。最后经过协商，字斟句酌讨论出了“中选会”的四项决议，重申“中选会”本中立、客观、超然、公正立场行使职权；将成立专案小组研讨设立自律委员会及自律规范；将黄昆虎“在台南县为候选人站台演讲助选事件”报请“行政院”处理；建议黄昆虎在本次选举竞选活动期间“自行回避”。

对“中选会”这个“慢半拍”并且令人“虽不满意，但可以接受”的决议，有人明确指出由于“中选会”的中立形象遭到质疑，选举机构的公信力已经动摇。亲民党发言人谢公秉甚至提出，为了维护选举公平、公正，选民应该群起扮演监督选务的角色。

2004年“立法委员”选举，针对第六届“立委”选举的投票日期，国民党和亲民党曾提出质疑，认为“中选会”确定2004年12月11日为选举投票日，是为民进党拉抬选情创造机会，因为在2004年12月上旬，民进党将组织大规模的纪念“美丽岛”事件造势活动。对于国民党和亲民党要求按“惯例”将选举日期选择在12月的第一个周末即12月4日，“中选会”除了说明投票日期选择没有特定政治对象的考虑外，亦说明并无12月的第一个周末选举“立委”的“惯例”，坚持确定的选举投票时间不变。

由于民进党控制着“中央”执政权，2000年后“中选会”的历任负责人大多立场“偏绿”，选务机关完全“超然中立”，实际上很难做到，在台湾行政部门“绿化”程度已经很深的情况下，其他行政部门如“新闻局”等也并非都能在选举中始终保持“中立”，都难免带有一定的政治色彩。只不过选务机关的动作会直接影响选情，所以更受人关注而已。

（三）选择性办案和“调查局”收集选情

民进党执政之后，每到选举即大张旗鼓地展开“查贿反暴”行动（“查贿”的具体情况与实际影响，详见后述），但是“查贿”的矛头往往指向“泛蓝”政党或“泛蓝”候选人，引起“泛蓝”各政党的质疑，并经常指出“查贿”人员具有“选择性办案”倾向，甚至是执政党利用手中的行政资源以“查贿”手段打击竞争对手，制造“绿色恐怖”。国民党反应尤为强烈，不但经常抨击不当的“查贿”行为，还采取过一些反制措施，如在2001年县市长、“立法委员”选举中专门成立了“百人律师团”和“千人抓贿队”，既表示反“贿选”、反“黑金”的决心，也准备为被诬陷的候选人洗清冤情。但是在选举投票日的前三天（11月28日），“高检署”的“查缉黑金中心”突然宣布，发现国民党账户在选前买进面额新台币100万元、总额近40亿元的台湾银行等银行本行支票后，分别流入全台各地多位“立法委员”、县市长候选人本人、配偶、亲友或助理人头账户，用作“贿选”资金。国民党马上提出强烈抗议，不但否认账户激增30亿元，还强调辅选经费各党皆有，国民党的每笔经费流向清楚，经得起检查。同日，“查缉黑金中心”又宣布，在加派“金检高手”之后，又查出各县、市国民党党部也获得二三十亿元经费补助，合计查出来国民党发放的选举经费总额已经超过60亿元。对此，连战、林丰正都表示是民进党的抹黑伎俩，并希望“查缉黑金中心”不要双重标准，也应该彻查民进党近来举办的几十场大型造势晚会，钱是哪里来的，还应该查民进党成立的各种基金会的资金来源和流向。在具有明显的“选择性办案”的态势下，国民党这种没有实际行动的空话，当然起不了什么重要的作用。

在控制竞选时间方面，也存在“选择性管理”的问题。按照对竞选时间的规定，在进入正式竞选的10天后，必须在晚上10时以前结束造势活动。

2001年11月29日，“台联党”在台北市中正堂为“立法委员”选举举行大型造势活动，李登辉前去站台助选。至9时58分，晚会主持人宣布活动即将结束，李登辉却在台上将逐渐散去的民众叫回，表示10时结束活动是法律上的结束，他有个人言论自由，坚持继续演讲，在现场的台北市“选监”委员陈国华出面制止，晚会才在10时11分结束。次日，在台北市选举委员会“选监”小组的午报中，部分“选监”委员对李登辉漠视法律、公然挑衅的行为都相当不以为然。“选监”小组召集人高瑞铮表示，法律是“国家”长治久安的根基，真正爱这个“国家”的政治人物，都会从守法做起。李登辉当晚的言行都通过电视媒体传播，一五一十地呈现在国人面前，做了非常不恰当的示范。无独有偶，次日同样在台北市中正堂，民进党举行大型造势晚会，陈水扁站台助选，至10时才发表完讲演，造势晚会的结束时间亦超过规定时间，至10时10分才结束，但是并没有人来深究此事。

有关部门应该管的事情却“选择性办理”，立场显然有问题。动用情报系统为政党的选举服务，更是有违“行政中立“的恶例。在2001年县市长、“立法委员”选举中，即出现了“国家安全局”曾下令“调查局”收集选举情报的传闻，收集的情报包括党政和学界等系统的民意调查资料，各政党的策略运作，中资是否介入，以及可能出现的选战冲突点等。“国家安全局”则予以否认。2001年12月3日，“调查员改革委员会”声明掌握了“调查局”流向民进党的三份“情资”报告，内容包括县市长选情、各政党“立法委员”席次预估、各政党得票率预估等。“调查局”汇报的“情资”，预估民进党“立法委员”席次仅有70余席，使民进党高层颇为紧张。“调查局”局长叶盛茂于12月4日表示，“调查局”从来没有做过所谓“选情资料”，也没有送过“立法委员”、县市长选举的民意调查资料给民进党中央。但是当“调查员改革委员会”再次拿出证据甚至“文号”之后，“调查局”承认是台北市陈姓调查员对选情过于积极投入，自行呈报《选情报告》，并循“国情调查”系统往上呈报。但是，要处理这位调查员并不容易，因为此人不但与民进党有密切联系，与国民党、亲民党的一些要员亦有密切关系，只能不了了之。

至于执政者利用执政资源，拉拢社会名流，甚至笼络潜在的竞争对手，更是民进党取得执政权之后的拿手好戏。但是这样的做法，至少在表面上并不违背选举中的“行政中立”原则，所以已经成为人们习以为常的事情。

第三节　“黑金”与“查贿”组成的政治游戏

在台湾选举的发展历程中，“黑金”早已成为影响选举的重要因素。金钱与黑道的结合，导致“黑金政治”泛滥，成为台湾选风恶劣的重要特征。国民党执政时期，曾尝试反“黑金”，1993～1998 年历任“法务部长”的马英九、廖正豪、城仲谋，都曾展开过大规模“查贿”行动，但成绩乏善可陈，根本原因在于国民党与黑道始终保持互相利用的关系。等到国民党发现与黑道的关系变成政治包袱并开始着手通过立法来“扫黑”的时候，未等法律出台，已经失去了“中央政权”。民进党执政以后，以陈定南出任“法务部长”，并在“高检署”之下专门建立“查缉黑金行动中心”。[①] 在此后的几次重要选举中，“查贿”轰轰烈烈，“黑金”依然时隐时现，成为引人注意的政治游戏。“查贿”对选情的影响，可以 2001 年和 2005 年县市长、“立法委员”的部分实例作初步说明。

（一）民进党主导的大规模“查贿”行动

在 2001 年县市长、“立法委员”选举中，首次由民进党主导的大规模“查贿反暴”行动全面铺开。“查贿反暴”行动，既有大规模的宣传，更有公开或隐秘的行动。在宣传方面，“法务部”先后制作、播出了四部广告短片：一是 11 月初推出的“抓鬼大王篇”。二是 11 月 8 日推出的“总统篇”反“贿选”广告，由陈水扁用国语和闽南语说出“如果怕脏，就没有干净的家园，让我们大家一起来大扫除，彻底杜绝‘贿选’，扫除‘黑金’，给我们自己和我们的子孙，一个干净有尊严的家园”。三是人人扮青天的“认证篇”。四是 11 月 16 日推出的“桩脚篇”，宣传选民不卖票、桩脚不买票理念。为配合“查贿”宣传，“法务部”在 11 月 1 日正式启动反“贿选”宣导专车，并协调“中央选举委员会”在选举公报加注检举“贿选”的 0800－024－099 免费电话，还印制了 400 万张反“贿选”年历卡、300 万张反“贿选”约定卡及 5 万个抓“贿选”锦囊，分送民众和出租车司机等。在竞选进入“冲刺”阶段时，“查贿”的造势也达到高潮，11 月 17 日、19 日和 21 日，分别在台中市、高雄市和台北市举行了声势浩大的

① 见黄嘉树、程瑞：《台湾选举研究》，第 111～114 页。

反“贿选”誓师造势大会。

“查贿”的组织动员也是空前的。2001年11月12日，陈定南在“总统府”纪念孙中山诞辰大会的《从扫除“黑金”谈廉能政治》专题报告中，强调投票前两个星期是抓“贿选”的冲刺期。“行政院长”张俊雄则表示已经要求“警政署”动员8万名警察全面收集“贿选”情报，检调人员也将全力锁定“金牛型”候选人进行侦办。11月20日，“刑事局联合调查局”、“宪兵司令部”等单位以任务编组方式，正式成立“全国搜证指挥管制中心”，统合协调督导各警察机关和情治单位的搜证事宜。“刑事局”还表示，这是首次让警察机关全面投入“查贿”行动，以重奖方式鼓励警员搜报贿选暴力“情资”，作为办案依据，动员全体警察力量，全面投入查察“贿选”。

“法务部”的“查贿”标准，确定为30元，候选人免费赠送的文宣品、小礼品等超过30元，就涉嫌“贿选”。“查贿”的主要方法，一是用声势浩大的宣传与行动声势起震慑作用，使企图用金钱或其他手法“买票”的人不敢有所动作，即便手中有钱也买不到票。二是以举报、突检等办法打击涉嫌“贿选”人员，并公开曝光、迅速起诉，既可有效打击“贿选”的主使者，亦能对其他候选人起到“杀一儆百”的作用。三是使用大量警力，并动用监听等手段，严密监视候选人的竞选总部和助选人员，特别是他们与“桩脚”的联系活动，甚至派人公开坐在“桩脚”人员活动的地方，使候选人与“桩脚”之间的“金线”联系难以进行。四是重点检查候选人及其助选人员组织的餐饮、旅游等活动，看其是否超过标准或者免费招待，是否以不当方式拉票。五是严密监视大额资金的流向，特别是在投票日前一周，“中央存款保险公司”等金检单位派出百位金检人员，以“专案金检”名义进入基层金融机构，检查是否有不寻常的资金流向、突然的大笔放款、不当库存、不当的小钞流量变大异常等现象，协助检调单位监控金融机构。

“查贿反暴”的行动在正式竞选前已经展开，2001年11月7日前，侦办中的案件已达925起，牵涉1039人，因“贿选”案件遭到监听的电话达到1944线，通讯秘密受到影响的达10万人以上。根据“法务部”的统计，截至2001年11月30日，各地检署受理选举案件3560件、3612人，其中“立法委员”选举方面受理“贿选”案件2672件、2920人，已有31件、139人遭起诉，13件选举暴力案件则都没有侦结起诉；县市长选举方面，检署受理案件856件、657人，其中“贿选”案件813件、592人，已有8件、14人遭起诉。

选举之后，“法务部”公布了新的统计数字（2001年12月8日），各地检署受理选举案件4026件、4449人，其中“立法委员”选举方面受理“贿选”案件3090件、3505人，已有62件、190人遭起诉，13件选举暴力案件涉案13人；县市长选举方面，检署受理“贿选”案件922件、902人，已有12件、28人遭起诉，暴力案件1件、1人。

应该承认，这是台湾在选举中最大规模的“查贿”行为。为奖励警察部门在“查贿”中的辛勤表现，2001年12月3日，张俊雄前往“警政署”颁发预定的1000万元奖金；在各县市警察局长的热烈鼓掌下，临时又追加1000万元。12月10日，陈定南在“立法院”遭到责难，落选的“立法委员”候选人萧金兰和巴燕达鲁都对无可靠证据的“查贿”大表不满，并指出在选前一两天，在有人的授意下，不少候选人竞选总部的检调人员都被撤走，使“买票”的钱顺利下发，造成真正“贿选”照样进行，没有“贿选”的背了黑锅。陈定南则予以否定。

（二）“查贿”效果的综合评估

列出部分被媒体披露出来的“查贿”案件（见表6－1，表中所列时间为媒体报道日期），可以看出“查贿”对选举结果的部分影响。

表6－1　2001年县市长、“立法委员”选举部分“查贿”案件简况表

时间	与“查贿”有关候选人	选举结果
11月7日	山地原住民国民党籍“立委”候选人何信军助选人员涉嫌“贿选”。	何信军落选
	山地原住民台湾无党籍“立委”候选人瓦历斯贝宁助选人员涉嫌“贿选”。	瓦历斯贝宁当选
11月8日	嘉义县国民党籍“立委”候选人李雅景涉嫌以县府工作人员上班时间抄写文宣品。	李雅景当选
	山地原住民民进党籍“立委”候选人巴燕达鲁助选人员涉嫌“贿选”。	巴燕达鲁落选
11月9日	嘉义县国民党地方党部涉嫌为县长候选人翁重钧“贿选”。	翁重钧落选

续表

时间	与“查贿”有关候选人	选举结果
11月10日	台中县农会涉嫌为国民党籍“立委”候选人刘铨忠“贿选”。	刘铨忠当选
11月13日	嘉义县民进党籍县长候选人陈明文“桩脚”涉嫌“贿选”。	陈明文当选
11月14日	新竹市无党籍市长候选人黄中美涉嫌“贿选”。	黄中美落选
11月20日	南投县无党籍县长候选人彭百显“桩脚”涉嫌“贿选”。	彭百显落选
11月21日	山地原住民“台联党”籍“立委”候选人林文生支持者涉嫌“贿选”。	林文生落选
11月22日	山地原住民亲民党籍“立委”候选人林春德涉嫌招待支持者旅游。 检察官搜索云林县国民党籍“立委”候选人侯惠仙阵营，查找“贿选”证据。	林春德当选 侯惠仙落选
11月23日	高雄县民进党籍“立委”候选人徐志明涉嫌“贿选”。 新竹县黄姓宗亲会送金币，涉嫌为“台联党”籍“立委”候选人黄焕吉助选。	徐志明当选 黄焕吉落选
11月24日	花莲县民进党籍县长候选人游盈龙助选人员涉嫌“贿选”。	游盈龙落选
11月25日	宜兰县亲民党籍“立委”候选人郑美兰“桩脚”涉嫌“贿选”。	郑美兰当选
11月26日	高雄县亲民党籍“立委”候选人钟绍和“桩脚”涉嫌“贿选”。	钟绍和当选
11月27日	彰化县“台联党”籍“立委”候选人陈阳德支持者在竞选活动后免费宴请，涉嫌“贿选”。	陈阳德落选
11月28日	高雄市无党籍“立委”候选人王天兢举办万人助选餐会，涉嫌“贿选”。 高雄县国民党籍“立委”候选人萧金兰向选民赠送验钞笔涉嫌“贿选”。 台中县“台联党”籍“立委”候选人王戴满春免费招待民众吃流水席，涉嫌“贿选”。	王天兢落选 萧金兰落选 王戴满春落选

续表

时间	与“查贿”有关候选人	选举结果
11月29日	嘉义市无党籍“立委”候选人萧登狮支持者涉嫌以洋酒等“贿选”。	萧登狮落选
	台中县农会涉嫌为国民党籍“立委”候选人林耀兴散发“固桩费”。	林耀兴落选
	台中县民进党籍县长候选人廖永来支持者涉嫌以发餐券助选。	廖永来落选
	台中县国民党籍“立委”候选人杨文欣涉嫌以招待选民出游助选。	杨文欣当选
	高雄市“立委”候选人林昆海（无党籍）竞选助理涉嫌散发“固桩费”。	林昆海落选
	高雄市国民党籍“立委”候选人曾长发助选人员涉嫌散发“固桩费”。	曾长发落选
11月30日	南投县国民党党部涉嫌以送化妆品等向女性选民拉票支持国民党南投县县长候选人和“立委”候选人吴敦义。	吴敦义当选
	台中县无党籍“立委”候选人颜清标“桩脚”涉嫌“贿选”。	颜清标当选
	台北县“台联党”“立委”候选人许登宫赠选民千禧龙套币，涉嫌“贿选”。	许登宫当选
	山地原住民国民党籍“立委”候选人全文盛涉嫌以宴客方式拉票。	全文盛落选
12月1日	台北县国民党籍“立委”候选人吕学图涉嫌以现金买票。	吕学图落选
	桃园县国民党籍“立委”候选人吴克清支持者涉嫌以免费旅游、请客等许愿向选民拉票。	吴克清落选
	桃园县亲民党籍“立委”候选人邱创良竞选总部被控用免费招待餐饮拉票。	邱创良当选
	台中县国民党籍“立委”候选人郭荣振竞选总部涉嫌散发“固桩费”。	郭荣振落选
	台中县亲民党地方党部人员涉嫌以免费招待等方式为“立委”候选人吴鹤鹏拉票。	吴鹤鹏落选
	山地原住民无党籍“立委”候选人高金素梅胞妹涉嫌用送T恤、招待餐饮方式拉票。	高金素梅当选
	山地原住民亲民党籍“立委”候选人余梦蝶“桩脚”涉嫌“贿选”。	余梦蝶落选

按表6－1所列出的情况，可以得出以下数字：

（1）涉嫌“贿选”的“立法委员”候选人32人，其中国民党籍候选人13人，亲民党籍候选人6人，“台联党”籍候选人5人，民进党籍候选人2人，无党籍候选人6人。从这组数字可以看出，国民党、亲民党、“台联党”籍的“立委”候选人，是“查贿”行动的主要受冲击者。

（2）涉嫌“贿选”的32名“立法委员”候选人中，有13人（国民党籍4人，亲民党籍4人，“台联党”籍1人，民进党籍1人，无党籍3人）即便受到一定影响，还是成功当选，占41%；另外19人（国民党籍9人，亲民党籍2人，“台联党”籍4人，民进党籍1人，无党籍3人）落选，占59%。从这组数字可以看出，不考虑其他因素，仅以“查贿”造成的结果而言，在“立法委员”选举中受损失最大的是国民党。

（3）涉嫌“贿选”的县市长候选人7人（国民党籍2人，民进党籍3人，无党籍7人），只有1人（民进党籍）当选，占14%。从这组数字可以看出，不考虑其他因素，仅以“查贿”造成的结果而言，国民党和民进党的损失相当。

上述数字尽管无法证实国民党对民进党“选择性查贿”的指责，更无法证明民进党放纵本党提名候选人“买票”（国民党亦未能拿出可靠的证据），但至少可以说明这样一个事实，国民党确实因为大规模“查贿”损失了一些席位。

此次大规模“查贿”，确实在一定程度上“吓阻”了“买票”行为，使“黑金”的影响有所减退，为创造“干净”的选举环境和建立良性竞争机制起了重要作用，即便是对“查贿”颇多非议的国民党也应该承认这一点，因为恰恰是国民党长期背负着“贿选”和“黑金”的罪名。但是对执政的民进党来说，确实暴露出了用“查贿”的办法打击主要对手的蛛丝马迹，特别是在选举日之前突然声称国民党用几十亿元“买票”，而选举之后又未拿出任何可靠证据，不了了之，有失“查贿”的公正性和公信力，并且显示出为了选举胜利可以不择手段的做法。

（三）“查贿”的双面刃功能

2004年“立法委员”选举，依然有较大规模的“查贿”行动，但是媒体公开披露的“查贿”事件比2001年大大减少，原因应是“泛蓝”各政党普遍经费紧张，即便想“买票”也无钱可用；真枪实干的“查贿”行动，还可能揭出更多的“泛绿”各政党候选人的“买票”行为；加上基层的“买票”行为更加隐蔽，所以总体说来是“雷声大雨点小”，没有再现2001年的“查贿”辉煌业绩。

2005年的县市长、县市议员、乡镇市长“三合一”选举，与“弊案攻防战”交织的“查贿”行动，产生了令“泛绿”阵营意想不到的作用，可列举一些具有代表性的事例。

2005年10月5日，屏东县“检警调”动员260人大规模搜索无党籍屏东县长候选人宋丽华服务处等地点，共查扣脚踏车、音响、电冰箱等47件证物，指宋丽华七八月间在屏东县各地以“联欢晚会”名义，举办大型摸彩活动，赠送选民冰箱、电视机、冷气机、脚踏车等高价物品，有假借晚会名义贿选的嫌疑。这是“三合一”选举候选人正式登记后爆发的第一起查处“贿选”事件，尽管涉案人员不久即付钱交保，已造成一定影响。

2005年10月25日，“检警调”“查贿”小组接获检举，称有人汇了400万元给民进党苗栗县长候选人邱炳坤竞选总部的宣传车组长詹昭祥及另一名助选人员，准备下桩“贿选”。10月26日，詹昭祥陆续走访公馆乡部分村长、社区发展协会理事长后，被调查人员逮捕，调查人员从他身上搜出11万元（新台币，下同）、名册、红包袋，并在他家查扣印有邱炳坤竞选团队宣传车组长名衔的名片、薪资袋等证物，发现名册上共有15人，都是村长、社区理事长，其中有7人打钩注记；调查人员依名册上的注记，紧急搜索6个点，只有玉谷村长赖振凤、鹤山村长刘泰峰及仁安社区发展协会理事长陈礼能在家，并查扣詹昭祥交给他们装有现金的红包袋；赖振凤表示詹昭祥交给他2万元，要他转交给10个邻长，请他们支持邱炳坤；刘泰峰指出詹昭祥给他1万元，请他支持邱炳坤，但他打算将钱以捐给邱炳坤竞选总部的方式退还；陈礼能则说詹昭祥给了5000元，希望能支持“阿炳”。詹昭祥则称他给的是广告费、宣传车的油费、开宣传车的薪资等，绝无“贿选”；邱炳坤亦很快发表声明强调他绝不可能发放“桩脚费”。詹昭祥被羁押数日后交保，是否“贿选”则被继续调查。

台中市地检署10月中旬接获检举，指民进党台中市候选人林佳龙在台中市各区邀选民免费餐饮，对象包括狮子会、同乡会、守望相助队等人员，分别在台中市兴进路大北京餐厅、水湳地区的大鹏川菜、七福楼等餐厅宴客，或是以其他方式邀宴，每桌价格约四五千元。11月21日，检方指挥“警调”人员搜索竞选总部人员住处、餐厅等处所，查扣单据等物，传讯陈鸿荣（“总统府”前参事）、财务人员徐宜生（新闻局前参事）、竞选总部组织部特别战斗主任赖奇宏夫妇、组织部干事吴连琪、大德里前里长林坪及台中市“赖派”赖大吉7人，以及33名赴宴选民等，大部分赴宴的选民称确参加宴会、不必付钱，且候选人出现在餐宴场所，但也有选民称不知吃饭的目的。林佳龙则出面澄清，又发出书面声明，呼吁“检调”不要“选择性办案”，要严守侦查不公开原则，并指此举是对手的栽赃手段。

2005年11月27日，民进党宜兰县党部在宜兰市河滨公园为县长候选人陈定南举办音乐晚会，席开300桌，检方接获检举，有部分民众免费接受餐宴，带回67人侦讯，证实陈定南客家后援会会长李元武等人将面额200元的餐券，免费发放给南澳地区选民，并用两辆游览车将64名南澳选民载至会场，车上有人发送陈定南的竞选帽子，要他们支持陈定南，已经涉嫌“贿选”。次日，陈定南公开声明全力支持与肯定宜兰“检警调”认真“查贿”，但宜兰市举办的餐会与他无关，现场没有他的旗帜，也无人分发传单，当时他人在罗东拜票，并未到场。国民党主席马英九随即公开指出，曾任“法务部长”的人，对自己的守法要求一定要比一般人高很多，没想到陈定南也涉嫌“贿选”，检调单位面对曾任“法务部长”的候选人，搜证一定会更谨慎；国民党发言人郑丽文亦指出，自己参选又涉及“贿选”的“法务部长”罪加三等，无论是否为陈定南自己指挥的“贿选”，陈定南应该以有别于一般候选人的道德标准，宣布退选。陈定南则强调个人人格不容污蔑，如果有“贿选”、买票，立即退选，如果当选，也马上辞职，退出政坛。尽管如此，号称“青天”的陈定南，还是遭受了沉重打击。

2005年11月27日民进党举行大规模造势游行后，有人指出在游行中民进党台北县县长候选人罗文嘉竞选总部为部分选民发放150元的“走路工”，涉嫌违反“选罢法”的规定。12月1日，“泛蓝阵营”的“立委”李庆华、孙大千、李永萍、周守训、吴育升、雷倩等人召开记者会并播放录像画面，指出11月27日民进党在二重疏洪道举办“县市平等、河岸牵手”造势活动，大南客运车号AG－238的公车受雇从芦洲载运“泛绿”支持者，开往二重疏洪道，车上坐满乘客，活动结束后有人在车上发放费用疑似“走路工”；车上约有40名旅客，参加活动之前，车上并无任何竞选文宣及旗帜，活动结束后，几乎人手一支罗文嘉的小旗子或文宣，而且有人在车上发放现金。当天，国民党台北县县长候选人周锡玮的竞选总部包租了大南客运车号 AG－238 的公车，以此作为证物，要求对“走路工”进行调查。12 月 2 日，台北县客家委员会组织部分人员到周锡玮竞选总部前抗议，罗文嘉于此前已多次否认发钱，称“走路工”是“抹黑”行为，并于当日上午在民进党总部召开记者会，流泪声明如有“贿选”行为即永远退出政坛，苏贞昌亦表示如证实罗文嘉“贿选”，亦退出政坛。由于已经接近选举日，“走路工”事件未能进行进一步调查，选举之后，又发现另一辆公车涉嫌发放“走路工”，但是后来对该事件的调查不了了之。

除了部分县市长候选人涉嫌“贿选”外，还有一些县议员、乡镇市长候选人涉嫌“贿选”，如竞选新竹县议员的民进党新竹县党部主委陈文宏，曾在新竹县前县长林光华任内任县工业策进会总干事、中小企业服务中心主任，是竹东、宝山和五峰第八选区 10 名候选人中唯一的民进党籍候选人。新竹县检调人员接到检举，指陈文宏和竞选助理陈昌西由陈清泉、陈翰懿两人陪同，于11 月6 日向宝山乡黄姓等8 户选民“贿选”，每票1000 元，总计发出 32000 元；2005 年 11 月 16 日，“检调”搜索陈文宏竞选总部，将陈文宏和陈昌西拘提到案，同时传讯被买票的另 7 户选民到案；尽管陈文宏和陈昌西两人否认“贿选”，但 7 户选民中有 4 人坦承收受陈文宏、陈昌西的贿款，检察官认为涉嫌重大，申请将陈文宏和陈昌西羁押获准。

“三合一”选举结束后，部分民进党中常委认为民进党在县市长选举中的失败，主要原因不是“高捷弊案”的冲击，而是“三合一选举”带来的结构性问题。由于国民党在基层有较好的基础，加上基层的普遍“贿选”，使国民党的“黑金体制”得到养分，进而造成民进党县市长、乡镇市长都选得很“凄惨”；更有多位中常委指责“检调不公”，吕秀莲亦认为“检调”对桃园县“非常光盘”的干预比白色恐怖还严厉，参选桃园县长失利的郑宝清也认为这是“检调介入选举”。

民进党对“查贿”的内部“检讨”，尽管相当片面（民进党在基层同样“买票”，“查贿”亦不只针对“泛绿”候选人，也针对“泛蓝”候选人），但是至少表明了一个事实，较严厉的“查贿”行动，对民进党的选情确实有一定的影响，尤其是在县市长选举中，台北县的罗文嘉、宜兰县的陈定南、苗栗县的邱炳坤、台中市的林佳龙、桃园县的郑宝清等，都因涉嫌“贿选”或其他违法行为遭受检调机关调查或受到对手攻击，并且全部落选。

从已经披露出来的主要涉嫌“贿选”事件看，检调机关介入调查确实针对“泛绿”候选人的较多，但由此就说明检调机关在“三合一”选举中明显“偏袒”于“泛蓝阵营”，还是过于武断，因为“中央”的主政权毕竟掌握在民进党手中，即便陈定南离开了“法务部”，继任者也并非“泛蓝”阵营的人，不会专门针对“泛绿”候选人下手；并且民进党本来设定的目标就是要继续打击“泛蓝”尤其是国民党的“黑金”；之所以检调机关未能查出“泛蓝”县市长候选人的重要“贿选”事件，不排除“买票”行为更加隐秘、难以发现或“办案不利”等因素，但是“泛蓝”各政党在财政困难的状况下难以再进行大规模的“买票”，显然也是一个重要的因素；相反，民进党挟行政资源，有能力用“撒钱”的方法进行广泛动员，在两大阵营竞争白热化的形势下，这样的行为自然会被对手紧盯，揭露出来之后检调机关不得不介入调查，宜兰县的陈定南、苗栗县的邱炳坤和台中市的林佳龙，都属于这种情况；台北县罗文嘉遭遇的“走路工”事件，尽管检调机关在选举前还未及介入调查，但是“泛蓝”抓住“证据”大做文章，并且通过媒体广为扩散，其作用亦与抓住“贿选”相同。

候选人尤其是县市长候选人沾上“贿选”事件或其他违法事件，是否影响其得票甚至使本应能当选的候选人落选，在2005年的县市长选举中显然并没有出现令人信服的实例，因为台北县罗文嘉、宜兰县陈定南、苗栗县邱炳坤、台中市林佳龙以及桃园县郑宝清的落选，主要因素是这些县市的选民基础均“偏蓝”，在两大阵营都进行充分动员的情况下，无论有没有“贿选”事件和其他违法事件，都不会改变本阵营选民的投票方向；“贿选”事件和其他违法事件只可能对“中间选民”有一定影响，但是在这些县市，显然是两大阵营的“基本盘”对决，“中间选民”并没有起决定性作用。也就是说，尽管“贿选”事件或其他违法事件对候选人有一定的“杀伤力”，但是绝不起决定性作用。

客观地评价2005年“三合一”选举中“查贿”的作用，只能说较严厉的“查贿”，继续起到“吓阻”作用，增加了“买票”的难度（但是并没有杜绝“买票”行为，两大阵营都依然存在“买票”行为，尤其是在基层），并且从过去主要针对“泛蓝”候选人的“揭露贿选”和“扫黑金”，转变为对两大阵营候选人都可能立案进行调查，“查贿”的两面刃功能凸现。民进党高层之所以对2005年的“查贿”不满，是因为过去“打人”的工具现在打到了自己人头上，民进党显然难以适应这种变化。从选举公正的角度看，“查贿”应针对所有候选人，不应有“选择性办案”，把“查贿”作为打击对手的工具，2005 年的选举恰恰在这一方面给握有行政资源的民进党一个教训，这才是“查贿”的真正作用所在。

无独有偶，2006 年的直辖市长选举，国民党籍高雄市长候选人黄俊英也遭受了类似“走路工”的攻击，在选举日前被民进党候选人突然揭出有买票行为。黄俊英落选后，不少人认为这是导致其败选的主要原因。2007 年 6 月 15 日，高雄市地方法院亦一审判定，民进党籍的陈菊当选无效，陈菊则提出上诉。但是客观地说，大规模的红衫军“反贪腐”行动都没有对直辖市市长选情带来根本性的转变，在“泛绿”仍占优势的高雄市，爆发这样的事件对黄俊英会有一些影响，但同样未起决定性的作用，即便最终认定陈菊当选无效，重新选举，国民党也没有胜选的把握。

第四节　选举中媒体的作用

对于台湾媒体在选举中的表现，称赞者有之，不满、责难者有之，打压者亦有之，说明媒体对选举的影响确实不容忽视。台湾各媒体在选举中表现得好坏，不是分析的重点，重点应是说明媒体如何在选举中发挥作用以及所涉及的“媒体自律”等问题。

（一）台湾的主要媒体及其政治倾向

电视、报纸、广播、杂志是传统的“四大媒体”，随着计算机技术的发展与普及，网络也成为重要媒体。在台湾选举中，印刷媒体、户外媒体、车辆媒体、赠品媒体、展示媒体等亦被经常使用。① 此处要重点分析的是影响最大的报纸和电视两类媒体。

由国民党籍报人余纪忠 1950 年创办的《征信新闻报》，1968 年改名为《中国时报》。国民党退役军人王惕悟 1950 年创办《民族报》、《民族晚报》，1951 年与《经济时报》、《全民日报》发行联合版，1953 年正式定名为《联合报》。原来的《自强日报》，1980 年 4 月转让给企业家林荣三，改名为《自由日报》；1988 年 1 月 1 日台湾解除“报禁”，《自由日报》全面改版，改名为《自由时报》。《中国时报》、《联合报》、《自由时报》是

① 见黄嘉树、程瑞：《台湾选举研究》，第 67 ~ 70 页。

当前台湾发行量最大的3份报纸。《中央日报》是国民党的“党报”（现已停出），《台湾新闻报》也属于国民党。《自立早报》由无党籍人士经营。《首都早报》由民进党籍的康宁祥创办。《台湾时报》由曾有民进党籍的王玉云创办。

台湾的各主要电视台中，“东森”由力霸集团副董事长王令麟（后来曾任国民党籍“立法委员”）创办。“中视”是国民党的党产，现已卖给中国时报集团。“华视”由“国防部”和“教育部”创立，现已和“公视”组成台湾公共电视集团。“台视”2000年之前属于台湾省政府，2000年之后民进党入主，现已私有化。“民视”的创办者是民进党籍的蔡同荣。TVBS由港资建立。此外，较有影响的还有“中天”、“年代”、“三立”等电视台。

2000年以前对台湾各报在选举中对候选人的评价分析显示，《中央日报》、《台湾新闻报》和《联合报》对国民党候选人多高度正面评价，对民进党候选人多负面评价；《首都早报》和《自立早报》则对民进党候选人多正面评价，对国民党候选人多负面评价；《中国时报》和《台湾时报》则对各政党候选人多采用正面或中性评价，没有较明显的正负立场。①2000年“总统”选举之后的问卷调查则显示，在《中国时报》、《联合报》、《自由时报》三大报的读者中，《中国时报》的读者43.3%支持宋楚瑜，36.8%支持陈水扁，19.4%支持连战；《联合报》的读者50.2%支持宋楚瑜，36.8%支持陈水扁，14%支持连战；《自由时报》的读者63%支持陈水扁，16.6%支持宋楚瑜，20%支持连战。也就是说，《中国时报》和《联合报》的读者大多支持宋楚瑜、连战，《自由时报》的读者大多支持陈水扁。

2000年“总统”选举之后的问卷调查还显示，各电视台的主要观众支持对象也有所不同。“台视”的观众36.6%支持宋楚瑜，32.8%支持陈水扁，29.8%支持连战。“中视”的观众35.6%支持宋楚瑜，41.2%支持陈水扁，22.7%支持连战。“华视”的观众50.7%支持宋楚瑜，30.1%支持陈水扁，19.2%支持连战。“民视”的观众22.4%支持宋楚瑜，69.5%支持陈水扁，7.7%支持连战。TVBS的观众48.5%支持宋楚瑜，38.2%支持

① 见陈义彦、陈世敏：《七十八年选举的报纸新闻与广告内容分析》，业强出版社1992年7月版，第19~20、139~140页。

陈水扁，12.5%支持连战。“三立”的观众66.7%支持宋楚瑜，26.7%支持陈水扁，6.7%支持连战。“东森”的观众58.3%支持宋楚瑜，41.7%支持陈水扁。由此可以看出，“台视”、“中视”、“华视”、TVBS、“三立”、“东森”的观众大多支持宋楚瑜、连战，“民视”的观众大多支持陈水扁。①

从以上列出的情况可以看出，由于报纸和电视的创办者、经营者不同，各自所带的意识形态倾向也有所不同。就主要媒体而言，《中国时报》、《联合报》以及“台视”、“中视”、“华视”、TVBS、“三立”、“东森”等电视台，带有一定的支持“泛蓝”倾向；《自由时报》和“民视”电视台则带有较强的支持“泛绿”倾向。但是在民进党执政之后，“台视”、“三立”、“东森”等电视台已有所转向，带有支持“泛绿”的倾向，近年新建的年代电视台则带有支持“泛蓝”的倾向。

（二）媒体介入选举的方式

面对选举，各种媒体既是政党、候选人使用的重要宣传工具，也是媒体招徕受众、扩大影响甚至获取利润的极好机会。所以，大小媒体都不会“自外”于选举，都会积极地介入选举。台湾两大阵营的持续抗争，亦使各主要媒体对选举的关注常年化、固定化，一次选举刚结束马上就展开下一次选举的话题，并锁定各自的“天王级”、“重量级”人物持续关注其一举一动。

台湾各主要媒体介入选举的方式，大致有以下六种。

一是刊载各政党和候选人的竞选广告。由于政党的电视竞选文宣由“中央选举委员会”统筹分配，杂志受到出版周期的限制难以产生“第一时效”影响，所以报纸成为候选人登载竞选广告的最具时效性的媒体。

二是对选举情况进行报道。台湾的各主要媒体对于重要选举无不派出大量的记者，跟踪各地的选情变化情况，作出及时、全方位的报道。在选举的新闻报道方面，电视更具有优势，不仅可以用滚动新闻的方式及时报道选举中的重大事件和重要人物的活动情况等，还可以对竞选现场、突发事件等进行“现场直播”，使受众能够更全面了解现场状况和事件的进展情况。

① 见盛治仁：《台湾两千年总统选举投票行为研究》，第18~22页。

三是对选举形势加以评论，对选举中出现的问题进行深度分析。各大报纸往往以专栏、专题等形式对各地的选举情况作出基本评估，并以社论和学者、专家等的文章对选举中出现的问题、事件等进行综合评述。各主要电视台则往往设定固定时间段或特别的专题节目，由主持人、新闻评论员、学者、政党要员等对选举进行评论，甚至展开不同观点的争论。

四是互动式参与。通过媒体与政党之间的互动、媒体与候选人之间的互动、媒体与选民之间的互动甚至媒体与媒体之间的互动，为政党、候选人、选民提供更多的参与机会。在这一方面，各大报纸主要依赖对政党、候选人的专访以及读者来信；各主要电视台则既有专访节目等安排，更普遍采用叩应（Call－in）节目的形式与民众互动。各主要媒体还通过网络吸引公众关注和参与选举，在各媒体的网站上，多以专题或专栏形式汇集选举的各种信息，供网民查阅。

五是政见发表和政策辩论。政党或候选人可以自办政见发表会，但是不同政党或不同阵营候选人之间的政见交锋和政策辩论等，则主要依赖媒体。各电视台往往在重要选举中组织候选人进行“电视辩论”，为候选人提供阐述政见和重要议题辩论的机会。

六是预测选举结果。台湾各主要媒体往往在选举前根据民意调查结果，对选举结果作出预测。《中国时报》和《联合报》都设有专门的民意调查机构。以2001年时的情况为例，联合报系民意调查中心设有访问电话线路35线，有100余位约聘访员，访员以具有社会经历、应对能力较强的家庭主妇与职业妇女为主。该中心每年做民意调查150个左右，主要为报纸服务，一般不接受外面的民意调查项目。《中国时报》的民意调查中心与联合报系的基本相同，一般也不接受报外的民意调查项目。《自由时报》不设民意调查中心，在该报发表的民意调查都是其他民调机构提供的。相比之下，在三大报纸中，《联合报》与《中国时报》的民意调查都有较长的历史，并且独立运作，不受其他民调机构的影响，具有一定的“公信”力。各电视台一般不装备专门的民意调查设备（年代电视台已建立专门的民意调查中心），而是固定委托一些民调机构做民意调查，如三立电视台长期委托盖洛普为其做民意调查；未征得电视台同意，这些民调机构不得发布民调情况。

除了这六种方式外，台湾各媒体有时还别出心裁，发明新的方式，如电视台在娱乐、体育等节目中加入选举的内容或要素等。

（三）媒体的“守法”和“中立”问题

新闻媒体能否在选举中“守法”和保持“中立”，是台湾选举中最容易引起争议的话题，可以2001年县市长、“立法委员”选举为例，对媒体遇到的问题作简要说明。

“守法”是各新闻媒体首先遇到的问题，在2001年的县市长、“立法委员”选举中，台湾“中选会”对各大电视媒体的电视广告等作出了明确规定。

按照“中选会”的规定，进入正式竞选时间后，各电视台、电台不得播出政党、候选人选举广告，电视直播政党造势晚会视同竞选广告。各台的播出节目将由“新闻局”全程侧录，送“中选会”认定，一旦违法，最重将被处以停播或吊销执照处分。“中选会”为此专门成立了审查小组，审查小组由7人组成，召集人为“中选会”委员赖浩敏，成员有“中选会”委员王清峰，世新大学教务长皇甫河旺、“中选会”巡回监察员陈敏卿、“新闻局”广电处副处长何乃麒等。由于各政党已经向电视台买下播出时段，准备密集播放造势晚会，“中选会”的这一规定使各电视台错愕不已，但最终不得不取消转播。5个政党的正式竞选广告，则由“中选会”在11月22日审查后，交给5家无线电视台，从11月26日起播出。

进入竞选时间的第一天，“新闻局”就查出了8件广播、电视违规广告案，并予以曝光。2001年11月30日，“中选会”应审查小组的请求，于下午召开紧急会议，审查涉嫌违法播出竞选广告的广电媒体侧录带。经过审查，认定违法的有彰化县新频道有线电视公司11月21日体育节目广告时间插播的三大政党县长、“立法委员”候选人竞选广告，桃园美声电台及花莲希望之声播送的“立法委员”候选人竞选广告。“中选会”表示，将由“新闻局”依据“广电法”处以罚款或吊销执照。赖浩敏指出“选罢法”不够完备，使“中选会”身为监督机关却无处罚权，“有责无权”，只能依照“新闻局”的“广电法”处分。由于“新闻局”对“中选会”认定的违法标准没有执法共识，“中选会”只能被动地就“新闻局”送来已经过滤的侧录带进行审查，而“新闻局”送来的，只是地方有线电视和地方性电台的侧录带，没有频道业者制播的叩应（Call－in）节目、专访、造势活动新闻等侧录带。

专题、专栏、采访、叩应等节目，是否因可能带有竞选色彩而取消，

“中选会”和“新闻局”都没有明确规定，由此引出了一些麻烦。“中视”电视台原定11月22日晚上播出连战的专访节目（45分钟），但是当天“中视”高层召开紧急会议决定在未厘清该节目是否与“选罢法”抵触前暂缓播出，并且有人传出“新闻局”曾“关切”此事的消息，引起国民党的强烈抗议。次日，“中视”总经理拜访“中选会”，征询是否可以播出专访，“中选会”主委黄石城表示只要求电视台不作违法的事，并不干涉电视节目的内容。这样的回答，等于网开一面，不但“中视”安排了连战专访的播出时间，其他电视台亦纷纷推出了各政党主席的专访节目。

此外，一些政治倾向比较明显的节目如“中天”电视台的“李敖大哥大”（周一至周五，晚9时至10时）、“文茜小妹大”（周一至周五，晚10时至11时）等，几乎不间断涉及选举话题，也招来不少非议，但是在竞选期间并没有停播（主持“文茜小妹大”的陈文茜是无党籍“立委”候选人，在正式竞选时间内不再主持该节目，由李敖代为主持）；一些“立法委员”或“立法委员”候选人亦在主持节目或经营媒体，这些节目如何定性，从选前吵到选后，“政治退出媒体”的讨论还是没有结果。

在选举中媒体能否自律，保持“中立”立场，是各媒体面临的另一个问题。将竞选内容“新闻化”，成为媒体不能现场转播造势活动之后的主要手法。“四大天王”的形象，同样天天在电视上露面，并且仍然是报刊的重要新闻“热点”。问题在于，由各政党经营或支持的报纸，如《中央日报》（国民党）、《自由时报》（亲李登辉）、《台湾时报》（民进党）等，有明显的政治倾向性没有人去责难；而某些标榜“中立”的报刊，如《中国时报》、《联合报》等，则往往成为攻击的对象，如本书第五章所述《中国时报》为刊登国民党广告事受到民进党的抗议，就是一个典型的例子。一些媒体的“变色”，亦引来麻烦。如“中天”电视台，大股东是国民党，在选举过程中被指“最橘化”（倾向亲民党），使国民党大为不满，甚至考虑撤资。

媒体基金委员会曾在竞选期间公布两波电视选举新闻公正性研究报告，第二波研究报告公布的时间为2001年11月29日，研究对象是“民视”、“台视”、“中视”、“华视”4家无线电视台和SETN、TVBS、“中天”、“东森”4家有线电视台，依据是这8个电视台11月21日至11月24日晚间新闻时段的选举新闻报道，共分析了254则新闻、500个消息来源。根据媒体基金委员会的分析，“民视”的消息来源以民进党最高，其次是亲民党、国民党；SETN 的消息来源亦以民进党最高，“台联党”次之，国民党、新党再次之。在政党偏差报道方面，在无线电视台中偏差度比例由高到低的排序是“民视”、“台视”、“中视”、“华视”；有线电视台中偏差度比例由高到低的排序是 SETN、“中天”、“东森”、TVBS。在主播偏差报道方面，TVBS 偏差比例最高，“中天”次之，“民视”第三，“东森”与 SETN 并列第四。①

由于对媒体的规范并不是很明确，相关的争论在后来的选举中仍不断出现，并且在 2005 年发生了陈水扁“打压”TVBS 的事件。

TVBS 电视台由名嘴李涛主持的“2100 全民开讲”，于 2005 年 3 月主打“许文龙（台湾著名企业家，原为“泛绿”立场）支持反分裂法”议题，触动了陈水扁极为敏感的政治神经，陈水扁指示“新闻局”局长姚文智调查 TVBS 电视台的资本结构。姚文智本应结合“财政部”、“经济部”与“法务部”等单位全面清查 TVBS 电视台股权与资金结构，但是他未循此途，反而要求“国家安全局”出面赴香港调查 TVBS 电视台有无“中资”介入，“国家安全局”经调查后认定 TVBS 电视台资本全属港资，没有“中资”介入。由于调查副本流到李涛手中，李涛等认定调查由陈水扁授意，决意全面挖掘陈水扁“执政”团队的腐化问题，由“泰国劳工暴动”而诱发的“高捷弊案”，成为李涛等人追查的主要问题。接连 78 天的追踪报道，迫使陈水扁“执政”团队在无力招架情势下，一方面宣示彻查弊案，“决心将涉案人士移送法办”，以求自保与阻止案情向上攀升；另一方面为截断追查弊案的舆论源头，不惜动用公权力，压制李涛，于 11 月初使出了“撤除 TVBS 电视台执照”的杀手锏。“2100 全民开讲”的 F4 组合主持人李涛、著名政治评论家胡忠信、军事评论家张友骅、揭弊“立法委员”邱毅则表示要关电视台可以，但揭弊照讲，胡忠信甚至表示如果政府要关台，他将绝食抗议。“TVBS 事件”引起了台湾社会的广泛关注，国民党、亲民党等明确表示不能用子虚乌有的“中资”问题“打压”TVBS，干涉新闻自由，不少民众亦举行抗议活动，支持 TVBS 抗争，美国政府亦发表声明，表达支持 TVBS 电视台揭弊立场，并将此立场与“言论自由”挂钩，要求台湾当局审慎处理“撤照”问题。在强大压力下，陈水扁等立场软化，改由“新闻局”向 TVBS 罚款 100 万元，但是直到 2005 年“三合

① 见《联合报》2001 年 11 月 30 日报道。

一”选举之后，TVBS并未交纳罚款，并且继续利用节目揭弊。

（四）媒体的可信度

2001年11月13日至15日，台师大大众传播研究所进行了“民众对选举新闻报道意见调查”，结果显示53%～55%的民众认为电视新闻报道不公正，36%～37%的民众认为报纸新闻报道不公正，认为媒体报道公正的民众只有25%左右；对于媒体有关选举的民意调查，有64%的人表示不相信。各媒体的政治倾向，亦可以从此次民意调查中看出来，民进党和“台联党”的支持者多认为“民视”与《自由时报》最公正；亲民党和新党的支持者多认为《联合报》最公正，“民视”与《自由时报》最不公正；《中国时报》则无论在最公正与最不公正的排名上，均位居第三的中间位置。①

媒体的选举报道是否公正、客观或可信，当然是仁者见仁、智者见智的问题，选民也会受政党偏好的影响作出不同的判断。但是媒体的民意调查失准，则使绝大多数受众难以理解和认同。由于台湾媒体在“总统”、“立法委员”等选举中多次出现民意调查失准现象，招来越来越多的指责，使部分媒体亦对民意调查失去了信心和兴趣。

2005年的“三合一”选举，由于在选举前发生了“打压”TVBS事件，媒体的表现与以前相比，有三点明显的不同。

首先，媒体对当政者高压政策的反弹，使媒体批评政府的声音明显变强。TVBS事件的发生，使当政者与TVBS的“对抗”升级并公开化，TVBS不仅借“维护新闻自由”和“保证言论自由”争取民众支持，还继续揭露“高捷弊案”并发出反对现当政者的强烈呼声，营造了在重要媒体上公开批评政府尤其是公开指责主要当政者的氛围。其他媒体一定程度的“跟进”，使“三合一”选举前的新闻报道，整体对“泛绿阵营”不利。

其次，媒体对选举的报道，已不再像以往那样主要围绕两大阵营各“天王”的活动展开，亦不再拿出大块时间或大块版面直播或报道各地的造势晚会等，而是抓住选举中的重要事件和重要议题进行跟踪报道和展开公开讨论。这样的变化显然超出了民进党的预期，使原本善于利用媒体造

① 见《中国时报》2001年11月21日报道。

势的民进党无法展开预定的“宣传攻势”，各大“天王”积极参与的造势活动亦难以通过媒体“放大”其效应，在“宣传战”中难以占上风。

第三，媒体通过民意调查对选举结果的预测，尤其是对县市长选举结果的预测，准确度超过了以前的选举。尽管在选举日之前，台湾主要媒体邀请部分学者就民意调查可能产生的偏颇作了解释，并对自身进行的民意调查明显有利于“泛蓝”的县市长选情预测并不抱太大信心，但是选举之后，几个主要媒体均声称自己的民意调查可信度“最高”。以《联合报》、《中国时报》、TVBS和年代电视台选举前公开发布的县市长选举民意调查结果与选举结果相比，可以看出这4个媒体的预测准确率相当接近。《联合报》预测的20个可能当选的县市长候选人中，19人当选，准确率为95%；《中国时报》预测的16个可能当选的县市长候选人中，15人当选，准确率为93.75%；TVBS预测的20个可能当选的县市长候选人中，19人当选，准确率同样为95%；年代电视台预测的16个可能当选的县市长候选人中，16人当选，准确率为100%。也就是说，直接的比较，年代电视台的民意调查准确率最高，但是年代电视台公开发表的民意调查结果少于《联合报》和TVBS，所以100%和95%的准确率实际在伯仲之间，无所谓谁的准确率“最高”。

2005年“三合一”选举各主要媒体的民意调查，对选举结果的预测准确度如此之高，一举改变了“民意调查失准”的形象，不仅提高了媒体民意调查的可信度和在公众中的影响力，亦使媒体对民意调查恢复信心，对今后的选举将产生重要的影响。

第五节　地方派系的变局

台湾的地方派系，曾是长期影响台湾选举的重要因素。但是2000年以来，地方派系的影响已经逐渐降低。

（一）台湾的主要地方派系

台湾在抗日战争结束后，曾出现半山派、台中派、阿海派三大本土派系。国民党政权迁到台湾后，由半山派分离出林顶立派，形成四大全岛型本土派系。但是这四大派系不久即被国民党瓦解，台湾未再出现全岛型本土派系，而是在县市以下形成了与四大派系有一定渊源关系的地方派系。①

台湾的地方派系，大致可分为两级，一级是县市级，在绝大多数县市都有两个以上的派系；一级是乡镇级，在台湾300多乡镇中，几乎每个乡镇都至少有两个派系，一个是代表行政系统的“公所派”，另一个是代表经济系统（主要是农业经济）的“农会派”。

台湾各县市的主要派系及其在选举中的支持倾向，可简述于下（派系后括号中的人名，为派系创建者）。

（1）台北县。台北县是一个地方派系最多、最复杂的地方，虽因地域辽阔、环境独特、人口众多、社会结构特殊，无法形成影响全县政治活动的大派系，但存在大量乡镇级派系，较有影响的有瑞芳镇的李派（最初领导人李建和、李建兴，下同）与戴派（戴得发），三重市的三重帮（林荣三），板桥市的邱派（邱海水）、刘派（刘顺天）、郭派（郭政一）与郑派（郑逢时），新庄市的国治派（陈国治）与联合派（郑建邦），新店市的罗派（罗福助）与刘派，永和市的大陈派（陈新墙）与小陈派（陈金让），淡水镇的麦派（麦春福）与陈派（陈根旺、吕子昌），中和市的吕游派（吕芳契、吕芳海）与林江派（林德喜、江贵元），五股乡的林派（林大坤）与陈派（陈林让），等等。国民党在台北县基层派系的争取方面，还占有一定优势。

（2）宜兰县。宜兰县以溪南、溪北地缘为基础形成的全县性地方派系，有国民党内的主要地方派系卢派（卢缵祥）、林派——罗许派（林才添）、陈派（陈进东、陈进富）与陈火土派（陈火土），以及代表党外势力的郭派（郭雨新）。

（3）桃园县。桃园县也没有跨全县的大派系，较有影响的小派系主要由台面上的公职人员挂帅，结合宗亲势力而成，分为两北两区，北区有老派（徐崇德、张富）、中立派（陈长寿）、亲客家派（许三桶）、新派（许新枝），南区有中坜吴派（吴鸿森、吴鸿麟、吴伯雄）、中坜刘派（刘兴善、刘邦友）、张派（张芳燮）、叶派（叶寒青）以及新兴的邱派（邱垂贞）和中坜林派（林添奎）等。国民党在桃园县基层派系的争取方面仍占

① 关于台湾地方派系的发展及其在选举中的作用，主要依据陈明通《派系政治与台湾政治变迁》和黄嘉树、程瑞《台湾选举研究》“选举与地方派系”（第50～62页）的论述，以及“中国网”对台湾各县市地方派系的介绍。

一定优势，但邱派派系整合程度不高，在政党政治发展下逐渐分化，邱垂贞成为民进党的重要代表，邱创良曾为国民党的代表，后加入亲民党，又退出亲民党成为无党籍人士。

（4）新竹县。新竹县市分开前，主要有两大地方派系，一为许金德领导的西许派，一为许振乾领导的东许派。新竹市于1982年升格为省辖市后，新竹县的两大派系亦告解体，不再有横跨全县的大派系，但在乡镇范围内仍有不同的小派系，较有影响的是竹东镇的苏派（周细满、吴明增）与宋派（分为老宋派和新宋派，老宋派以曾登基为首，历来倾向支持非国民党势力，新宋派代表人物为邱泉华、邱镜淳与郑永金，倾向支持国民党、亲民党）。

（5）苗栗县。苗栗县分为山线和海线两大区域，山线以客家籍居民为主，海线以闽南籍居民为主。苗栗县传统派系为刘派（刘阔才）、黄派（黄运金）两大地方派系，按不成文的政治惯例，黄、刘两派轮流执政，每次可连任一次，即连任两届。后来刘派又分裂出大刘派（刘国昭）与小刘派（刘定国、刘政鸿），黄派则分裂成老黄派（黄运金）与新黄派（林为恭、付学鹏、徐成焜等）。苗栗县的地方派系，多带无党籍色彩。

（6）台中县。台中县政坛曾长期由红派与黑派垄断。红派即早期的林派，因创建人林鹤年在竞选第一届台中县县长时，宣传用的海报或名片一律为红色，故称林派为“红仔”，后来改称为“红派”。陈派的开创者为陈水潭，在此次选举中的宣传品与名片以黑色为标志，故称陈派为“黑仔”，后改为“黑派”。也有另一种说法，林派主要人物多毕业于“台中师范”，以红色作为热情及善的象征，而称“红派”；陈派人物多毕业于台中一中，不少人学医，多着黑色礼服，而称为“黑派”。后来又出现了第三势力杨派（杨天生）。红派和黑派带有国民党色彩，杨派原来也从属于国民党，后转向支持亲民党。

（7）彰化县。彰化县历史上曾被分为彰化区、北斗区、员林区三个区，彰化区与员林区的主要派系是红派（吕世明）与白派（林庐、苏振辉），北斗区的主要派系是林派（林生财）和陈派（陈大福），均属于国民党内的地方派系；民进党亦在彰化县发展地方派系，如翁金珠、姚嘉文等都形成了一定的政治势力。

（8）南投县。早期南投县地方派系不很明显，后来因地方利益分配与各种选举形成不同的派系力量，先后出现李派（李国桢）、洪派（洪樵榕、简清章）、陈派（陈万、林益川）及新派（党外与民进党势力，代表人物为陈启吉、林宗男）等。此外，林洋港家族也是南投县一大政治势力，可称为林派。

（9）云林县。云林县党外力量长期在地方政坛扮演重要角色，全县主要有林派（林金生）、许派（许文志）、廖派（廖泉裕）、福派（廖福本）四大派系，林派的后起之秀张荣味后来在云林“海线”与“山线”都建立了较深的派系基础；另一重要人物林明义则转向民进党，使林派的党派性质发生了变化。

（10）嘉义县。嘉义县早期地方派系丛生，主要派系有以许世贤为代表的“许家班”、以刘传来为代表的刘派、以黄文陶与黄老达为代表的黄派、以林振荣为代表的林派，其中黄派与林派是嘉义县政坛长期争权的两大主流地方派系。近年由于地方新兴势力的兴起，出现了以萧登旺、萧登标与萧登狮兄弟为代表的“萧家班”和以“凉椅大王”曾振农为代表的曾派或曾系。在政党竞争激烈的形势下，嘉义县的派系有重大变化，原来从属于国民党的黄派和林派都有人转向支持民进党或亲民党。嘉义县派系与黑社会也有复杂关系，不少派系的主要人物本身就是黑道出身。

（11）台南县。台南县地方派系的发展过程大致是先在沿海的北门地区形成一股强大的政治与经济势力，称为“北门派”，也称“海派”（陈华宗）。为对抗北门派，位于山区一带有实力的地方人士组成“三新派”（杨群英），后来演化成“山派”或“胡派”（胡龙宝），山派在发展过程中又分化出“高派”（高育仁）。海派较具党外意识，山派则一直坚持支持国民党。由于民进党的陈唐山与苏焕智长期经营地方，分别形成台南县唐派与苏派两大民进党基层势力。

（12）高雄县。高雄县主要分为红、白、黑三大派系。在高雄县第一届县长选举中，国民党提名的洪荣华支援者以洪的谐音“红”为标志，助选员一律戴上红帽；非国民党的陈新安，戴白帽以区分双方阵营，由此形成高雄县红派与白派两大派系。在地方具有较高社会声望的余登发凝聚一批非国民党人士组成第三势力，被称为“黑派”，并最终形成“泛蓝”的红派与白派对抗“泛绿”的黑派的格局。

（13）屏东县。屏东县既有国民党内的地方派系张派（张山钟）和林派（林石城），也有民进党内的两大派系邱派（邱连辉、邱茂男、邱仪莹）和苏派（苏贞昌、苏嘉全、吴庆亮），以及黑道势力郑太吉等帮派。

（14）花莲县。花莲县地方派系比较特殊，主要由客家派与闽南派两大族群势力构成。客家派最初领导者为林茂盛与黄金凤，闽南派最初领导者为杨仲鲸与黄福寿，但地方政坛仍属于国民党或“泛蓝”的势力范围，

（15）台东县。台东县是一个移民县，早期台东县地方政坛主要以闽、客籍划分势力，形成不同的外地派系如台中派（洪挂）、云林派（许添枝）与台南派（王锡五）等，后又发展出黄派（黄拓荣）、吴派（吴金玉）、郑派或少壮派（郑烈）、饶派（饶颖奇）、徐派（徐庆元）等派系。当前各派系主要在国民党、亲民党之间游移。

（16）澎湖县。地方派系对澎湖县政治生态的影响有限，早期澎湖县的地方派系主要有北派（高顺贤）、南派（郭石头）、西（兰）派（郑大洽）、东（许）派（许记盛），其中西派与东派分别从北派和南派中分出。当前主要派系为许素叶派（许素叶、王乾同），地方派系的立场“偏蓝”。

（17）基隆市。基隆市地方派系势力相对较弱，主要有谢派（谢贯一、谢清云）、苏派（又称“文协派”，蔡炳煌、林金生、苏德良）、陈派（又称“主流派”，陈正雄）等派系，以及新兴的许派（许财利），地方派系的立场“偏蓝”。

（18）台中市。台中市早期有林派（林金标）、邱派（邱钦洲）两大派系，后来张派（张启仲）取代林派，赖派（赖荣木、赖荣松）取代邱派，进而出现廖派（廖荣祺），形成国民党掌控的三大派系，党外则出现了何派（何春木）。

（19）嘉义市。1982 年嘉义市恢复为省辖市，原在嘉义市无党籍的“许家班”（许世贤）成为嘉义市政坛最大势力，后形成无党派的“许家班”（代表人物张博雅、张文英）、“萧家班”（萧登旺、萧登标）两个地方派系与国民党、民进党两个政党的权力之争，“许家班”倾向支持民进党，“萧家班”则属于国民党势力范围。

（20）台南市。台南市一直没有影响较大的地方派系，较有影响的小派系有安南派（辛文炳、黄业）、辛派（辛文炳）、黄派（黄业）、文协派（韩石泉、沈荣）、林派（林全义、林全兴）、叶派（叶廷珪）、欧派（欧云明）、王派（王奕棋）、苏派（苏南成）等。民进党在台南市也有不同的派系或势力，一是蔡介雄领导的“美丽岛系”，二是“立法委员”黄昭凯等人所主导的“新潮流系”。三是张灿洪领导的“台独联盟”。

（21）高雄市。高雄市地方派系主要由家族势力与同乡势力两大类派

系构成，主要派系包括在地旧派（陈启川、林迦）、在地新派（陈启清、陈田锚）、王派（王玉云）、朱派（朱安雄）、台南派（吴钟灵、陈武璋）、澎湖派（谢挣强、黄尧）与嘉义派（张俊雄）等。家族势力的在地新派、王派（王玉云）、朱派等倾向于支持国民党，同乡势力的派系则倾向于支持民进党。

（二）地方派系在选举中作用的变化

地方派系在选举中与政党合作，实现利益共享，曾是台湾选举发展中的一个突出特点。

国民党在瓦解了全岛型的本土地方派系之后，与县市级地方派系和乡镇级地方派系的关系，可分为互相尊重型、党部主导型、派系主导型和尖锐对立型4种类型，但无论哪一种类型，都以实现通过党务系统操作、扩大和加强地方组织、利用派系把握选民为目标，并在多数情况下能够有效操控地方派系。

民进党主要通过党内派系的运作，建立本党的地方派系网络，并吸收一些来自国民党地方派系的“带枪投靠者”，与地方派系的关系可以分为党内山头与地方派系合作、以明星效应建立超越地方界限的党内大山头和与非国民党传统派系既联合又斗争3种类型。

亲民党地方组织系统薄弱，无法像国民党一样利用组织系统控制地方派系，但宋楚瑜在国民党内经营多年，积累了与地方派系打交道的经验，又在台湾省长任内与各地的地方派系建立了密切关系，能够在一些县市地方派系的争夺上与国民党抗衡，但所起的作用恰恰是导致传统地方派系分裂或削弱，新兴派系又不够稳定。

新党对地方派系持排斥态度，希望以超越派系的清新形象赢得选民支持，并且在1995年的“立法委员”选举中，在一些国民党地方派系组织雄厚的县市夺得席位，打破了国民党的“派系神话”。但是缺乏地方组织尤其是基层组织，以及无法得到地方派系的支持，又成为新党的致命弱点，使其难逃泡沫化的厄运。

“台联党”有李登辉经营地方的经验，但是亦缺乏地方组织，在地方派系力量的动员方面，只能依靠李登辉的“老面子”和老关系，并且往往难以有较大成效。

2000年以后，两大阵营的阵线日益分明，多数县市出现地方派系分割、重组局面，使地方派系在选举中的作用，发生了重大变化。

首先，各政党在重大选举如“立法委员”、县市长选举中，提名候选人主要考虑的大多不再是地方派系利益，而是以能否超越派系作为重要的标准。传统的地方派系轮流执政的局面，基本被打破。尤其是国民党、民进党都实行党内初选加民意调查的提名方式后，政党与派系协商提名候选人的做法，已经逐渐退出政治舞台。

其次，大规模的“查贿”行动和“反黑金”浪潮，对传统的派系动员方式产生重大冲击，依靠买票和黑道势力介入选举的做法逐渐失灵，尽管以更隐蔽方式进行的买票依然存在，但是对选举已经难以起到决定性作用，派系动员也不得不更依赖于候选人长期经营地方、服务地方的“人情”关系。

再次，地方派系与各政党的关系，大多进入微妙期。地方派系的不断摇摆、分割和掣肘，以及动员力量的下降，使各政党与地方派系合作的期望值不断降低，信任度持续下降；地方派系亦希望在新的政党生态下左右逢源，谋求利益最大化，所以经常可以看到同一地方派系的重量级人物分别支持不同政党候选人的现象。在这样的形势下，各地方派系与主要政党的从属或合作关系，纷纷生变。由此导致的结果，恰恰是地方派系在选举中的地位进一步下降。

最后，由于各政党大多关注县市级以上的选举，在县市议员以及乡镇市长、乡镇市民代表会代表、村里长等选举中，还是为地方派系的发展和竞争留下了一定的空间。地方派系之所以还能生存，一个重要的因素就是乡镇级的派系还有可以扎根的土壤。在基层选举方面，无论是国民党还是民进党，对地方派系基本秉持纵容、尊重或礼让态度，无须过多的讨价还价。而正是在这一方面，国民党的传统优势依然存在，并能够保证国民党在基层选举中次次“大胜”；民进党也不断攀升，每次基层选举都能有所进步；亲民党、新党和“台联党”，则基本成了县市议员和基层选举的“局外者”。

尽管地方派系在台湾选举中的作用已发生重大变化，但是地方派系作为选举中的一个重要因素，在未来的选举中还会有一定影响，各政党在选举策略选择方面，也不能完全置地方派系于不顾。地方派系也会在新的竞争形势下重新定位，谋求新的发展机会。

第七章 “立法委员”选举的技术性比较

2007年2月，单一选区两票制下的台湾“立法委员”（简称“立委”）选举选区划分确定，并将在2008年1月12日举行的“立委”选举中实行（对于台湾“中选会”2007年7月确定的选举日期，还存在争议，可能改变）。尽管“立委”选举要在新的制度框架下进行，但是仍与此前的选票结构和席次分布有密切关系，需要对2001年和2004年“立委”选举情况进行比较分析，① 以实例说明候选人提名、配票等技术因素对“立委”选举的影响。

第一节 各政党得票数的变化

2001年“立委”选举，参加投票选民有10469005人，投票率66.16%，有效选票10327855张。2004年“立委”选举，参加投票选民有9796299人，投票率59.16%，有效选票9717359张，与2001年相比，投票选民减少672706人，投票率降低7个百分点，有效选票减少610496张。两次“立委”选举的选票分布情况，可以作为新选区划分下选举竞争态势的重要依据。

（一）2001年和2004年“立委”选举各政党的得票

2001年“立委”选举各政党的总得票数为：国民党2973060票，亲民党1917836票，新党269620票，民进党3447740票，“台联党”801560票，无党籍候选人918039票。各政党在各选区的得票数，见表7－1。

① 本章涉及的选举数据，来自台湾政治大学选举研究中心与“中央选举委员会”共同建立的“台湾选举类别与结果线上浏览”；各政党的得票率等，采自洪永泰、林琼珠、刘玉婷编著《2004年台湾政治纪实》。

表7-1 2001年“立委”选举各选区选票分布情况表

选区名称	国民党	亲民党	新党	民进党	“台联党”	无党籍等	小计
台北市一	128520	133000	42987	215047	40412	59136	619102
台北市二	127604	137000	58913	200596	25407	52680	602200
高雄市一	88132	70742	15172	143767	44415	27962	390190
高雄市二	75494	39038	4700	111870	37612	35190	303904
台北县一	103957	111784	8580	157658	50027	66256	498262
台北县二	165500	116786	7584	228564	48628	33897	600959
台北县三	137926	166576	39027	144885	20248	78590	587252
桃园县	234625	183549	15408	270178	60561	22321	786642
新竹市	41215	46188	10139	39874	21531	2821	161768
新竹县	64673	40842	2734	52175	23307	20376	204107
苗栗县	102771	44432	5827	35307	17859	52918	259114
台中市	111947	114646	12792	141253	42114	9820	432572
台中县	232347	123419	10446	229899	30361	35197	661669
彰化县	229274	102243	3072	181623	49056	49162	614430
南投县	95497	29007	960	89933	21549	10308	247254
云林县	126781	35612	1183	118804	20851	35193	338424
嘉义市	36730	14097	576	38043	16822	13702	119970
嘉义县	77539	23201	829	76525	22728	60878	261700
台南市	78914	49369	1540	132242	37141	29097	328303
台南县	210971	37645	1015	244005	21687	17534	532857
高雄县	179370	83701	1997	204165	80531	28966	578730
屏东县	76779	29849	493	172347	30457	99849	409774
基隆市	29051	52778	10743	40783	15535	23184	172074
宜兰县	63259	27359	0	97458	8416	7554	204046
花莲县	44622	31779	1851	35795	3900	0	117947
台东县	30255	16660	430	21866	1945	0	71156
澎湖县	/	5519	330	11617	0	22556	40022
金门县	3923	5874	10292	1413	0	3523	25025
连江县	1986	2566	0	0	0	0	4552
平地原住民选区	37464	20537	0	5481	4368	476	68326
山地原住民选区	35934	22038	0	4567	4092	18893	85524
合计	2973060	1917836	269620	3447740	801560	918039	10327855

2004年“立委”选举各政党的总得票数为：国民党（包括新党）3202218票，亲民党1350613票，民进党3471429票，“台联党”756712票，无党团结联盟353164票，无党籍候选人583223票。各政党在各选区的得票数，见表7-2。

表7-2 2004年“立委”选举各选区选票分布情况表

选区名称	国民党	亲民党	民进党	“台联党”	无盟	无党籍等	小计
台北市一	204908	100121	217337	33861	0	53147	609374
台北市二	192397	104828	197919	36431	272	56398	588245
高雄市一	86403	54942	149076	40326	2702	30136	363585
高雄市二	42538	40551	114064	35554	1561	38237	272505
台北县一	131901	86992	154778	56498	584	845	431598
台北县二	200966	68913	224716	51833	995	2101	549524
台北县三	219387	117456	162372	28413	0	3754	531382
桃园县	294379	100004	251785	49168	31070	10437	736843
新竹市	40172	31507	37841	27568	0	9940	147028
新竹县	80463	38339	69485	0	0	0	188287
苗栗县	103193	44315	80482	7683	0	4134	239807
台中市	128497	73294	127260	34565	7344	27206	398166
台中县	232310	55419	225689	38399	46111	34444	632372
彰化县	229785	74367	173735	29145	42055	93858	642945
南投县	59479	30914	64262	29448	16447	15176	215726
云林县	99475	28817	101573	33053	6256	80688	349862
嘉义市	47308	0	31193	24211	495	0	103207
嘉义县	95019	7407	112698	16154	7909	11079	250266
台南市	86191	44004	131252	32966	14093	8389	316895
台南县	155976	25062	226556	26066	48634	25872	508166
高雄县	158349	70036	233784	58407	8280	16328	545184
屏东县	115348	11245	170112	37383	50029	9632	393749
基隆市	36073	52840	34129	21370	0	6257	150669
宜兰县	52533	33212	98916	0	0	0	184661
花莲县	0	28761	26257	3430	2437	34883	95768
台东县	38178	0	23551	0	0	259	61988
澎湖县	0	0	14933	0	22650	250	37833
金门县	12137	0	1329	0	5544	3436	22446
连江县	0	1751	196	0	0	2504	4451
平原原住民选区	28010	13337	8364	1061	11997	472	63241
山地原住民选区	30843	12179	5785	3719	25699	3361	81586
合计	3202218	1350613	3471429	756712	353164	583223	9717359

2004年“立委”选举各主要政党的得票数，与2001年“立委”选举相比，国民党和新党减少40462票，亲民党减少567223票，民进党增加23689票，“台联党”减少44848票。分选区比较，31个选区中，国民党和新党在13个选区得票增加，18个选区得票减少；亲民党在4个选区得

票增加，27 个选区得票减少；民进党在 14 个选区得票增加，17 个选区得票减少；“台联党”在 12 个选区得票增加，3 个选区无变化，16 个选区得票减少（各政党得票数增减情况，见表 7－3）。

表 7－3 “立委”选举各政党在各选区得票增减情况表（2004 年与 2001 年相比）

选区名称	国民党	亲民党	民进党	“台联党”	选民基础
台北市一	＋33401	－32879	＋2290	－6551	蓝
台北市二	＋5880	－32172	－2677	＋11024	蓝
高雄市一	－16901	－15800	＋5309	－4089	绿
高雄市二	－37656	＋1513	＋2194	－2058	绿
台北县一	＋19364	－24792	－2880	＋6471	偏蓝
台北县二	＋27882	－47873	－3848	＋3205	偏绿
台北县三	＋42434	－49120	＋17487	＋8165	蓝
桃园县	＋44346	－83545	－18393	－11393	蓝
新竹市	－11182	－14681	－2033	＋6037	蓝
新竹县	＋13056	－2503	＋17310	－23307	蓝
苗栗县	－5405	－117	＋45175	－10176	蓝
台中市	＋3758	－41352	－13993	－7549	偏蓝
台中县	－10483	－68000	－4210	＋8038	偏蓝
彰化县	－2561	－27876	－7888	－19911	偏蓝
南投县	－36978	＋1907	－25671	＋7899	偏绿
云林县	－28489	－6795	－17231	＋12202	偏绿
嘉义市	＋10002	－14097	－6850	＋7389	偏绿
嘉义县	＋16651	－15794	＋36173	－6574	偏绿
台南市	＋5737	－5365	－990	－4175	绿
台南县	－56010	－12583	－17449	＋4379	绿
高雄县	－23018	－13665	＋29619	－22124	绿
屏东县	＋38076	－18604	－2235	＋6926	偏绿
基隆市	－3721	＋62	－6654	＋5835	蓝
宜兰县	－10726	＋5853	＋1458	－8416	偏绿
花莲县	－46473	－3018	－9538	－470	蓝
台东县	＋7493	－16660	＋1685	－1945	蓝
澎湖县	－330	－5519	＋3316	0	偏蓝
金门县	－2078	－5874	－84	0	蓝
连江县	－1986	－815	＋196	0	蓝
平原原住民选区	－9454	－7200	＋2883	－3307	蓝
山地原住民选区	－5091	－9859	＋1218	－373	蓝
合计	－40462	－567223	＋23689	－44848	/

进一步的比较可以看出，选民基础“蓝”或“偏蓝”的19个选区，国民党和新党在8个选区得票增加，11个选区得票减少；亲民党在1个选区得票增加，18个选区得票减少；民进党在9个选区得票增加，10个选区得票减少；“台联党”在6个选区得票增加，3个选区无变化，10个选区得票减少。选民基础“绿”或“偏绿”的12个选区中，国民党和新党在5个选区得票增加，7个选区得票减少；亲民党在3个选区得票增加，9个选区得票减少；民进党在5个选区得票增加，7个选区得票减少；“台联党”在6个选区得票增加，6个选区得票减少。综合计算，国民党和新党在选民基础“蓝”或“偏蓝”的19个选区得票增加70968张，在选民基础“绿”或“偏绿”的12个选区得票减少111430张，显示出国民党和新党在巩固“泛蓝”票源方面卓有成效，在选民基础不利于本政党的选区开拓票源乏力。亲民党在选民基础“蓝”或“偏蓝”的19个选区得票减少425920张，在选民基础“绿”或“偏绿”的12个选区得票减少141303张，选民基础“蓝”或“偏蓝”选区流失的选票远高于选民基础“绿”或“偏绿”选区，显示的应是支持“泛蓝”选民的“回流”（转向支持国民党）趋势。民进党在选民基础“蓝”或“偏蓝”的19个选区得票增加23210张，在选民基础“绿”或“偏绿”的12个选区得票增加479张，显示出民进党的票源基本稳定，并在选民基础不利于本政党的选区开拓票源方面略有进展。“台联党”在选民基础“蓝”或“偏蓝”的19个选区得票减少39412张，在选民基础“绿”或“偏绿”的12个选区得票减少5436张，选民基础“绿”或“偏绿”选区流失的选票低于选民基础“蓝”或“偏蓝”选区，表明“台联党”重在稳固本党已有票源，并且取得了一定成效。

（二）两大阵营得票数的变化

各政党在两次“立委”选举中的得票，按照阵营划分（见表7－4），2001年“泛蓝”阵营得票为5160516票，“泛绿”阵营得票为4249300票，“泛蓝”比“泛绿”多得911216票；2004年“泛蓝”阵营得票为4552831票，“泛绿”阵营得票为4228141票，“泛蓝”比“泛绿”多得324690票。在得票数方面，“泛蓝”还占有一定优势，但是两大阵营的得票差距已明显缩小。

表7－4 2001年与2004年“立委”选举两大阵营得票数变化表

选区名称	2001年		2004年		2004年比2001年增减	
	“泛蓝”	“泛绿”	“泛蓝”	“泛绿”	“泛蓝”	“泛绿”
台北市一	304507	255459	305029	251198	+522	-4261
台北市二	323517	226003	297225	234350	-26292	+8347
高雄市一	174046	188182	141345	189402	-32701	+1220
高雄市二	119232	149482	83089	149618	-36143	+136
台北县一	224321	207685	218893	211276	-5428	+3591
台北县二	289870	277192	269879	276549	-19991	-643
台北县三	343529	165133	336843	190785	-6686	+25652
桃园县	433582	330739	394383	300953	-39199	-29786
新竹市	97542	61405	71679	65409	-25863	+4004
新竹县	108249	75482	118802	69485	+10553	-5997
苗栗县	153030	53166	147508	88165	-5522	+34999
台中市	239385	183367	201791	161825	-37594	-21542
台中县	366212	260260	287729	264088	-78483	+3828
彰化县	334589	230679	304152	202880	-30437	-27799
南投县	125464	111482	90393	93710	-35071	-17772
云林县	163576	139655	128292	134626	-35284	-5029
嘉义市	51403	54865	47308	55404	-4095	+539
嘉义县	101569	99253	102426	128852	+857	+29599
台南市	129823	169383	130195	164218	+372	-5165
台南县	249631	265692	181038	252622	-68593	-13070
高雄县	265068	284696	228385	292191	-36683	+7495
屏东县	107121	202804	126593	207495	+19472	+4691
基隆市	92572	56318	88913	55499	-3659	-819
宜兰县	90618	105874	85745	98916	-4873	-6958
花莲县	78252	39695	28761	29687	-49491	-10008
台东县	47345	23811	38178	23551	-9167	-260
澎湖县	5849	11617	0	14933	-5849	+3316
金门县	20089	1413	12137	1329	-7952	-84
连江县	4552	0	1751	196	-2801	+196
平原原住民选区	58001	9849	41347	9425	-16654	-424
山地原住民选区	57972	8659	43022	9504	-14950	+845
合计	5160516	4249300	4552831	4228141	-607685	-21159

两大阵营2004年的得票，都少于2001年，但“泛蓝”阵营减少607685票，“泛绿”阵营只减少21159票。31个选区中，“泛蓝”只在5个选区得票增加，26个选区得票减少；“泛绿”在15个选区得票增加，16

个选区得票减少。“泛蓝”阵营在选民基础“蓝”或“偏蓝”的19个选区得票减少354952张（2个选区得票增加，17个选区得票减少），在选民基础“绿”或“偏绿”的12个选区得票减少252733张（3个选区得票增加，9个选区得票减少），选民基础“蓝”或“偏蓝”选区流失的选票高于选民基础“绿”或“偏绿”选区，似可显示支持“泛蓝”选民的“固盘”意识并不是很强。“泛绿”阵营在选民基础“蓝”或“偏蓝”的19个选区得票减少16202张（9个选区得票增加，10个选区得票减少），在选民基础“绿”或“偏绿”的12个选区得票减少4957张（6个选区得票增加，6个选区得票减少），选民基础“蓝”或“偏蓝”选区减少的选票高于选民基础“绿”或“偏绿”选区，显示的则是支持“泛绿”选民的强烈“固盘”意识。

由两次“立委”选举各政党及各大阵营得票情况的变化可以看出，在争取“选票极大化”方面，民进党占明显优势，能够在投票率降低的形势下得票数不减反增；国民党、新党有明显进步，在投票率降低的形势下得票数只有小幅度减少；“台联党”略有退步，但是尚能保持基本稳定；亲民党则明显退步，呈现选票大量流失趋势。“泛绿”阵营虽受表现平平的“台联党”影响，但在“选票极大化”方面的成效，还是略高于“泛蓝”阵营。新党的“泡沫化”和亲民党的“辉煌不再”，使国民党面临更严峻的形势，要在“选票极大化”方面继续进步，“固盘”即保住“泛蓝”阵营的基本得票固然重要，但是更重要的应是在选民基础“绿”或“偏绿”的12个选区努力开拓票源，所以已经有人指出，国民党在新一届“立委”选举中能否取胜，关键并不在于台湾北部、中部和“离岛”各县市，而是在于高雄等南部各县市。

第二节　候选人人数与当选席次的关系

计算2001年和2004年两次“立委”选举的有效票数，176席区域和原住民席位，2001年每个席位平均58681票，2004年每个席位平均55212票。

按照每个席位平均58681票的标准推算，2001年以“泛蓝”各政党的总得票数应得88席，实际得到89席，“超额”得到1席（其中国民党应得51席，实得53席，“超额”得到2席；亲民党应得33席，实得35席，

“超额”得到2席；新党应得4席，实得1席，“缺额”3席）；以“泛绿”各政党的总得票数应得73席，实际得到77席，“超额”得到4席（其中民进党应得59席，实得69席，“超额”得到10席；“台联党”应得14席，实得8席，“缺额”6席）；无党籍候选人等应得15席，实际得到10席，“缺额”5席。

按照每个席位平均55212票的标准推算，2004年以“泛蓝”各政党的总得票数应得82席，实际得到89席，“超额”得到7席（其中国民党、新党应得58席，实得62席，“超额”得到4席；亲民党应得24席，实得27席，“超额”得到3席）；以“泛绿”各政党的总得票数应得77席，实际得到77席，没有“超额”所得（其中民进党应得63席，实得70席，“超额”得到7席；“台联党”应得14席，实得7席，“缺额”7席）；无党团结联盟和无党籍候选人等应得17席，实际得到10席，“缺额”7席。

尽管两大阵营在两次“立委”选举中实际所得席位变化不大（加上不分区“立委”，2001年“泛蓝”115席，“泛绿”100席，无党籍等10席；2004年“泛蓝”114席，“泛绿”101席，无党籍等10席），但从每个席位平均票数推算的应得席位与实际所得席位的差距，可以明显看出“泛蓝”阵营2004年的表现好于2001年（2001年“超额”1席，2004年“超额”7席），“泛绿”阵营2004年的表现则不如2001年（2001年“超额”4席，2004年持平）。也就是说，“泛绿”阵营虽然在“选票极大化”方面占一定优势，但并未始终如一地带来“席次极大化”（能够得到较多“超额席位”）的结果。通过提名候选人与当选结果的比较，可以部分解释其中的原因。

（一）候选人“蓝多绿少”的结果

2001年“立委”选举，共有455名候选人竞逐176席区域、原住民“立委”席位；各政党提名的不分区和侨选“立委”候选人129人，候选人共计584人（各政党提名候选人人数及当选情况，见表7-5）。在455名区域、原住民“立委”候选人中，“泛蓝”各政党候选人共计192人，“泛绿”各政党候选人共计122人，呈现“蓝多绿少”特征。

表 7－5　2001 年“立委”选举候选人及当选情况统计表

类别	国民党	亲民党	新党	民进党	“台联党”	无党籍等	小计
区域、原住民候选人数	99	62	31	83	39	141	455
当选人数	53	35	1	69	8	10	176
当选率（%）	53.5	56.5	3.2	83.1	20.5	7.1	38.7
其中现任“立委”人数	66	16	6	39	0	17	144
落选人数	25	1	6	5	0	13	50
落选率（%）	37.9	6.3	100.0	12.8	0	76.5	34.7
不分区候选人数	39	23	8	23	15	0	108
当选人数	13	9	0	15	4	0	41
侨选候选人数	8	5	2	5	1	0	21
当选人数	2	2	0	3	1	0	8
合计候选人数	146	90	41	111	55	141	584
当选人数	68	46	1	87	13	10	225
当选率（%）	46.6	51.1	2.4	78.4	23.6	7.1	38.5

从候选人当选的总体情况看，民进党提名候选人当选率最高（78.4%），其次是亲民党（51.1%）和国民党（46.6%），“台联党”提名候选人当选率较低（23.6%），但最低的是新党（2.4%）。在区域、原住民“立委”选举中，民进党提名候选人当选率高达 83.1%；亲民党与国民党水平接近，提名候选人当选率分别为 56.5% 和 53.5%；“台联党”和新党提名候选人的当选率分别为 20.5% 和 3.2%。2001 年有 144 名时任“立委”在区域、原住民“立委”选举中争取连任，94 人连任成功（占争取连任者的 65.3%），50 人落选（占争取连任者的 34.7%），其中新党参选的 6 名时任“立委”全军覆没，无人当选；无党籍时任“立委”17 人参选，13 人落选；国民党则有 1/3 以上的时任“立委”落选（参选 66 人，25 人落选）；民进党落选的时任“立委”较少，参选的 39 人只有 5 人落选；亲民党落选的时任“立委”最少，参选的 16 人仅有 1 人落选。

在复数选区选举中，政党提名候选人当选率高，除了候选人本身的竞争表现外，还可表明政党提名候选人人数“适当”，较少出现本政党候选人之间的“排挤”效应；政党提名候选人当选率不高，除了政党和候选人竞争力不够等因素外，提名候选人过多，导致本政党候选人之间相互“排挤”，使选票过度分散或过度集中，都可能导致本政党所得席位减少。根据各政党在各选区的得票数、每个席位平均票数和该选区当选“立委”最低得票数，可以推算出各政党及无党籍候选人“低线可得席次”（按选区当选“立委”最低得票数计算）和“高线可得席次”（按选区每个席位平均票数计算）。候选人人数超过“低线可得席次”，应视为“超额提名”；候选人人数与“低线可得席次”相同，则为“满额提名”；候选人人数低于“低线可得席次”，则是“低额提名”。将候选人提名情况与选举的“实得席次”作比较，如果“实得席次”等于甚至高于“低线可得席次”，表明提名候选人人数“适当”；如果“实得席次”只是等于“高线可得席次”或低于“高线可得席次”，则表明未能很好把握提名候选人人数，在“排挤效应”下造成了选票的浪费（单一席次的选区和只提名1名候选人的选区除外）。按照这样的方法，可以对“立委”选举中的政党提名候选人情况作具体分析（“泛蓝”各政党的情况，见表7－6；“泛绿”各政党的情况，见表7－7）。

国民党在2001年“立委”选举中，在1个选区未提名候选人，在6个选区各只提名1名候选人（在4个选区当选），在另外的24个选区中，11个选区“超额提名”（除新竹市超额2人外，其他选区都超额1人），12个选区“满额提名”，只有1个选区是“低额提名”。“超额提名”的11个选区中，4个选区得到“低线可得席次”，5个选区得到“高线可得席次”，2个选区低于“高线可得席次”（未得席次）。“满额提名”的12个选区，2个选区得到“低线可得席次”（均为只提名2名候选人），6个选区得到的是“低线可得席次”与“高线可得席次”之间的席位，3个选区得到“高线可得席次”，1个选区低于“高线可得席次”；1个“低额提名”的选区，亦因候选人得票不均匀，只得到“高线可得席次”。由此可以看出，在“超额提名”和“满额提名”的选区中，至少17个选区有明显的本党候选人之间的“排挤现象”，导致所得席次减少。按照“低线可得席次”，国民党可得85席，但是在99名候选人参选的情况下，只得到53席，相差32席，因候选人提名过多损失的席位至少17席。

亲民党在2001年“立委”选举中，在15个选区各只提名1名候选人（在9个选区当选），在另外的16个选区中，7个选区“超额提名”（均超额1人），7个选区“满额提名”，2个选区“低额提名”。“超额提名”的7个选区中，4个选区得到“低线可得席次”，1个选区得到“高线可得席次”，2个选区未得席次。“满额提名”的7个选区，1个选区得到“低线可得席次”（只提名2名候选人），1个选区得到的是“低线可得席次”与

"高线可得席次"之间的席位，5个选区得到"高线可得席次"。2个"低额提名"的选区，候选人全部当选（得到的都是"低线可得席次"与"高线可得席次"之间的席位）。在"超额提名"和"满额提名"的选区中，至少9个选区有明显的本党候选人之间的"排挤现象"，同样导致所得席次减少。按照"低线可得席次"，亲民党可得51席，但是在62名候选人参选的情况下，只得到35席，相差16席，因候选人提名过多损失的席位至少9席。

新党在2001年"立委"选举中，在5个选区未提名候选人，在23个选区各只提名1名候选人（只在1个选区当选），另外3个选区，均为"超额提名"，使得本来应当能各得1席的3个选区，都未能得到席位。亲民党成立以后，新党的影响力下降尽管是难以改变的趋势，但是在可能赢得席次的选区提名候选人人数过多，酿成了新党除金门县以外候选人"全军覆没"的结局。

就"泛蓝"阵营而言，按照"低线可得席次"可得139席，实际上只得到89席，相差50席；除了国民党、亲民党、新党因提名候选人过多损失28席外，"泛蓝"候选人之间也产生了较强的"排挤"效应（至少在13个选区出现"泛蓝"候选人过多现象），影响了"泛蓝"的席次，使所得席位与前述整个"立委"选举每个席位平均票数计算的应得席次（88席）接近（只差1席），表明"泛蓝"各政党尽管在提名候选人中有一定失误，但还是维持了基本席位，只不过得到的"超额席位"较少。如果"泛蓝"各政党通过协商，对提名候选人能够实行"总量控制"，"泛蓝"阵营显然有可能得到更多的"超额席位"。

表7-6　2001年"泛蓝"各政党提名候选人数及当选结果比较表

选区划分	国民党			亲民党			新党		
	候选人数	可得席次	实得席次	候选人数	可得席次	实得席次	候选人数	可得席次	实得席次
台北市一★	4*	3-2	2##	4*	3-2	3#	3*	1-0	0###
台北市二★	4*	3-2	2##	4*	3-2	3#	3*	1-0	0###
高雄市一★	3*	2-1	2#	3*	2-1	0###	1	0-0	0
高雄市二★	3*	2-1	0###	1	1-0	1	1	0-0	0
台北县一★	4*	3-1	1##	2***	3-1	2	1	0-0	0
台北县二★	5*	4-2	3	3**	3-2	2##	1	0-0	0

续表

选区划分	国民党			亲民党			新党		
	候选人数	可得席次	实得席次	候选人数	可得席次	实得席次	候选人数	可得席次	实得席次
台北县三★	4＊	3－2	2##	4＊＊	4－2	3	2＊	1－0	0###
桃园县★	7＊＊	7－3	5	5＊＊	5－3	3##	1	0－0	0
新竹市	3＊	1－0	1#	2＊	1－0	1#	1	0－0	0
新竹县	1	1－0	1	2＊	1－0	1#	0	0－0	0
苗栗县	3＊	2－1	2#	1	1－0	1	1	0－0	0
台中市	3＊＊	3－1	2	2＊＊＊	3－1	2	1	0－0	0
台中县★	7＊＊	7－3	5	4＊＊	4－1	1##	1	0－0	0
彰化县★	7＊＊	7－3	4	3＊＊	3－1	1##	1	0－0	0
南投县	2＊＊＊	3－1	1##	1	1－0	1	1	0－0	0
云林县	4＊＊	4－2	2##	1	1－0	1	1	0－0	0
嘉义市	1	1－0	1	1	0－0	0	1	0－0	0
嘉义县	2＊＊	2－1	1##	1	0－0	0	1	0－0	0
台南市	2＊＊	2－1	2#	2＊	1－0	0###	1	0－0	0
台南县★	6＊＊	6－3	2###	1	1－0	1	1	0－0	0
高雄县★	5＊＊	5－2	3	2＊＊	2－1	2#	1	0－0	0
屏东县	2＊＊	2－1	2#	1	0－0	0	1	0－0	0
基隆市	1	1－0	1	1	1－0	1	1	0－0	0
宜兰县	2＊＊	2－1	1##	1	1－0	1	0	0－0	0
花莲县	2＊	1－0	0###	1	1－0	1	1	0－0	0
台东县	1	1－0	1	1	0－0	0	1	0－0	0
澎湖县	0	0－0	0	1	0－0	0	1	0－0	0
金门县	1	0－0	0	1	0－0	0	1	1－0	1
连江县	1	0－0	0	1	1－0	1	0	0－0	0
平原原住民选区	4＊＊	4－2	3	2＊＊	2－1	1##	0	0－0	0
山地原住民选区★	4＊	3－1	1##	3＊	2－1	1##	0	0－0	0
合计	99	85－37	53	62	51－19	35	31	4－0	1

说明：表中“可得席次”，半字线前是“低线可得席次”，即根据各政党在各选区得票数和该选区当选“立委”最低得票数计算的可得席次；半字线后是“高线可得席次”，即根据各政党在各选区得票数和该选区每个席位平均票数计算的可得席次；“＊”表示“超额提名”；“＊＊”表示“满额提名”；“＊＊＊”表示“低额提名”；“#”表示“实得席次”等于或高于“低线可得席次”，“##”表示“实得席次”等于“高线可得席次”，“###”表示“实得席次”低于“高线可得席次”或未得席位；“★”表示同一阵营提名候选人过多选区。表7－7、表7－9、表7－10同此。

民进党在2001年“立委”选举中，在1个选区未提名候选人，在11个选区各只提名1名候选人（在6个选区当选），另外的19个选区中，没有“超额提名”选区，8个选区“满额提名”，11个选区“低额提名”。“满额提名”的8个选区中，4个选区得到“低线可得席次”，3个选区得到的是“低线可得席次”与“高线可得席次”之间的席位，1个选区得到“高线可得席次”。“低额提名”的11个选区中，7个选区提名候选人全部当选，2个选区得到的是“低线可得席次”与“高线可得席次”之间的席位，2个选区得到“高线可得席次”。尽管在“满额提名”的选区中，至少4个选区有明显的本党候选人之间的“排挤现象”，导致所得席次减少，但是按照“低线可得席次”，民进党可得91席，在提名候选人只有83人的情况下，实际得到69席，相差22席，因“低额提名”多得的席位至少有7席。

“台联党”在2001年“立委”选举中，在3个选区未提名候选人，在20个选区各只提名1名候选人（在5个选区当选），另外8个选区中，7个选区“超额提名”，1个选区“满额提名”。“超额提名”的7个选区中，3个选区“台联党”总得票低于当选“立委”最低得票，候选人无当选可能；2个选区得到“低线可得席次”（只提名2名候选人）；2个选区（桃园县、彰化县）本来应当各得1席，但是都未能得到席位。“满额提名”的1个选区（高雄县），也只得到“高线可得席次”的1席。按照“低线可得席次”，“台联党”可得11席，因候选人提名过多损失的席位至少有2席。

表7-7 2001年“泛绿”各政党提名候选人数及当选结果比较表（附无党籍候选人情况）

选区划分	民进党			“台联党”			无党籍等		
	候选人数	可得席次	实得席次	候选人数	可得席次	实得席次	候选人数	可得席次	实得席次
台北市一	5**	5-3	4	1	1-0	1	15	1-0	0
台北市二★	5**	5-3	4	3*	0-0	0	18	1-0	1
高雄市一	3***	4-2	3	1	1-0	1	6	0-0	0
高雄市二	3**	3-1	3#	1	1-0	1	10	1-0	0
台北县一	4***	5-2	4	2*	1-0	1#	10	1-0	0
台北县二	4***	5-3	4	2*	1-0	1#	4	0-0	0
台北县三★	3***	4-2	3	2*	0-0	0	12	2-1	1
桃园县★	6***	8-4	5	3*	1-1	0###	4	0-0	0
新竹市	1	1-0	1	1	0-0	0	3	0-0	0
新竹县	1	1-0	1	1	0-0	0	1	0-0	0

续表

选区划分	民进党			“台联党”			无党籍等		
	候选人数	可得席次	实得席次	候选人数	可得席次	实得席次	候选人数	可得席次	实得席次
苗栗县	1	1-0	1	1	0-0	0	4	1-0	0
台中市	3***	4-2	2##	1	1-0	1	10	0-0	0
台中县	5***	7-3	4	1	0-0	0	3	1-0	1
彰化县★	4***	5-2	4	2*	1-0	0###	2	1-0	1
南投县	2***	3-1	2	1	0-0	0	4	0-0	0
云林县	3**	3-2	2##	1	0-0	0	2	1-0	1
嘉义市	1	1-0	1	1	0-0	0	1	0-0	0
嘉义县	2**	2-1	2#	1	0-0	0	3	1-0	1
台南市	3**	3-2	3#	1	1-0	1	4	0-0	0
台南县★	5***	6-4	5	3*	0-0	0	4	0-0	0
高雄县★	5***	6-3	3##	2**	2-1	1##	4	0-0	0
屏东县	4**	4-3	4#	1	0-0	0	6	2-1	1
基隆市	1	1-0	1	1	0-0	0	2	0-0	0
宜兰县★	3**	3-1	2	1	0-0	0	3	0-0	0
花莲县	1	1-0	1	1	0-0	0	0	0-0	0
台东县	1	0-0	0	1	0-0	0	0	0-0	0
澎湖县	1	0-0	0	0	0-0	0	1	1-0	1
金门县	1	0-0	0	0	0-0	0	1	0-0	0
连江县	0	0-0	0	0	0-0	0	0	0-0	0
平原原住民选区	1	0-0	0	1	0-0	0	1	0-0	0
山地原住民选区	1	0-0	0	1	0-0	0	3	2-0	2
合计	83	91-44	69	39	11-2	8	141	16-2	10

“泛绿”阵营按照“低线可得席次”可得102席，实际上得到77席，相差25席，差距小于“泛蓝”阵营的相差50席，原因在于民进党、“台联党”因提名候选人过多损失的席位较少（只有6席，大大低于“泛蓝”政党因提名候选人过多损失的28席），“泛绿”候选人之间产生较强“排挤”效应的选区（7个）也少于“泛蓝”阵营（13个）。“泛绿”阵营所得席位比前述整个“立委”选举每个席位平均票数计算的应得席次（73席）多4席，亦表明“泛绿”政党在取得“超额席位”方面表现不俗（民进党至少得到了7席“超额席位”，但是受“台联党”的影响，加上两党候选人之间的“排挤”因素等，抵消了3席“超额席位”）。

在两大阵营各政党的夹击下，其他政党和无党籍候选人尽管人数较多

（141 人），但是当选空间狭小，按照“低线可得席次”只有 16 席，能够有 10 名候选人当选，已经是不错的成绩。并且除了山地原住民选区外，在其他选区都只能当选 1 席（台北县三选区和屏东县选区按“低线可得席次”应能当选 2 席，由于选票不够集中，无党籍候选人也只当选了 1 席）。

（二）“总量控制”与“扩张性提名”对决

2004 年“立委”选举，共有 386 名候选人竞逐 176 席区域、原住民“立委”席位，候选人人数比 2001 年减少 69 人；各政党提名的不分区和侨选“立委”候选人 96 人，比 2001 年减少 33 人；候选人共计 492 人，比 2001 年减少 92 人（各政党提名候选人人数及当选情况，见表 7－8）。在 386 名区域、原住民“立委”候选人中，“泛蓝”各政党候选人共计 116 人，“泛绿”各政党候选人共计 122 人，已是“蓝少绿多”，其原因就在于“泛蓝”各政党对候选人提名人数进行了“总量控制”，“泛绿”各政党为达到“泛绿过半”目标，采用了“扩张型”提名策略。

表 7－8　2004 年“立委”选举候选人及当选情况统计表

类别	国民党	亲民党	无党团结联盟	民进党	“台联党”	无党籍等	小计
区域、原住民候选人数	75	41	26	92	30	122	386
当选人数	62	27	6	70	7	4	176
当选率（%）	82.7	65.9	23.1	76.1	23.3	3.3	45.6
其中时任“立委”人数	41	32	9	57	8	1	148
落选人数	4	9	4	14	4	1	36
落选率（%）	9.8	28.1	44.4	24.6	50.0	100.0	24.3
不分区候选人数	24	19	5	31	9	0	88
当选人数	15	6	0	16	4	0	41
侨选候选人数	5	5	1	6	1	0	18
当选人数	3	1	0	3	1	0	8
合计候选人数	104	65	32	129	40	122	492
当选人数	80	34	6	89	12	4	225
当选率（%）	76.9	52.3	18.8	69.0	30.0	3.3	45.7

从候选人当选的总体情况看，国民党（包括新党，下同）提名候选人当选率最高（76.9%），其次是民进党（69.0%），再次是亲民党（52.3%）和“台联党”（30.0%），最低的是无党团结联盟（18.8%）。

在区域、原住民“立委”选举中，国民党提名候选人当选率达到82.7%，比2001年提高近30个百分点；民进党提名候选人当选率76.1%，比2001年下降7个百分点；亲民党提名候选人当选率65.9%，比2001年提高9个百分点；“台联党”提名候选人当选率23.3%，比2001年提高近6个百分点；无党团结联盟提名候选人当选率23.1%，与“台联党”接近。2004年有148名时任“立委”在区域、原住民“立委”选举中争取连任（比2001年增加4人），112人连任成功（占争取连任者的75.7%），36人落选（占争取连任者的24.3%），其中“台联党”和无党团结联盟都有一半或近半时任“立委”落选，亲民党、民进党都有1/4左右的时任“立委”落选，只有国民党落选的时任“立委”较少，参选的41人只有4人落选。比较2001年和2004年两大阵营提名候选人的当选率，“泛蓝”阵营2004年的表现明显优于2001年，“泛绿”阵营2004年的表现则不如2001年。说明各政党提名候选人人数与可得席次、实得席次的关系（“泛蓝”各政党及无党团结联盟的情况，见表7－9；“泛绿”各政党的情况，见表7－10），可以对为什么出现这样的变化作出解释。

国民党、新党在2004年“立委”选举中，在3个选区未提名候选人，在8个选区各只提名1名候选人（在8个选区当选），在另外的20个选区中，2个选区“超额提名”，7个选区“满额提名”，11个选区“低额提名”。“超额提名”的2个选区，得到的都是“高线可得席次”。“满额提名”的7个选区中，5个选区得到“低线可得席次”（均为只提名2名候选人），1个选区得到的是“低线可得席次”与“高线可得席次”之间的席位，1个选区得到“高线可得席次”；“低额提名”的11个选区中，5个选区提名候选人全部当选，2个选区得到的是“低线可得席次”与“高线可得席次”之间的席位，4个选区得到“高线可得席次”。按照“低线可得席次”，国民党、新党可得85席，由于实行了候选人的“总量控制”，只有75名候选人参选，使候选人人数总体低于“低线可得席次”，尽管在“超额提名”和“满额提名”的选区中，4个选区仍有明显的国民党、新党候选人之间的“排挤现象”，但是“低额提名”选区中的5个选区提名候选人全部当选，弥补了这一损失，使国民党、新党所得席次达到62席，比2001年增加8席。

亲民党在2004年“立委”选举中，在4个选区未提名候选人，在17个选区各只提名1名候选人（在10个选区当选），在另外的10个选区中，

2个选区“超额提名”（均超额1人），8个选区“满额提名”。“超额提名”的2个选区中，1个选区得到“低线可得席次”，1个选区得到“高线可得席次”。“满额提名”的8个选区中，4个选区得到“低线可得席次”（只提名2名候选人），2个选区得到的是“低线可得席次”与“高线可得席次”之间的席位，2个选区得到“高线可得席次”。按照“低线可得席次”，亲民党可得32席，尽管提名候选人人数高于“低线可得席次”，但是有明显的本党候选人之间“排挤现象”的只有“超额提名”的1个选区（台北市一），总体影响不大，还是在亲民党声势下降的形势下得到了27席，比2001年减少8席。

就“泛蓝”阵营而言，按照“低线可得席次”可得117席，实际得到89席，相差28席，比2001年的相差50席缩小了22席。“泛蓝”阵营所得席位比前述整个“立委”选举每个席位平均票数计算的应得席次（82席）多7席，显示出“泛蓝”政党控制候选人人数的做法取得明显成效，尽管在11个选区仍存在“泛蓝”候选人之间的“排挤”效应，但是因候选人提名过多导致的席次损失已由2001年的28席降低到2004年的5席，尤其是在国民党的“低额提名”影响下，在获得“超额席位”方面有了重大进步。

无党团结联盟在2004年“立委”选举中，在8个选区未提名候选人，在18个选区各只提名1名候选人（在5个选区当选），在另外的5个选区中，各以2名候选人参选，只得到1席；其中平原原住民选区本可得到1个席位，但是在提名2名候选人的情况下，造成选票分散，2名候选人全部落选。按照“低线可得席次”，无党团结联盟可得8席，实际得到6席。对于一个新成立的政党而言，正是因为在提名候选人方面没有重大失误，才能有这样的成绩。

表7-9　2004年“泛蓝”各政党与无党团结联盟提名候选人数及当选结果比较表

选区划分	国民党/新党			亲民党			无党团结联盟		
	候选人数	可得席次	实得席次	候选人数	可得席次	实得席次	候选人数	可得席次	实得席次
台北市一★	3/1＊＊＊	5-3	4	3＊	2-1	1##	0	0-0	0
台北市二★	3/1＊＊＊	5-3	3##	3＊＊	3-1	2	1	0-0	0
高雄市一★	2/1＊	2-1	1##	1	1-0	1	1	0-0	0

续表

选区划分	国民党/新党			亲民党			无党团结联盟		
	候选人数	可得席次	实得席次	候选人数	可得席次	实得席次	候选人数	可得席次	实得席次
高雄市二	1	1-0	1	1	1-0	1	1	0-0	0
台北县一★	2/1＊＊＊	4-2	2##	2＊＊	2-1	2#	1	0-0	0
台北县二★	4＊＊＊	6-5	4###	2＊＊	2-1	2#	1	0-0	0
台北县三	3/1＊＊＊	5-3	4	3＊＊	3-2	2##	0	0-0	0
桃园县★	6/1＊＊＊	8-5	6	3＊＊	3-1	2	2＊	0-0	0
新竹市	1	1-1	1	1	1-0	1	0	0-0	0
新竹县	2＊＊	2-1	2#	1	0-0	0	0	0-0	0
苗栗县	2＊＊	2-1	2#	1	1-0	1	0	0-0	0
台中市★	2/1＊＊＊	4-2	2##	2＊＊	2-1	2#	1	0-0	0
台中县	5＊＊＊	6-4	5	1	1-0	1	1	1-0	1
彰化县★	5＊＊＊	6-3	4	2＊＊	2-1	1##	1	1-0	1
南投县	1	1-1	1	1	1-0	1	1	0-0	0
云林县	3＊＊	3-1	2	1	0-0	0	1	0-0	0
嘉义市	1	1-0	1	0	0-0	0	1	0-0	0
嘉义县★	3＊＊	3-1	1##	1	0-0	0	1	0-0	0
台南市	2＊＊	2-1	2#	1	1-0	1	1	0-0	0
台南县★	4＊	3-2	2##	1	0-0	0	1	1-0	1
高雄县★	3＊＊＊	4-2	2##	2＊＊	2-1	2#	2＊	0-0	0
屏东县	2＊＊	2-1	2#	1	0-0	0	1	1-0	1
基隆市	1	1-0	1	1	1-1	1	0	0-0	0
宜兰县	1	1-0	1	1	0-0	0	0	0-0	0
花莲县	0	0-0	0	1	1-0	1	1	0-0	0
台东县	1	1-0	1	0	0-0	0	0	0-0	0
澎湖县	0	0-0	0	0	0-0	0	1	1-0	1
金门县	0/1	1-0	1	0	0-0	0	1	0-0	0
连江县	0	0-0	0	1	0-0	0	0	0-0	0
平原原住民选区	2＊＊＊	3-1	2	2＊	1-0	1#	2＊	1-0	0###
山地原住民选区	2＊＊	2-1	2#	1	1-0	1	2＊＊	2-1	1##
合计	67/8	85-44	62	41	32-11	27	26	8-1	6

民进党在2004年“立委”选举中，在10个选区各只提名1名候选人（在5个选区当选），在另外的21个选区中，3个选区“超额提名”，15个选区“满额提名”，3个选区“低额提名”。“超额提名”的3个选区中，2个选区（新竹县、苗栗县）只有各得1席的实力，尽管都以2名候选人参

选，还是各保证了1名候选人当选，只有1个选区（彰化县）得到的是“低线可得席次”与“高线可得席次”之间的席位。“满额提名”的15个选区中，7个选区得到“低线可得席次”（均为提名3名或2名候选人选区），4个选区得到的是“低线可得席次”与“高线可得席次”之间的席位，4个选区得到“高线可得席次”。“低额提名”的3个选区中，2个选区提名候选人全部当选，1个选区得到“高线可得席次”（台北县二选区，6名候选人当选5人）。按照“低线可得席次”，民进党可得87席，由于民进党对选票增长抱过于乐观态度，在“泛绿”席次过半的目标下，又改变了严格控制提名候选人人数的谨慎做法，使候选人人数扩张，不仅出现了3个“超额提名”选区，“满额提名”选区也比2001年多了7个，“低额提名”选区则比2001年减少8个，使候选人总数（92人）超过了“低线可得席次”，造成至少在9个选区出现明显的本党候选人之间的“排挤现象”，导致所得席次减少，虽然有2个“低额提名”选区候选人全部当选作为弥补，还是损失了7个席位。

“台联党”在2004年“立委”选举中，在6个选区未提名候选人，在20个选区各只提名1名候选人（在5个选区当选），在另外5个选区中，按“低线可得席次”都只能得到1席，均以2名候选人参选，导致3个选区（台北县二、台中县、高雄县）无人当选，因候选人提名过多损失了3个席位。

表7-10　2004年“泛绿”各政党提名候选人数及当选结果比较表（附无党籍候选人情况）

选区划分	民进党			“台联党”			无党籍等		
	候选人数	可得席次	实得席次	候选人数	可得席次	实得席次	候选人数	可得席次	实得席次
台北市一	5***	6-3	5	1	1-0	0	9	1-0	0
台北市二★	5**	5-3	3##	1	1-0	1	16	1-0	1
高雄市一	3**	3-2	3#	1	1-0	1	5	0-0	0
高雄市二	3**	3-2	2##	1	1-0	1	4	1-0	0
台北县一★	4**	4-2	3	2*	1-1	1	2	0-0	0
台北县二★	6***	7-5	5##	2*	1-1	0	4	0-0	0
台北县三★	4**	4-2	3	1	0-0	0	8	0-0	0
桃园县★	7**	7-4	4##	2*	1-0	1	7	0-0	0
新竹市	1	1-0	1	1	0-0	0	5	0-0	0
新竹县	2*	1-1	1#	0	0-0	0	0	0-0	0
苗栗县★	2*	1-1	1#	1	0-0	0	4	0-0	0

续表

选区划分	民进党			“台联党”			无党籍等		
	候选人数	可得席次	实得席次	候选人数	可得席次	实得席次	候选人数	可得席次	实得席次
台中市	3＊＊	3－2	3#	1	1－0	1	8	0－0	0
台中县★	6＊＊	6－4	4##	2＊	1－0	0	7	0－0	0
彰化县★	5＊	4－2	3	1	0－0	0	5	2－1	1
南投县	2＊＊	2－1	2#	1	0－0	0	5	0－0	0
云林县★	3＊＊	3－1	2	1	1－0	1	9	2－1	1
嘉义市	1	1－0	1	1	0－0	0	0	0－0	0
嘉义县	3＊＊	3－1	3#	1	0－0	0	2	0－0	0
台南市	3＊＊	3－2	3#	1	0－0	0	4	0－0	0
台南县	5＊＊	5－3	5#	1	0－0	0	4	0－0	0
高雄县★	5＊＊＊	6－3	5	2＊	1－0	0	2	0－0	0
屏东县★	4＊＊	4－2	3	1	0－0	0	2	0－0	0
基隆市	1	1－0	1	1	0－0	0	1	0－0	0
宜兰县	2＊＊	2－1	2#	0	0－0	0	0	0－0	0
花莲县	1	1－0	1	1	0－0	0	2	1－0	0
台东县	1	0－0	0	0	0－0	0	1	0－0	0
澎湖县	1	0－0	0	0	0－0	0	1	0－0	0
金门县	1	0－0	0	0	0－0	0	1	0－0	0
连江县	1	0－0	0	0	0－0	0	1	1－0	1
平原原住民选区	1	1－0	1	1	0－0	0	1	0－0	0
山地原住民选区	1	0－0	0	1	0－0	0	2	0－0	0
合计	92	87－47	70	30	11－2	7	122	9－2	4

“泛绿”阵营按照“低线可得席次”可得117席，实际上得到77席，相差40席，差距大于“泛蓝”阵营的相差28席，原因在于民进党、“台联党”因提名候选人过多损失的席位增多（12席，高于“泛蓝”政党因提名候选人过多损失的5席，比2001年多损失6席），“泛绿”候选人之间产生较强“排挤”效应的选区（11个）也比2001年有所增加；两党在取得“超额席位”方面的优势和劣势相互抵消后，使“泛绿”所得席位与前述整个“立委”选举每个席位平均票数计算的应得席次（77席）持平，形成了较大的退步。

其他政党和无党籍候选人在2004年“立委”选举中尽管人数依然较多（122人），但是在无党团结联盟组党参选的形势下，当选空间更加狭小。按照“低线可得席次”，无党籍候选人等只可得9席，能够有4名候选人当选，实属不易。

(三)“超额提名”与“满额提名”的分析

归纳各政党在2001年和2004年“立委”选举的“超额提名”与“满额提名”例证，可以对两种提名可能出现的结果作简要总结。

在“超额提名”的情况下，“超额”的候选人必定不能当选，并且在提名候选人总数等于或超过3人时，即会出现“减席效应”，使提名政党所得席位少于按选区当选“立委”最低得票数计算的“低线可得席次”1席或1席以上。结合具体实例（综合2001年和2004年的实例，下同），可作进一步说明。

可得席次范围为“1－1”（前为“低线可得席次”，后为“高线可得席次”，下同）的选区，如果提名2名候选人（4例），一般能够当选1人（2004年民进党2例，“台联党”1例），但候选人也可能全部落选（2004年“台联党”1例）。可得席次范围为“1－0”的选区，在提名2名候选人的情况下（13例），取得1席（2001年亲民党、“台联党”各2例，2004年亲民党、“台联党”各1例）与得不到席位（2001年国民党、亲民党、新党、“台联党”各1例，2004年“台联党”2例、无党团结联盟1例）的机会大致均等。

可得席次范围为“2－1”的选区，提名候选人3名（7例），能够得到2席的情况较少（2001年国民党2例），更多的是只得1席（2001年亲民党1例，2004年国民党、亲民党各1例），甚至得不到席位（2001年国民党、亲民党各1例）。可得席次范围为“1－1”或“1－0”的选区，在提名3名候选人的情况下（3例），一般得不到席位（2001年新党、“台联党”各1例），或侥幸得到1席（2001年国民党1例）。

可得席次范围为“3－2”的选区，提名候选人4名（6例），虽可能得到3席（2001年亲民党2例），但必须采取“断尾”等措施，更多的情况是只能得到2席（2001年国民党3例，2004年国民党1例）。可得席次范围为“3－1”的选区，在提名4名候选人的情况下（2例），“减席效应”更为明显，只能得到1席（2001年国民党2例）。

可得席次范围为“4－2”的选区，提名候选人5名（2例），应只能得到3席（2001年国民党1例，2004年民进党1例）。

在席次范围更高的选区（如“5－3”、“6－4”、“7－3”的选区等）“超额提名”候选人，由于在两次“立委”选举中没有出现这样的实例，无法作具体分析，但是在这样的选区“满额提名”亦可能出现“减席效应”（详见下述），“超额提名”应有更明显的“减席效应”。

“满额提名”也可能因候选人得票不均匀而产生“减席效应”，并且提名候选人总数越多（等于或超过3人），“减席效应”越明显，亦可结合2001年和2004年的具体实例作进一步说明。

在可得席次范围为“2－1”的选区，多数政党为避免选票浪费，多选择提名2名候选人（21例），并且当选2席的机会较大（2001年国民党2例、亲民党、民进党各1例；2004年国民党5例，亲民党4例，民进党2例），但也可能出现只得1席的情况（2001年国民党2例、亲民党、“台联党”各1例，2004年亲民党、无党团结联盟各1例）。

在可得席次范围为“3－2”的选区，以3名候选人参选（7例），一般情况下只能得到2席（2001年亲民党、民进党各1例，2004年亲民党、民进党各1例）；如果辅之以“配票”手段，则可能得到3席（2004年民进党3例）。在可得席次范围为“3－1”的选区，以3名候选人参选（11例），多数情况是得到2席（2001年国民党、民进党各1例，2004年亲民党2例，国民党、民进党各1例），也难免出现只得1席的局面（2001年亲民党1例，2004年国民党1例）；但是在“配票”的情况下，亦能得到3席（2004年民进党3例）。

在可得席次范围为“4－3”的选区，以4名候选人参选（1例），辅以“配票”手段，能够得到4席（2001年民进党1例）。在可得席次范围为“4－2”的选区，以4名候选人参选（6例），即便“配票”也难以得到4席，多数情况是得到3席（2001年国民党、亲民党各1例，2004年民进党3例），并可能出现只得2席的局面（2001年国民党1例）。在可得席次范围为“4－1”的选区，“满额提名”的结果可能是只得1席（2001年亲民党1例）。

在可得席次范围为“5－3”的选区，以5名候选人参选（5例），辅以“配票”手段得到5席（2004年民进党1例）应是少有的特例，常态应得到4席（2001年民进党2例）或3席（2001年亲民党1例，2004年民进党1例）。在可得席次范围为“5－2”的选区，以5名候选人参选，则可能得到3席（2001年国民党1例）。

在可得席次范围为“6－4”的选区，以6名候选人参选（1例），可得4席（2004年民进党1例），“减席效应”明显。在可得席次范围为“6

-3”的选区，以6名候选人参选（1例），只得到2席（2001年国民党1例），“减席效应”更为突出。

在可得席次范围为“7-4”的选区，以7名候选人参选（1例），可得4席（2004年民进党1例），“减席效应”同样明显。在可得席次范围为“7-3”的选区，以7名候选人参选（3例），辅之以“配票”等手段，则可能得到5席（2001年国民党2例）或4席（2004年国民党1例）。

由此可以看出，在“满额提名”的选区，尤其是在提名候选人数超过3人的选区，要取得“满额”席位，“配票”成功与否是关键性因素，因为一旦出现选票集中现象，就可能将其他候选人“挤”出当选者行列。所以提名候选人人数的把握固然重要，但是没有其他技术性手段的配合，也可能出现灾难性后果。

第三节 “配票”的作用

如前所述，在复数选区选举中，“配票”已被各政党频繁使用。“立委”选举中的“配票”，在台湾选举中具有代表意义，应结合2001年和2004年选举实例，作一些分析。

（一）2001年的“配票”奇迹

在2001年“立委”选举中，民进党公开宣布在6个选区实行“配票”，1个选区地方党部主动配票，5个选区（高雄市一选区、南投县、台南市、台南县、屏东县）实现了“全垒打”（候选人全部当选）；在另2个选区（台北市一、二选区），民进党虽然没有实现“全垒打”，但是弱化了“满额提名”选区的“排挤效应”，提名的5名候选人有4人当选。此外，还有5个选区支持民进党的选民自动“配票”，其中3个选区（高雄市二选区和台北县一、三选区）成功，使民进党候选人全部当选；2个选区（台中市、云林县）“配票”效果不佳。国民党在3个选区主动“配票”，其中1个选区（台南市）成功，候选人全部当选；2个选区（南投县、宜兰县）效果不佳。支持国民党的选民还在7个选区自动“配票”，其中在2个选区（高雄市一选区、台中市）取得一定效果，在5个选区（台北市一、二选区和台北县三选区、台南县、高雄县）效果不佳。亲民党在2个选区（台北市一、二选区）主动“配票”都获得成功，在“超额提名”

的情况下得到了“高线可得席次”；但是支持亲民党的选民在彰化县自动“配票”效果不佳。支持新党的选民在台北市二选区自动“配票”同样效果不佳。支持“台联党”的选民自动“配票”，在台北县二选区使“台联党”得到了1个席位（具体情况，见表7－11）。

表7－11 2001年“立委”选举各政党配票情况表

选区划分	“泛蓝”	“泛绿”
台北市一	亲民党主动“配票”，4名候选人（“3－2”选区）3人当选；支持国民党的选民自动“配票”效果不佳，国民党4名候选人（“3－2”选区）2人当选。新党受他党“配票”影响，3名候选人（“1－0”选区）全部落选。	民进党公开“配票”，5名候选人（“5－3”选区）4人当选。
台北市二	亲民党主动“配票”，4名候选人（“3－2”选区）3人当选；支持国民党的选民自动“配票”效果不佳，国民党4名候选人（“3－2”选区）2人当选。支持新党的选民自动“配票”效果不佳，新党3名候选人（“1－0”选区）全部落选。	民进党公开“配票”，5名候选人（“5－3”选区）4人当选。
高雄市一	支持国民党的选民自动“配票”，国民党3名候选人（“2－1”选区）2人当选。亲民党受他党“配票”影响，3名候选人（“2－1”选区）全部落选。	民进党公开“配票”，3名候选人（“4－2”选区）全部当选。
高雄市二	国民党受他党“配票”影响，3名候选人（“2－1”选区）全部落选。	支持民进党的选民自动“配票”，民进党3名候选人（“3－1”选区）全部当选。
台北县一	国民党受他党“配票”影响，4名候选人（“3－1”选区）只有1名当选。	支持民进党的选民自动“配票”，民进党4名候选人（“5－2”选区）全部当选。

续表

选区划分	“泛蓝”	“泛绿”
台北县二		支持“台联党”选民自动“配票”，“台联党”2名候选人（“1－0”选区）1人当选。
台北县三	支持国民党的选民自动“配票”效果不佳，国民党4名候选人（“3－2”选区）2人当选。	支持民进党的选民自动“配票”，民进党3名候选人（“4－2”选区）全部当选。
桃园县	无“配票”“平局”	无“配票”“平局”
台中市	支持国民党的选民自动“配票”，国民党3名候选人（“3－1”选区）2人当选。	支持民进党的选民自动“配票”效果不佳，民进党3名候选人（“4－2”选区）2人当选。
台中县	无“配票”“平局”	无“配票”“平局”
彰化县	支持亲民党的选民自动“配票”效果不佳，亲民党3名候选人（“3－1”选区）只有1人当选。	
南投县	国民党“配票”效果不佳，2名候选人（“3－1”选区）只有1人当选。	民进党公开“配票”，2名候选人（“3－2”选区）全部当选。
云林县		支持民进党的选民自动“配票”效果不佳，民进党4名候选人（“4－2”选区）2人当选。
台南市	国民党主动“配票”，2名候选人（“2－1”选区）全部当选。亲民党受他党“配票”影响，2名候选人（“1－0”选区）全部落选。	民进党公开“配票”，3名候选人（“3－2”选区）全部当选。
台南县	支持国民党的选民自动“配票”效果不佳，国民党6名候选人（“6－3”选区）只有2人当选。	民进党公开“配票”，5名候选人（“6－4”选区）全部当选。
高雄县	支持国民党的选民自动“配票”效果不佳，国民党5名候选人（“5－2”选区）只有3人当选。	民进党无“配票”行为，5名候选人（“6－3”选区）只有3人当选。

续表

选区划分	“泛蓝”	“泛绿”
屏东县		民进党地方党部主动“配票”，4 名候选人（“4－3”选区）全部当选。
宜兰县	国民党“配票”效果不佳，2 名候选人（“2－1”选区）只有 1 人当选。	

综合计算，在 2001 年“立委”选举中政党主动“配票”11 例，成功 9 例，成功率 82. 8%；民进党（7 例）和亲民党（2 例）都是 100% 的成功率，国民党则只有 33. 3% 的成功率（成功 1 例，效果不佳 2 例）。支持各政党的选民自动“配票”15 例，有较好结果的 6 例（“泛绿”4 例，“泛蓝”2 例），占 40%；效果不佳的 9 例（“泛绿”2 例，“泛蓝”7 例）。

需要说明的是，所谓“配票”成功，只是相对而言，尤其在“配票”对“配票”的选区，会产生一定的抵消力，或出现“危局”，如民进党在高雄市一选区和台南市都与另一组候选人（国民党）的“配票”行为对阵，使民进党的一位候选人以“末位”进入当选者行列，险些落选；或各减 1 席，如台北市一、二选区民进党与亲民党都有较成功的“配票”行为，但都出现了各有 1 名候选人落选的局面。但是政党组织的“配票”与选民的自动“配票”对决，有组织的“配票”可能发挥强大功能，如在台南县国民党以高达 210000 张的选票只拿到区区 2 席，民进党则以 240000 票轻取 5 席，选民自动的“配票”与政党主导的“配票”有如此大的落差，足可被视为 2001 年“立委”选举“配票战”的经典之役。

在有“配票”行为的选区，不“配票”的政党往往处于极不利地位，2001 年“立委”选举至少出现了 4 例受“配票”影响某一政党提名候选人全部落选的极端事例（新党在台北市一选区，亲民党在高雄市一选区和台南市，国民党在高雄市二选区），凸现了“配票”的作用。

总体上看，在 2001 年“立委”选举中，民进党、亲民党在“配票”方面处于主动地位，国民党较为被动，并且成为受“配票”影响丢失席位最多的政党。

（二）2004年的“配票”平局

2004年“立委”选举，国民党、民进党、亲民党都积极采用“配票”手段（民进党、亲民党在一些选区的内部协调，实质上是不公开宣布的“配票”），形成了更为激烈的“配票战”。国民党在16个选区主动“配票”（其中5个选区与新党联合“配票”），9个选区（台北市一选区、台北县二选区、台北县三选区、桃园县、苗栗县、台中市、台中县、台南市、屏东县）成功，国民党候选人全部当选（桃园县、台中市以国民党身份参选的新党候选人落选）；7个选区（台北市二选区、高雄市一选区、台北县一选区、彰化县、嘉义县、台南县、高雄县）效果不佳。亲民党在4个选区“配票”或内部协调，其中3个选区（台北县一、二选区和台中市）成功，候选人全部当选，1个选区（台北县三选区）效果不佳；支持亲民党的选民在彰化县自动“配票”亦效果不佳。民进党在15个选区“配票”或内部协调，其中7个选区（台北市一选区、南投县、嘉义县、台南市、台南县、高雄县、宜兰县）成功，8个选区（台北县一、二、三选区及台北市二选区、高雄市二选区、桃园县、彰化县、屏东县）效果不佳。“台联党”本身无操控“配票”实力，但是与民进党在高雄市一选区、台中市联合“配票”获得成功，两党提名候选人全部当选。国民党和亲民党的地方党部在南投县联合“配票”也取得成功，使两党各取得1个席位（具体情况，见表7-12）。

综合计算，在2004年“立委”选举中政党主动“配票”（包括各党联合“配票”）38例，大大高于2001年的11例；成功22例，成功率57.9%，成功率比2001年下降近25个百分点；国民党、亲民党以及民进党、“台联党”的联合配票成功率最高（100%）；各政党“配票”的成功率，亲民党最高（75%），其次是国民党（包括新党，56.3%），民进党最低（46.7%）；按阵营比较，“泛蓝”各政党主动“配票”21例，成功13例，成功率61.9%；“泛绿”两党主动“配票”17例，成功9例，成功率52.9%。此外，支持政党的选民自动“配票”只有1例，并且效果不佳。也就是说，在主要政党都积极“配票”的形势下，选民的自动“配票”会大大减少，并且使民进党乃至“泛绿”阵营在“配票”方面由明显的优势变成了屈居劣势。

表 7－12 2004 年“立委”选举两大阵营配票结果对照表

选区划分	“泛蓝”	“泛绿”
台北市一	国民党、新党联合“配票”成功，4 名候选人（“5－3”选区）全部当选。亲民党受他党“配票”影响，3 名候选人（“2－1”选区）只 1 人当选。	民进党“配票”成功，5 名候选人（“6－3”选区）全部当选。“台联党”受他党“配票”影响，候选人落选。
台北市二	国民党、新党联合“配票”效果欠佳，4 名候选人（“5－3”选区）当选 3 人。亲民党主动“弃保”，3 名候选人（“3－1”选区）当选 2 人。	民进党“配票”效果欠佳，5 名候选人（“5－3”选区）当选 3 人。
高雄市一	国民党、新党联合“配票”效果欠佳，3 名候选人（“2－1”选区）当选 1 人。	民进党、“台联党”联合“配票”成功，两党 4 名候选人全部当选。
高雄市二	国民党、亲民党各以 1 名候选人参选，均当选。	民进党“配票”效果欠佳，3 名候选人（“3－2”选区）2 人当选。“台联党”以 1 名候选人参选并当选。
台北县一	国民党、新党联合“配票”效果欠佳，3 名候选人（“4－2”选区）当选 2 人。亲民党“配票”成功，2 名候选人（“2－1”选区）全部当选。	民进党“配票”效果欠佳，4 名候选人（“4－2”选区）3 人当选。
台北县二	国民党“配票”成功，4 名候选人（“6－5”选区）全部当选。亲民党内部协调成功，2 名候选人（“2－1”选区）全部当选。	民进党“配票”效果欠佳，6 名候选人（“7－5”选区）5 人当选。“台联党”受他党“配票”影响，2 名候选人（“1－1”选区）全部落选。
台北县三	国民党、新党联合“配票”成功，4 名候选人（“5－3”选区）全部当选。亲民党虽内部协调但 3 名候选人（“3－2”选区）1 人落选。	民进党“配票”效果欠佳，4 名候选人（“4－2”选区）3 人当选。
桃园县	国民党责任区“配票”成功，本党 6 名候选人全部当选，但新党候选人落选。亲民党主动“弃保”，3 名候选人（“3－1”选区）当选 2 人。	民进党“配票”效果欠佳，7 名候选人（“7－4”选区）4 人当选。

续表

选区划分	“泛蓝”	“泛绿”
苗栗县	国民党责任区“配票”成功，2名候选人（“2－1”选区）全部当选。	
台中市	国民党责任区“配票”成功，2名候选人（“4－1”选区）全部当选，但新党候选人落选。亲民党内部协调成功，2名候选人（“2－1”选区）全部当选。	民进党、“台联党”联合“配票”成功，两党4名候选人全部当选。
台中县	国民党“配票”成功，5名候选人（“6－4”选区）全部当选。	民进党、“台联党”未“配票”，民进党6名候选人（“6－4”选区）4人当选，“台联党”2名候选人（“1－0”选区）全部落选。
彰化县	国民党责任区“配票”效果欠佳，5名候选人（“6－3”选区）当选4人。支持亲民党的选民自动“配票”效果不佳，亲民党2名候选人（“2－1”选区）当选1人。	民进党“配票”效果欠佳，5名候选人（“4－2”选区）3人当选。
南投县	国民党、亲民党地方党部合作“配票”，使两党各1名候选人全部当选。	民进党内部协调，2名候选人（“2－1”选区）全部当选。
嘉义县	国民党责任区“配票”效果欠佳，3名候选人（“3－1”选区）当选1人。	民进党内部协调成功，3名候选人（“3－1”选区）全部当选。
台南市	国民党“配票”成功，2名候选人（“2－1”选区）全部当选。	民进党“配票”成功，3名候选人（“3－2”选区）全部当选。
台南县	国民党责任区“配票”效果欠佳，4名候选人（“3－2”选区）当选2人。	民进党“配票”成功，5名候选人（“5－3”选区）全部当选。
高雄县	国民党责任区“配票”效果欠佳，3名候选人（“4－2”选区）当选2人。	民进党“配票”成功，5名候选人（“6－3”选区）全部当选。

续表

选区划分	“泛蓝”	“泛绿”
屏东县	国民党“配票”成功，2名候选人（“2－1”选区）全部当选。	民进党“配票”效果欠佳，4名候选人（“4－2”选区）3人当选。
宜兰县		民进党“配票”成功，2名候选人（“2－1”选区）全部当选。

以2001年“立委”选举“蓝”、“绿”阵营在各选区所得席位作基准，对各政党“配票”的实际效果可以进行比较（具体席次及2004年“配票”情况，见表7－6、表7－7、表7－9、表7－10和表7－12）。

“泛蓝”阵营方面，国民党“配票”成功保住13席（未丢席位，下同）并多得8席，“配票”效果不佳但保住的席位有6席，损失的席位有2席，因选票增加等因素增得3席，因选票减少等因素少得1席，增（11席）减（3席）席次抵消后，国民党多得8席。亲民党用“配票”、内部协调等保住11席，受国民党“配票”影响少得5席，因选票减少等因素少得5席，因选票增加等因素增得2席，增（2席）减（10席）席次抵消后，亲民党少得8席。此外，国民党与亲民党地方党部合作，保住了2席。

“泛绿”阵营方面，民进党“配票”成功保住15席并多得6席，“配票”效果不佳但保住的席位有4席，损失的席位有6席，因选票增加等因素增得1席，增（7席）减（6席）席次抵消后，民进党多得1席。“台联党”受民进党“配票”影响少得1席，因选票减少等因素少得3席，因选票增加等因素增得3席，增（3席）减（4席）席次抵消后，“台联党”少得1席。此外，民进党与“台联党”联合“配票”，保住4席，并且多得1席（已计入民进党增得席位）。

从两大阵营的对峙看，“泛蓝”因“配票”成功在5个选区增加了席位（高雄市二、台北县一、台北县二、台北县三、台南市），“泛绿”因“配票”成功在3个选区增加了席位（台中市、嘉义县、高雄县），尽管在“配票”成功率上“泛蓝”略高于“泛绿”，但是因其他因素的此增彼减（如云林县“泛蓝”少1席，“泛绿”增1席），将配票所增席位全部抵消，造成了两大阵营的区域和原住民“立委”席位与2001年完全相同的结果。

也就是说，在2004年“立委”选举中两大阵营的“配票”，所起的作用主要是“内耗”，即“蓝”、“绿”阵营主要在各自阵营中造成席位流转（尤其是“泛蓝”阵营表现得更为明显）。以“配票”对“配票”的情况尽管发生在多个选区，对席次的总分布并没有带来具有决定性的影响。但是有一点是清楚的：恰是因为各主要政党都使用了“配票”手段，才使“配票”的作用被抵消。如果只有少数政党“配票”（如2001年“立委”选举），以“配票”对选票的自然流动，“配票”仍会起重要作用，2004年“立委”选举台中县成为典型，国民党因成功“配票”以232310票得到5席，民进党（得225689票）、“台联党”（得38399票）未配票，合计264088的得票只得到了4席。以“配票”对其他政党单一候选人的竞争，“配票”亦无法发挥作用，2004年“立委”选举中的典型事例是高雄市二选区的选举，在应选5席并且国民党、亲民党、“台联党”都各以1名候选人参选的情况下，民进党的“配票”还是使其只能得到2席，无法得到第3席。

第四节　民调结果的应用与比较

“立委”选举前候选人的民意调查支持率以及在此基础上推测的各政党可得席次是否可信，应结合实例作具体说明，而不应盲目指责民调失准或“民调大调轨”等。

（一）2001年政党民调大比拼

2001年“立委”选举前，各主要政党都依据民意调查等信息，对席次分布作了公开及内部的评估，可以进行综合比较，说明哪个政党的预测更为准确或可信。

2001年6月9日，李登辉在接受媒体采访时明确表示，民进党只要在年底选举中拿到85个“立委”席位，自然就会有35个席位靠过来，形成“泛绿”在“立法院”的稳定多数，各政党马上对此作出反应。曾在2000年8月就喊出争取“立委”90席的民进党，以低调应对，表示85席是高难度目标，35席靠过来更是困难重重，谨慎的估计是在75～85席之间，具体算法是区域“立委”56～64席，侨选3席，不分区“立委”15～18席。国民党则表示“35个席位靠过来”是不可能的，并估计本党在此次

“立委”选举中的得票率在38%至42%之间，可以拿到80～85个席位。亲民党在选举中采用的是“三三五”布局，即区域“立委”提名人数占总额的1/3，得票率达到30%，“立委”席次占总席次的1/5，具体算法是在区域、原住民“立委”中得32～40席，不分区“立委”10～12席，总席次应在40～45席之间。新党则表示要力争跨过5%的政党门槛，并认为该党有争得7～10席“立委”席位的能力。

2001年10月以后，各主要政党尤其是民进党先后在报刊、电视上有意公布本党的选情民调，希望借此抬高本党的支持度，打压其他政党的支持度。10月19日，民进党秘书长吴乃仁公布党内民调结果，认为国民党、民进党都有80席以上的实力，两党当选席次差距在5席之内，亲民党在35席左右，新党、“台联党”可各当选5席左右，无党籍候选人可望当选10席左右。国民党则表示以90席“立委”为目标。亲民党人士表示亲民党“立委40席没有问题”，应可突破50席。负责新党选战“操盘”的高新武指出，新党的“保五（得票率5%）破十（10席立委）”应无问题。“台联党”秘书长苏进强认为，“台联党”可以得到20%选票，至少当选20席区域立委。11月6日，民进党又发布本党最新民调，称“立委”选举民进党支持度为35%，国民党为33%，亲民党为15%，“台联党”为5%，新党为3%。11月13日，各党又拿出了新的民调资料。国民党称本党支持度为39%，当选席次在90～92席之间；民进党支持度为33%，当选席次在70～72席之间；亲民党支持度为14%，当选席次在30～33席之间；新党和“台联党”的支持度均为4%，可望超过5%，“台联党”的当选席次在5～6席之间。民进党则重申11月6日的各党民调支持度，并声称民进党的“立委”当选席次将在82～87席之间。亲民党表示该党已坐稳“立委”40席，并争取拿到45席。“台联党”称该党的“立委”席次在20席上下，得票率将争取达到15%。新党则表示将争取得票率超过5%。11月21日，“立委”选举的竞选活动“正式”开始，民进党、国民党再次拿出民调鼓劲。民进党主席谢长廷称民进党“立委”可以拿下84席，与国民党的差距在3席左右，亲民党35～37席，“台联党”10席，新党4席，无党籍10席；在政治支持度方面，民进党仍维持为34%领先，国民党31%～32%，亲民党16.5%，“台联党”已经超过5%，新党3%，无党籍10.5%。国民党秘书长林丰正表示，国民党可取得“立委”席位90席左右。

11月30日（投票日前一天），各政党又对选情有了新说法。民进党认为国民党与民进党当选的“立委”席次应为170席，当前两党席次的差距仅有2席。国民党组发会主委赵守博则认为国民党能够取得的“立委”席位在85~92席之间，超过85席就是赢，超过90席是大胜，低于70席就是输。亲民党秘书长钟荣吉则表示，亲民党“立委”选情明显上扬，原来40席的努力目标已向上修正为45席。“台联党”主席黄主文亦对选情抱乐观态度，认为“台联党”能够拿下25席“立委”，得票率可以冲过15%。新党召集人谢启大则相当悲观，认为新党候选人在各地的选情都相当危急，难以估计出当选“立委”席次。

本书作者了解到的各政党的内部评估，则比公开的用作“宣传战”的民调结果谨慎一些，但差距不是很大。国民党估计国民党可得85~90席（比公开宣传可得席位少2席），民进党可得78席（比公开宣传可得席位多6席），亲民党可得40席左右（比公开宣传可得席位多7席）。民进党估计国民党可得85席左右（比公开宣传可得席位少2席），民进党可得82~83席（比公开宣传可得席位少1~2席），亲民党可得30~35席（比公开宣传可得席位少2席），新党、“台联党”可得10~15席（比公开宣传可得席位多2席），无党籍候选人可得15席（比公开宣传可得席位多5席）。新党估计国民党可得85席左右，民进党可得80席左右，亲民党可得35席左右，新党可得4~10席，“台联党”可得4~10席。亲民党估计国民党可得80~85席，民进党可得75席，亲民党可得45席左右，新党可得3席，“台联党”可得5~10席。各政党的内部评估还在两个关键性问题上看法趋于一致，一是在此次“立委”选举中，各主要政党的“立委”席位都不会超过总席位的一半；二是各政党（包括新党本身）都指出新党的得票率难以超过政党门槛的5%，但“台联党”得票率将超过5%，选举之后新党的瓦解与消失已难以避免。

如前所述，2001年“立委”选举的席次分布是国民党68席（得票率28.56%），亲民党46席（得票率18.57%），新党1席（得票率2.61%），民进党87席（得票率33.38%），“台联党”13席（得票率7.76%），无党籍10席（得票率9.12%）。与选前的公开或内部评估作比较，所有政党都高估了国民党的可得席位和得票率，但是民进党和亲民党对本党所得席位和得票率的预测都较为准确，民进党对新党、“台联党”可得席位的预测也较接近选举结果。也就是说，在各政党中，民进党的评估准确度相对高一些，但也有部分的误判。

（二）2001 年《联合报》与《中国时报》民意调查结果比较

在2001 年“立委”选举中，虽然各媒体都发布过民意调查结果并对各选区的选情进行专门分析，但相比之下，《联合报》与《中国时报》的民意调查最具代表性，可将两报多次民意调查结果归纳为各政党在各选区的可得席次，与选举结果作比较，对媒体的民意调查是否准确作出基本评估。

对比《联合报》、《中国时报》通过民意调查推测的各政党可得席次与选举结果（见表 7－13），《联合报》对 31 个选区的席次分布预测，预测准确的有 9 个选区，占 29%，都是应选名额较少的选区；预测略不准的有 6 个选区，占 19%；预测失准的则有 16 个选区，占 52%，其中大多数选区有“配票”行为。《中国时报》对 19 个选区的席次分布预测，预测准确的有 5 个选区，占 26%，也是应选名额较少的选区；预测略不准的有 3 个选区，占 16%；预测不准的则有 11 个选区，占 58%，其中大多数选区同样有“配票”行为。相比之下，《联合报》的预测比《中国时报》的预测准确度略高一些。

表 7－13　2001 年主要媒体民调推测各政党可得席次与选举结果对照表

选区划分	《联合报》	《中国时报》	选举结果	基本评估
台北市一	国 3 民 3 亲 2 无 2	国 4 民 2 亲 2 无 2	国 2 民 4 亲 3 台 1	民进党、亲民党“配票”，导致两报预测失准
台北市二	国 3 民 3 亲 2 新 1 无 1	国 3 民 2 亲 2 新 2 无 1	国 2 民 4 亲 3 无 1	民进党、亲民党“配票”，导致两报预测失准
高雄市一	国 1 民 2 亲 1 新 1 台 1	国 1 民 1 亲 2 新 1 台 1	国 2 民 3 台 1	民进党、国民党“配票”，导致两报预测失准
高雄市二	国 1 民 2 亲 1 台 1	国 2 民 1 亲 1 台 1	民 3 亲 1 台 1	民进党“配票”，导致两报预测失准
台北县一	国 2 民 3 亲 2 无 1		国 1 民 4 亲 2 台 1	民进党“配票”，导致预测失准
台北县二	国 3 民 4 亲 2 无 1		国 3 民 4 亲 2 台 1	“台联党”“配票”，导致预测略不准

续表

选区划分	《联合报》	《中国时报》	选举结果	基本评估
台北县三	国2民2亲3新1无1		国2民3亲3无1	民进党“配票”，导致预测失准
桃园县	国4民5亲3台1		国5民5亲3	预测略不准
新竹市	国1民1亲1	国1民1新1	国1民1亲1	《联合报》预测准确，《中国时报》失准
新竹县	国1民1亲1	国1民1无1	国1民1亲1	《联合报》预测准确，《中国时报》失准
苗栗县	国2亲1无1	国3民1	国2民1亲1	《联合报》预测略不准，《中国时报》失准
台中市	国2民2亲2台1		国2民2亲2台1	预测准确
台中县	国5民4亲1台1	国6民4亲1	国5民4亲1无1	两报预测均略不准
彰化县	国4民3亲2无1		国4民4亲1无1	亲民党“配票”失败，导致预测失准
南投县	国1民2亲1	国2民2	国1民2亲1	《联合报》预测准确，《中国时报》失准
云林县	国3民2台1	国3民2无1	国2民2亲1无1	民进党“配票”失败，导致两报预测失准
嘉义市	国1民1	国1民1	国1民1	两报预测准确
嘉义县	国2民1无1	国1民2无1	国1民2无1	《联合报》预测失准，《中国时报》准确
台南市	国2民3亲1	国2民3台1	国2民3台1	民进党、国民党“配票”，导致《联合报》预测失准，《中国时报》预测准确
台南县	国4民4	国4民3亲1	国2民5亲1	民进党、国民党“配票”，导致两报预测失准
高雄县	国4民4亲1		国3民3亲2台1	国民党“配票”失败，导致预测失准

续表

选区划分	《联合报》	《中国时报》	选举结果	基本评估
屏东县	国2民3无2	国2民3无2	国2民4无1	民进党“配票”，导致两报预测略不准
基隆市	国1民1亲1		国1民1亲1	预测准确
宜兰县	国2民2	国2民2	国1民2亲1	国民党“配票”失败，导致两报预测略不准
花莲县	国1民1	国1民1	民1亲1	两报预测失准
台东县	国1	国1	国1	两报预测准确
澎湖县	无1	无1	无1	两报预测准确
金门县	无1		新1	预测失准
连江县	国1		亲1	预测失准
平地原住	国3亲1		国3亲1	预测准确
山地原住	国1民1亲1		国1亲1无2	预测失准
合计	国65民61亲29 新3 台7 无11		国53民69亲35 新1 台8 无10	

说明：表中“国”代表“国民党”，“民”代表“民进党”，“亲”代表“亲民党”，“无”代表“无党籍”，下同。

按照《联合报》预测的席次分布，国民党65席，民进党61席，亲民党29席，新党3席，“台联党”7席，无党籍11席，高估了国民党的席次，低估了民进党、亲民党的席次，与选举结果确实有较大差距。尽管有“配票”等因素的影响，但是《联合报》与《中国时报》的基本倾向“偏蓝”，也是不可忽视的因素，所以选举之后选民及一些学者对媒体民调怀疑甚至责难，显然有其道理。

（三）2004年各政党与学者对席位分布的预测

2004年“立委”选举之前，各政党对选举结果的预测公开发表的不多，主要有4次。

2004年11月14日，民进党经过两波的全国分区民调，评估“泛绿”不是微弱过半，就是接近过半，即如果过半，大约比过半的113席多3～5席，如果不过半，也是只差3～5席。民进党副秘书长李应元表示，以现有民调，民进党在安全名单内有95席，不过这是陈水扁还没有出马助选的情况，陈水扁助选后，打阵地战，民进党整体气势会上扬，部分选区比较弱的候选人，“四大天王”重点加强，加上“府”、“院”、党的努力，有些在当选边缘的会拉上来，预估可以增加席次至98席。无党籍人士中有些人立场“偏绿”，因此“泛绿”能过半最好，如果不能过半，差3～5席，还是有能力拉中间的无党籍“立委”过来。

2004年11月24日，民进党中常会逐一精算各县市可能当选的席次后，陈水扁下达民进党“立委”选举目标为101席。民进党的中常会与辅选会议仔细地估算各地选情，在安全名单内的有94位，如果能够把落选边缘的候选人救起来，则有可能冲上100席，未来的辅选重点就是如何精准地有效运用选票。在澎湖县原本预估当选可能不大，因此未列入当选名单，但澎湖县“立委”候选人高植澎当面向陈水扁抗议，认为力拼100席的目标不对，所以加上了澎湖高植澎1席。同日，国民党组发会主委廖风德指出，国民党自己评估国民党、新党区域“立委”可得至少61席；针对“泛蓝”席次能否过半，廖风德提出最新评估，国民党提名67席区域“立委”，安全名单内有58人，新党3～4人，国民党、新党不分区暨侨选17席，国民党、新党约得79席，再加上亲民党的40席上下，总席次可达119席，达到席次过半目标。亲民党高层人士指出，如果“配票”计划彻底落实，至少可以增加6～8席，对“泛蓝”席次过半具有决定性影响。

2004年11月30日，民进党公布第三波民调，估计“泛绿”总席次为113席（民进党97席，“台联党”16席），“泛蓝”98席（国民党及新党征召、国民党推荐67席，亲民党30席，新党1席），无党团结联盟7席，无党籍7席。如果与2001年选举结果相比较，预估“泛绿”可增加13席，“泛蓝”可能减少17席。同日，兼任国民党副主席的“立法院长”王金平表示，“泛绿”在有些选区不如预期的好，“泛蓝”的选情并不坏，整体而言，“泛蓝”选情甚至比“泛绿”好。王金平引用一份民调，指出“泛蓝”应可拿下116席。“台联党”秘书长林志嘉根据党内最新民调评估，“台联党”进入安全名单的区域“立委”约17席，等到12月5日“正名、制宪、台湾国”大游行和选前三天大型造势晚会后，“台联党”区域“立委”至少可突破20席以上。“台联党”“政策会”主任李先仁表示，相较于民进党掌握行政资源，最后阶段“台联党”确实打得很辛苦，但“12·05”大游行反应热烈，“台联党”对选情深具信心，“最后的王牌还没出手”，“政策会”已研拟几套剧本，会在最后几场造势晚会由李登辉出招，每一场都有“秘密武器”，将与民进党作出清楚切割。

2004年12月10日，各政党又公开对选情作了预测。国民党评估国民党与新党的总席次约为73~76席（区域和原住民“立委”60席）。亲民党估计可以得到32~34席，乐观的话41席全上。按照国民党秘书长林丰正的总体评估，“泛蓝”已有109席胜券在握，“泛绿”只有110席的实力，“泛蓝”席次能否过半，关键在于亲民党能否拿下30席区域“立委”。民进党秘书长张俊雄则公开宣布，按最新民调推算的席次，民进党96席加减2席，“台联党”17席加减1席，“泛绿”共计113席加减3席；国民党68席加减2席，亲民党30席加减1席，“泛蓝”共计98席加减3席。李登辉则对民进党推测的选举结果公开表示不满，认为“台联党”应有25席；“台联党”“政策研究部”主任李先仁亦拿出“台联党”最新内部民调，公开宣布最后阶段“台联党”“区域立委”已有20席进入安全名单，还有5~6席在当选边缘。

据本书作者了解，民进党和国民党内部的选情评估同样比公开的说法谨慎。

民进党12月初的内部评估通过民调和逐一选区精算，“泛绿”可得109~111席，其中民进党94~95席，“台联党”14~15席；“泛蓝”可得101~102席，其中亲民党31席，国民党加新党69~70席；无党团结联盟7席，无党籍7席。民进党的内部评估，与公开发表的民调有一点差距，无党团结联盟和无党籍的席位相同（各7席），民进党少2~3席，“台联党”少2席，国民党、新党多2~3席，亲民党多1席。12月8日，民进党完成第四次民调。按照最新民调，民进党可得95~101席（最可能是95~97席），“台联党”可得13~20席（最可能是13~15席），“泛绿”可得107~115席（最可能是110席）。国民党可得69~74席（最可能是70~72席），亲民党可得24~29席（最可能是25~27席），“泛蓝”可得93~103席（最可能是95~99席，难以超过100席）。无党籍（包括无党团结联盟）可得10~15席，不会超过15席。

12月9日，国民党亦作出了选前的最后评估，区域“立委”国民党在台北市北区可拿下4席、南区至少3席；高雄市北区2席全上、高雄市南区1席；台北县一选区2席、二选区4席、三选区4席；基隆市1

席；桃园县6席；宜兰县1席；新竹县2席；新竹市1席；苗栗县1席，有拼2席的空间；台中市2席、台中县5席可以全上；南投县1席、云林县有当选2席的机会。至于彰化县可当选3席、嘉义县1席、嘉义市1席；台南县3席、台南市2席；高雄县2席、屏东县2席、台东县1席；平地及山地原住民各2席，预估可得60席。虽然面对“弃保”流言及无法与国民党“配票”的压力，亲民党对选情仍有相当信心，亲民党党中央评估区域“立委”应该可以当选28到30席，再加上不分区“立委”，总席次可到35席到42席之间。“泛蓝”阵营总体评估，“泛蓝”在北部地区大约可以领先“泛绿”7席，中部地区输“泛绿”1席，南部地区落后“泛绿”10席，东部地区胜“泛绿”3席。由于“泛蓝”在原住民选区可以比“泛绿”多拿5席，区域和原住民“立委”的总席次可以小赢“泛绿”4席。“泛蓝”可拿下108席（比公开宣传可得席位少1席），而此席次距离过半仅差5席，在无党籍人士奥援下，有非常大的希望取得过半席次。

相对于“蓝”、“绿”阵营自我抬高的选情预估，部分台湾学者的估计较为冷静、客观。

台湾“中央研究院”政治学研究所筹备处的林继文副研究员认为，“蓝”、“绿”两大阵营的选民支持率应都在45%上下，“泛绿”会略高一点，但超不过50%；无党团结联盟和无党籍候选人的选民支持率应在10%左右。在这样的形势下，“泛蓝过半”几乎不可能，最有可能出现的局面是“双不过半”，但是无党团结联盟和无党籍候选人可能只能得到7～8席，难以超过10席。如果“泛绿”的选票值得到充分发挥，“泛蓝”的选票值未能有效发挥，也可能出现“泛绿过半”局面。

台湾政治大学国际关系研究中心的吴东野教授指出，这次选举很“冷”，两大阵营的形势都不好。“泛蓝”的选民基础缩小，内部协调不够，候选人产生机制不健全，加之领导层过于老化，抗争不利等，导致普遍失望情绪，甚至出现了干脆让“泛绿”赢了“立委”选举，让大陆去对付民进党的说法，并且得到不少“泛蓝”支持者的认同。“泛绿”的问题则是胃口太大，提名候选人过多，加之对陈水扁执政的失望情绪，有些原来的支持者（主要是知识分子和青年学生）不去投票，会严重影响其选情。在这样的形势下，“双不过半”的可能性较大，而且“蓝”、“绿”阵营的席次相差不会过大。

东海大学政治系的王业立教授认为“蓝”、“绿”的总席次应该都在100~110席之间，无党籍有10席左右的空间，影响所及，无党籍“立委”将继续吃香，成为“蓝”、“绿”拉拢的对象。台湾“中央研究院”中山人文社会科学研究所助理研究员徐永明也认为，这次“立委”选举，“泛绿”得票成长及席次增加应已是共识；主因是亲民党实力减弱，“泛蓝”无法过半。因此，最可能的情形就是“‘蓝’、‘绿’都不过半”。

综合两大阵营和部分学者的评估，“双不过半”的可能性最大。但是选举后的结果，依然是“泛蓝过半”，席次分布是国民党、新党80席，亲民党34席，民进党89席，“台联党”12席，无党团结联盟6席，无党籍4席。相比之下，在各政党中，国民党的评估准确度较高，内部评估国民党可得到的区域、原住民“立委”60席，只有高雄市二选区少得1席，但苗栗县、彰化县、台南县各增1席，使国民党所得席位为62席；预计亲民党可以得到30席以上，也与选举结果接近。民进党、亲民党、“台联党”的评估，都高估了本党所得席位，尤其是民进党对选情估计明显过于乐观，预计的席次分布与选举结果有较大差距。

（四）2004年四大媒体民意调查结果比较

2004年“立委”选举各媒体的民意调查，除了《联合报》与《中国时报》外，还可以增加TVBS和年代两家电视台的民意调查，将4家媒体多次民意调查结果归纳为各政党在各选区的可得席次，并与选举结果作比较（见表7-14），同样可对民意调查是否准确作出基本评估。

表7-14　2004年主要媒体民调推测各政党可得席次与选举结果对照表

选区划分	《联合报》	《中国时报》	TVBS	年代电视台	选举结果	基本评估
台北市一	国3 民3 亲2 台1 无1	国3 民3 亲2 台1 无1	国3 民3 亲2 台1 无1	国2 民3 亲2 台1 无1 争1	国4 民5 亲1	国民党、民进党“配票”，导致各媒体预测失准
台北市二	国3 民4 亲2 无1	国3 民4 亲2 无1	国4 民3 亲2 无1	国4 民3 亲2 无1	国3 民3 亲2 台1 无1	国民党、民进党“配票”，导致各媒体预测失准

续表

选区划分	《联合报》	《中国时报》	TVBS	年代电视台	选举结果	基本评估
高雄市一	国 2 民 3 无 1	国 1 民 3 亲 1 无 1	国 1 民 3 亲 1 无 1	国 2 民 3 无 1	国 1 民 3 亲 1 台 1	国新、民台联合“配票”，导致各媒体预测失准
高雄市二	国 1 民 1 亲 1 台 1 无 1	国 1 民 2 台 1 无 1	国 1 民 1 亲 1 台 1 无 1	国 1 民 2 台 1 无 1	国 1 民 2 亲 1 台 1	国、亲、台各以 1 名候选人对民进党“配票”，导致各媒体预测失准
台北县一	国 2 民 4 亲 1 台 1	国 2 民 4 亲 2	国 2 民 4 亲 1 台 1	国 2 民 4 亲 1 台 1	国 2 民 3 亲 2 台 1	各党“配票”，导致各媒体预测失准
台北县二	国 3 民 5 亲 2 台 1	国 3 民 5 亲 1 台 1 争 1	国 4 民 5 亲 1 台 1	国 4 民 4 亲 2 台 1	国 4 民 5 亲 2	国民党、亲民党、民进党“配票”，导致各媒体预测失准
台北县三	国 3 民 3 亲 3	国 3 民 3 亲 3	国 3 民 3 亲 3	国 3 民 3 亲 3	国 4 民 3 亲 2	国民党、亲民党、民进党“配票”，导致各媒体预测失准
桃园县	国 6 民 6 亲 1	国 5 民 6 亲 2	国 6 民 6 亲 1	国 6 民 6 亲 1	国 6 民 4 亲 2 台 1	国民党、民进党“配票”，导致各媒体预测失准
新竹市	国 1 民 1 亲 1	国 1 民 1 亲 1	国 1 民 1 亲 1	国 1 民 1 亲 1	国 1 民 1 亲 1	各媒体预测准确
新竹县	国 2 民 1	国 1 民 1 亲 1	国 1 民 2	国 1 民 2	国 2 民 1	《联合报》预测准确，其他 3 家失准
苗栗县	国 1 民 2 亲 1	国 1 民 2 亲 1	国 1 民 2 亲 1	国 1 民 2 亲 1	国 2 民 1 亲 1	国民党“配票”，导致各媒体预测失准
台中市	国 2 民 2 亲 2 台 1 无 1	国 1 民 3 亲 2 台 1 无 1	国 2 民 2 亲 2 台 1 无 1	国 2 民 3 亲 2 无 1	国 2 民 3 亲 2 台 1	各党“配票”，导致各媒体预测失准
台中县	国 5 民 4 亲 1 无 1	国 5 民 3 亲 1 无 1 争 1	国 5 民 4 亲 1 无 1	国 5 民 4 亲 1 无 1	国 5 民 4 亲 1 无 1	国民党“配票”，导致《联合报》、《中国时报》预测失准，但 2 家电视台预测准确
彰化县	国 3 民 3 亲 1 台 1 无 2	国 3 民 4 亲 1 台 1 无 1	国 2 民 4 亲 2 台 1 无 1	国 2 民 5 亲 2 无 1	国 4 民 3 亲 1 无 2	国民党、亲民党、民进党“配票”，导致各媒体预测失准

续表

选区划分	《联合报》	《中国时报》	TVBS	年代电视台	选举结果	基本评估
南投县	国1民2无1	国1民2无1	国1民2无1	国1民2无1	国1民2亲1	国民党、亲民党、民进党“配票”，导致各媒体预测失准
云林县	国1民2亲1台1无1	国2民2台1争1	国1民2亲1台1无1	国2民3亲1	国2民2台1无1	除《中国时报》外，其他3家预测失准
嘉义市	国1民1	国1民1	国1民1	国1民1	国1民1	各媒体预测准确
嘉义县	国1民3	国1民3	国1民3	国1民3	国1民3	各媒体预测准确
台南市	国2民2亲1台1	国2民2亲1台1	国2民2亲1台1	国2民3台1	国2民3亲1	国民党、民进党“配票”，导致各媒体预测失准
台南县	国3民4无1	国3民3无2	国3民4无1	国3民5	国2民5无1	国民党、民进党“配票”，导致各媒体预测失准
高雄县	国1民5亲2台1	国3民2亲2台1争1	国2民5亲2	国2民4亲2台1	国2民5亲2	国民党、民进党“配票”，导致3家媒体预测失准，只有TVBS预测准确
屏东县	国1民3台1无1	国1民3台1无1	国1民2台1无1争1	国1民3争1	国2民3无1	国民党、民进党“配票”，导致各媒体预测失准
基隆市	国1民1亲1	国1民1亲1	国1民1亲1	国1民1亲1	国1民1亲1	各媒体预测准确
宜兰县	国1民2	国1民2	国1民2	国1民2	国1民2	各媒体预测准确
花莲县	亲1民1	亲1民1	亲1民1	亲1民1	亲1民1	各媒体预测准确
台东县	国1	国1	国1	/	国1	3媒体预测准确
澎湖县	无1	无1	/	无1	无1	3媒体预测准确
金门县	新1	新1	/	/	新1	2媒体预测准确
连江县	亲1	亲1	/	/	无1	2媒体预测失准
合计	国52民68亲25台10无13	国51民66亲26台9无12争4	国51民68亲25台9无11争1	国51民73亲23台6无10争2	国58民69亲25台7无9	

从总体上看，在29个选区中，因“配票”导致各家媒体预测失准的有15个选区，占52%；虽有“配票”但仍有媒体预测准确的有2个选区，占7%；各媒体预测准确（包括TVBS和“年代”无民调选区）的有9个选区，占31%，都是应选名额较少和无“配票”选区；另有3个选区多数媒体预测失准，占10%。也就是说，2004年媒体预测的可信度与2001年接近，同样是在有“配票”行为的选区预测大多失准。

具体比较，《联合报》、《中国时报》在29个选区都有民意调查，都是19个选区预测失准，占65%；10个选区预测准确（除各媒体预测准确的9个选区外，《联合报》预测新竹县席次分布准确，《中国时报》预测云林县席次分布准确），占35%。TVBS和年代电视台各在26个选区有民意调查，TVBS在17个选区预测失准，占65%；9个选区预测准确，占35%；年代电视台在18个选区预测失准，占69%；8个选区预测准确，占31%；在预测的准确度方面，各媒体的情况接近。尽管各媒体在民意调查基础上的席次分布准确度不高，但也不能视为一无是处，各媒体预测的区域“立委”加总席次，国民党为51~52席，有所低估，但是《联合报》、《中国时报》和TVBS估计的民进党66~68席、亲民党25~26席，都与选举结果极为接近；年代电视台预测“台联党”只有6席，而不是其他媒体预测的9~10席，更接近选举结果。在实行单一选区两票制之后，区域“立委”成为单一席次选举，各媒体的民意调查准确度会大大提高，在选举之前比较各家媒体的民意调查，可作出更接近选举结果的预测。

第五节 “席次红利”分析

根据2001年和2004年“立委”选举各政党的席次率与得票率，可计算出各政党的“席次红利”。“席次红利”的测算，是对各政党能否达到“席次极大化”的综合评估，已成为衡量各政党在选举中表现好坏的重要指标。形成“席次红利”的原因较为复杂，应根据实例作具体说明。

（一）国民党的进步

2001年“立委”选举，国民党的总得票率为28.6%，席次率为30.2%（包括不分区和侨选“立委”，下同），“席次红利”为“+1.6”。2004年“立委”选举，国民党（包括新党）的总得票率为32.9%，席次率为35.5%，“席次红利”为“+2.6”。比较两次选举的“席次红利”，2004年有所提高。两次选举国民党在各选区的“席次红利”情况及形成原因，见表7-15。

表7-15　国民党2001年、2004年“立委”选举“席次红利”表

选区划分	2001年		2004年	
	红利	说明	红利	说明
台北市一	-0.8	超额提名，自动配票效果不佳	+6.4	低额提名，配票成功
台北市二	-1.2	超额提名，自动配票效果不佳	-2.7	低额提名，配票效果不佳
高雄市一	+10.7	超额提名，自动配票有成效	-7.1	超额提名，配票效果不佳
高雄市二	-24.8	超额提名，受他党配票影响	+4.4	1名候选人
台北县一	-8.4	超额提名，受他党配票影响	-5.6	低额提名，配票效果不佳
台北县二	+2.5	超额提名，他党配票影响小	-0.2	低额提名，配票成功
台北县三	-1.3	超额提名，自动配票效果不佳	+3.1	低额提名，配票成功
桃园县	+8.7	满额提名，各党无配票	+6.2	低额提名，配票成功
新竹市	+7.8	超额提名，当选1席	+6.0	1名候选人
新竹县	+1.6	1名候选人	+24.0	满额提名，各党无配票
苗栗县	+10.3	超额提名，各党无配票	+7.0	满额提名，各党无配票
台中市	+2.7	满额提名，自动配票有成效	-7.3	低额提名，配票部分成功
台中县	+10.3	满额提名，各党无配票	+8.7	低额提名，配票成功
彰化县	+2.7	满额提名，各党无配票	+4.3	低额提名，配票效果不佳
南投县	-13.6	低额提名，自动配票效果不佳	-2.6	1名候选人
云林县	-4.2	满额提名	+4.9	满额提名，各党无配票
嘉义市	+19.4	1名候选人	+4.2	1名候选人
嘉义县	-4.6	满额提名	-13.0	满额提名，配票效果不佳
台南市	+9.3	满额提名，自动配票有成效	+6.1	满额提名，配票成功
台南县	-14.6	满额提名，自动配票效果不佳	-5.7	超额提名，配票效果不佳
高雄县	+2.3	满额提名，自动配票效果不佳	-6.9	低额提名，配票效果不佳
屏东县	+9.9	满额提名	+4.0	满额提名，配票成功
基隆市	+16.4	1名候选人	+9.4	1名候选人
宜兰县	-6.0	满额提名，自动配票效果不佳	+4.9	1名候选人
花莲县	-37.8	超额提名，无人当选	0	0
台东县	+57.5	1名候选人	+38.4	1名候选人
澎湖县	0	0	0	0

续表

选区划分	2001 年		2004 年	
	红利	说明	红利	说明
金门县	-15.7	1 名候选人	+45.9	1 名候选人
连江县	-43.6	1 名候选人	0	0
平原原住	+20.2	满额提名	+5.7	低额提名，候选人全当选
山地原住	-17.0	超额提名，只 1 人当选	+12.2	满额提名，候选人全当选
合计	1.6		+2.6	

2001 年“立委”选举，国民党在 30 个选区（1 个选区无候选人参选）中，16 个选区“席次红利”为正数，占 53%；14 个选区“席次红利”为负数，占 47%。2004 年“立委”选举，国民党在 28 个选区（3 个选区无候选人参选）中，19 个选区“席次红利”为正数，占 68%；9 个选区“席次红利”为负数，占 32%。因“超额”或“满额”提名候选人并受“配票”影响（包括选民自动“配票”效果不佳和受其他政党“配票”影响，下同），导致“席次红利”呈负数的选区数，由 2001 年的 10 个选区，下降到 2004 年的 3 个选区（但 2004 年有 5 个选区“低额”提名“配票”效果不佳导致“席次红利”呈负数）；因“配票”成功导致“席次红利”呈正数的选区数，则由 2001 年的 3 个选区，上升至 2004 年的 6 个选区。由此可以看出，国民党的选举表现 2004 年比 2001 年有小幅度的进步。

（二）民进党的退步

2001 年“立委”选举，民进党的总得票率为 33.4%，席次率为 38.7%，“席次红利”为“+5.3”。2004 年“立委”选举，民进党的总得票率为 35.7%，席次率为 39.6%，“席次红利”为“+3.9”。比较两次选举的“席次红利”，2004 年有所下降。两次选举民进党在各选区的“席次红利”情况及形成原因，见表 7-16。

表 7-16　民进党 2001 年、2004 年“立委”选举“席次红利”表

选区划分	2001 年		2004 年	
	红利	说明	红利	说明
台北市一	+5.3	满额提名，配票成功	+14.3	低额提名，配票成功
台北市二	+6.7	满额提名，配票成功	-3.7	满额提名，配票效果不佳

续表

选区划分	2001 年		2004 年	
	红利	说明	红利	说明
高雄市一	+13.2	低额提名，配票成功	+9.0	满额提名，配票成功
高雄市二	+23.2	满额提名，配票成功	-1.9	满额提名，配票效果不佳
台北县一	+18.4	低额提名，配票成功	+1.6	满额提名，配票效果不佳
台北县二	+2.0	低额提名	+4.5	低额提名，配票效果不佳
台北县三	+8.6	低额提名，配票成功	+2.7	满额提名，配票效果不佳
桃园县	+4.2	低额提名，各党无配票	-3.4	满额提名，配票效果不佳
新竹市	+8.7	1 名候选人	+7.6	1 名候选人
新竹县	+7.7	1 名候选人	-3.6	超额提名
苗栗县	+11.4	1 名候选人	-8.6	超额提名
台中市	-4.1	低额提名，配票效果不佳	+5.5	满额提名，配票成功
台中县	+1.7	低额提名，各党无配票	+0.7	满额提名，受他党配票影响
彰化县	+10.4	低额提名	+3.0	超额提名，配票效果不佳
南投县	+13.6	低额提名，配票成功	+20.2	满额提名，配票成功
云林县	-1.8	满额提名，配票效果不佳	+4.3	满额提名
嘉义市	+18.3	1 名候选人	+19.8	1 名候选人
嘉义县	+20.8	满额提名，候选人全当选	+30.0	满额提名，配票成功
台南市	+9.7	满额提名，配票成功	+8.6	满额提名，配票成功
台南县	+16.7	低额提名，配票成功	+17.9	满额提名，配票成功
高雄县	-2.0	低额提名	+12.7	低额提名，配票成功
屏东县	+15.0	满额提名，配票成功	+6.8	满额提名，配票效果不佳
基隆市	+9.6	1 名候选人	+10.7	1 名候选人
宜兰县	+2.2	满额提名	+13.1	满额提名，配票成功
花莲县	+19.7	1 名候选人	+22.6	1 名候选人
台东县	-30.7	1 名候选人	-38.0	1 名候选人
澎湖县	-29.0	1 名候选人	-39.5	1 名候选人
金门县	-5.6	1 名候选人	-5.9	1 名候选人
连江县	0	0	-4.4	1 名候选人
平原原住	-8.0	1 名候选人	+11.8	1 名候选人
山地原住	-5.3	1 名候选人	-7.1	1 名候选人
合计	5.3		+3.9	

2001 年“立委”选举，民进党在 30 个选区（1 个选区无候选人参选）中，22 个选区“席次红利”为正数，占 73%；8 个选区“席次红利”为

负数，占27%。2004年“立委”选举，民进党在31个选区中，21个选区“席次红利”为正数，占68%；10个选区“席次红利”为负数，占32%。因“配票”成功导致“席次红利”呈正数的选区数，由2001年的10个选区，下降至2004年的9个选区；因“配票”效果不佳导致“席次红利”呈负数的选区数，由2001年的2个选区，上升到2004年的3个选区（并有5个选区“配票”效果不佳未能得到更高的“席次红利”）。整体看，民进党的选举表现，2004年比2001年有所退步。

（三）亲民党、“台联党”的稳定状态

2001年“立委”选举，亲民党的总得票率为18.6%，席次率为20.4%，“席次红利”为“+1.8”。2004年“立委”选举，亲民党的总得票率为13.9%，席次率为15.1%，“席次红利”为“+1.2”。比较亲民党两次选举的“席次红利”，2004年有所下降。2001年“立委”选举，“台联党”的总得票率为7.8%，席次率为5.8%，“席次红利”为“-2.0”。2004年“立委”选举，“台联党”的总得票率为7.8%，席次率为5.3%，“席次红利”为“-2.5”。比较“台联党”两次选举的“席次红利”，2004年亦有所下降。两次选举亲民党、“台联党”在各选区的“席次红利”情况，见表7-17。

表7-17　亲民党、“台联党”2001年、2004年“立委”选举“席次红利”表

选区划分	亲民党			“台联党”		
	2001	2004	说明	2001	2004	说明
台北市一	+8.5	-6.4	超额，配票成功/超额，未配票	+3.5	-5.6	1名/1名
台北市二	+7.3	+2.2	超额，配票成功/满额，弃保	+5.8	+3.8	超额/1名
高雄市一	-18.1	+1.6	超额，他党配票影响/1名	+5.3	+5.6	1名/1名
高雄市二	+7.2	+5.1	1名/1名	+7.6	+7.0	1名/1名
台北县一	+2.6	+4.8	低额，未配票/满额，配票成功	+2.5	-0.6	超额/超额
台北县二	+0.6	+5.7	满额/满额，配票成功	+1.9	-9.4	超额/超额
台北县三	+4.9	+0.2	满额/满额，配票成功	-3.4	-5.4	超额/1名
桃园县	-0.3	+1.8	满额，各党无配票/满额，弃保	-7.7	+1.0	超额/超额
新竹市	+4.7	+11.9	超额/1名	-13.3	-18.8	1名/1名
新竹县	+13.3	-20.4	超额，1人当选/1名	-11.4	0	1名/0
苗栗县	+7.9	+6.5	1名/1名	-6.9	-3.2	1名/1名
台中市	+2.1	+6.6	低额/满额，配票成功	+4.5	+3.8	1名/1名

续表

选区划分	亲民党			“台联党”		
	2001	2004	说明	2001	2004	说明
台中县	-9.6	+0.3	满额，各党无配票/1名	-4.6	-6.1	1名/超额
彰化县	-6.6	-1.6	满额/满额，两次均配票效果不佳	-8.0	-4.5	超额/1名
南投县	+13.3	+10.7	1名/1名	-8.7	-13.7	1名/1名
云林县	+6.2	-8.2	1名/1名	-6.2	+7.3	1名/1名
嘉义市	-11.8	0	1名/0	-14.0	-23.5	1名/1名
嘉义县	-8.9	-3.0	1名/1名	-8.7	-6.5	1名/1名
台南市	-15.0	+2.8	超额，他党配票影响未当选/1名	+5.4	-10.4	1名/1名
台南县	+5.4	-4.9	1名/1名	-4.1	-5.1	超额/1名
高雄县	+7.7	+9.4	满额/满额，两次均他党配票不佳	-2.7	-10.7	满额/超额
屏东县	-7.3	-2.9	1名/1名	-7.4	-9.5	1名/1名
基隆市	+2.6	-1.8	1名/1名	-9.0	-14.2	1名/1名
宜兰县	+11.6	-18.0	1名/1名	-4.1	0	1名/0
花莲县	+23.1	+20.0	1名/1名	-3.3	-3.6	1名/1名
台东县	-23.4	0	1名/0	-2.7	0	1名/0
澎湖县	-13.8	0	1名/0	0	0	0/0
金门县	-23.5	0	1名/0	0	0	0/0
连江县	+43.6	-39.3	1名/1名	0	0	0/0
平原原住	-5.1	+3.9	满额/超额	-6.4	-1.7	1名/0
山地原住	-0.8	+10.1	超额/1名	-4.8	-4.6	1名/0
合计	+1.8	+1.2		-2.0	-2.5	

2001年“立委”选举，亲民党在31个选区中，18个选区“席次红利”为正数，占58%；13个选区“席次红利”为负数，占42%。2004年“立委”选举，亲民党在27个选区（4个选区无候选人参选）中，17个选区“席次红利”为正数，占63%；10个选区“席次红利”为负数，占37%。尽管亲民党的“席次红利”整体略有下降，但是因“配票”成功导致“席次红利”呈正数的选区数由2001年的2个选区上升至2004年的4个选区，并有2个选区通过“弃保”得到了应得席次，在各选区“席次红利”正、负变化方面也略有进步，整体表现应该说两次选举差别不大。

2001年“立委”选举，“台联党”在28个选区（3个选区无候选人参选）中，8个选区“席次红利”为正数，占29%；20个选区“席次红利”为负数，占71%。2004年“立委”选举，“台联党”在25个选区（6个选区无候选人参选）中，6个选区“席次红利”为正数，占24%；19个选区"席次红利"为负数，占76%。由于"台联党"本身很少"配票"，只是在2004年与民进党联合"配票"成功，使2个选区（高雄市一选区和台中市）"席次红利"呈正数，所以重点应比较提名候选人对"席次红利"的影响。因"超额"或"满额"提名候选人导致"席次红利"为负数的选区，2001年为5个，2004年为4个，整体上看变化也不是太大。

（四）"席次红利"的综合比较

综观两次"立委"选举各政党（新党只独立参加1次选举，可不作为分析对象，2004年国民党的"席次红利"，包括新党）的"席次红利"情况，可以看出"席次红利"的形成有一定的规则。

政党在选区只提名1名候选人，只要候选人当选，一般情况下"席次红利"呈正数，但是也可能出现"席次红利"呈负数的特殊情况，如2004年国民党在南投县以1名候选人参选并当选，得票率27.6%，席次率为25.0%，"席次红利"即为"-2.6%"，表明选票有所浪费。政党以单一候选人参选能否当选，显示的是政党及候选人竞争力的强弱，通过比较可以看出，在这一方面国民党表现最好，2001年6例当选4例（成功当选占67%），2004年7例当选7例（成功当选占100%）；其次是亲民党，2001年15例当选9例（成功当选占60%），2004年17例当选10例（成功当选占59%）；再次是民进党，2001年11例当选6例（成功当选占55%），2004年10例当选5例（成功当选占50%）；表现最差的是"台联党"，2001年20例当选5例（成功当选占25%），2004年20例同样当选5例（成功当选占25%）。政党以单一候选人参选落选者过多，会整体拉低"席次红利"，亲民党、民进党和"台联党"都应程度不同地受到了这样的影响。

政党"超额"提名候选人，"席次红利"未必都呈负数，但是呈负数的几率较大。国民党2001年11例"超额提名"，其中7例"席次红利"为负数（5例受"配票"影响），4例"席次红利"为正数（1例自动"配票"有成效，3例无"配票"影响）；2004年2例"超额提名"，"席次红利"均为负数（都受"配票"效果不佳影响）。民进党2004年3例"超额提名"，其中2例"席次红利"为负数，1例尽管"配票"效果不佳，但"席次红利"呈正数。亲民党2001年7例"超额提名"，其中3例"席次红利"为负数，4例"席次红利"为正数（2例"配票"成功）；

2004 年 2 例"超额提名","席次红利"1 例为负数,1 例为正数。"台联党"2001 年 7 例"超额提名",其中 3 例"席次红利"为负数,4 例"席次红利"为正数;2004 年 5 例"超额提名",其中 4 例"席次红利"为负数,1 例"席次红利"为正数。由此可以看出,"超额提名"一方面可能在一定程度上被有效的"配票"行为降低危害程度,另一方面在没有"配票"的选区,在有候选人当选的情况下,有可能出现"席次红利"为正数的现象。需要注意的是,政党即便"超额"提名候选人并且"配票"成功,也较难得到超过"+10"的较高"席次红利"。在 2001 年和 2004 年各政党超额提名候选人"席次红利"呈正数的 15 个例证中,只有 1 例(2001 年国民党在高雄市一选区)"席次红利"超过"+10"(+10.7)。

政党"满额"提名候选人,一般认为"配票"成功与否是决定"席次红利"正负的决定性因素。但是具体分析,各政党的情况有所不同。国民党 2001 年 12 例"满额提名",其中 8 例"席次红利"为正数(3 例"配票"有成效,1 例"配票"效果不佳,4 例无"配票"影响),4 例"席次红利"为负数(2 例"配票"效果不佳,2 例无"配票"影响);2004 年 7 例"满额提名",其中 6 例"席次红利"为正数(2 例"配票"成功,4 例无"配票"影响),1 例"席次红利"为负数("配票"效果不佳)。民进党 2001 年 8 例"满额提名",其中 7 例"席次红利"为正数(5 例"配票"成功,2 例无"配票"影响),1 例"席次红利"为负数("配票"效果不佳);2004 年 15 例"满额提名",其中 12 例"席次红利"为正数(7 例"配票"成功,1 例无"配票"影响,4 例"配票"效果不佳或受他党"配票"影响),3 例"席次红利"为负数(均为"配票"效果不佳)。亲民党 2001 年 7 例"满额提名",其中 3 例"席次红利"为正数(2 例"配票"成功,1 例"配票"效果不佳),4 例"席次红利"为负数(2 例"配票"效果不佳,2 例无"配票"影响);2004 年 8 例"满额提名",其中 7 例"席次红利"为正数(4 例"配票"成功,2 例"弃保"成功,1 例受他党"配票"影响不成功),1 例"席次红利"为负数("配票"效果不佳)。"台联党"在两次"立委"选举中只有 1 例"满额提名","席次红利"为负数(无"配票"影响)。从整体情况看,民进党、亲民党在"满额"提名候选人的情况下,"席次红利"正负确实主要受"配票"影响,并且能够因"配票"成功取得超过"+10"甚至"+20"的较高"席次红利";但是国民党在"满额"提名候选人的情况下,"席次红利”正负只在一定程度上受“配票”影响，并且在没有“配票”影响的选区反而能够得到超过“+10”甚至“+20”的较高“席次红利”。

政党“低额”提名候选人，可以提高候选人的当选几率，但是也可能因此造成选票浪费，带来较低甚至呈负数的“席次红利”。由于亲民党较少“低额”提名候选人，“台联党”无“低额”提名候选人举动，所以只比较国民党、民进党的情况。国民党2001年“低额提名”只有1例，因选民自动“配票”效果不佳“席次红利”呈负数；2004年“低额提名”11例，其中6例“席次红利”为正数（4例“配票”成功，1例“配票”效果不佳，1例无“配票”影响），5例“席次红利”为负数（3例“配票”效果不佳，2例“配票”成功或部分成功）。民进党2001年“低额提名”11例，其中9例“席次红利”为正数（5例“配票”成功，4例无“配票”影响），2例“席次红利”为负数（1例“配票”效果不佳，1例无“配票”影响）；2004年低额提名3例，“席次红利”均为正数（2例“配票”成功，1例“配票”效果不佳）。由此可以看出，政党“低额”提名候选人反而与“配票”有更紧密的关系，没有“配票”调剂候选人的选票，可能出现选票过分集中现象，造成选票浪费和“席次红利”降低；即使“配票”成功，使候选人全部当选，也可能使“席次红利”呈负数，因为“低额”提名候选人划定了当选的席次极限，也会造成部分选票的浪费。

由“席次红利”评估各政党的综合表现，国民党在单一候选人参选方面具有较大优势，在多名候选人参选的情况下，尽管在“配票”方面有所进步，但是在各政党都没有“配票”行为的选区往往有较好表现，得到较高的“席次红利”，这样的形态有利于“单一选区制”下的竞争。民进党擅长于“集体作战”，在超额、满额、低额提名候选人的情况下可以利用“配票”改变竞争态势，使该党在两次“立委”选举中的“席次红利”都高于其他政党；但是在单一候选人参选方面民进党优势不明显，应对新选举制度时需要作必要的调整。亲民党在单一候选人参选方面的表现逊于国民党，但好于民进党和“台联党”，在“配票”方面也曾有过较好表现（尤其是2001年），但是整体竞争力下降已是难以阻遏的趋势，两次“立委”选举“席次红利”的下滑，已成为具有代表性的指标。“台联党”是“立法院”四大政党中唯一的在两次“立委”选举中“席次红利”均呈负数的政党，其选举表现不佳的主因是竞争力不够。在未来的“立委”选举中，“兄弟登山”各自为战的局面已不复存在，亲民党和“台联党”尽管在“席次红利”上有过不同收获，但都将面临同样严峻的局面，不得不作出必要的选择。

第六节　新选区划分对“立法委员”选举的影响

2007年2月，实行单一选区两票制的台湾第七届“立法委员”选举的区域“立法委员”选区划分已经确定。新选区划分将对未来“立法委员”选举的席次分布有何影响？列出选区划分基本情况，并括注2001年“立法委员”选举和2004年“总统”选举“蓝”、“绿”阵营在具体区域的得票率（各以“/”区分，前为“立委”选举得票率，后为“总统”选举得票率，单位为%），[①] 可作为以后分析新选举制度下“立委”选举情况的参考。

（一）台北市与高雄市“北蓝南绿”

按照新的选区划分，台北市和高雄市划分为13个选区，占区域“立委”选区总数（73个）的18%。

在台北市的8个选区中，“泛蓝”在7个选区占优势，“泛绿”只在1个选区占优势。

（1）台北市一选区，包括北投区（“蓝”45.2/51.6，“绿”42.9/48.4）和士林区（“蓝”40.6/49.2，“绿”48.4/50.8）18里，“蓝”、“绿”得票率各有高低，呈力量均衡状态，因该选区以北投区为主，“蓝”略占优势。

（2）台北市二选区，包括大同区（“蓝”38.8/42.5，“绿”53.3/57.5）和士林区（“蓝”40.6/49.2，“绿”48.4/50.8）38里，“绿”得票率均高于“蓝”，“绿”占优势。

（3）台北市三选区，包括中山区（“蓝”47.5/52.4，“绿”34.6/47.6）和松山区（“蓝”52.0/58.7，“绿”39.7/41.3）20里，“蓝”得票率均高于“绿”，“蓝”占优势。

（4）台北市四选区，包括内湖区（“蓝”53.3/58.7，“绿”38.2/

① 相关数据来自洪永泰、林琼珠、刘玉婷：《2004年台湾政治纪实》。

41.3）和南港区（“蓝”52.2/56.2，“绿”39.0/43.8），“蓝”得票率均高于“绿”，“蓝”占优势。

（5）台北市五选区，包括万华区（“蓝”49.7/51.8，“绿”43.0/48.2）和中正区（“蓝”56.6/60.3，“绿”34.6/39.7）21里，“蓝”得票率均高于“绿”，“蓝”占优势。

（6）台北市六选区，只有大安一区（“蓝”58.3/63.2，“绿”32.3/36.8），“蓝”得票率高于“绿”，“蓝”占优势。

（7）台北市七选区，包括信义区（“蓝”55.9/60.8，“绿”36.4/39.2）和松山区（“蓝”52.0/58.7，“绿”39.7/41.3）13里，“蓝”得票率均高于“绿”，“蓝”占优势。

（8）台北市八选区，包括文山区（“蓝”62.5/66.3，“绿”28.4/33.7）和中正区（“蓝”56.6/60.3，“绿”34.6/39.7）10里，“蓝”得票率均高于“绿”，“蓝”占优势。

在高雄市的5个选区中，“泛绿”在4个选区占优势，“泛蓝”只在1个选区略占优势。

（9）高雄市一选区，包括楠梓区（“蓝”44.4/46.5，“绿”48.5/53.5）和左营区（“蓝”51.7/55.3，“绿”39.6/44.7），“蓝”、“绿”得票率各有高低，呈力量均衡状态，因左营区人口多于楠梓区，“蓝”略占优势。

（10）高雄市二选区，包括鼓山区（“蓝”44.3/46.2，“绿”48.8/53.8）、盐埕区（“蓝”43.3/40.2，“绿”48.8/59.8）、旗津区（“蓝”45.7/34.8，“绿”47.4/55.2）和三民区（“蓝”39.7/41.9，“绿”51.8/58.1）部分，“绿”得票率均高于“蓝”，“绿”占优势。

（11）高雄市三选区，包括三民区（“蓝”39.7/41.9，“绿”51.8/58.1）45里，“绿”得票率高于“蓝”，“绿”占优势。

（12）高雄市四选区，包括前金区（“蓝”42.7/44.0，“绿”49.5/56.0）、新兴区（“蓝”41.9/44.0，“绿”50.3/56.0）、苓雅区（“蓝”41.8/45.6，“绿”47.1/54.4）和前镇区（“蓝”35.0/41.1，“绿”52.0/58.9）部分，“绿”得票率均高于“蓝”，“绿”占优势。

（13）高雄市五选区，包括小港区（“蓝”39.6/39.6，“绿”47.7/61.4）和前镇区（“蓝”35.0/41.1，“绿”52.0/58.9）大部，“绿”得票率均高于“蓝”，“绿”占优势。

按过去的得票率分析，新选区划分在台北市对“泛蓝”有利，在高雄市对“泛绿”有利，可能依然保持“北蓝南绿”格局。但是在2个直辖市的13个选区中，“泛蓝”如能以现有优势取得8席，“泛绿”只有5席，整体对“泛绿”不利。

（二）北部六县市“蓝强绿弱”

台湾北部的台北县、桃园县、新竹市、新竹县、基隆市、宜兰县6个县市，划分为22个选区，占区域“立委”选区总数的30%。

在台北县的12个选区中，“泛蓝”在6个选区占优势，“泛绿”亦在6个选区占优势，新选区划分对“泛绿”有利。

（14）台北县一选区，包括石门乡（“蓝”62.3/56.7，“绿”34.7/43.3）、三芝乡（“蓝”64.8/55.8，“绿”30.4/44.2）、淡水镇（“蓝”56.6/53.9，“绿”36.9/46.1）、八里乡（“蓝”60.9/51.9，“绿”34.3/48.1）、林口乡（“蓝”46.6/51.9，“绿”48.3/48.1）和泰山乡（“蓝”60.4/50.1，“绿”34.9/49.9），“蓝”得票率均高于“绿”，“蓝”占优势。

（15）台北县二选区，包括五股乡（“蓝”44.3/48.3，“绿”44.5/51.7）、芦洲市（“蓝”49.5/44.2，“绿”45.7/55.8）和三重市（“蓝”38.8/44.2，“绿”54.6/55.8）部分，“绿”得票率均高于“蓝”，“绿”占优势。

（16）台北县三选区，包括三重市（“蓝”38.8/44.2，“绿”54.6/55.8）103里，“绿”得票率高于“蓝”，“绿”占优势。

（17）台北县四选区，包括新庄市（“蓝”50.2/47.3，“绿”45.7/52.7）75里，“立委”选举“蓝”得票率高于“绿”，但“总统”选举“蓝”得票率低于“绿”，“绿”略占优势。

（18）台北县五选区，包括树林市（“蓝”37.1/47.9，“绿”54.7/52.1）、莺歌镇（“蓝”57.9/48.1，“绿”33.6/51.9）和新庄市（“蓝”50.2/47.3，“绿”45.7/52.7）部分，“蓝”、“绿”得票率各有高低，呈力量均衡状态，但“总统”选举“蓝”得票率均低于“绿”，“绿”略占优势。

（19）台北县六选区，包括板桥市（“蓝”47.0/49.5，“绿”42.5/50.5）65里，“立委”选举“蓝”得票率高于“绿”，但“总统”选举

“蓝”得票率低于“绿”，“绿”略占优势。

（20）台北县七选区，包括板桥市（“蓝”47.0/49.5，“绿”42.5/50.5）61里，“立委”选举“蓝”得票率高于“绿”，但“总统”选举“蓝”得票率低于“绿”，“绿”略占优势。

（21）台北县八选区，包括中和市（“蓝”54.1/61.3，“绿”26.9/38.7）76里，“蓝”得票率高于“绿”，“蓝”占优势。

（22）台北县九选区，包括永和市（“蓝”61.1/65.9，“绿”24.6/34.1）、中和市（“蓝”54.1/61.3，“绿”26.9/38.7），“蓝”得票率均高于“绿”，“蓝”占优势。

（23）台北县十选区，包括土城市（“蓝”41.3/52.4，“绿”34.8/47.6）、三峡镇（“蓝”45.4/50.2，“绿”39.0/49.8），“蓝”得票率均高于“绿”，“蓝”占优势。

（24）台北县十一选区，包括新店市（“蓝”71.0/66.3，“绿”24.9/33.7）、深坑镇（“蓝”58.4/55.8，“绿”35.1/44.2）、石碇乡（“蓝”48.7/41.1，“绿”43.4/58.9）、坪林乡（“蓝”42.4/35.6，“绿”47.4/54.4）和乌来乡（“蓝”47.8/62.9，“绿”28.4/37.1），“蓝”、“绿”得票率各有高低，呈力量均衡状态，但“总统”选举“蓝”得票率多高于“绿”，“蓝”略占优势。

（25）台北县十二选区，包括金山乡（“蓝”59.6/49.8，“绿”36.6/50.2）、万里乡（“蓝”61.5/54.7，“绿”34.5/45.3）、汐止市（“蓝”47.8/57.1，“绿”45.5/42.9）、平溪乡（“蓝”53.0/46.9，“绿”35.0/53.1）、瑞芳镇（“蓝”56.1/54.9，“绿”37.8/45.1）、双溪乡（“蓝”58.5/49.8，“绿”30.7/50.2）和贡寮乡（“蓝”38.8/38.3，“绿”40.1/61.7），“蓝”、“绿”得票率各有高低，呈力量均衡状态，但“总统”选举人口多的乡镇市“蓝”得票率多高于“绿”，“蓝”略占优势。

在桃园县的6个选区中，“泛蓝”在5个选区占优势，“泛绿”只在1个选区略占优势，新选区划分对“泛蓝”有利。

（26）桃园县一选区，包括芦竹乡（“蓝”50.1/47.9，“绿”47.9/52.1）、龟山乡（“蓝”51.4/53.9，“绿”45.9/46.1）、桃园市（“蓝”54.3/53.8，“绿”43.6/46.2）部分，“蓝”得票率多高于“绿”，“蓝”占优势。

（27）桃园县二选区，包括大园乡（“蓝”51.6/45.7，“绿”46.2/

54.3）、观音乡（“蓝”29.5/39.3，“绿”68.4/60.7）、新屋乡（“蓝”30.9/43.5，“绿”65.9/56.5）和杨梅镇（“蓝”52.0/57.8，“绿”43.3/42.2），“蓝”、“绿”得票率各有高低，呈力量均衡状态，但“总统”选举“蓝”得票率多低于“绿”，“绿”略占优势。

（28）桃园县三选区，包括中坜市（“蓝”60.1/60.3，“绿”37.0/39.7）69里，“蓝”得票率高于“绿”，“蓝”占优势。

（29）桃园县四选区，包括桃园市（“蓝”54.3/53.8，“绿”43.6/46.2）66里，“蓝”得票率均于“绿”，“蓝”占优势。

（30）桃园县五选区，包括平镇市（“蓝”58.3/58.8，“绿”38.1/41.2）和龙潭乡（“蓝”63.3/61.7，“绿”34.0/38.3），“蓝”得票率均高于“绿”，“蓝”占优势。

（31）桃园县六选区，包括八德市（“蓝”65.6/58.9，“绿”31.2/41.1）、大溪镇（“蓝”52.6/49.4，“绿”45.3/50.6）、复兴乡（“蓝”61.5/75.5，“绿”37.5/24.5）和中坜市（“蓝”60.1/60.3，“绿”37.0/39.7）部分，“蓝”得票率均高于“绿”，“蓝”占优势。

新竹市等4个各选1席“立委”的选区，总体对“泛蓝”有利。

（32）新竹市（“蓝”60.4/55.1，“绿”37.9/44.9，2004年“立委”选举“蓝”48.7，“绿”44.5）选区，“蓝”得票率均高于“绿”，“蓝”占优势。

（33）新竹县（“蓝”53.0/64.1，“绿”37.0/35.9，2004年“立委”选举“蓝”63.1，“绿”36.9）选区，“蓝”得票率均高于“绿”，“蓝”占优势。

（34）基隆市（“蓝”53.8/59.4，“绿”32.7/40.6，2004年“立委”选举“蓝”59.0，“绿”36.8）选区，“蓝”得票率均高于“绿”，“蓝”占优势。

（35）宜兰县（“蓝”44.4/42.3，“绿”51.9/57.7，2004年“立委”选举“蓝”46.4，“绿”53.6）选区，“绿”得票率均高于“蓝”，“绿”占优势。

按过去的得票率分析，新选区划分在台湾北部6个县市对两大阵营各有利弊。在22个选区中，“泛蓝”如能以现有优势取得14席，“泛绿”只有8席，整体对“泛绿”不利，可能形成“蓝强绿弱”局面。

（三）中部七县市“蓝弱绿强”

台湾中部的台中市、台中县、苗栗县、彰化县、南投县、云林县、花莲县7个县市，划分为19个选区，占区域“立委”选区总数的26%。

在台中市的3个选区中，“泛蓝”在2个选区占优势，“泛绿”在1个选区略占优势。

（36）台中市一选区，包括西屯区（“蓝”59.1/54.3，“绿”39.0/45.7）、南屯区（“蓝”56.2/52.3，“绿”41.1/47.7），“蓝”得票率均高于“绿”，“蓝”占优势。

（37）台中市二选区，包括北屯区（“蓝”56.0/54.3，“绿”41.9/45.7）、北区（“蓝”57.7/55.0，“绿”39.6/45.0），“蓝”得票率均高于“绿”，“蓝”占优势。

（38）台中市三选区，包括西区（“蓝”52.1/51.0，“绿”45.6/49.0）、中区（“蓝”49.9/46.8，“绿”47.2/53.2）、东区（“蓝”48.4/46.2，“绿”49.3/53.8）、南区（“蓝”53.2/50.4，“绿”44.9/49.6），“蓝”、“绿”得票率各有高低，呈力量均衡状态，但“总统”选举“蓝”得票率多低于“绿”，“绿”略占优势。

在台中县的5个选区中，“泛绿”在4个选区略占优势，“泛蓝”只在1个选区略占优势，新选区划分明显对“泛蓝”不利。

（39）台中县一选区，包括大甲镇（“蓝”50.8/47.3，“绿”38.6/52.7）、大安乡（“蓝”61.7/46.5，“绿”23.7/53.5）、外埔乡（“蓝”55.8/53.9，“绿”29.4/46.1）、清水镇（“蓝”50.1/44.7，“绿”39.4/55.3）、梧栖镇（“蓝”49.7/48.1，“绿”41.2/51.9），“蓝”、“绿”得票率各有高低，呈力量均衡状态，但“总统”选举“蓝”得票率多低于“绿”，“绿”略占优势。

（40）台中县二选区，包括沙鹿镇（“蓝”40.7/49.2，“绿”31.1/50.8）、龙井乡（“蓝”50.9/49.1，“绿”34.7/50.9）、大肚乡（“蓝”66.8/50.2，“绿”26.1/49.8）、乌日乡（“蓝”54.2/48.3，“绿”39.5/51.7）、雾峰乡（“蓝”52.7/48.2，“绿”40.1/51.8）、大里市（“蓝”48.4/47.9，“绿”47.0/52.1）2里，“蓝”、“绿”得票率各有高低，呈力量均衡状态，但“总统”选举“蓝”得票率多低于“绿”，“绿”略占优势。

（41）台中县三选区，包括太平市（“蓝”52.8/50.5，“绿”40.0/49.5）和大里市（“蓝”48.4/47.9，“绿”47.0/52.1）25里，“立委”选举“蓝”得票率高于“绿”，但“总统”选举“蓝”得票率略低于“绿”，“绿”略占优势。

（42）台中县四选区，包括丰原市（“蓝”50.4/44.3，“绿”44.2/55.7）、石冈乡（“蓝”58.0/51.5，“绿”37.1/48.5）、新社乡（“蓝”40.9/48.7，“绿”48.1/51.3）、东势镇（“蓝”50.1/51.4，“绿”43.0/48.6）、和平乡（“蓝”62.6/69.9，“绿”29.5/30.1），“蓝”、“绿”得票率各有高低，呈力量均衡状态，但“总统”选举“蓝”得票率多高于“绿”，“蓝”略占优势。

（43）台中县五选区，包括后里乡（“蓝”54.9/49.3，“绿”34.5/50.7）、神冈乡（“蓝”52.9/40.8，“绿”40.9/59.2）、大雅乡（“蓝”56.5/51.1，“绿”36.4/48.9）、潭子乡（“蓝”52.2/48.4，“绿”42.0/51.6），“立委”选举“蓝”得票率高于“绿”，但“总统”选举“蓝”得票率略低于“绿”，“绿”略占优势。

苗栗县2个选区，“泛蓝”均占优势。

（44）苗栗县一选区（海线），包括竹南镇（“蓝”31.3/54.7，“绿”25.0/45.3）、造桥乡（“蓝”63.6/66.6，“绿”18.1/33.4）、后龙镇（“蓝”76.3/53.4，“绿”14.7/46.6）、西湖乡（“蓝”70.0/70.7，“绿”12.7/29.3）、通霄镇（“蓝”32.4/48.1，“绿”23.7/51.9）、铜锣乡（“蓝”65.0/66.6，“绿”16.9/33.4）、苑里镇（“蓝”41.9/42.2，“绿”33.7/57.8）、三义乡（“蓝”60.3/65.5，“绿”17.5/34.5），“蓝”得票率均高于“绿”，“蓝”占优势。

（45）苗栗县二选区（山线），包括头份镇（“蓝”73.5/68.8，“绿”17.7/31.2）、三湾乡（“蓝”73.5/65.2，“绿”18.8/34.8）、南庄乡（“蓝”75.4/71.9，“绿”14.8/28.1）、苗栗市（“蓝”67.4/68.3，“绿”21.3/31.7）、头屋乡（“蓝”68.7/68.4，“绿”20.5/31.6）、狮潭乡（“蓝”74.4/69.2，“绿”15.5/30.8）、公馆乡（“蓝”64.4/62.7，“绿”20.3/37.3）、大湖乡（“蓝”68.3/67.2，“绿”14.7/32.8）、泰安乡（“蓝”73.5/83.9，“绿”10.4/16.1）、卓兰镇（“蓝”54.7/47.1，“绿”26.3/52.9），“蓝”得票率均高于“绿”，“蓝”占优势。

漳化县4个选区中，“泛绿”在3个选区占优势，“泛蓝”在1个选区略占优势，新选区划分明显对“泛蓝”不利。

（46）彰化县一选区，包括伸港乡（“蓝”48.4/50.3，“绿”50.0/49.7）、线西乡（“蓝”57.6/56.9，“绿”40.9/43.1）、和美镇（“蓝”51.1/48.5，“绿”47.6/51.5）、鹿港镇（“蓝”44.5/43.2，“绿”53.6/56.8）、福兴乡（“蓝”47.0/43.4，“绿”51.4/56.6）和秀水乡（“蓝”43.7/44.1，“绿”55.0/55.9），“蓝”、“绿”得票率各有高低，呈力量均衡状态，但“总统”选举“蓝”得票率多低于“绿”，“绿”略占优势。

（47）彰化县二选区，包括彰化市（“蓝”49.3/50.1，“绿”48.6/49.9）、花坛乡（“蓝”51.8/50.4，“绿”46.3/49.6）、芬园乡（“蓝”38.2/41.2，“绿”59.9/58.8），“蓝”、“绿”得票率各有高低，呈力量均衡状态，但“总统”选举“蓝”在人口多的彰化市得票率高于“绿”，“蓝”略占优势。

（48）彰化县三选区，包括芳苑乡（“蓝”38.2/41.2，“绿”59.9/58.8）、二林镇（“蓝”51.5/53.2，“绿”46.1/46.8）、埔盐乡（“蓝”53.0/52.9，“绿”45.3/47.1）、溪湖镇（“蓝”50.4/49.6，“绿”47.7/50.4）、埔心乡（“蓝”44.9/43.9，“绿”53.2/56.1）、大城乡（“蓝”55.5/52.0，“绿”42.4/48.0）、竹塘乡（“蓝”40.4/40.2，“绿”58.4/59.6）、埤头乡（“蓝”42.8/43.2，“绿”55.1/56.8）、北斗镇（“蓝”40.9/46.8，“绿”46.6/53.2）和溪洲乡（“蓝”33.9/37.8，“绿”62.4/62.2），“蓝”、“绿”得票率各有高低，呈力量均衡状态，但“总统”选举“蓝”得票率多低于“绿”，“绿”略占优势。

（49）彰化县四选区，包括大村乡（“蓝”50.8/48.3，“绿”46.8/51.7）、员林镇（“蓝”53.6/50.3，“绿”43.5/49.7）、永靖乡（“蓝”49.3/47.7，“绿”48.3/52.3）、社头乡（“蓝”48.8/44.3，“绿”48.2/55.7）、田尾乡（“蓝”46.8/47.5，“绿”49.0/52.5）、田中镇（“蓝”50.5/48.7，“绿”46.9/51.3）和二水乡（“蓝”44.5/44.8，“绿”53.2/55.2），“蓝”、“绿”得票率各有高低，呈力量均衡状态，但“总统”选举“蓝”得票率多低于“绿”，“绿”略占优势。

南投县2个选区，“泛蓝”与“泛绿”各在1个选区略占优势。

（50）南投县一选区（乌溪），包括草屯镇（“蓝”59.9/51.2，“绿”36.7/48.8）、中寮乡（“蓝”51.7/45.1，“绿”44.0/54.9）、鱼池乡（“蓝”37.3/45.5，“绿”60.7/54.5）、国姓乡（“蓝”50.0/52.9，“绿”

41.9/47.1）、埔里镇（“蓝”43.0/52.5，“绿”55.0/47.5）和仁爱乡（“蓝”68.0/85.3，“绿”29.6/14.7），“蓝”、“绿”得票率各有高低，呈力量均衡状态，但“总统”选举“蓝”得票率多高于“绿”，“蓝”略占优势。

（51）南投县二选区（浊水溪），包括南投市（“蓝”52.5/55.4，“绿”39.1/44.6）、竹山镇（“蓝”50.6/43.4，“绿”46.4/56.6）、集集镇（“蓝”57.8/50.5，“绿”39.8/49.5）、名间乡（“蓝”41.6/39.8，“绿”54.4/60.2）、鹿谷乡（“蓝”53.5/47.3，“绿”44.6/52.7）、水里乡（“蓝”48.9/50.3，“绿”48.8/49.7）和信义乡（“蓝”55.1/65.8，“绿”43.5/34.2），“蓝”、“绿”得票率各有高低，呈力量均衡状态，但“总统”选举“蓝”得票率多低于“绿”，“绿”略占优势。

云林县2个选区，“泛绿”均占优势。

（52）云林县一选区（海线），包括麦寮乡（“蓝”67.1/50.5，“绿”24.8/49.5）、台西乡（“蓝”65.3/50.8，“绿”25.3/49.2）、东势乡（“蓝”52.1/43.0，“绿”31.4/57.0）、褒忠乡（“蓝”46.5/40.5，“绿”34.2/59.5）、土库镇（“蓝”48.8/37.3，“绿”34.1/62.7）、虎尾镇（“蓝”55.3/46.3，“绿”33.6/53.7）、四湖乡（“蓝”48.5/41.1，“绿”39.2/58.9）、元长乡（“蓝”53.2/34.6，“绿”45.1/65.4）、口湖乡（“蓝”55.6/33.2，“绿”43.0/66.8）、水林乡（“蓝”58.3/27.0，“绿”36.7/73.0）和北港镇（“蓝”40.6/35.0，“绿”51.0/65.0），“蓝”、“绿”得票率各有高低，呈力量均衡状态，但“总统”选举“蓝”得票率多低于“绿”，“绿”略占优势。

（53）云林县二选区（山线），包括仑背乡（“蓝”51.5/39.5，“绿”36.9/60.5）、斗六市（“蓝”45.8/47.5，“绿”46.9/52.5）、斗南镇（“蓝”51.1/42.0，“绿”39.5/58.0）、西螺镇（“蓝”37.1/33.5，“绿”53.8/66.5）、古坑乡（“蓝”36.3/35.4，“绿”55.6/64.6）、大埤乡（“蓝”45.2/36.3，“绿”41.2/63.7）、莿桐乡（“蓝”32.6/32.9，“绿”41.2/67.1）、林内乡（“蓝”46.1/41.6，“绿”45.9/58.4）和二仑乡（“蓝”41.6/30.0，“绿”47.3/70.0），“蓝”、“绿”得票率各有高低，呈力量均衡状态，但“总统”选举“蓝”得票率多低于“绿”，“绿”略占优势。

（54）花莲县（“蓝”66.3/70.2，“绿”33.7/29.8，2004年“立委”选举“蓝”30.0，“绿”31.0）选区，“蓝”占优势。

按过去的得票率分析，新选区划分在台湾中部7个县市总体上对“泛蓝”不利，在19个选区中，“泛绿”如能以现有优势取得11席，“泛蓝”只能得到8席，可能形成“蓝弱绿强”局面。

（四）南部七县市凸显“南绿”

台湾南部的嘉义市、嘉义县、台南市、台南县、高雄县、屏东县、台东县7个县市，划分为16个选区，占区域“立委”选区总数的22%。

（55）嘉义市选区（“蓝”42.9/43.9，“绿”45.7/56.1，2004年“立委”选举“蓝”45.8，“绿”53.7），“绿”得票率均高于“蓝”，“绿”占优势。

嘉义县2个选区，“泛绿”均略占优势。

（56）嘉义县一选区（海区），包括六脚乡（“蓝”38.5/29.2，“绿”40.0/70.8）、东石乡（“蓝”47.8/38.2，“绿”25.7/61.8）、朴子市（“蓝”38.0/34.0，“绿”38.5/66.0）、太保市（“蓝”40.0/36.7，“绿”36.3/63.3）、布袋镇（“蓝”41.6/40.0，“绿”45.6/60.0）、义竹乡（“蓝”44.2/35.2，“绿”33.0/64.8）、鹿草乡（“蓝”44.9/32.6，“绿”42.2/67.4）和水上乡（“蓝”42.6/41.8，“绿”39.6/58.2），“蓝”、“绿”得票率各有高低，呈力量均衡状态，但“总统”选举“蓝”得票率多低于“绿”，“绿”略占优势。

（57）嘉义县二选区（山区），包括大林镇（“蓝”36.9/41.1，“绿”33.9/58.9）、民雄乡（“蓝”33.1/38.4，“绿”44.2/61.6）、溪口乡（44.9/26.6，“绿”35.2/73.4）、新港乡（“蓝”25.8/28.7，“绿”47.7/71.3）、中埔乡（“蓝”38.6/38.9，“绿”39.1/71.1）、竹崎乡（“蓝”36.0/37.8，“绿”28.8/62.2）、梅山乡（“蓝”41.6/38.2，“绿”37.1/61.8）、番路乡（“蓝”35.4/38.5，“绿”31.9/61.5）、大埔乡（“蓝”62.5/56.9，“绿”28.5/43.1）和阿里山乡（“蓝”65.2/71.0，“绿”24.9/29.0），“蓝”、“绿”得票率各有高低，呈力量均衡状态，但“总统”选举“蓝”得票率多低于“绿”，“绿”略占优势。

台南市2个选区，“泛绿”均占优势。

（58）台南市一选区，包括安南区（“蓝”36.3/34.7，“绿”52.6/65.3）、北区（“蓝”40.1/44.0，“绿”51.3/56.0）和中西区（“蓝”37.7/41.0，“绿”53.5/59.0），“绿”得票率均高于“蓝”，“绿”占

优势。

（59）台南市二选区，包括东区（“蓝”45.7/49.6，“绿”46.1/50.4）、南区（“蓝”38.0/39.7，“绿”55.1/60.3）和安平区（“蓝”38.6/44.1，“绿”52.1/55.9），“绿”得票率均高于“蓝”，“绿”占优势。

台南县3个选区，“泛绿”均占优势。

（60）台南县一选区，包括后壁乡（“蓝”37.6/28.0，“绿”60.9/72.0）、白河镇（“蓝”43.1/32.4，“绿”55.4/67.6）、北门乡（“蓝”58.6/33.3，“绿”39.7/66.7）、学甲镇（“蓝”42.3/27.8，“绿”55.6/72.2）、盐水镇（“蓝”42.1/30.0，“绿”55.9/70.0）、新营市（“蓝”46.4/40.1，“绿”52.1/59.9）、柳营乡（“蓝”46.2/32.4，“绿”52.1/67.6）、东山乡（“蓝”47.6/35.1，“绿”49.1/64.9）、将军乡（“蓝”46.7/26.0，“绿”49.1/74.0）、下营乡（“蓝”53.6/31.0，“绿”45.2/69.0）、六甲乡（“蓝”42.2/30.2，“绿”55.4/69.8）和官田乡（“蓝”42.2/27.6，“绿”55.5/72.4），“蓝”、“绿”得票率各有高低，呈力量均衡状态，但“总统”选举“蓝”得票率均低于“绿”，“绿”占优势。

（61）台南县二选区，包括七股乡（“蓝”49.8/29.2，“绿”46.6/70.8）、佳里镇（“蓝”44.8/32.5，“绿”52.9/67.5）、麻豆镇（“蓝”39.7/22.7，“绿”58.6/77.3）、善化镇（“蓝”40.3/32.5，“绿”58.3/67.5）、大内乡（“蓝”45.8/32.2，“绿”52.0/67.8）、玉井乡（“蓝”61.1/47.3，“绿”37.3/52.7）、楠西乡（“蓝”72.2/54.5，“绿”26.0/45.5）、西港乡（“蓝”46.8/28.2，“绿”46.9/71.8）、安定乡（“蓝”60.3/31.8，“绿”37.3/68.2）、新市乡（“蓝”42.0/33.1，“绿”54.1/66.9）、山上乡（“蓝”47.3/33.9，“绿”48.8/66.1）、新化镇（“蓝”40.3/41.2，“绿”58.3/58.8）、左镇乡（“蓝”56.4/37.1，“绿”40.7/62.9）和南化乡（“蓝”61.2/47.5，“绿”35.3/52.5），“蓝”、“绿”得票率各有高低，呈力量均衡状态，但“总统”选举“蓝”得票率多低于“绿”，“绿”略占优势。

（62）台南县三选区，包括永康市（“蓝”45.3/43.0，“绿”47.1/57.0）、仁德乡（“蓝”45.0/38.9，“绿”51.3/61.1）、归仁乡（“蓝”39.8/33.8，“绿”58.4/66.2）、关庙乡（“蓝”64.3/33.6，“绿”36.5/66.4）和龙崎乡（“蓝”58.6/39.2，“绿”33.8/60.8），“蓝”、“绿”得

票率各有高低，呈力量均衡状态，但“总统”选举“蓝”得票率均低于“绿”，“绿”占优势。

高雄县4个选区，“泛绿”均占优势。

（63）高雄县一选区，包括旗山镇（“蓝”49.5/40.0，“绿”46.4/60.0）、美浓镇（“蓝”55.4/43.6，“绿”35.3/56.4）、阿莲乡（“蓝”39.3/35.3，“绿”55.2/64.7）、燕巢乡（“蓝”48.6/40.1，“绿”47.8/59.9）、大社乡（“蓝”29.2/35.6，“绿”56.7/64.4）、大树乡（“蓝”40.8/34.7，“绿”55.6/65.3）、田寮乡（“蓝”35.3/32.2，“绿”62.0/67.8）、内门乡（“蓝”58.2/43.0，“绿”38.9/57.0）、杉林乡（“蓝”55.0/44.9，“绿”41.3/55.1）、甲仙乡（“蓝”57.6/51.5，“绿”39.8/48.5）、六龟乡（“蓝”52.6/39.6，“绿”42.6/60.4）、三民乡（“蓝”63.5/85.8，“绿”31.4/14.2）、茂林乡（“蓝”80.1/91.0，“绿”18.3/9.0）和桃源乡（“蓝”65.4/85.7，“绿”31.8/14.3），“蓝”、“绿”得票率各有高低，呈力量均衡状态，但“总统”选举“蓝”得票率多低于“绿”，“绿”略占优势。

（64）高雄县二选区，包括冈山镇（“蓝”47.7/46.7，“绿”46.9/53.3）、路竹乡（“蓝”55.6/41.9，“绿”38.4/58.1）、茄萣乡（“蓝”55.1/36.7，“绿”35.7/63.3）、湖内乡（“蓝”46.9/36.8，“绿”46.0/63.2）、永安乡（“蓝”40.9/43.3，“绿”31.7/56.7）、弥陀乡（“蓝”48.6/43.7，“绿”45.5/56.3）、梓官乡（“蓝”42.4/35.5，“绿”50.9/64.5）和桥头乡（“蓝”37.9/32.8，“绿”57.9/67.2），“蓝”、“绿”得票率各有高低，呈力量均衡状态，但“总统”选举“蓝”得票率均低于“绿”，“绿”占优势。

（65）高雄县三选区，包括林园乡（“蓝”31.8/35.9，“绿”64.5/64.1）、大寮乡（“蓝”42.4/42.3，“绿”51.5/57.7）、仁武乡（“蓝”40.2/35.5，“绿”55.6/64.5）和鸟松乡（“蓝”48.5/40.4，“绿”48.7/59.6），“绿”得票率均高于“蓝”，“绿”占优势。

（66）高雄县四选区，只包括凤山市（“蓝”47.3/45.8，“绿”49.4/54.2），“绿”得票率高于“蓝”，“绿”占优势。

屏东县3个选区，“泛绿”均占优势。

（67）屏东县一选区，包括里港乡（“蓝”24.0/32.0，“绿”55.60/68.0）、高树乡（“蓝”17.9/30.1，“绿”55.8/69.9）、三地门乡（“蓝”

71.1/85.2，“绿”17.7/14.8）、雾台乡（“蓝”60.7/80.9，“绿”21.4/19.1）、九如乡（“蓝”25.8/28.9，“绿”55.6/71.1）、盐埔乡（“蓝”32.4/42.9，“绿”39.1/57.1）、长治乡（“蓝”24.0/38.6，“绿”47.2/61.4）、内埔乡（“蓝”23.8/37.7，“绿”55.2/62.3）、玛家乡（“蓝”69.3/85.4，“绿”13.4/14.6）、泰武乡（“蓝”62.9/89.3，“绿”25.6/10.7）、竹田乡（“蓝”24.1/33.8，“绿”52.9/66.2）、万峦乡（“蓝”20.3/32.8，“绿”56.0/67.2）和潮州镇（“蓝”33.1/40.4，“绿”48.9/59.6），“蓝”、“绿”得票率各有高低，呈力量均衡状态，但“总统”选举“蓝”得票率多低于“绿”，“绿”略占优势。

（68）屏东县二选区，包括屏东市（“蓝”33.8/48.2，“绿”47.1/51.8）、麟洛乡（“蓝”26.1/34.3，“绿”61.0/65.7）和万丹乡（“蓝”11.6/36.9，“绿”42.8/63.1），“绿”得票率均高于“蓝”，“绿”占优势。

（69）屏东县三选区，包括新园乡（“蓝”18.5/29.8，“绿”49.6/70.2）、崁顶乡（“蓝”26.3/32.9，“绿”49.6/67.1）、南州乡（“蓝”20.8/36.9，“绿”50.0/63.1）、新埤乡（“蓝”18.9/42.2，“绿”50.3/57.8）、来义乡（“蓝”50.6/92.5，“绿”20.7.7.5）、东港镇（“蓝”18.1/35.2，“绿”50.2/64.8）、林边乡（“蓝”13.2/36.5，“绿”49.4/64.5）、佳冬乡（“蓝”27.6/34.8，“绿”61.7/65.2）、枋寮乡（“蓝”23.0/40.8，“绿”49.6/59.2）、春日乡（“蓝”60.4/91.7，“绿”20.8/8.3）、枋山乡（“蓝”30.3/41.5，“绿”48.6/58.5）、狮子乡（“蓝”76.2/92.6，“绿”13.6/7.4）、牡丹乡（“蓝”55.8/86.4，“绿”22.9/13.6）、车城乡（“蓝”36.0/36.9，“绿”41.2/63.1）、满州乡（“蓝”33.8/42.8，“绿”42.8/57.2）、恒春镇（“蓝”35.4/44.0，“绿”41.0.56.0）和琉球乡（“蓝”37.3/53.4，“绿”39.8/46.6），“蓝”、“绿”得票率各有高低，呈力量均衡状态，但“总统”选举“蓝”得票率多低于“绿”，“绿”略占优势。

（70）台东县（“蓝”66.5/65.5，“绿”33.5/34.5，2004年“立委”选举“蓝”61.6，“绿”33.0），“蓝”得票率高于“绿”，“蓝”占优势。

按过去的得票率分析，新选区划分在台湾南部7个县市对“泛蓝”不利，在16个选区中，“泛绿”如能以现有优势取得15席，“泛蓝”只能得到1席，可能凸现“南“绿””局面。

离岛的澎湖县、金门县和连江县，都只各选1名“立委”，并且均为“泛蓝”占优势。

（71）澎湖县（“蓝”14.6/50.5，“绿”29.0/49.5，2004年“立委”选举“蓝”0，“绿”39.5），“泛蓝”因支持无党籍候选人参选，“立委”选举得票率低于“绿”，但从“总统”选举得票率看，“蓝”占优势。

（72）金门县（“蓝”80.3/93.9，“绿”5.7/6.1，2004年“立委”选举“蓝”54.1，“绿”5.9），“蓝”得票率高于“绿”，“蓝”占优势。

（73）连江县（“蓝”100.0/94.2，“绿”0/5.8，2004年“立委”选举“蓝”39.3，“绿”4.4），“蓝”得票率高于“绿”，“蓝”占优势（“泛蓝”曾支持无党籍候选人参选）。

（五）第七届“立法委员”席次分布的各种预测

在确定“立法委员”选举实行单一选区两票制后，就已经有人对第七届“立委”的席次分布作了预测。在选区划分确定之后，更有人通过“推算”对各政党所得席次作出预估。从收集到的情况看，大致有4种看法。

一是认为民进党的区域“立委”席次可能降至22～24席，甚至会扭转“北蓝南绿”的局面。①

二是除去只选1席“立委”的10个县市，另外的63个选区，“泛蓝”可得到至少38席，“泛绿”只能得到25席。②

三是根据73个选区的划分情况，再综合“蓝”、“绿”以往在各选区的选战实绩，估计“泛蓝”可得到42席，“泛绿”可得到31席，再加上不分区“立委”，“泛蓝”仍可继续掌握“立法院”过半席次。③

四是各政党的评估，民进党的目标是超越50席，其中不分区“立委”约占12席，目前有把握的约30席。国民党估计“泛蓝”不但有过半实力，更可望抢下2/3的“立委”席次。④

---

① 见“人民网”2006年4月24日载文《亲绿智库研讨单一选区制度，学者全面唱衰民进党》。

② 见“中国新闻网”2007年2月13日载文《年底“立委”选举多变量，国民党未必能赢》。

③ 见“星辰在线网”2007年2月6日载文《台“立委”选区重划强化“南绿北蓝”态势》。

④ 见“台湾正声新闻网”2007年2月2日载文《第七届“立委”选举初探》。

按照上述看法，新选区划分似乎对“泛蓝”有利，因为无论如何计算，“泛蓝”席次都会过半。按照一般的看法，原住民的6席“立委”，应是“泛蓝”4席，“泛绿”1席，无党籍1席；根据2004年的得票率，34席不分区、侨选“立委”，应是“泛蓝”18席，“泛绿”16席。计算第三种看法的席次分布，“泛蓝”可得到42席区域“立委”，席次数即可达到64席（42+4+18），占总席次的56.6%；“泛绿”得到31席区域“立委”，席次数可达到48席（31+1+16），占总席次的42.5%。计算第二种看法的席次分布，“泛蓝”可得到46席区域“立委”（只选1席“立委”的10个县市中，“泛蓝”在8个县市占优势），席次数应能达到68席（38+8+4+18），占总席次的60.2%，接近2/3的水平；“泛绿”则只能得到27席区域“立委”，席次数可达到44席（25+2+1+16），占总席次的38.9%，略高于1/3。

根据本书列出的各选区的情况，新的选区从总体上看应对“泛蓝”不利。在73个选区中，“泛蓝”占优势或略占优势的只有34个选区，“泛绿”占优势或略占优势的则有39个选区。如果两大阵营都能保持既有优势，可能出现的是“平局”结果，即“泛蓝”56席（区域34席，原住民4席，不分区、侨选18席），“泛绿”56席（区域39席，原住民1席，不分区、侨选16席），无党籍1席（原住民1席）。

当然，这样的预测只是纯技术的推算，可能与选举结果相差甚远，因为两大阵营各推出什么样的候选人在各选区参选，是否会出现某一阵营分裂的情况，都会影响选情，甚至改变不同阵营在选区的优劣势。但是至少有一点应该是清楚的，“泛蓝”在即将举行的“立法委员”选举中，面临的形势并不乐观。即便是旁观者，也不应被一些看好“泛蓝”的说法所左右。

第八章　县市长、直辖市长选举策略比较

对台湾单一席次选举的策略比较，不少著述都着重于“总统”选举的分析。由于本书已在前述各章对台湾几次“总统”选举的情况进行了分析，并且在“总统”选举中难以看到各种选举策略的应用，所以需选择县市长和直辖市选举进行比较分析，对单一席次选举中各政党的合作及攻防策略等作进一步说明。①

第一节　2001～2006 年县市长、直辖市长选举情况

2000 年以来，台湾举行了两次县市长选举，一次与“立法委员”选举合并举行（2001 年 12 月），另一次与县市议员、乡镇长选举合并举行（2005 年 12 月，简称“三合一选举”）。2002 年和 2006 年，还进行了台北市、高雄市市长选举。可先分别介绍不同县市、直辖市的选举情况。

（一）北部六县市

台湾北部的台北县、桃园县、新竹市、新竹县、基隆市、宜兰县 6 个县市中，2001 年有 4 个县市（桃园县、新竹市、新竹县、基隆市）“换党执政”，2005 年有 2 个县（台北县、宜兰县）“换党执政”，6 个县市在两次选举中都有过一次“换党执政”。

1. 台北县

国民党曾在台北县长期执政，但 1989～1997 年三届台北县县长选举，都是民进党籍候选人当选（1989 年、1993 年为尤清，1997 年为苏贞昌）。

---

① 本章涉及的选举数据，来自台湾政治大学选举研究中心与“中央选举委员会”共同建立的“台湾选举类别与结果线上浏览”；候选人的情况，采自洪永泰、林琼珠编著《2001 年台湾政治纪实》、洪永泰、林琼珠、刘玉婷编著《2004 年台湾政治纪实》和中国社会科学院台湾研究所编《台湾当代人物辞典》（中国大百科全书出版社 2003 年 11 月版）；具体选举情况，来自台湾各媒体的报道以及作者本人的实地观察。

台北县的选民基础“偏蓝”，民进党候选人的连续当选，在一定程度上得益于“泛蓝”多名候选人参选造成的选票分散。

2001 年有 4 名候选人参与台北县长席位竞争，民进党候选人苏贞昌争取连任，国民党、亲民党、新党经过协商，共推具有新党背景的王建煊为县长候选人（以无党籍身份参选），此外还有邵建兴、石翊靖两位无党籍候选人，竞争主要在苏贞昌与王建煊之间展开。选举前的民意调查显示苏贞昌的支持率始终高于王建煊，选举结果苏贞昌得 874495 票，得票率 51.31%；王建煊得 820828 票，得票率 48.16%；苏贞昌得票比王建煊多 53667 票，成功连任，与民意调查的预测相符。苏贞昌不但取胜，还在台北县为民进党首次拿下超过 50% 的选票，主要原因是苏贞昌以“四年打拼有实绩，八年建设好连贯”为竞选口号，成功打出了连贯施政牌，让选民对他的执政能力和执政效果给予肯定和支持；在选举策略上，苏贞昌一直将选战压低为地方选举，尽量不使县长选举成为“泛蓝”与“泛绿”的对决，并努力把县政与民进党“中央”的执政效果脱钩，以现任优势赢得了胜利。王建煊之所以失败，主要原因是“泛蓝”的整合没有完全成功，尽管连战、宋楚瑜都曾为王建煊站台助选，但王建煊始终摆脱不了拉抬新党“立法委员”候选人的质疑，国民党、亲民党的基层力量并没有被全力发动起来支持王建煊，有一些支持“泛蓝”的传统选民持中立态度，甚至支持苏贞昌。

2005 年台北县长选举，6 名候选人报名参选，比 2001 年增加 2 名，并且 6 名候选人均为“新人”。国民党提名的候选人周锡玮（时任“立法委员”）原为亲民党员，转党参选；民进党提名的候选人罗文嘉（选举前任“客家主委会”主委）则属于陈水扁的“嫡系人马”，此外还有黄福卿、陈俊杰、陈诚钧、黄茂全 4 名无党籍候选人，竞争主要在周锡玮与罗文嘉之间展开。

周锡玮在台北县经营多年，形象良好，能够开拓中间选民选票，但是从亲民党跳到国民党参选，欠缺的是没有组织、经费，因此国民党县市长、乡镇市长、县议员提名名单公布后，党内不乏抗议声音，“中央党部”则以“输小赢大”为出发点，以赢得县长选举衡量提名，并以擅长“组织战”的黄昭元担任台北县党部主委，取代学者型主委黄德福，以弥补周锡玮的不足。罗文嘉尽管有党政支持，但为避免对手猛挖执政疮疤，早已定下“防火墙”战略，以“新民进党运动”主打个人形象，并强调跨党派合作，希望抛开政党包袱，把选战焦点拉回县政范畴，走苏贞昌式的成功之路。但是罗文嘉倡议的“改革”，在立场上只能尊重、淡化与陈水扁的距离，却无法批评也无力切割与陈水扁亦师亦友的“师徒关系”，使改革动议显得乏力。周、罗对峙还加入了“天王”对抗的因素。对时任民进党党主席的苏贞昌而言，台北县在他的掌握之下，不应输、也不能输，是苏贞昌的“荣辱之战”。罗文嘉参选县长后一路打的就是“苏贞昌牌”而非“陈水扁牌”，如果选输，将影响苏贞昌未来竞逐“总统”的正当性，更象征着马英九提前取得下届“总统”大选的门票，因此苏贞昌把辅选重点摆在台北县，全力替罗文嘉催票。

由于周锡玮民调支持率持续领先，罗文嘉改变了原本强调的“阳光、希望、高格调”选战策略，开始“抹黑”对手，主打“乡下穷小孩对抗都市权贵子弟”、“周锡玮为了选县长跳槽国民党，是投机政客”，并痛批周锡玮不辞掉“立法委员”，是“脚踏两条船”，加上在坊间耳语“周锡玮是外省人、阿共仔同路人”的发酵下，使选战又走回悲情、省籍对抗的老路。周锡玮则反批罗文嘉是陈水扁钦点“空降”人选，跟着陈水扁一路在台北市、“中央”当官，罗文嘉是桃园人，他应参选桃园县长或台北市长，但桃园县、台北市都由“泛蓝”执政，对罗文嘉没有把握、不敢选，最后硬是挤走李应元，选择民进党执政16年、比较“好选”的台北县，罗文嘉才是“投机政客”；对罗文嘉提出的“新民进党运动”，陈水扁一度发飙，但立刻替罗文嘉站台背书，罗文嘉更说“长官永远是长官”，可见陈水扁师徒相互呼应，“根本是唱双簧，目的在骗选票”，“新民进党运动”只是一句空口号；民进党贪污腐败，唯有用选票让民进党下台，民进党才会反省；周锡玮亦强调民进党拥有执政优势，县府最近大花纳税人血汗钱做电视广告，从兴建污水下水道、捷运环状线、到中正机场线等，借政令宣导夹带替罗文嘉造势，毫不避嫌以行政资源助选。在选举口号上，周锡玮喊出了“（台北）县市合并，生活升等”，罗文嘉则喊出“反省是勇敢表现”，都产生一定影响；在两人的公开政见辩论中（2005年11月13日），两人则大致战成平手。

2005年11月15日，罗文嘉突然揭出“永洲贷款案”，指周锡玮为人作保，借贷不还。周锡玮则出来澄清事实，向法院提出诽谤告诉，并在公开场合落泪发誓，未“黑”过一分钱。罗文嘉再打“股票案”，周锡玮亦努力驳斥，并指罗文嘉以几千万元作竞选广告，罗文嘉也竭力反驳。11月

27 日，在民进党发动的大规模游行中，“泛蓝”查出罗文嘉的支持者有发放“走路工”费用嫌疑，违反“选罢法”，罗文嘉则以 100 万元奖励金查找证人，并在 12 月 2 日举行的记者招待会上公开表示他如果有买票行为，将永远退出政坛。

选举结果，周锡玮得 988739 票，得票率 54.86%；罗文嘉得 798233 票，得票率 44.30%；周锡玮得票比罗文嘉多 190516 票，当选为台北县县长，尽管最终结果与民调预测的周锡玮应能当选相同，但是两人有如此大的得票差距，还是出乎不少人的意料（选前民调大多推测两名候选人的得票差距在 30000 票以下）。周锡玮担任过省“议员”和三届“立法委员”，在台北县从政十几年，对县政的熟悉度远超过空降参选的罗文嘉，加上国民党党主席马英九的助选，亲民党党主席宋楚瑜最后也表态支持周锡玮，有效汇聚了支持“泛蓝”的选民。周锡玮当选的另一个关键因素是在“三合一”选举中，“泛蓝”的乡镇市长、县议员候选人人数远超过“泛绿”，基层抢票凶，绷紧了票源，压缩了“泛绿”开拓中间选票的空间，加上马英九“把台湾赢回来”、“不过半，就辞主席”的临门一脚，催出了“泛蓝”与中间选民的选票。罗文嘉的落选，主因在于民进党政绩太差，选民对民进党执政失去信心，关键时刻罗文嘉阵营又爆发“走路工”事件，加上“泛绿”基本盘不如“泛蓝”，票源又没成长（罗文嘉的得票，比 2001 年苏贞昌得票少 76262 票），所以即便大量使用行政资源助选，最终仍敌不过大环境的劣势。

2. 桃园县

桃园县曾因 1977 年党外人士许信良当选县长出现执政权转换现象（许信良原为国民党员，因自行参选桃园县长被国民党开除党籍），但 1979 年许信良被免职，国民党即夺回了执政权。1997 年年初县长补选，民进党候选人吕秀莲击败国民党候选人方力修，当选为县长；在当年的县市长选举中，吕秀莲成功连任。吕秀莲当选“副总统”后，以民进党籍的许应深为代理县长。

2001 年桃园县长选举，国民党推荐时任“立法委员”的朱立伦为候选人，民进党推荐时任“立法委员”的彭绍瑾为候选人，另有无党籍的庄志忠登记为候选人。由于亲民党没有提名县长候选人并表示支持朱立伦，使“泛蓝”的合作成为可能，选举前的民意调查亦显示朱立伦的支持率始终高于彭绍瑾。选举结果，朱立伦得 441827 票，得票率 55.24%；彭绍瑾得

353568 票，得票率 44. 20%，朱立伦得票比彭绍瑾多 88259 票，以较大优势当选为县长。朱立伦的取胜，表明国民党提名策略正确，针对桃园县选民在“一对一”选举的投票取向上已突破政党、地域、省籍等观念，大胆提名具有外省籍背景的朱立伦为候选人，亲民党、新党亦能认同两党基层对朱立伦的支持，全力支持他竞选，加上朱立伦坚持“干净选举”的动作和财经专才的形象，使他始终处于领先地位。民进党在桃园县的失败，并非彭绍瑾不具有竞争实力。彭绍瑾是德国慕尼黑大学的法学博士，在台湾政坛又有“虎口拔牙”的青天形象，陈水扁曾三次到桃园县为彭绍瑾助选，民进党对他的支持也是不遗余力。彭绍瑾的失败，应有两个因素：一是作为工商大县的桃园县选民不仅对前任县长吕秀莲的“口号治县”不满，也对民进党执政以来经济景气下降、失业率攀升不满，转而支持国民党候选人。二是民进党的候选人提名有误，应该提名代理县长许应深，因为许应深长期经营基层，曾获得过 7 成的执政满意度，比彭绍瑾更容易吸引选票。

2005 年桃园县长选举，国民党候选人朱力伦争取连任，民进党提名台盐公司董事长郑宝清为候选人，另有无党籍的吴家登登记为候选人。朱立伦在选举中主打 4 年政绩牌，民进党则以经营台盐成功的郑宝清挑战时任者，形成“桃园经验”与“台盐经验”的对垒，但朱立伦民意调查支持率始终高于郑宝清。

在两名候选人激烈竞争时，桃园县发生了“非常光盘”事件。按照马英九确定的“偏冷的适度响应方式”，朱立伦公开澄清自己没有婚外情后，不再回应“非常光盘”的攻击（详情见本书第五章）。

选举结果，朱立伦得 488979 票，得票率 60. 84%；郑宝清得 307965 票，得票率 38. 32%；朱立伦得票比郑宝清多 181014 票，以绝对优势成功连任县长，并且得票数和得票率都高于 2001 年。由此显示“非常光盘”未扯出“弊案”，涉及个人隐私遭选民鄙弃，反使朱立伦高票当选，民进党在桃园县选择的选举策略显然有重大失误。朱立伦能够顺利连任，还有其他有利因素，一是朱立伦有行政系统提供各种机会接近选民，四年来不断与地方派系领袖互动，得到广泛支持；二是朱立伦成功整合“三合一”选举，动员比 4 年前更彻底，扩大了“泛蓝”的优势。

3. 新竹市

新竹市原由国民党执政，1997 年县市长选举，民进党候选人蔡仁坚击败国民党候选人童胜男，当选为县长。

2001 年有 4 名候选人参与新竹市长席位竞争，民进党候选人蔡仁坚争取连任，国民党推荐时任“立法委员”的林政则为候选人，另有无党籍的王少泉、黄中美登记为候选人。选举前的民意调查显示林政则支持率高于蔡仁坚。选举结果，林政则得 90580 票，得票率 56.01%；蔡仁坚得 69195 票，得票率 42.77%；林政则得票比蔡仁坚多 21385 票，以较大优势当选为县长。新竹市是台湾科技城市，林政则成为这个闽南籍居民居多、城市升市 22 年以来的第一位客家籍市长，具有族群融合的重要意义。林政则胜选，“泛蓝”成功整合是最主要因素，林政则本人在“立法委员”任内树立的较好形象也起了重要作用。蔡仁坚在 1997 年借新党精神领袖许历农的支持，使出政党模糊的选战策略，得到眷村近 2/5 的选票，得以当选新竹市市长。此次选举再打此牌已经不灵，他在执政期间造成的府、会关系失和，党内操戈，再加上个人的绯闻案和“联电案”等，都种下了败因。蔡仁坚尽管在城市建设上颇有功绩，此次选举着意以“建设牌”应对林政则的“形象牌”，但是终因缺乏“人和”，导致失败。

2005 年只有 2 名候选人参与新竹市长席位竞争，国民党候选人林政则争取连任，民进党提名时任新竹市“议员”郑贵元为候选人。郑贵元知名度不如林政则，在竞选过程中频频打出新竹垃圾山、社福盈余挪用率高、市政空转等议题，但是在新竹市选民结构“蓝”大于“绿”的现实条件下，民调支持率始终远低于林政则。选举结果，林政则得 112221 票，得票率 69.27%；郑贵元得 49777 票，得票率 30.73%，林政则以得票高于郑贵元 62444 票的绝对优势成功连任，并且得票数和得票率都高于 2001 年。

4. 新竹县

国民党曾在新竹县长期执政，但 1989～1997 年三届新竹县长选举，都是民进党籍候选人当选（1989 年、1993 年为范振宗，1997 年为林光华）。新竹县与台北县一样，选民基础“偏蓝”，民进党候选人的连续当选，在一定程度上得益于“泛蓝”的分裂。

2001 年新竹县长选举，民进党候选人林光华争取连任，国民党推荐时任“立法委员”郑永金为候选人。选举前的民意调查，林光华支持率曾大大领先于郑永金，但接近投票日时，郑永金的民调支持率已经超过林光华。选举结果，郑永金得 112595 票，得票率 53.61%；林光华得 97420 票，得票率 46.39%；郑永金得票比林光华多 15175 票，当选为县长。在国民党提名新竹县长候选人时，邱镜淳与郑永金争当候选人，尽管后来说服邱镜淳参选“立法委员”，但国民党内部的裂痕并没有完全抚平。在这样的形势下，郑永金一面积极号召“泛蓝”团结，一面“以柔对刚”，用官司、贿选、地方建设话题主动出击，并在最后关头发出“竹东人选竹东人”的乡情告白，唤得自己家乡竹东选民的支持；郑永金还在林光华的家乡竹北市拿到了近20000张选票，没有造成与林光华在这一地区得票的巨大差距，为胜利奠定了基础。林光华执政的口碑不差，加上林姓是新竹县大姓宗亲，胜券在握，不但本人有轻敌倾向，连民进党高层也认为他必胜无疑。在民调反映不利时，又发生了“检调”查贿指向林姓宗亲的事件，使林光华难以应对，并最终导致执政权易手。

2005年新竹县长选举，依然是郑永金与林光华之争。民进党、亲民党曾有合作推“立法委员”邱镜淳参选的意图，但合作生变，民进党征召林光华参选，邱镜淳反而与郑永金合力，使选举前郑永金的民调支持率遥遥领先于林光华。选举结果，郑永金得157012票，得票率67.09%；林光华得77037票，得票率32.91%；郑永金得票比林光华多79975票，以绝对优势成功连任，得票数和得票率都大大高于2001年。郑永金在任期内施政满意度较高，选前“泛蓝”整合成功，新竹县选民的参选率并未因选举没有太多悬念而下降，反而大幅度攀升（参选率71.12%，比2004年“立法委员”选举参选率高11个百分点），显示出支持“泛蓝”选民的危机意识被激发出来，扩大了郑永金的优势。

5. 基隆市

基隆市原由国民党执政，1997年县市长选举，民进党候选人李进勇击败国民党候选人刘文雄和许财利，当选为市长。

2001年只有2名候选人参与基隆市长竞争，民进党候选人李进勇争取连任，国民党推荐许财利为候选人。选举前的民意调查显示李进勇的支持率始终高于许财利，但是差距逐渐缩小。选举结果令人感到意外，许财利得100070票，得票率58.09%；李进勇得72212票，得票率40.91%；许财利得票比李进勇多27858票，以较大优势当选为市长。论个人条件和政治资源，许财利都不如李进勇，许财利之所以胜选，一是他在1997年竞选市长失败之后，更积极经营基层；二是1997年竞选市长同样失败的刘文雄此次不参加市长选举，以亲民党籍候选人身份竞选“立法委员”；尽管亲民党未明确表示支持许财利，但市议会的20多位国民党、亲民党议员大多出来为许财利辅选，为“泛蓝”整合创造了条件。李进勇的市府团队骄气十足，加上基隆市遭两次大水患，都引起市民不满，为他的失败埋下了伏笔。

2005年基隆市长选举，出现了复杂局面。许财利、刘文雄分别成为国民党、亲民党提名的候选人，民进党、“台联党”也分别提名王拓、陈建铭为候选人。由于基隆市选民基础“偏蓝”，“泛绿”主动进行整合，民进党提名的候选人王拓在登记后宣布退出选举，表示全力支持“台联党”候选人陈建铭。陈建铭竭力整合“泛绿”力量，得到多数民进党时任市议员支持，声势逐步上扬。特别是许财利的购地图利疑案引起注意后，重新燃起民进党支持者的热情，原本因王拓退选而不想投票或想随意投票的人，很多都改变态度，要投票给陈建铭。由于亲民党逐渐式微，在2008年胜选大目标的召唤下，不少老国民党员回流，支持国民党候选人许财利，特别是马英九连番到基隆为许财利站台，更让许财利声势大振。亲民党候选人刘文雄具有较高知名度，在基隆市也有深厚根基，但马英九的光环只套在许财利头上，让他备感困扰，一直难以明显超越。许、刘二人的民调支持率互有领先，11月初媒体最新民调，许财利的支持度32%，刘文雄的支持度23%，两人相差9个百分点，是选战以来两人民调差距最大的一次。

由于国民党、亲民党在基隆市僵持不下，最后很可能实施“弃保”战术，集中选票在一人身上。陈建铭能否从两强夹缝中异军突起，取决于“泛绿”整合的成败。国民党和亲民党都在选前压上了最后的赌注。亲民党主席宋楚瑜针对马英九宣布的“泛蓝不过半就辞党主席”，于12月1日明确宣布“刘文雄不能胜选，就到美国去闭门思过”。12月3日，马英九清早即赶到基隆市，陪许财利投票，尽管遭到一名妇女的抗议，但是电视新闻的及时播出，已将马英九坚定支持许财利连任的信息告诉了支持“泛蓝”的选民。相比之下，“泛绿阵营”则相当“低调”，民进党要人如陈水扁、苏贞昌等，从未到基隆市为陈建铭助选，只有李登辉独自为陈建铭站台，两党合力实际变成了“台联党”的单打独斗。

选举结果，许财利得76162票，得票率41.15%；陈建铭得58243票，得票率31.46%；刘文雄得47932票，得票率25.89%；“泛蓝”分裂使许财利得票数和得票率都大大低于2001年，但得票比陈建铭多17919票，显然有部分支持“泛蓝”的选民为保证市长职位掌握在“泛蓝”手中，实施“弃保”投票，使许财利得以顺利连任。许财利的胜选，亦得益于他的勤跑基层并掌握了大多数邻里长，在组织战方面的优势大大超过两名对手。选举之后，许财利公开表示要对选举前支持刘文雄的市政府人员进行“清算”，引起市政府公职人员的恐慌。马英九及时作出反应，要求当选者不得采取报复行为，许财利亦表态不再追究某些人的“不当行为”，使选后局势重归平静，但不久许财利购地图利案再被揭出，2006 年初即被国民党新成立的“廉能委员会”宣布停止国民党党权，并于 2006 年 9 月被国民党开除党籍。

6. 宜兰县

民进党在宜兰县的执政，始于 1981 年陈定南当选县长，1985 年陈定南成功连任。1989 ~ 1997 年的三届宜兰县县长选举，都是民进党籍候选人当选（1989 年、1993 年为游锡堃，1997 年为刘守成）。

2001 年宜兰县长选举，民进党候选人刘守成争取连任，国民党推荐宜兰市长吕国华为候选人，另有无党籍人士林锦坤、朱振东登记为候选人。选举前的民意调查显示刘守成的支持率始终高于吕国华。选举结果，刘守成得 106313 票，得票率 50. 88%；吕国华得 98547 票，得票率 47. 18%；刘守成得票比吕国华多 7766 票，以微弱优势连任，显然得益于民进党在宜兰县执政 20 年的深厚根基；但是主要竞争者得票差距不大，表明已有出现重大变化的可能。

2005 年竞争宜兰县长席位的候选人减为 3 名，国民党仍推荐吕国华为候选人，民进党则以陈定南为候选人，另有无党籍候选人谢李静宜参选。由于亲民党提名的县长候选人郑美兰最终退出，“泛蓝”在宜兰县完成整合。受“弊案”等影响，陈定南的民调支持率始终低于吕国华，但是宜兰县的选民基础“偏绿”，仅按照民调并不能确定吕国华能够胜选，所以国民党不敢因民调领先而乐观，反而更小心翼翼，避免政党对决，只强调吕国华的人格特质更适合当宜兰县长。吕国华曾任两届宜兰市长，2001 年竞选宜兰县长失利后，吕国华更注重经营基层。陈定南施政绩效有一定口碑，但已当过“法务部长”还回县参选，挡了年轻人出头的机会，引起民进党内一些人的不满。在选举策略上，吕国华利用民心思变，强调“挥别旧世代，宜兰向前走”；陈定南则主打“传统情感”，因为宜兰县是最早“绿化”的县市，民进党已经执政 24 年，被视为力保的“圣地”之一。“思变”与“情感”孰强孰弱，对选举结果有重大影响。由于宜兰县有很多旅外选民，如分布在各大专院校的“兰友会”大专学生与旅外同乡会成员，每次选举返乡投票，总数达15000票。返乡选票的“蓝”“绿”比与基本盘相近，亦成为可能左右选情的最后关键。选前已有人评估，如果仍能维持60%以上的参选率，吕、陈两名候选人的得票可能都在10万票左右，得票差距可能在5000~7000票之间，谁最终获胜在选举前难以预料。

选举结果，吕国华得121463票，得票率51.40%；陈定南得112853票，得票率47.75%；吕国华得票比陈定南多8610票，以微弱优势当选县长，使“泛蓝”得以截断“泛绿”在宜兰县的执政。吕国华能够胜出，是由于民进党“弊案”连连，支持者民心浮动，宜兰县长期工商不振，失业率高，年青一代被迫外出寻找就业机会，使宜兰人对“政党轮替”后带来的工商振兴充满期待；陈定南再次参选，破坏了世代交替精神，正当性不足，亦为吕国华创造了机会；吕国华的灵活选举策略和选举中的“弊案”，也起了重要作用。吕国华首先主打陈定南“回锅”参选，并将“高捷弊案”导向陈定南“法务部长”任内没有积极作为，营造“陈青天”负面形象；陈定南后援会人员因为县党部举办餐会遭到搜索及交保后，吕国华与台北“立法院”相呼应，召开记者会大肆渲染，使一向以“青天、清廉”形象备受称誉及肯定的陈定南的“贿选”疑云一直挥之不去。由于宜兰县的选情胶着，刺激了选民的参选热情，使参选率大为提高，在“蓝”、“绿”基本选民都出来投票的情况下，两名候选人的得票应非常接近，陈定南的得票还应该略高一点，但是投票结果显示“中间选民”显然倾向于支持吕国华，“中间选民”的转向应是国民党夺回执政权的重要因素。

（二）中部七县市

台湾中部的台中市、台中县、苗栗县、彰化县、南投县、云林县、花莲县7个县市中，2001年有4个县市（台中市、台中县、彰化县、南投县）“换党执政”，2005年有4个县（苗栗县、彰化县、南投县、云林县）“换党执政”，只有花莲县未出现“换党执政”，彰化县和南投县还出现了执政权反复易手的局面。

1. 台中市

台中市原由国民党执政，1997年县市长选举，民进党候选人张温鹰击败国民党候选人洪昭男、新党候选人宋艾克和“建国党”候选人郑邦镇，当选为市长。

2001年台中市长选举，张温鹰脱离民进党，以无党籍候选人身份争取连任，民进党推荐时任“立法委员”蔡明宪为候选人，国民党推荐“中央党部”副秘书长胡志强为候选人。由于一度传出宋楚瑜支持张温鹰的说法，“泛蓝”在台中市是否能够成功整合，成为人们关注的问题。选举前的民意调查显示胡志强的支持率始终高于蔡明宪和张温鹰。选举结果，胡志强得 213866 票，得票率 49.08%；蔡明宪得 177515 票，得票率 40.74%；张温鹰得 44341 票，得票率 10.18%；胡志强得票比蔡明宪多 36351 票，以较大优势当选市长。胡志强曾任“新闻局长”、“外交部长”等职务，不但具有高知名度和清新的形象，还在选举中一反常态，不插旗帜，不打口水战，主要靠在各地的巡回演说取得选民的信任和支持。但是，他取胜的最重要因素应是“泛绿”的分裂，以及宋楚瑜暗表支持张温鹰后支持“泛蓝”的选民自发性整合成功。蔡明宪强调打击“黑金”暴力，以改革的魄力守住了民进党在台中市的 130000 张铁票，并争取到了 40000 张“中间选民”选票，但是张温鹰毕竟分走了一成选票，使之无法战胜胡志强。张温鹰退出民进党参选，既不断受到民进党的打压，又在“弃保”效应下被边缘化，成为无政党“奥援”候选人难以当选的典型案例。

2005 年参与台中市长竞争的候选人增为 4 人，国民党候选人胡志强争取连任，民进党和“台联党”整合成功，共同支持民进党提名候选人林佳龙（曾任“行政院新闻局长”，亦为陈水扁“嫡系人马”），亲民党以时任“立法委员”沈智慧为候选人，另有无党籍候选人李贵富参选。争取连任的胡志强谈吐幽默，行事老练成熟，在本次选举中以各种人物造型塑造自己的风趣、爱民形象，吸引选民注意；台中市科技园区的建设和交通的改善，也使胡志强争取到了一些市民的认同。林佳龙虽然形象清新，但是“空降”到台中市参选，能否得到全部“泛绿”选票并进而争取“中间选民”的支持，扳倒胡志强，是不得不面对的难题。沈智慧挟 16 年担任“立法委员”的雄厚基层实力参选，希望给选民在国民党、民进党之外以不同选择；她的坚持参选，对胡志强有较大威胁，因为其主要分掉的是“泛蓝”的选票。选举前的民意调查显示，胡志强的支持率远高于林佳龙、沈智慧，民进党为改变颓势，对胡志强展开了全方位的人身攻击。

胡志强力争古根汉美术馆到台中市，可惜未能成功；台中市的治安有所改善，但大案不断，对比其他县市，治安仍有较大问题。古根汉美术馆和台中市治安，成为林佳龙攻击胡志强的主要靶子，但不久林佳龙改变进攻方向，先是质疑胡志强溢领退休金并享受18%优惠利率，打出所谓“诈领退休金案”，随后又在胡志强的健康问题上大做文章。针对林佳龙的“猛攻”，胡志强除了对古根汉美术馆和台中市治安问题作出解释，并主动在市府主管会报上说明被质疑溢领退休金18%优惠存款利率一事外，亦指出林佳龙在“新闻局长”任内延迟发放南亚海啸爱心捐款长达8个月，其行政执行能力受到置疑。并且胡志强继续专心市政，不谈选举，不响应对手的选举口水，不随之起舞。这种“不理会”对手的做法，反而使胡志强的民调支持率持续走高。胡志强还巧扮男高音歌唱家帕瓦罗蒂，在台中市举办台湾的独场告别秀，在电视上强力推销城市文化，获得喜爱艺文表演的民众认同，为选情加分。林佳龙阵营组织的“反治安”大游行，拉来主管治安的“内务部长”苏嘉全参加，则立即被胡志强变为攻击民进党的靶子。胡志强和林佳龙之间的较量，由于不断上映新“剧情”，吸引台中市民的注意，使沈智慧很快被“边缘化”；在“蓝”、“绿”日益明显的区隔下，郝柏村到眷村号召选民全力支持胡志强，亲民党“立委”黄羲交也在选举日之前公开支持胡志强，使沈智慧不得不面临“弃保”的危险。

选举结果，胡志强得262667票，得票率58.35%；林佳龙得175592票，得票率39.00%；沈智慧仅得10061票，得票率2.23%；胡志强以超过林佳龙87075票的绝对优势成功连任，显示支持“泛蓝”的选民“弃保”成功，保证胡志强以高票当选。胡志强的胜选，还表明多数选民对肆意攻击候选人健康等“恶质选举”现象不满，最终选择以选票支持被攻击者。

2. 台中县

台中县曾因1977年党外人士曾文波当选县长出现执政权转换现象，但是1981年国民党即夺回了执政权。1997年县市长选举，民进党候选人廖永来当选为县长，主要原因在于国民党推出了郭荣振、徐中雄两名候选人，加上刘轮忠脱离国民党参选，使长期轮流执政的红派、黑派分裂，分散了“泛蓝”的选票。

2001年台中县长选举，民进党候选人廖永来争取连任，国民党推荐农会总干事黄仲生（属于黑派）为候选人，另有无党籍人士林敏霖（属于红派）登记为候选人。选举前的民意调查显示廖永来的支持率始终高于黄仲生，但选举结果黄仲生得325117票，得票率49.48%；廖永来得269548票，得票率41.02%；林敏霖得62639票，得票率9.49%；黄仲生得票比廖永来多55569票，以较大优势当选县长，爆出了一大冷门。选前廖永来之所以民调支持率一路领先，主要原因是“泛蓝”的分裂。黄仲生2001年即因经营地方农会的成就拟被提名为县长候选人，但因错失资格无法办理党内提名登记，此次经国民党党内初选提名为县长候选人之后，红派前议长林敏霖以无党籍身份参选，使国民党乃至“泛蓝”面临再次分裂危险。林敏霖一度提出以民调决定“泛蓝”的支持者，未被国民党和黑派采纳。国民党、亲民党最终决定自行合作，摆脱林敏霖，并打出“弃保”牌，既将林敏霖边缘化，又让他吸引红派死忠者的选票，使其不被廖永来吸走。这一选战策略有效整合了“泛蓝”，使黄仲生最终取得胜利。廖永来虽有在任优势，但县府内部失和，施政成绩不佳，负债沉重，在各县市中赤字排名第一，员工薪水经常拖欠，工程弊端传闻不断，“红包来”、“廖三成”的不雅称号传遍各地，在基层强烈不满的声浪中，终于难逃败选厄运。

2005年台中县长选举候选人仍为3名，国民党候选人黄仲生争取连任，民进党以“陆委会”副主委邱太三为候选人，另有无党籍候选人林振昌参选。黄仲生成功整合红、黑两派，民调支持率始终高于邱太三。邱太三形象超越派系，攻势凌厉，以“未成年者涉足电玩案”、“任用工友案”等攻击黄仲生，但未对黄仲生造成很大威胁。选举结果，黄仲生得418144票，得票率59.44%；邱太三得275153票，得票率39.12%；黄仲生得票比邱太三多142991票，以绝对优势成功连任，表明台中县选民基础“偏蓝”，在正常的参选率下，“泛蓝”如果不分裂，其候选人能够顺利当选。

3. 苗栗县

苗栗县原由国民党执政，1993年何智辉违纪参选，被国民党开除党籍，但当选为县长，使苗栗县变为无党籍人士执政。1997年，“省议员”傅学鹏退出国民党，以无党籍候选人身份参选，击败恢复国民党籍的何智辉，仍维持无党籍人士执政局面。

2001年苗栗县长选举，傅学鹏仍以无党籍候选人身份参选，并得到亲民党的支持；国民党推荐“国民党中央委员”徐享昆为候选人，民进党推荐律师魏早炳为候选人，另有无党籍人士李佳穆登记为候选人。选举前的民意调查显示傅学鹏的支持率大大高于徐享昆、魏早炳等人。选举结果，傅学鹏得票135786票，得票率53.61%；徐享昆得票62613票，得票率23.88%；魏早炳得票61742票，得票率23.55%；傅学鹏得票超过徐享昆、魏早炳得票总和，以绝对优势成功连任。傅学鹏在执政期间勤于耕耘基层，做好县政，选举中又有意淡化亲民党提名的色彩，甚至打出“苗栗党”的诉求，争取各党各派支持，是顺利当选的重要原因。徐享昆失败的主因是整合国民党内黄、刘两派势力未成，缺乏基层组织派系支持；魏早炳虽打出了“反傅大团结”的口号，但是并没有奏效。

2005 年苗栗县长选举，6 名候选人参与角逐。国民党提名时任“立法委员”刘政鸿为候选人，民进党提名苗栗市市长邱炳坤为候选人，亲民党时任“立法委员”徐耀昌以无党籍候选人身份参选，无党籍候选人还有陈秀龙、颜培元、江炳辉 3 人。国民党提名闽南籍的刘政鸿为候选人后，引起傅学鹏等客家人士反弹，转而与民进党合作，达成“傅绿合”，征召邱炳坤参选，希望形成“闽客对决”，但原属傅系的徐耀昌在“立法委员”何智辉支持下参选，分走傅系及客家票源，反而对刘政鸿有利，选举前的民意调查显示刘政鸿的支持率远高于邱炳坤、徐耀昌。选举结果，刘政鸿得 134277 票，得票率 47.90%；邱炳坤得 83694 票，得票率 29.86%；徐耀昌得 47834 票，得票率 17.07%；刘政鸿得票超过邱炳坤、徐耀昌得票总和，以绝对优势当选为县长，改变了苗栗县由无党籍人士执政的局面。由于客家族群投票取向比较倾向“泛蓝”，加上执政党弊案连连，使“蓝绿对决”的声浪，始终高过“闽客对决”，是刘政鸿取胜的重要因素。

4. 彰化县

1981 年以来，彰化县曾由无党籍人士和民进党、国民党执政（历届当选县长，1981 年、1985 年为无党籍人士黄石城，1989 年为民进党周清玉，1993 年、1997 年为国民党阮刚猛）。

2001 年彰化县长选举，5 名候选人参与竞争（其中 4 名为女性），国民党推荐曾任“法务部长”的叶金凤为候选人，亲民党推荐郑秀珠为候选人，民进党推荐时任“立法委员”翁金珠为候选人，另有无党籍人士陈婉真、洪参民登记为候选人。在提名候选人前，宋楚瑜曾提出“以南投换彰化”的“取一让一”建议，如果国民党同意，亲民党提名的郑秀珠将主动退出，形成“一对一”局面，使“泛蓝”在彰化县有取胜的机会。但是国民党调整内部已很吃力，国民党籍的副县长卓伯源曾坚持竞争县长职位，经过长时间协调才同意角逐“立法委员”席位；在内部整合成功后，国民党不愿意再生变数，影响叶金凤的选情，并寄希望于选民的自动“弃保”效应，将郑秀珠“边缘化”，所以没有响应宋楚瑜的建议。在这样的形势下，宋楚瑜只能支持郑秀珠“死战到底”。由于“泛蓝”分裂，选举前的民意调查已显示翁金珠的支持率高于叶金凤和郑秀珠。选举结果，翁金珠得301584票，得票率49.17%；叶金凤得257504票，得票率41.99%；郑秀珠得39056票，得票率6.37%；翁金珠以较大优势当选为县长，使执政权又转到民进党手中。“泛蓝”分裂是使翁金珠能够当选的重要因素，翁金珠的竞选策略就是低调静观“泛蓝”内斗，甚至一直不回应叶金凤、郑秀珠、陈婉真的攻击，直到选前两天才到彰化地检署控告三位候选人对她的“抹黑”，这种求稳的策略对胜选也起了一定作用。从“泛蓝”候选人的得票看，支持“泛蓝”选民确实有自动“弃保”行为（郑秀珠得票过少），即便选票不分散，总票数（296560票）仍低于翁金珠5024票，显示“中间选民”支持“换党执政”，成为决定选举结果的重要因素。

2005年彰化县长选举，原有5名候选人报名参选，民进党候选人翁金珠争取连任，国民党以时任“立法委员”卓伯源为候选人，亲民党以谢章捷为候选人，另有无党籍人士陈朝容、陈进丁准备参与竞争。经过王金平和彰化县“议长”白鸿森等人协调后，不仅亲民党的谢章捷退选，另一名候选人陈朝容亦因两次登记无效，退出选举，使候选人只有3名。在谢章捷宣布退选前，彰化县选情呈现“一面倒”，翁金珠竞选连任稳如泰山，竞选动作平淡无奇，既不攻击潜在的各竞选对手，也不理会对手的文宣攻势。翁金珠在县长任期内，县政作为并没有多大缺失，并主办了两次花卉博览会，尽管实际效果还有待检验，毕竟得到县民一定程度的认可，但是民进党“中央”执政团队的作为，带给翁金珠巨大的减分压力，“高捷弊案”发生后，翁金珠在各媒体的民调支持度不升反降，就是极好的证明。谢章捷奉父亲遗命退选后，编组“青年骑兵团”，协助卓伯源开拓票源，卓伯源亦积极整合派系，促成国亲合作，使水利会、农会系统逐渐归队，“泛蓝”成功整合，卓伯源的民调支持率逐渐超过翁金珠。

翁金珠阵营很快锁定“台铁计轴器”、“高速公路电子收费系统案”等，攻击卓伯源不够清白，希望平衡“高捷弊案”冲击的效果。卓伯源暂时受困于“弊案”和“黑函”攻击后，在文宣上转守为攻，控告对手阵营的“立法委员”邱创进、魏明谷等人，并发表县政白皮书，说明未来施政蓝图，以争取“中间选民”支持；国民党主席马英九亦多次到彰化县，争取县农会总干事廖振贤、副议长萧景田等发动全县农会、渔会、水利会等，全力动员支持卓伯源。

选举结果，卓伯源得 370790 票，得票率 55.46%；翁金珠得 270949 票，得票率 40.52%；卓伯源得票比翁金珠多 99841 票，以绝对优势当选县长，使执政权又转到国民党手中。翁金珠的落选，主要受“大环境”影响，陈水扁一连串不当谈话，以及“执政团队”一系列弊端，已使选民对“绿色执政”从期待变成失望，这股怨气投射到地方，造成了民进党候选人败选的事实。

彰化县在历次选举中买票现象最为严重，2005 年的“三合一”选举，由于查贿较严，买票受到一定的限制，对翁金珠的选情应有较大影响，因为选民已习惯于买票，“泛绿”的钱下不去，得票自然下降，而“泛蓝”已无足够的资金买票，所以遭受损失较小。

5. 南投县

南投县原由国民党执政，1997 年县市长选举，脱离民进党以无党籍候选人身份参选的彭百显击败国民党候选人许惠佑、民进党候选人林宗男，当选为县长。

2001 年南投县长选举，7 名候选人参与竞争。彭百显仍以无党籍候选人身份争取连任，国民党以林明溱和时任“立法委员”张明雄为候选人，亲民党以时任“立法委员”陈振盛为候选人，民进党以时任“立法委员”林宗男为候选人，另有无党籍人士陈肱富、姜君佩登记为候选人。由于候选人过多，南投县县长选情一直扑朔迷离，“泛蓝”与“泛绿”阵营内部都有难以处理的问题。彭百显继续参选，造成“泛绿”的分裂，对林宗男颇为不利。“泛蓝”不但无法整合，国民党内部也无法调节矛盾，不得不提名 2 名候选人。选举前的民意调查显示，林宗男的支持率微弱领先于其他候选人。在投票日前几天，宋楚瑜曾提议整合“泛蓝”，集中支持陈振盛，但遭到国民党的拒绝。选举结果，林宗男得 94631 票，得票率 36.79%；陈振盛得 63042 票，得票率 24.51%；林明溱得 48268 票，得票率 18.76%；彭百显得 40412 票，得票率 15.71%；张明雄得 7475 票，得票率 2.91%；林宗男以相对优势当选为县长。彭百显虽然有执政优势，并有一天工作 16 小时的“打拼县长”美名，但是他与县议会矛盾重重，又卷入地震重建作弊案官司，即便选前连续出版 4 本书进行辩白，还是难以洗刷干净。林宗男以不带火药味的文宣正面推销自己的施政理念，并在电视辩论中公开批评彭百显政绩不佳，不但在“泛绿”阵营中将彭百显锁定在弱势地位，还争取到了“中间选民”的支持。在“泛绿”分裂的局面下，“泛蓝”完全有获胜机会，宋楚瑜恰是看到了这个机会，才提出“以南投换彰化”的“取一让一”建议，并且宋楚瑜在“总统”选举时在南投县拿到的是最高票，有希望将其集中为对亲民党候选人陈振盛的支持。但是国民党纠缠于内部矛盾，国民党籍的两位候选人互不相让，更别说让给亲民党的候选人，使“不战、不降、不和、不退”的局面一直维系到选前10天，才决定支持林明溱，将张明雄“边缘化”，并且摆明了与亲民党“各自登山”的态势。“泛蓝”的整合没有成功，同样导致了选票的分割，使国民党和亲民党都失去了取胜的可能。

2005年南投县长选举，4名候选人参与竞争。国民党以南投市市长李朝卿为候选人，民进党以时任“立法委员”蔡煌琅为候选人，林宗男脱离民进党以无党籍候选人身份争取连任，国民党籍县议员林明溱也登记为无党籍候选人参选，使南投县的竞争格局，实际形成“蓝”“绿”“二对二”的局面。为了使国民党胜选，林洋港打电话恳托林明溱退选，“立法委员”吴敦义也劝林明溱退选，2005年10月25日，马英九带领副主席江丙坤、“立法委员”吴敦义、前南投县长林源朗及李朝卿、林明溱，在“中央党部”宣布南投县整合成功，林明溱正式宣布退选。

林明溱退选后，形成李朝卿与“泛绿”蔡煌琅、林宗男“一对二”的态势，选情开始向有利于“泛蓝”转化。南投县自从2000年大选以后，“蓝”、“绿”两大阵营得票大致各占五成，且“蓝”略多于“绿”，原本“泛蓝”不支持李朝卿的选票，会向林明溱跑，林明溱退选后，虽然选票还会印他的名字，但“弃保”效应可以提前浮现，“泛蓝”选票大都归队，虽然李朝卿过去的选战经验仅限于乡镇市长和县议员，对于全县性选举还是新手，但在“泛绿”两名候选人分割选票的形势下，极有可能取胜。争取连任的林宗男和民进党提名的蔡煌琅都参加过3次以上的全县性选战，林宗男是时任县长，蔡煌琅是陈水扁嫡系，分别握有“中央”和地方不同层级的行政资源优势，但林宗男和蔡煌琅势均力敌，如果拉不开差距，极易两败俱伤，并且二人都需面对选民对“绿色执政”近年表现的观感。

在“一对二”的竞争中，李朝卿突现领先地位，蔡煌琅希望通过民进党“中央”及陈水扁助选的威力，吸引更多“泛绿”支持者，把选战定调为“蓝”“绿”对抗，将林宗男边缘化；林宗男最担心“蓝”“绿”对决，让他变成这场选战的旁观者，林、蔡两人内斗不休，却都知道不能放任李朝卿独走，又将李朝卿列为首要攻击目标，3人缠斗局面渐成选战主轴。

李朝卿一改国民党给人温和的印象，推出“蓝军一号”竞选战车，到处游街拉票；林宗男则逐一挖取国民党的“桩脚”；蔡煌琅空前低调，以反“抹黑”为主要诉求。林宗男脱离民进党参选，背着施政包袱。任内疏浚河川淤积，卷入砂石利益传闻，但他大力推动的产业运输大道，开始分段完工，久为县民诟病的砂石车“分流”，不再行驶公路，已展现政绩，加上林宗男在地方耕耘近20年，连任多届省议员和“立法委员”，地方人脉广布，2004年辅选儿子林耘生选上“立法委员”，这次虽少了政党“奥援”，但南投县的民进党由他创设，6000名党员近半是他的子弟兵，加上任内以行政资源广结善缘，支持群跨“蓝”“绿”，仍具连任实力。蔡煌琅获民进党提名，原本民调支持率第一，但饱受“黑函”困扰，虽向检方提出告诉，也在台北市和南投县连开记者会抨击对手“抹黑”，但“黑函”并非全面性散发，他也不愿正面澄清，以免越描越黑，致使阴影仍难消除，并端出教育政策“牛肉”，打出“砂石变午餐”的文宣，许诺如果当选，将出售砂石所得全面免费供应中小学营养午餐，打中林宗男的“砂石”要害，逼得林宗男和李朝卿争相提出教育政见，在公共政策问题上争取上风。

为了不让南投县败于同室操戈，陈水扁的“中央助选团”首站即设在南投县，党政巨头轮番上阵倡言“弃保”，蔡煌琅并不讳言，最后关头就是要把林宗男“边缘化”，“民进党支持者一票也不要投给他”。“泛蓝”也不轻松，尤其是亲民党“立法委员”陈志彬的动向备受关注，有人指出陈志彬这次不但没有帮李朝卿，还暗助林宗男。选前几天，林宗男对陈水扁主导的“弃保”提出公开抗议，并造成小规模的冲突事件，民进党则揭出“盗采砂石案”，狠击林宗男，检调在选前两天大举搜索县府，林宗男公开质疑蔡煌琅搞鬼；林宗男寻求与李朝卿“换票”以抗拒“弃保”，也遭到拒绝，林宗男已明显处于劣势。

选举结果，李朝卿得124777票，得票率45.31%；蔡煌琅得83503票，得票率30.33%；林宗男得60793票，得票率22.08%，李朝卿以较大优势当选县长，使南投县再次出现“换党执政”局面。李朝卿的获胜显然得益于“泛绿”的分裂，因为蔡、林二人的得票相加（144296票），超过李朝卿19519票，显示民进党的“弃保”并未成功。选举之后，林宗男公开宣布从此退出政坛，再不过问政治。

6. 云林县

云林县原由国民党执政，1997年当选的国民党籍县长苏文雄，1999年去世，进行县长补选时，无党籍候选人张荣味（原为国民党员，1997年脱离国民党参选县长落败）当选为县长。

2001年云林县长选举只有2名候选人，张荣味恢复国民党籍，成为国民党候选人，争取连任，民进党推荐林树山为候选人。由于云林县是标准的“一对一”决赛，选情比较稳固，张荣味的民调支持率一直遥遥领先于林树山。选举结果，张荣味得205500票，得票率61.53%；林树山得128475票，得票率38.47%，张荣味以绝对优势成功连任。张荣味胜选，主要依靠的是地方派系支持，农田水利会系统、县农会系统以及多数乡镇市长、县议员、乡镇市农会都被张荣味掌握，雄厚的基层实力是其胜选的保证。

2005年云林县长选举前，张荣味虽涉案入狱，但张派势力影响仍不能小觑，张派原准备推出前副县长张清良为县长候选人，但2005年9月29日张清良以身体因素及家人反对为由，宣布退选，云林农田水利会长张辉元也明确表示不参选，张派在县长选举中“缺席”，并明确表示支持“蓝”“绿”仍未决定。云林县议长陈清秀与县府工务局长张聪明曾争取国民党县长提名，但未能成功，国民党最终确定时任“立法委员”许舒博为云林县长候选人；陈清秀陪前县长许文志两度入监探视张荣味，争取张荣味支持许舒博，但张荣味没有表态。“泛绿”也面临“整合”问题，“台联党”原希望主席苏进强返乡选县长，但考虑到苏进强刚接主席职务8个月，一旦参加县长选举，党务将无人料理，因此明确表示支持民进党提名县长候选人苏治芬（“新台湾文教基金会”董事长），象征“泛绿”在云林整合成功。此外，还有无党籍候选人林佳瑜参选，但主要是许舒博与苏治芬的对峙。

许舒博和苏治芬都极力拉拢张派，云林农田水利会长张辉元与张荣味之子张硕文（时任“立法委员”）都公开支持许舒博，不过农会系统还是没有动，张荣味表示应顺其自然，可能要等到投票前夕才会公开表态。许舒博认为如果有张派支持，选情一百分，少了张派，只剩七八十分，但是还有一张王牌，就是国民党主席马英九。马英九助选，有利于他抢攻妇女、青年选票。苏治芬2004年不参加“立法委员”选举，就是志在县长，民进党亦安排苏治芬党内初选时的对手前“立法委员”林国华出任农委会副主委，化解阻力。张荣味入狱后，由民进党副秘书长李进勇代理云林县长，李进勇在人事、建设资源上均礼遇张派，拉拢前县长廖泉裕的人马，跨党派为选县议员的林再添站台，均在为苏治芬加分。由于苏治芬民调领先，所以不理会许舒博邀约辩论的挑战，并且认为许舒博与张荣味旧怨新恨很深，不可能合作。选举之前，马英九、王金平、许文志、许舒博、李进勇等都多次到监狱探望张荣味，就是因为他所率领的张派有10万票以上的实力，足可左右云林县长的选举。

选举结果，苏治芬得201192票，得票率53.37%；许舒博得167690票，得票率44.48%；苏治芬得票比许舒博多33502票，当选为县长，实现“换党执政”，并成功守住了两次“总统”选举在云林县开创的20万票以上的“泛绿”基本盘。苏治芬的成功，不仅在于政见主轴“农业首都”受到农民欢迎，更得利于张派的支持，因为选举日前已出现张荣味将以支持苏治芬为条件换取提前释放的传闻，选举之后更有人明确指出张荣味将于12月中旬出狱。云林县被视为浊水溪以南滩头堡的指标县，马英九曾频频跨越浊水溪力挺许舒博，除了拉抬始终落后的选情，也寄望于能与更南方的嘉义市连成一气，确保“泛蓝”在浊水溪以南的气势，但是这一愿望因地方派系无法整合（在云林县的地方派系中，许派是在野派），未能实现。

7. 花莲县

花莲县长期由国民党执政，1997年当选的县长为王庆丰（连任）。

2001年花莲县长选举，国民党以时任“立法委员”张福兴为候选人，亲民党以前花莲副县长赖政雄为候选人，民进党以大学教授游盈隆为候选人，绿党推荐齐淑英（女）为候选人，另有无党籍人士庄三修登记为候选人。尽管有5名候选人参与竞争，但主要是国民党、亲民党、民进党的“三强角逐”。张福兴选前民调支持率一直高于游盈隆和赖政雄。选举结果，张福兴得59591票，得票率39.28%；游盈隆得47596票，得票率31.37%；赖政雄得41752票，得票率27.52%；张福兴以明显优势当选县长。花莲县的外省籍、客家籍、闽南籍居民大致各占1/3，是族群关系最为融洽的地区，并且国民党在该县已经执政50年，基础深厚，所以尽管国民党、亲民党未能进行合作，造成“泛蓝”选票被分割，国民党提名的候选人还是能够胜出，表明“泛蓝”在该地确实有强大的实力。在“泛蓝”分裂的情况下，民进党本来有希望取胜，但是游盈隆打出的“东部优先”牌，缺乏实际内容，对张福兴“删除地方预算”的攻击亦未奏效，在争取选民方面收效甚微。

2003 年，张福兴去世，国民党征召时任“立法委员”谢深山为县长补选候选人。由于“泛蓝”候选人只有 1 名，谢深山顺利击败民进党候选人游盈隆、绿党候选人齐淑英等，当选为县长。

2005 年花莲县长选举，4 名候选人参与竞争。国民党候选人谢深山争取连任，亲民党以时任“立法委员”傅崐萁为候选人，民进党以时任“立法委员”卢博基为候选人，另有无党籍候选人柯赐海参选。谢深山担任县长后，不仅重视农民、劳工的生活改善问题，还大力提倡“无毒农业”，使之成为花莲县的品牌，在具有在任优势和任内基层扎根深的有利条件下，民调支持率始终领先另 3 名候选人。傅崐萁起步较慢，花莲“泛蓝”选民又以支持国民党者居多，加上宋楚瑜光环渐退，始终处于不利地位。花莲县大约有 3 成支持“泛绿”的选民，但对卢博基而言，部分选民可能被采取街头抗议选战策略的柯赐海吸收，形势更为严峻。谢深山阵营面对竞争对手轮番严批“苏花高缓建”、财政大幅举债、有否承诺“只做一任”等多项议题，都能见招拆招，迎刃而解，选情未受明显影响；反而“高捷弊案”、“总统府炒股疑案”等话题，压低了“泛绿”士气，政治大环境亦对谢深山选情有重要加分作用。

选举结果，谢深山得 66575 票，得票率 42. 66%；傅崐萁得 38379 票，得票率 24. 59%；卢博基得 30988 票，得票率 19. 86%；柯赐海得 20113 票，得票率 12. 89%；谢深山以绝对优势成功连任，不仅重创“泛绿”阵营，亦在国、亲之争中使亲民党再次失败。

（三）南部七县市

台湾南部的嘉义市、嘉义县、台南市、台南县、高雄县、屏东县、台东县 7 个县市中，2001 年有 2 个县（嘉义县、台东县）“换党执政”，2005 年有 2 个县市（嘉义市、台东县）“换党执政”。与台湾北部县市、中部县市相比，台湾南部县市 2000 年以来政党执政相对稳定，较少发生“换党执政”现象。

1. 嘉义市

嘉义市自 1983 年开始由无党籍人士执政，历任市长张博雅（1983 年补选当选、1985 年连任，1997 年再度当选）、张文英（1989 年当选，1993 年连任）均出自“许家班”。张博雅升任“内政部长”兼台湾省主席后，代理市长的陈丽贞同样出自“许家班”。

2001年嘉义市长选举，陈丽贞以无党籍候选人身份争取连任，国民党推荐前“内政部次长”江清馨为候选人，民进党推荐嘉义市党部主任黄正男为候选人，另有无党籍人士张荣藏、萧裕珍登记为候选人。选举前的民意调查显示陈丽贞的支持率始终高于其他候选人。选举结果，陈丽贞得53764票，得票率44.84%；江清馨得41614票，得票率34.71%；黄正男得14439票，得票率12.04%；陈丽贞虽属于“许家班”但非嫡传，由于“许家班”与民进党票源重叠性较高，“泛绿”多位候选人参选（黄正男、萧裕珍）对她构成威胁。在竞选中，陈丽贞得到张博雅的大力支持，又提出以台湾大学教授李鸿禧之子李俊俋为副市长人选，不仅拉来了李鸿禧助选，还得到陈水扁的支持（陈水扁视李鸿禧为恩师），黄正男为此曾提出强烈抗议，并与萧裕珍合作，但难免颓势。国民党本可利用“泛绿”分裂取得胜利，但是在提名市长候选人时党内矛盾没有顺利解决，使地方党部与辅选总部不能密切合作，基层动员不利，再次败在“许家班”手下。

2005年嘉义市长选举，候选人只有2名。为赢得嘉义市长选举，“蓝”、“绿”两大阵营都进行了“整合”。亲民党原提名李允杰参选，经过国民党、亲民党协商后，李允杰宣布退选，两党共同支持国民党提名候选人黄敏惠竞逐嘉义市长。陈丽贞在2001年当选后加入民进党，在党内初选中，陈丽贞战胜李鸿禧之子李俊俋，成为民进党提名候选人；民进党、“台联党”经过“整合”，达成支持陈丽贞的共识。

公务员出身的陈丽贞虽在县长任期内全力推动市政建设，但因市政形象欠佳，使陈丽贞的政绩难以凸显；嘉义市虽然选民基础“偏绿”，但因党内初选裂痕未愈，加上原来支持陈丽贞的张博雅虽一度服务于民进党政府，但已离开多时，“泛绿”选民能否全力支持陈丽贞，成为陈丽贞不得不面对的难题。民进党的招牌，亦因“弊案”影响，使陈丽贞背得很辛苦，但是她表示负责的政党政治，就是好坏都要承担。由于陈丽贞“不懂包装”，所以在选举中较少“作秀”。

黄敏惠出身政治世家，连任三届“立法委员”，父亲黄永钦曾连任20年台湾省“议员”，过去黄敏惠之所以未参加市长选举，与顾忌“许家班”难以匹敌的实力不无关系。担任“民意代表”只有服务与人情，没有施政成败的担子，容易引起选民的期待，加上黄敏惠获得亲民党全力支持，“泛蓝”选民的全力支持在选前已经逐渐显露出来，使得她的民调支持率逐渐领先于陈丽贞。黄敏惠未因民调支持率走高而大意，毕竟“泛绿”实力雄厚，她提出一个愿景、六大施政目标、八大施政理念，批评对手施政无能；针对嘉义市的环境，黄敏惠的看板文宣都避提国民党，只打“在地牌”，宣称“地方选举就以地方为主轴”，以此来影响选民。陈丽贞阵营曾攻击黄敏惠不辞“立法委员”参选市长是“政治投机”，黄敏惠不予回应，继续在基层下功夫。

为拉抬陈丽贞的气势，陈水扁多次到嘉义市助选（尤其是选前5天中4次在嘉义市助选），反复强调“民主圣地”不能丢，还请李鸿禧最后一周出马。李鸿禧自儿子李俊俋初选失利后，未公开支持陈丽贞，尽管国民党评估李鸿禧助选影响不大，陈丽贞仍强调“很期待这颗震撼弹”。

2005年12月1日，无党团结联盟主席张博雅公开表示“许家班”支持者将撤出陈丽贞阵营，因为陈丽贞以延续“绿色执政”口号参选，不符合“许家班”无党无派理念，加上“立法委员”蔡启芳公开表示要把“许家班”连根铲除，使“许家班”支持者强烈不满。张博雅指出，民进党似乎忘了没有“许家班”就没有今天嘉义市的民进党，更把党外人士长期在嘉义市的努力都忘掉了，如今坐享成果，隐喻如果陈丽贞连任成功是民进党的功劳，如果失利就是“许家班”的过错，实在太过分了。“许家班”代表性人物张博雅在投票前的表态，对嘉义市长选情造成较大冲击，陈丽贞急忙表示蔡启芳没资格代表她，还应向张博雅及“许家班”支持者公开道歉，并声称如果因蔡启芳个人行为使“许家班”不支持她，对她是不公平的。现任“总统府国策顾问”的张文英（张博雅的姐姐），则仍为陈丽贞助选，称她是认真的市长，会全力支持其连任。

选举结果，黄敏惠得74786票，得票率54.63%；陈丽贞得62122票，得票率45.37%，黄敏惠得票比陈丽贞多12664票，以较大优势当选为嘉义市长，不仅结束了“许家班”主政23年的历史，还成功实现了嘉义市由“绿”转“蓝”的变化。黄敏惠的胜选，既得益于她的“基层战”和“泛蓝”选民的危机意识，选前3天连续喊出的“抢救黄敏惠”口号起到了一定的刺激作用，也得益于国民党党主席马英九及国民党籍“立法委员”的选前助选；更重要的则是“许家班”的“阵前”脱离，重挫了陈丽贞阵营的士气。按照张博雅选举后的说法，“许家班”撤出的支持陈丽贞者约1/3，使陈丽贞最终成了民进党攻击“许家班”的牺牲品。

2. 嘉义县

嘉义县长期由国民党执政，1997年当选的县长是成功连任的李雅景。

2001年嘉义县长选举，国民党推荐时任“立法委员”翁重钧为候选人，民进党推荐时任“立法委员”陈明文为候选人，另有无党籍人士李明宪、陈胜三、蔡炳钦登记为候选人。虽然有5名候选人参选，但竞争主要在翁重钧、陈明文之间展开。嘉义县多年来由黄、林两派主导政治生态，在派系隶属上，翁重钧属于黄派，陈明文属于林派。陈明文原为国民党籍“立法委员”，2000年退出国民党，此次选举谋求与民进党合作，在民意调查中击败另一名候选人何嘉荣，成为民进党“征召”的候选人。选举前的民意调查显示，陈明文的支持率略高于翁重钧。选举结果，陈明文得124757票，得票率47.22%；翁重钧得116908票，得票率44.25%，陈明文得票仅比翁重钧多7849票，以微弱优势当选为县长，使国民党执政50年的嘉义县出现“换党执政”局面。陈明文获胜的原因，一是提出“终结派系，清流共治”口号，符合多数选民希望结束地方派系恶斗局面的愿望；二是陈水扁全力支持，陈水扁曾5次到嘉义县为陈明文站台助选；三是“在野”的林派为从黄派手中“夺权”，实现了内部团结。翁重钧的失败，有两个重要因素，一是内部不团结，前教育局长陈胜三参加国民党党内候选人提名后，不但被淘汰出局，还被调离职务，陈胜三愤而退党，以无党籍身份参选到底，分割了翁重钧的部分选票；亲民党原拟提名副县长吴容辉参选，吴容辉经反复斟酌后放弃参选，但同样被时任县长李雅景拿掉了职务，在这样的“打压”之下，吴容辉及其支持者不愿支持翁重钧，使“泛蓝”的整合无法成功。二是在选战策略上，翁重钧为将陈明文与黑道画上等号，将两起偶发案件与其挂钩，但两案都及时破案，与选举无关，国民党县党部反被查出涉嫌“贿选”，使翁重钧颇为被动，难以挽回颓势。

2005年嘉义县长选举，民进党候选人陈明文争取连任，“泛蓝阵营”的候选人则陷入难产困境。连战任国民党党主席时，曾劝前“法务部长”廖正豪回乡参选嘉义县长，但是廖正豪户籍在台北县，选前未迁回嘉义县，表示无参选意愿。东石乡长李流宋有参选意愿，曾表示如果决定参选县长，黄派3天内便可动员起来，但是最终放弃参选，国民党不得不在候选人登记前6天征召陈明振为嘉义县长候选人。陈明振的父亲陈嘉雄在蒋经国时期曾任嘉义县县长，陈明振本人于东海大学公共行政研究所结业后，入国民党任党工，先后任职嘉义、彰化、省党部、“中央”党部，选举前8个月由宜兰县党部执行长调升嘉义县国民党党部主委。陈明文以“进步嘉义、绿色团队”为选举主轴，在县议员选举的各选区几乎都推派足额人选，不仅支持议长侯清河连任，在应选的37席议员中，已估算出包括“泛绿”与“盟友”议员在内可获得超过30席，乡镇市长选举亦选派了一批有实力的候选人。相比之下，陈明振虽然多次利用文宣强攻猛打，曝光率大增，但弱势相当明显。选举结果，陈明文得183476票，得票率62.69%；陈明振得109192票，得票率37.31%；陈明文以超过对手74284票的绝对优势当选，使民进党得以在嘉义县继续执政。

3. 台南市

台南市曾因1977年党外人士苏南成当选市长出现执政权转换现象（苏南成原为国民党员，1972年退出国民党参选台南市长落选），但是1981年苏南成成功连任后，恢复了国民党籍。1997年县市长选举，民进党候选人张灿鍙当选为市长，使民进党在台南市首度取得执政权。

2001年台南市长选举，6名候选人参与竞争。时任市长张灿鍙脱离民进党，以无党籍候选人参选，争取连任；国民党推荐时任“立法委员”陈荣盛为候选人，民进党推荐时任“立法委员”许添财为候选人，另有无党籍人士苏南成（前台南市长）、林易煌、陈源奇登记为候选人。选举前的民意调查显示，许添财的支持率始终高于其他候选人。选举结果，许添财得141840票，得票率43.23%；陈荣盛得122726票，得票率37.40%；苏南成得47133票，得票率14.36%；张灿鍙仅得9520票，得票率2.90%；许添财以相对优势当选为市长。许添财是民进党“征召”的候选人，民进党成功整合了支持“泛绿”的力量，将张灿鍙彻底“边缘化”，是许添财胜选的重要因素。国民党候选人陈荣盛的支持率在选前曾不断上涨，但无党籍候选人苏南成分走了4万多张选票，使其最终难以取胜。

2005年台南市长选举，只有3名候选人参与竞争。民进党候选人许添财争取连任，国民党仍以陈荣盛为候选人，“台联党”以时任“立法委员”钱林慧君为候选人，形成分裂的“绿营”与团结的“蓝营”之战。由于台南市支持“泛绿”选民大大超过“泛蓝”支持者，民进党容忍“台联党”派人参选，但是在国民党候选人陈荣盛民调支持率不断升高后，许添财已感到紧张，“弃保论”提前登场。11月12日，陈水扁到台南市为许添财助选时，批评钱林慧君在台南市参选是“损人不利己”，“台联党”“应顾好台湾头的基隆”，不应在台南市坚持参选，如果害得基隆落选，钱林慧君将成“台联党”的罪人。许添财也公开表示，“台联党”在台南市坚持参选，他一直委曲求全，希望“泛绿”选民要有危机意识，“台联党”候选人也要有自知之明，顾全大局，否则选后“台联党”和民进党会有芥蒂。民进党支持者甚至扬言“台联党”若不在台南市放手，基隆市长也拒绝投给“台联党”的陈建铭。钱林慧君则要求陈水扁说清楚台南市和基隆市的选举有何关联，不要以此来打压“台联党”候选人，否则“民进党也会很难看”。尽管李登辉亦南下为钱林慧君站台，希望将“绿营”票源转向钱林慧君，但是民进党已认定台南市会产生“弃保”效应，钱林慧君最终会被“边缘化”。

选举结果，许添财得 148006 票，得票率 45.65%；陈荣盛得 134248 票，得票率 41.40%；钱林慧君得 42000 票，得票率 12.95%；许添财得票比陈荣盛多 13758 票，以微弱优势成功连任。从钱林慧君的得票看（得票比其 2004 年当选“立委”时的得票减少 1 万余票），部分“泛绿”选民还是作出了“弃保”的选择，以保证台南市不落入“泛蓝”的手中。

4. 台南县

台南县原由国民党执政，1993 年民进党候选人陈唐山当选县长，使执政权转到民进党手中，1997 年陈唐山成功连任县长。

2001 年台南县长选举，民进党以时任“立法委员”苏焕智为候选人，国民党以吴清基为候选人，另有无党籍人士魏耀乾（前“立法委员”）登记为候选人。选举前苏焕智的民调支持率虽然一直领先于吴清基，但差距已逐渐缩小。选举结果，苏焕智得 274086 票，得票率 51.50%；吴清基得 236670 票，得票率 44.47%；苏焕智得票比吴清基多 37416 票，以明显优势当选县长。台南县是陈水扁的家乡，县长选举对陈水扁具有指标性意义，所以陈水扁夫妇多次前往台南县为苏焕智助选。由于时任民进党籍市长陈唐山与苏焕智不和，曾使苏焕智选情告急。11 月 20 日，在陈水扁的力促下，陈唐山也上台为苏焕智助选，为“泛绿”团结营造气氛，给苏焕智胜选创造了条件。吴清基能够拿到 20 万张以上的选票，表明国民党地方派系的团结颇有成效，其败选的重要原因是返乡参选时间太晚，与乡下老一辈民众接触不多，而苏焕智已经在基层耕耘了十几年，有更为扎实的民众基础。

2005 年台南县长选举，4 名候选人参与竞争。民进党候选人苏焕智争取连任，国民党以时任“立法委员”郭添财为候选人，另有 2 名无党籍候选人张博森和蔡四结。苏焕智握有行政资源并富有选战经验，争取连任本应是一场轻松之战，未料民进党高层涉入“高捷弊案”，在野党的穷追猛打，让苏焕智阵营受到波及，民调支持率由两位数领先下降到个位数领先。2005年6月中旬开始的中南部洪涝，加上多次台风侵袭，3个月内台南县淹水3次，中山高速公路更两度中断，使苏焕智施政绩效受到置疑，亦为选举增添了变数。郭添财不仅“每日一轰”，针对县政提出检讨，还推出查弊专车，呼应“高捷弊案”引发的“全民反贪污”心理，希望把民调个位数的落后拉平，但是在议题设定上，似乎并没有获得县民认同。没有政党“奥援”的无党籍候选人蔡四结与张博森，连电视辩论都被排除在外，虽然向主办单位提出抗议，但是效果有限，仅能依靠公办政见会提出诉求。

台南县政治版图一向“绿”大于“蓝”，郭添财民调支持率持续上升，接近“黄金交叉”，使苏焕智阵营感到紧张，但民进党阵营评估只要冲高投票率，激发“绿营”支持者出来投票，固守陈水扁的故乡应该不算太难。关键时刻，“台联党”人马公然宣布进驻“蓝军”阵营，协助郭添财炮轰苏焕智，“台联党”台南县党部执行长尤荣辉认为“台联党”不是民进党的附庸，没有义务支持到底，何况苏焕智的施政满意度最差，治水无力，都显示苏焕智执政无能，“台联党”党部无权禁止党员以个人身份替郭添财助选。面对困难局面，苏焕智极力拉拢原本亲近“泛蓝”的农渔会系统，在台南县的31个乡镇市中，有24名乡镇市长、31个农渔会总干事站出来支持苏焕智，加上50名议员中的34名支持苏焕智，使“泛蓝”措手不及，“泛绿”也因此得以再度保持优势。

选举结果，苏焕智得267583票，得票率50.29%；郭添财得250887票，得票率47.16%；苏焕智得票比郭添财多16696票，以微弱优势成功连任。台南县的投票率尽管不是很高（65%），但是比2004年“立法院”选举提高了3.19个百分点，按照现有选民人数（834609人），增加了26000名投票选民（26626人），在选民基础“偏绿”的情况下，高投票率确实对民进党候选人有利。

5. 高雄县

民进党在高雄县的执政，始于1985年余陈月英当选县长（与其有渊源关系的黑派，因余登发1960年当选县长、1977年黄友仁当选县长，在高雄县曾短期执政）。1989~1997年的三届高雄县县长选举，都是民进党籍候选人当选（1989 年余陈月英成功连任，1993 年、1997 年为余陈月英之子余政宪）。至 2001 年县长选举前，“余家班”在高雄县已经执政 12 年。支持国民党的红派和白派，由于争斗不已，始终未能夺回执政权。

2001 年高雄县长选举，民进党以时任“立法委员”杨秋兴（属于黑派）为候选人，国民党以时任“立法委员”吴光训（属于白派）为候选人，红派的黄八野因不满国民党在提名高雄县长候选人时闹出的“假民调”风波，脱离国民党以无党籍候选人身份参选，并得到亲民党的支持，形成黑（民进党）、白（国民党）、红（亲民党）三派竞争局面。杨秋兴虽是黑派认可的人物，但又属于民进党的新潮流派，在竞争中杨秋兴刻意避开派系色彩，不但与竞选“立法委员”的 5 位民进党候选人互相支持，还争取到了“余家班”成员的站台助选，声势不断抬高，选举前的民意调查支持率始终高于另两位候选人。选举结果，杨秋兴得 317763 票，得票率 54.80%；吴光训得 170787 票，得票率 29.45%；黄八野得 91323 票，得票率 15.75%；杨秋兴以绝对优势当选为县长，延续民进党的执政，但截断了“余家班”的执政。由于“泛蓝”内部的红、白两派无法有效整合，黄八野与吴光训之间缠斗不已，终于酿就两败俱伤局面。

2005 年高雄县长选举，只有 2 名候选人参与竞争。民进党候选人杨秋兴争取连任，国民党以时任“立法委员”林益世为候选人。杨秋兴挟在任优势，尽管民调遥遥领先，仍勤跑乡镇，并认定求胜一定要有政绩牌为支撑，因此打出凤山溪大东文化园区、情人码头和凤凌广场等重大建设牌，希望选民“房屋盖一半不要换师傅”。面对杨秋兴的执政优势，林益世采取“从乡村包围城市”的竞选策略，网罗高雄县市名嘴下乡开讲宣扬理念，取得一定效果，但民调支持率始终落后于杨秋兴。由于地方派系在高雄县长选举中具有重要作用，林益世系出红派，需要得到白派的支持才可能当选，虽然白派更有实力的“立法院长”王金平曾积极辅选，但是在过去的县长选举中，红、白派主流人物都喊大团结，最后都只有表面合作。派系色彩较淡的杨秋兴则巧妙利用派系矛盾，拉拢红、白两派实力人物，红派前省议员陈义秋、前凤山市长黄八野等先后表态支持杨秋兴，农会系统的白派亦与杨秋兴有相当默契。选举结果，杨秋兴得 353232 票，得票率 59.14%；林益世得 244015 票，得票率 40.86%；杨秋兴以超出对手 109217 票的绝对优势成功连任。

6. 屏东县

屏东县的执政权曾反复转换。1981 年党外人士邱连辉当选县长，但 1985 年国民党夺回了执政权。1989 年民进党候选人苏贞昌当选为县长，1993 年国民党候选人伍泽元当选县长，1997 年民进党候选人苏嘉全当选为县长。

2001 年屏东县长选举，民进党候选人苏嘉全争取连任，国民党推荐屏东市长王进士为候选人，另有无党籍人士李景雯登记为候选人。苏嘉全不但有较好的政绩垫底，更有“人和”的声望，在执政期间不分党派一视同仁的做法赢得了民心，选举前的民调支持率始终高于主要对手王进士。选举结果，苏嘉全得 239284 票，得票率 55. 34%；王进士得 175584 票，得票率 40. 61%；苏嘉全以绝对优势成功连任。

2005 年屏东县长选举，4 名候选人参与竞争。国民党仍以王进士为候选人，民进党以时任“立法委员”曹启鸿为候选人，另有无党籍人士宋丽华（时任“立法委员”蔡豪之妻）和李景雯登记参选。王进士是时任屏东市长，在全县最大票仓屏东市具有执政优势，国民党的张派、林派等都归入了王进士阵营，但另一名“泛蓝”候选人宋丽华深耕眷村、客家及年轻世代，虽然才起步就曝出“贿选”案，受到不利影响，随即打出强大的电视文宣攻势，各种超大型看板不时更新，被形容为“看板还会换衣服”，直接威胁王进士的选情。由于“泛蓝”分裂，形势本来对曹启鸿有利，但是屏东县没有高科技产业，也缺乏高获利的明星产业，加上邻近高雄市，对“高捷弊案”的感受尤其鲜明，把曹启鸿的选情拖入泥淖，支持“泛绿”选民的热情显著降低。因为客家乡镇有 7 成以上是“绿营”铁票，曹启鸿即全力巩固客家选票及几个偏远乡镇，以弥补在屏东县下辖的屏东市的劣势。

屏东县下辖的屏东市，有大约 15 万张选票（包括 15000 ~ 20000 票的眷村选票），成为几名候选人重点争夺的地区，各党各派均评估只要拿下屏东市就可能胜选。王进士以 8 年的市长政绩巩固市区票源；曹启鸿多年来在社区营造方面下了不少工夫，此次积极结合民进党屏东市长候选人涂怡娟（出自“社会局”）的社团力量及多名县议员候选人的力量，希望凝聚市区选票；宋丽华也在市区频频造势；但是民进党“中央”提出的改革军公教退休优惠利率政策，等于把军公教人员聚集的屏东市让给了“泛蓝”。

对于宋丽华可能抢夺“泛蓝”选票，国民党主席马英九在屏东县站台时喊出“泛蓝的候选人只有一个”，希望借此操作“弃保”，凝聚“泛蓝”选民支持王进士。但是在选举前，由于王进士民调支持率已高于曹启鸿，王进士不再强调“弃保”，改为“弃黑金保王进士”，宋丽华则抓住机会，把宣传看板全部改为“弃王保宋”，宋楚瑜也赶到屏东县为宋丽华助选，使“泛蓝”的分裂更趋明显。

选举结果，曹启鸿得216200票，得票率46.18%；王进士得195928票，得票率41.86%；宋丽华得45257票，得票率9.67%；曹启鸿得票比王进士多20272票，以微弱优势当选为县长。从候选人得票情况看，“泛蓝”的“弃保”并未成功，宋丽华的“最后动作”使部分“泛蓝”选民的选票回流到她名下，导致了王进士的失败；曹启鸿能够胜选，除得利于“泛蓝”两名候选人分票外，亦因为屏东县选民基础“偏绿”，较高的投票率对“泛绿”候选人有利（投票率70.68%，比2004年“立法委员”选举高近8个百分点）。

7. 台东县

台东县长期由国民党执政，1993年陈建年当选县长，1997年成功连任。

2001年台东县长选举，国民党推荐县议长吴俊立为候选人，亲民党推荐时任“立法委员”徐庆元为候选人，民进党推荐台东市长赖坤成为候选人，另有无党籍人士彭权国登记为候选人。选举前的民意调查显示，徐庆元的支持率始终高于其他候选人。选举结果，徐庆元得44084票，得票率44.30%；吴俊立得36727票，得票率36.91%；赖坤成得17237票，得票率17.32%；徐庆元以相对优势当选县长，使执政权转到亲民党手中。徐庆元面对的最大对手，不是民进党候选人赖坤成，而是国民党候选人吴俊立。吴俊立起步较晚，虽然得到国民党地方党部的大力支持，但在票源上与赖坤成有重叠，被赖坤成分走部分同乡之票后，即处于劣势。在竞选过程中，有人指责徐庆元在“总统”选举时贪污了宋楚瑜的竞选经费，徐庆元尽管竭力辩解，还是丢失了不少选票，造成“险胜”格局。

2005年台东县长选举，3名候选人虽然都以无党籍身份登记，但除了彭权国外，另两名候选人各有明确的政党支持。吴俊立申请报准参选台东县长，国民党中常会通过报准，但因吴俊立涉及小型工程补助款贪污案，被一审判定有罪，正在二审过程中，有违国民党的“排黑条款”提名原则，马英九坚持吴俊立不用“政党推荐书”名义登记，吴俊立则以无党籍候选人身份参选，但他仍是国民党员，前台北市副市长欧晋德以台东县籍子弟身份从台北赶到台东县陪吴俊立登记，明确表示国民党会全力支持他。2001 年当选的台东县长徐庆元原属亲民党，但已“弃橘投绿”，原来准备寻求连任，得到民进党的支持，但是在县长选举登记最后一天，徐庆元突然宣布不竞选连任，转而支持民进党籍副县长刘櫂豪参选，刘櫂豪随即以无党籍身份办妥登记。这一举动，由“总统府”一手策划，并被列为“最高机密”，以免“泛蓝”事先得知，也临阵换将。关于徐庆元的放弃竞选，有各种传说，或称他有“把柄”被掌握，因而无法选下去；或说“府方”已承诺给徐庆元“中央”官职或国营事业董事长职务。法官出身的刘櫂豪，拥有法学专才，又有 4 年副县长的行政经验，条件、背景都不错，但是在距选战不到 60 天情况下，临时上阵，犯了“阵前换将”大忌；此外，徐庆元是“泛蓝”支持起家的，“绿骨”的刘櫂豪很难接收徐庆元的班底。

由于台东县“蓝”、“绿”基本盘差距不大，占全县 1/3 人口的原住民以及“中间选民”成为胜负关键。徐庆元为支持刘櫂豪当选，先后在台北市召开记者会，并在各大媒体主要版面刊登“请教及恳求马主席”的广告，呼吁国民党主席马英九遵守“排黑条款”，维持清新、廉政形象，不要支持因贪污案被判刑、当选后有停职问题的吴俊立，意图切断国民党对吴俊立的支持；同时，他还利用个人关系，请“原住民委员会”主委瓦历斯贝林出任刘櫂豪竞选总部荣誉主委，两位原住民“立法委员”林春德、林正二为主委、副主委，积极争取原住民选票。吴俊立则始终锁定刘櫂豪的民进党身份，并且不回避国民党的大力支持，营造“蓝绿对决”气氛。

选举结果，吴俊立得 62189 票，得票率 59. 18%；刘櫂豪得 40173 票，得票率 38. 23%；吴俊立以得票超过刘櫂豪 22016 票的绝对优势当选为台东县长，使国民党实质上赢得了该县的胜利。刘櫂豪的失败，实际上是徐庆元一手造成的，显示“泛蓝”选民对改变阵营的时任县长强烈不满，不但未将选票投给他力荐的“泛绿”候选人，还努力支持“官司在身”的“泛蓝”候选人吴俊立，使其能够顺利当选，并使台东县仍然掌握在“泛蓝”手中。

（四）澎湖、金门、连江三县

澎湖县、金门县和连江县，都在台湾本岛之外，被称为“离岛”三县。2001 年，2 个县（金门县、连江县）出现“换党执政”，2005 年未出现“换党执政”现象，并且“换党执政”都出现在“泛蓝”政党之间。

1. 澎湖县

澎湖县长期原由国民党执政，1993 年，民进党候选人高植澎当选县长，执政权转到民进党手中。1997 年，国民党候选人赖峰伟击败民进党候选人许丕龙，夺回了执政权。

2001 年澎湖县长选举，国民党候选人赖峰伟争取连任，民进党推荐前“立法委员”陈光复为候选人，另有无党籍人士许丽音登记为候选人。赖峰伟不但在县长任期内有较好政绩，还在竞选过程中得到宋楚瑜的大力支持，在“泛蓝”大团结的形势下，赖峰伟的民调支持率远高于陈光复。选举结果，赖峰伟得 22094 票，得票率 55.32%；陈光复得 14477 票，得票率 36.25%；许丽音得 3364 票，得票率 8.42%；赖峰伟以绝对优势成功连任。

2005 年澎湖县长选举，同样是 3 名候选人参与竞争，国民党以马公市市长王乾发为候选人，民进党仍以陈光复为候选人，另有无党籍人士许敬民登记为候选人。王乾发行政经历丰富，又有时任县长赖峰伟及无党团结联盟“立法委员”林炳坤支持，选情紧张但稳定；王乾发在宗教界有相当影响力，在澎湖县“票仓”马公市有深厚人脉关系，被选民看好，但是在市长任内重修建国市场，竟然流标 8 次，引起民众质疑，对选情有一定影响。陈光复 2001 年败选后从高雄迁回澎湖，担任民进党县党部主委；“高捷弊案”影响下的政治环境，对陈光复不利，但是在谢长廷等人的极力拉抬下，选举之前的民调支持率已接近王乾发。选举结果，王乾发得 25223 票，得票率 50.69%；陈光复得 23964 票，得票率 48.16%；王乾发以超过陈光复 1259 票的微弱优势当选，用“险胜”保住了国民党的执政地位。

2. 金门县

金门县自 1993 年开始由选民直接选举县长，国民党籍候选人陈水在当选县长；1997 年，陈水在成功连任，但 2001 年以前，陈水在已脱离国民党，成为无党籍人士。

2001 年金门县长选举，6 名候选人参与竞争。国民党推荐金城镇长许金象为候选人，亲民党推荐“社会局局长”蔡是民为候选人，民进党推荐时任“立法委员”陈昭南为候选人，新党推荐非本区域产生的时任“立法委员”李炷烽为候选人，另有无党籍人士翁天庆、陈川青登记为候选人。

选举结果，李炷烽得14148票，得票率56.17%；蔡是民得7224票，得票率28.68%；陈昭南得1562票，得票率6.20%；许金象得1508票，得票率5.99%；李炷烽以绝对优势当选为县长，并成为新党唯一当选的县市长。李炷烽能够当选，一是由于他在地方经营十余年，在“国大代表”和“立法委员”任内都有较突出成绩，获得较多选民的认可，并在金门的5个乡镇中得到4个乡镇长的支持（另一个乡镇长是国民党提名候选人许金象）；二是金门百姓担心被“绿”化，排斥民进党提名的候选人，尽管民进党征召的候选人陈昭南有陈水扁的大力支持，又得到金门第一大姓“陈氏宗亲会”理事长陈添丁等人的支持，但选民并不买账，依然支持“泛蓝”的候选人；三是亲民党提名的候选人蔡是民与国民党提名的候选人许金象，无论基层的根基还是对选民的影响，都差得较多；四是两岸的“小三通”似通未通，李炷烽能以个人努力突破和解决一些难题，并进而打出“让两岸认识金门，让金门走向世界”的竞选主轴，迎合了多数金门人为两岸营造良好关系的愿望，获得了较为广泛的支持。

2005年金门县长选举，只有3名候选人参与竞争。新党候选人李炷烽争取连任，脱离国民党自行参选的陈福海登记为无党籍候选人，另有无党籍候选人陈平参选，竞争主要在同属于“泛蓝”的李炷烽与陈福海之间展开。陈福海得到国民党地方党部的“奥援”，并成功整合“反李”的在野资源，成为李炷烽的重大威胁。选举前的关键时刻，王金平、关中先后为李炷烽助选，新党“立法委员”也前来助阵，使李炷烽的声势得以上扬。选举结果，李炷烽得17359票，得票率54.28%；陈福海得13940票，得票率43.59%；李炷烽以较大优势成功连任。

3. 连江县

连江县自1993年开始由选民直接选举县长，国民党籍候选人曹常顺当选为县长；1997年，国民党籍候选人刘立群当选为县长。

2001年连江县长选举，国民党候选人刘立群争取连任，亲民党以陈雪生为候选人，选举的竞争在国民党与亲民党之间展开。选举结果，陈雪生得2549票，得票率55.80%；刘立群得2019票，得票率44.20%；努力经营基层并得到不少民众认可的陈雪生当选为县长。刘立群的政绩并不差，但国民党执政50多年留下不少诟病，不少选民有“换党执政”的愿望，这是导致其败选的一个重要原因。

2005年连江县长选举，亲民党候选人陈雪生争取连任，另有2名无党籍候选人杨绥生、吴轼子参与竞争，但实际上是两强争霸局面，陈雪生与行医20多年的杨绥生旗鼓相当，两人民调支持率遥遥领先于另一位候选人吴轼子。陈雪生行政资源丰厚，虽然民调中看好度较高，但因任内包袱而陷入苦战；杨绥生形象清新，从宣布参选后行情就一路走高，又有时任“立法委员”曹尔忠力挺，竞选团队多来自教育界，给年轻人带来了改革的期待。选举结果，陈雪生得2592票，得票率52.90%；杨绥生得2181票，得票率44.51%；陈雪生以微弱优势成功连任，成为当年县市长选举中亲民党得到的唯一县市长席位。陈雪生能够顺利当选，得益于基层基础牢固，乡镇市长、乡镇市民代表会议主席均被他纳入竞选团队，成为保障他过关的基本力量。

（五）台北市和高雄市

台北市、高雄市作为直辖市的第一次选民直接选举市长，都始于1994年。1994年以来，台北市出现过两次“换党执政”（1994年、1998年），高雄市只出现过一次“换党执政”（1998年）。

1. 台北市

1994年台北市长选举，国民党以时任台北市长黄大洲为候选人，争取连任；新党以首届“全委会”召集人赵少康为候选人，民进党以时任“立法委员”陈水扁为候选人，另有无党籍的纪荣治登记为候选人。选举结果，陈水扁得615090票，得票率43.67%；赵少康得424905票，得票率30.17%；黄大洲得364618票，得票率25.89%；纪荣治得3941票，得票率0.28%；陈水扁在国民党、新党都有候选人参选并分割选票的态势下，当选为台北市长。

1998年台北市长选举，民进党候选人陈水扁争取连任，国民党以政治大学法律系副教授马英九（曾任“法务部长”、“行政院”政务委员等）为候选人，新党以秘书长王建煊为候选人。选举结果，马英九得766377票，得票率51.13%；陈水扁得688072票，得票率45.91%；王建煊得44452票，得票率2.96%；尽管同样是国民党、新党都有候选人参选，但是支持“泛蓝”的选民响应“弃王保马”的呼声，采取“弃保”行为，大大压缩了新党候选人的得票，使马英九得以击败陈水扁，当选为台北市长。

2002年台北市长选举，只有2名候选人参与竞争。国民党候选人马英九争取连任，民进党以“行政院”秘书长李应元为候选人。选举结果，马英九得 873102 票，得票率 64.11%；李应元得 488811 票，得票率 35.89%；马英九以绝对优势成功连任。

2006 年台北市长选举，6 名候选人参与竞争。国民党以曾任“行政院环境保护署署长”的郝龙斌（原为新党竞选暨发展委员会召集人，2006 年 1 月加入国民党参选）为候选人，民进党以前任“行政院长”谢长廷为候选人，“台联党”以电视节目主持人周玉蔻为候选人，亲民党主席宋楚瑜以无党籍候选人参选，另有无党籍候选人李敖（时任“立法委员”）、柯赐海参选。6 名候选人形成“三蓝”（郝龙斌、宋楚瑜、李敖）与“三绿”（谢长廷、周玉蔻、柯赐海）对峙局面。选举结果，郝龙斌得 692085 票，得票率 53.81%；谢长廷得 525869 票，得票率 40.89%；宋楚瑜得 53281 票，得票率 4.14%；李敖得 7795 票，得票率 0.61%；柯赐海得 3687 票，得票率 0.29%；周玉蔻得 3372 票，得票率 0.26%；郝龙斌得票比谢长廷多 166216 票，以较大优势当选为台北市长。尽管 2006 年台北市是“反贪腐”的核心地区，在“红衫军”要求陈水扁下台的大规模示威活动中宋楚瑜、李敖都有积极表现，国民党则表现得较消极，并且在选举前爆发了台北市长马英九“政府特支费”风波，但是支持“泛蓝”的选民在市长选举中还是有明显的“弃保”行为，支持郝龙斌并将宋楚瑜、李敖“边缘化”，以保证台北市的执政权掌握在国民党手中。支持“泛绿”的选民，在“红衫军”的刺激下，采取了更彻底的“弃保”行为，将周玉蔻、柯赐海的得票率均压缩到 0.3% 以下，可是台北市的基本盘“蓝”大于“绿”，在两大阵营都有明显“弃保”行为的态势下，谢长廷终未实现利用“泛蓝”分裂当选的目标。

2. 高雄市

1994 年高雄市长选举，国民党以时任高雄市长吴敦义为候选人，争取连任；民进党以秘书长、时任“立法委员”张俊雄为候选人，新党以前“国大代表”汤阿根为候选人，另有无党籍候选人施钟响、郑德耀参选。尽管国民党、新党都有候选人参选，但是新党在高雄市的影响较小。选举结果，吴敦义得 400766 票，得票率 54.46%；张俊雄得 289110 票，得票率 39.29%；汤阿根得 25413 票，得票率 3.45%；吴敦义以绝对优势成功连任。

1998 年高雄市长选举，国民党候选人吴敦义争取连任，民进党以前

“立法委员”谢长廷为候选人，新党征召前“国大代表”吴建国为候选人，另有无党籍候选人郑德耀参选。选举的竞争主要在吴敦义与谢长廷之间展开，并且吴敦义的民调支持率始终高于谢长廷，但选举结果出人意料，谢长廷得 387797 票，得票率 48.71%；吴敦义得 383232 票，得票率 48.13%；吴建国得 6457 票，得票率 0.81%；谢长廷得票高于吴敦义 4565 票，以微弱优势当选为高雄市长。新党候选人分走的选票尽管有限，但是成了吴敦义败选的重要因素（另一个重要因素是吴敦义的轻敌），“泛绿”支持者增加和“泛蓝”的继续分裂，使高雄市出现了“换党执政”局面。

2002 年高雄市长选举，5 名候选人参与竞争。民进党候选人谢长廷争取连任，国民党以台湾中山大学教授、曾任高雄市副市长的黄俊英为候选人，无党籍候选人则有 2000 年退出民进党的前民进党主席施明德、前“内政部长”兼台湾省主席张博雅以及前“立法委员”黄天生。由于施明德、张博雅原来都是“泛绿”中的重要人物，黄天生亦有民进党籍，所以形成的是 1 名“泛蓝”候选人与 4 名“泛绿”候选人对峙的局面。选举结果，谢长廷得 386384 票，得票率 50.04%；黄俊英得 361546 票，得票率 46.82%；张博雅得 13479 票，得票率 1.75%；施明德得 8750 票，得票率 1.13%；黄天生得 1998 票，得票率 0.26%；谢长廷以超过黄俊英 24838 票的微弱优势成功连任，显然得益于支持“泛绿”选民的“弃保”行为。

2006 年高雄市长选举，5 名候选人参与竞争。民进党以前“行政院劳工委员会”主委陈菊为候选人，国民党仍以黄俊英为候选人，“台联党”以时任“立法委员”罗志明为候选人，另有“保护台湾大联盟”的林志升和无党籍候选人林景元参选。由于 2005 年发生了“高捷弊案”，2006 年又发生“国务机要费”等案件，加上“泛绿”有 2 名候选人参选，形势总体对“泛绿”不利。选举结果，陈菊得 379417 票，得票率 49.41%；黄俊英得 378303 票，得票率 49.27%；罗志明得 6599 票，得票率 0.86%；林景元得 1803 票，得票率 0.23%；林志升得 1746 票，得票率 0.23%；陈菊以得票超过黄俊英 1114 票的极微弱优势当选为高雄市长。黄俊英的落选，可能与选举日前陈菊阵营突然揭出黄俊英有买票行为有一定关系，但是选票的分布显示出“泛绿”选民有明显的“弃保”行为，将罗志明“边缘化”；高雄市的基本盘“绿”大于“蓝”，出现这样的选举结果实际上并非出人意料。

第二节 县市长选举与直辖市市长选举的综合比较

通过对县市长和直辖市长选举的综合比较，可对选举的特点和涉及的策略因素作进一步说明。

（一）“两党竞争”的影响

在单一席次的县市长、直辖市市长选举中，候选人人数大多超过2人。2001年县市长选举，共计76名候选人竞争23席县市长席位，新竹县、云林县、基隆市、连江县4个县市只有2名候选人参与竞争，其他县市候选人均超过2人，候选人最多的是南投县的7人。2005年县市长选举，共计76名候选人竞争23席县市长席位，新竹县、嘉义县、高雄县、新竹市、台中市、嘉义市6个县市只有2名候选人参与竞争，其他县市候选人均超过2人，候选人最多的是台北县和苗栗县的6人。2002年直辖市市长选举，台北市2名候选人，高雄市5名候选人；2006年直辖市市长选举，台北市6名候选人，高雄市5名候选人。

在候选人人数超过2人时，如果其中2名候选人得票率之和超过90%，并且无人得票率超过70%（1名候选人得票率超过70%，显示的是“一党独大”特征），也应视为2人竞争（或“一对一的竞争”）的选举。由于县市长选举的候选人都有政党支持，无政党支持的候选人难以当选，所以2人竞争的选举，实质上就是“两党竞争”。

按照这样的标准，在1986年以前的县市长选举中，虽然不存在“两党竞争”局面，但是已有半数以上县市出现2人竞争现象。1981年县市长选举，19个县市中，10个县市（占县市数的53%）出现2人竞争局面，另有6个县市（占县市数的32%）的当选人得票率超过70%。1985年县市长选举，21个县市中，11个县市（占县市数的52%）出现2人竞争局面，另有7个县市（占县市数的33%）的当选人得票率超过70%。1989～1997年的县市长选举，“一党独大”的现象几乎消失，2人竞争或“两党对决”成为较普遍现象。1989年县市长选举，21个县市中，15个县市（占县市数的71%）出现2人竞争局面，只有1个县市（占县市数的5%）的当选人得票率超过70%。1993年县市长选举，23个县市中，15个县市（占县市数的65%）出现2人竞争局面，只有1个县市（占县市数的5%）

的当选人得票率超过70%。1997年县市长选举，23个县市中，16个县市（占县市数70%）出现2人竞争局面，已没有1个县市当选人得票率超过70%。① 在直辖市市长选举方面，1998年的台北市长选举以及1994年、1998年的高雄市长选举，均为2人竞争局面。

2001年以来，在单一席次的县市长、直辖市市长选举中，“两党竞争”已经渐趋常态。2001年县市长选举，23个县市中，14个县市出现“两党竞争”局面（台北县、桃园县、新竹市、新竹县、基隆市、宜兰县、台中县、云林县、彰化县、嘉义县、台南县、屏东县、澎湖县、连江县，占县市数的61%）。2005年县市长选举，23个县市中，17个县市出现“两党竞争”局面（台北县、桃园县、新竹市、新竹县、宜兰县、台中市、台中县、彰化县、云林县、嘉义市、嘉义县、台南县、高雄县、台东县、澎湖县、金门县、连江县，占县市数的74%）。2002年和2006年的直辖市长选举，台北市与高雄市呈现的都是“两党竞争”局面。“两党竞争”既有标准的“一对一竞争”，即只有来自主要政党或政党联盟的2名候选人（如2001年的新竹县、基隆市、云林县、连江县和2002年的台北市选举，2005年的新竹市、新竹县、嘉义市、嘉义县、高雄县选举）；也有带无党籍因素的“一对一竞争”，即除了来自主要政党或政党联盟的2名候选人外，还有无党籍候选人参选，但无党籍候选人被“边缘化”，得票率总和在10%以下（如2001年的台北县、桃园县、新竹市、宜兰县、台中县、嘉义县、台南县、屏东县、澎湖县选举和2002年的高雄市选举，2005年的台北县、桃园县、宜兰县、台中县、彰化县、云林县、台南县、澎湖县、金门县、连江县选举），或者无党籍候选人明确得到特定政党支持（如2005年的台东县选举）；更有因“排挤效应”产生的“一对一竞争”，即在“蓝”、“绿”对峙形势下，虽有3个或3个以上政党提名候选人，但是选民有“弃保”行为，将两大政党候选人的得票率总和提高到90%以上（如2001年的彰化县选举，2005年的台中市选举和2006年的台北市、高雄市选举）。此外，2001年台中市、台南市、高雄县、台东县、金门县和2005年台南市、屏东县的县市长选举，2名主要候选人得票率总和都达到80%以上，亦已接近“一对一竞争”的水平。

由于“两党竞争”已经成为单一席次选举的主要形态，政党和候选人

① 见王业立：《比较选举制度》，第75~95页。

都不得不进行某种方式的整合，以营造“一对一竞争”态势，尽管成功整合不一定能够获胜，但未能成功整合的一方往往注定了选举的失利，① 所以有必要对两大阵营在县市长、直辖市长选举中的整合情况作进一步分析。

（二）两大阵营整合的效果评估

在选举中各政党提名候选人时进行协商，助选时相互合作，即所谓的“泛蓝”、“泛绿”的内部整合，始于2001年，在当年的县市长选举中表现得尤为充分。

“泛蓝”阵营在县市长选举中的合作，2001年年中已经浮出水面。经过两个月的密集协商之后（主要由国民党秘书长林丰正与亲民党秘书长钟荣吉协商讨论），2001年6月10日国民党主席连战与亲民党主席宋楚瑜正式会面，达成四项共识：一是进行政策合作；二是在“立法院”中进行党团合作；三是在县市长选举中采取“共同推荐候选人”并“共同支持优秀人选”的方式进行合作；四是在“经发”会议问题上进行合作。也就是说，在政党合作的三个层次即意识形态、政策选择与选举的具体人选方面，都可以进行合作。连战与宋楚瑜协商的结果，是在县市长选举中国民党“取三让三”，即在桃园县、台南县、澎湖县两党共同推荐国民党籍候选人，在台北县、高雄县、台东县两党共同推荐亲民党籍候选人。两党当时议定的候选人，桃园县为朱立伦，台南县为吴清基，澎湖县为赖峰伟，台北县为廖正豪，高雄县为钟绍和，台东县为徐庆元。在其他县市，也将展开合作。如果整合成功，进行合作，预期能够至少在15个县、市取得胜利，其中亲民党籍的候选人可能拿下7个县、市长职务。

但是国民党与亲民党的合作并未成功，2001年7～8月“取三让三”的协议被破坏。亲民党认为双方之所以无法合作，有以下原因：一是国民党地方派系生态复杂，在县市长选举中不愿意作出让步，国民党高层选举操盘者亦无法迫使其支持亲民党籍的候选人。二是国民党有相当一部分地方派系支持亲民党，国民党的高层选举操盘者既担心选举中的合作会导致地方的进一步分化，也担心县市长选举合作会进而影响“立法委员”选举

---

① 见王业立：《县市长选举结果与地方政治版图变迁》，载“国家政策研究基金会”、山盟《选后台湾政局新走向研讨会大会手册暨引言论文集》（2001年12月8日）。

中的国民党席次。三是两党秘书长以上可以确定协商合作的方向，但具体落实的选举操盘者因种种因素有较深隔阂，使实际的合作困难重重。四是在2001年7月的国民党十六中全会上，国民党本拟进行高层党务调整，但是连战只调整了财务主管，5位副主席一个没动，表明连战还没有彻底调整高层人事的决心，甚至没有进行调整高层人事的能力，由此给选举带来了一定的消极因素，在竞选总部与国民党党主席的助选之间亦造成了一定的隔阂。五是李登辉找了不少国民党高层人士谈话，要他们不与宋楚瑜合作，李登辉离间国民党与亲民党的作用也不容忽视。国民党则认为双方无法合作的最主要原因是宋楚瑜本人并不真心推动“泛蓝”的整合，重视的是自己支持率的上升和亲民党影响力的上升，公开提出“泛橘军”、“泛宋军”（8月初）甚至否定“泛蓝军”存在的做法，就是最好的证明。

尽管国民党、亲民党之间有着严重的不信任气氛，在选举中难以进行全面合作，但是在民进党的压力之下，在部分地区进行合作还是可能的。新党也很快加入进来，积极倡导三党即“泛蓝”的合作。2001年7月11日，新党呼吁三党共同推荐王建煊为台北县县长候选人；王建煊则回应台北县县长候选人应根据民意调查产生（7月16日）。8月10日，王建煊正式宣布参选台北县长，并呼吁三党高层会商，在台北县率先进行“泛蓝”整合。8月29日，国民党、新党确定在台北县进行民意调查，决定县长候选人选。9月7日，根据民意调查结果，国民党、亲民党、新党均同意推荐王建煊为台北县县长候选人，“泛蓝”的合作有了新的转机。但是宋楚瑜提出的“以南投换彰化”的“取一让一”建议，依然未被国民党接受。最终的结果，在15个县市中“泛蓝”只有1名候选人参选（不包括脱离政党自行参选的无党籍候选人），其中在8个县市“泛蓝”候选人成功当选（桃园县、新竹市、新竹县、基隆市、台中市、台中县、云林县、澎湖县），可以视为整合成功；在7个县市“泛蓝”候选人落选（台北县、宜兰县、嘉义市、嘉义县、台南市、台南县、屏东县），台北县属于“泛蓝”未实质整合导致候选人落选，宜兰等县市则属于“泛蓝”有一定程度整合但仍未能胜选。在另外8个县市中，“泛蓝”都有2名或2名以上的县市长候选人，造成“泛蓝”内部的争斗，其中“泛蓝”候选人或“泛蓝”政党支持的候选人当选的有苗栗县、台东县、花莲县、金门县、连江县，“泛蓝”选举失利的有彰化县、南投县、高雄县；如果国民党采纳了亲民党“取一让一”的合作模式，“泛蓝”至少能得到南投县长席位。从总体上看，“泛蓝”阵营在2001年县市长选举中整合的效果不佳，未能发挥政党合作的优势。

尽管“台联党”在2001年的县市长选举中未提名候选人，“泛绿”阵营内部同样需要整合，整合的重点并不在于民进党与“台联党”共推候选人，而是要解决因脱党参选或党内有人支持无党籍候选人造成的“泛绿”分裂问题。由于“泛绿”在嘉义县、台南市、台南县、高雄县成功整合，“泛绿”候选人均顺利当选；南投县、嘉义市尽管整合不成功，但是“泛绿”候选人还是成功当选；“泛绿”整合不成功并且导致选举失利的只有台中市。整体而言，“泛绿”阵营在2001年县市长选举中整合的效果略强于“泛蓝”阵营。

2002年的直辖市长选举，“泛蓝”阵营在台北市、高雄市都成功整合，只有1名候选人参选，顺利得到台北市长席位。“泛绿”阵营虽然在高雄市整合不成功，但是仍以微弱优势得到高雄市长席位。

2005年县市长选举，“泛蓝”阵营的整合与2001年一样不顺利。当年7月，国民党“立委”邱镜淳由于不满意新竹县长郑永金未能信守只当一届县长的诺言，退出国民党，参加亲民党，受到亲民党的欢迎，但为两党合作带来较大的负面影响。马英九就任国民党党主席后，安排了“马宋会”，但是并未详细讨论年底选举的合作问题，亲民党主席宋楚瑜私下向本党候选人表达不乐观态度，亦不看好国民党的选情，认为就算没有亲民党，国民党在部分县市也没有赢面。亲民党政策中心主任张显耀则表示，“马宋会”是因为时间不够，才未就年底选举合作交换意见，况且合作只需两党秘书长先进行协调即可，不需要直接到主席的层级，就算是选前一个月完成整合，都算成功，但如果没有办法如愿，基于政党的主体性，亲民党所有提名人还是会参选到底。“马宋会”之后，国民党、亲民党两党秘书长密集会商整合县市长选举，双方同意采取民调决胜负的“屏东县”模式（按民调结果，两党共同提名王进士参选），但是在后来的候选人安排中，两党均摆出了互不让步的态势，各自提出了本党的县市长候选人（国民党在21个县市提出县市长候选人，亲民党则在连江县、基隆市、桃园县、南投县、台中市、彰化县、嘉义市、宜兰县、新竹县、花莲县、苗栗县11个县市提出县市长候选人）。

2005年9月下旬，为防止两党合作全面破局，国民党以民调数字为基础，分采“开放”与“整合”模式，除了明确表示金门县礼让新党籍县长李炷烽、连江县礼让亲民党籍县长陈雪生参选外，把无法协调县市分为两类。第一类是"国亲两党民调均领先对手者"，采取"开放"模式，如基隆市刘文雄与国民党籍基隆市长许财利争夺民调第一，互有胜负，即使两人都参选，"蓝军"胜选希望较大；苗栗县、花莲县、台中市等县市国民党参选人的民调都稳定领先，若亲民党不愿退出，国民党只好交由选民做最后决定，在这些县市国民党都倾向"开放"。第二类是"泛蓝加起来才能打败泛绿者"，将坚持"整合"模式，如彰化县亲民党县长参选人谢章捷与国民党县长参选人卓伯源，"民调加起来都不一定能打败民进党"，若无法整合将不可能获胜；南投县国民党除提名李朝卿外，县议员林明溱不愿退出选举，也需要进一步整合。针对国民党的"开放"与"整合"模式，亲民党提出了"以一换三"构想，即苗栗县国民党礼让亲民党，亲民党在新竹县、宜兰县、彰化县支持国民党候选人，但是国民党坚持不让苗栗县，其原因一是国民党提名候选人刘政鸿的各项民调支持度都领先其他候选人，二是6月底提名刘政鸿时国民党就提出两党比民调协商人选的建议，但亲民党并不积极。在双方僵持的情况下，亲民党提名的候选人都积极准备参选。面对亲民党内部有人主张全面与国民党开战的呼声，宋楚瑜要求党员自我克制、顾全大局，主动释出善意，并于10月4日作出最后决定，只在基隆、苗栗、台中、花莲、连江5个县市坚持候选人登记参选（徐耀昌在苗栗县以无党籍候选人参选），在其他6个县市亲民党提名县市长候选人均退出，全力支持国民党，希望国民党能体会亲民党的善意，在基隆市与苗栗县支持亲民党。

亲民党的让步使国民党、亲民党都曾提名候选人的10个需要整合的县市中，6个县市（嘉义市、桃园县、南投县、彰化县、宜兰县和新竹县）整合成功，4个县市（基隆市、苗栗县、台中市与花莲县）仍无法整合，只能"兄弟登山，各自努力"，但是国民党还表示对基隆市、苗栗县的整合抱有一定期望。至选举前夜，基隆市和苗栗县的"泛蓝"整合并未实现，宋楚瑜在苗栗县的助选中公开对国民党的做法提出批评，在基隆市的助选活动中，一方面提出"台北铁三角"（桃园县朱立伦、台北县周锡玮、基隆市刘文雄）的说法，为国民党候选人拉票，另一方面批评国民党以6名"立法委员"参加县市长选举，难以使"泛蓝"继续在"立法院"保持过半格局。

尽管"泛蓝"整合步履艰难，最终还是取得较大成果。不但国民党"礼让"的金门县、连江县"泛蓝"候选人成功当选，成功整合的嘉义市、桃园县、南投县、彰化县、宜兰县、新竹县以及台北县，县市长席位均被“泛蓝”得到；基隆市、苗栗县、台中市与花莲县虽然整合未成功，但依然是“泛蓝”候选人当选，没有因为“泛蓝”分裂造成重大损失；反倒是“泛蓝”最早整合的嘉义县、高雄县和屏东县，由于基层分裂并未弥合，导致“泛蓝”候选人落选。

在2005年县市长选举中，“泛绿”阵营的整合相对容易，由于“台联党”只提名以原秘书长陈建铭为基隆市市长候选人，以钱林惠君为台南市市长候选人，民进党经过协调，“劝退”本党提名的基隆市市长候选人王拓，支持陈建铭参选；台南市“泛绿”阵营领先优势明显，即便钱林惠君参选，亦不足以构成对民进党时任市长许添财连任的威胁，则“开放”给“台联党”参与竞争。“泛绿”还在云林县进行了整合。在经过整合的3个县市中，“泛绿”得到了2席县市长席位（台南市、云林县）。但是在南投县和嘉义市，都出现了“泛绿”分裂的局面，导致选举落败。

2006年的直辖市长选举，“泛蓝”在高雄市成功整合，虽然未赢得选举，但缩小了与“泛绿”当选者的得票差距；台北市虽然整合不成功，尤其是国民党不支持宋楚瑜代表“泛蓝”竞逐台北市长的动议，使“泛蓝”出现3名候选人，但是并未因此彻底割裂支持“泛蓝”的选民，仍然使国民党候选人顺利当选。“泛绿”在高雄市和台北市都未能成功整合，“台联党”提名的候选人还不断为民进党提名候选人制造麻烦，但民进党还是得到了高雄市长席位，并在台北市缩小了与“泛蓝”当选者的得票差距。

相比之下，在2001~2006年的县市长和直辖市长选举中，“泛蓝”阵营的整合呈进步趋势，“泛绿”阵营的整合则呈退步趋势。“在野”和“执政”应是导致整合进步或退步的重要因素。“在野”政党为夺得执政权，会更注重同一阵营政党之间的合作而不是斗争，“泛蓝”各政党就是因为有共同的目标，才能够在长期形成的矛盾下作出共同选择，使整合成为一种主动行为，并使之有实质性进展。“执政”政党为保持本党的优势，对同一阵营政党亦有所警惕，在防止执政权旁落的心理驱使下，同一阵营政党之间的合作容易成为一种被动行为，精于选举策略的民进党当然知道“泛绿”分裂可能给“泛蓝”带来可乘之机，所以并未放弃“泛绿”的整合，但是将整合的重点放在党内而不是党外，与“台联党”合作则保持指标性意义大于实际意义的态势，并因此导致了“泛绿”阵营整合的整体退步。

（三）“弃保”的作用

在2001～2006年的县市长、直辖市长选举中，“泛蓝”或“泛绿”都有整合不成功但本阵营候选人当选的情况，出现这样的情况，往往与选民的“弃保”行为有直接关系。

2001年县市长选举时，至少6个县市的选民有“弃保”行为，其中台中县、彰化县和南投县是支持“泛蓝”的选民“弃保”，台中市、台南市和嘉义市是支持“泛绿”的选民“弃保”。2002年直辖市选举时，高雄市支持“泛绿”的选民有“弃保”行为。2005年县市长选举时，至少6个县市的选民有“弃保”行为，其中台中市、基隆市、苗栗县、屏东县是支持“泛蓝”的选民“弃保”，南投县、台南市是支持“泛绿”的选民“弃保”。2006年直辖市选举时，高雄市支持“泛绿”的选民依然有“弃保”行为，台北市支持“泛蓝”和支持“泛绿”的选民都有“弃保”行为。

“弃保”既有候选人的运作，更有政党的支持甚至直接操作，2005年县市长选举中，国民党在屏东县呼吁支持“泛蓝”的选民采取“弃保”行为，将无党籍候选人宋丽华“边缘化”；民进党在南投县呼吁支持“泛绿”的选民采取“弃保”行为，将脱离民进党参选的林宗男“边缘化”；这些都是典型的例子。但是更多见的，是选民自动采取“弃保”行为，以保证自己所支持阵营的候选人当选。

在选民的“弃保”行为下，无论是具有执政优势的时任者，还是政治名人，都可能成为选民“弃”的对象，台中市长张温鹰、台南市长张灿鍙、南投县长林宗男以及亲民党主席宋楚瑜、“名嘴”李敖等，先后在县市长或直辖市长选举中成为“弃保”的牺牲品，充分展示了选举的严酷性。

“弃保”既有成功的案例（使被“保”的候选人当选），也有不成功的案例（被“保”的候选人未能当选）。在2001～2006年县市长、直辖市长选举的16个“弃保”案例中，8个案例涉及“泛蓝”选民“弃保”，成功5个（2001年台中县，2005年台中市、基隆市、苗栗县，2006年台北市），不成功3个（2001年彰化县、南投县，2005年屏东县）；8个案例涉及“泛绿”选民“弃保”，成功5个（2001年台南市和嘉义市，2002年高雄市，2005年台南市，2006年高雄市），不成功3个（2001年台中市，2005年南投县，2006年台北市）。无论是“泛蓝”还是“泛绿”，“弃保”

成功的概率都高于不成功的概率。“弃保”之所以能够成为依赖选民的另一种整合手段，就是因为有成功的先例。成功的关键，往往在于只有一方“弃保”，如果形成“弃保”对“弃保”的格局，起作用的将是选民的基本盘。以2006年的台北市长选举为例，“泛蓝”和“泛绿”通过“弃保”凝聚了国民党、民进党候选人的得票后，“泛蓝”候选人当选，就是得利于“泛蓝”基本盘大于“泛绿”。

（四）其他选举策略的比较

在县市长、直辖市长选举中，除了政党之间的协作外，候选人提名以及候选人的竞选策略等，对选举结果也有重要影响，可结合实例做一些比较。

因为候选人提名失误导致选举落败的例子尽管不多，但涉及了“蓝”、“绿”两方。2001年南投县长选举，国民党以2名候选人参选，结果2人全部落选，候选人提名的失误在于违背了单一席次选举应营造“一对一竞争”态势的原则。2001年桃园县长选举和2005年宜兰县长选举，民进党提名候选人彭绍瑾、陈定南的落选，则是因为弃时任代理县长而用他人和违背“世代交替”原则“回锅参选”，都失误于“用人不当”。

在县市长、直辖市长选举中，争取连任的时任者具有行政优势，可以主打“政绩牌”，赢得选民尤其是“中间选民”的支持。2001～2006年，不乏以“政绩”赢得选举的候选人，如2001年县市长选举，有国民党候选人赖峰伟（澎湖县），民进党候选人苏贞昌（台北县）、刘守成（宜兰县）、苏嘉全（屏东县），无党籍候选人傅学鹏（苗栗县）等；2002年直辖市长选举，有国民党候选人马英九（台北市）和民进党候选人谢长廷（高雄市）；2005年县市长选举，有国民党候选人朱立伦（桃园县）、林政则（新竹市）、郑永金（新竹县）、胡志强（台中市）、黄仲生（台中县）、谢深山（花莲县），民进党候选人陈明文（嘉义县）、杨秋兴（高雄县）等。当然也不乏因“政绩”不佳落选的时任者，如2001年县市长选举，就有民进党候选人蔡仁坚（新竹市）、李进勇（基隆市）、廖永来（台中县）等。按照“中间选民理论”，在单一席次选举及“两党竞争”或2名主要候选人竞争的状态下，候选人要赢得选举，其政见不能太偏激或太保守，过于偏激会吓走“中间选民”，过于保守可能导致选民的失望，以“政绩”为依托展开的宣传攻势，较容易把握，不至于过分偏激或保守，在这方面，国民党与民进党的较量，大致在伯仲之间，各有胜负。

利用地方派系的支持赢得选举，甚至靠“买票”赢得选举，曾是在台湾盛行多年的“制胜妙方”。但是2001年以后，地方派系左右县市长选举的现象大幅度减少，尽管在南部县市还有一些候选人不得不专注于地方派系的支持（云林县最具典型意义），但是更多的候选人提倡“派系共治”甚至“派系重组”，已经大大弱化了地方派系的作用。在经营地方派系方面，国民党曾占有明显优势，但是从2001年以来的县市长选举看，国民党的优势似已转为劣势，不仅在高雄县、屏东县未能成功整合地方派系，在云林县亦败在地方派系手里，都是具有指标意义的例证。由于选举中的“查贿”日趋严厉，候选人多忌惮“买票”被对手抓住，成为被攻击的靶子，所以“买票”行为更为隐蔽或巧妙，其作用更难评估。

揭露对手“买票”或选举中有“违规行为”，无疑是选举中的一大胜招，即便选举后查无实据，也很难再引起选民和媒体的兴趣，无法改变选举结果。在2001～2006年的县市长和直辖市长选举中，一些候选人落选，显然受了此类事件的影响，如2001年县市长选举中民进党候选人林光华在新竹县落选，国民党候选人翁重钧在嘉义县落选，都与涉嫌“贿选”有一定关系；2005年县市长选举中民进党候选人罗文嘉在台北县落选，陈定南在宜兰县落选，翁金珠在彰化县落选，尽管有其他因素，涉嫌“贿选”也是不可忽视的因素。尤其是2006年国民党候选人黄俊英在高雄市落选，更应与选前被指有“买票”行为有密切关系。也就是说，将候选人与“黑金”、“弊案”拉上关系，确实能够起到一定的作用，相比之下，“抹黄”候选人的做法，因恶毒的人身攻击可能引起媒体和大众的关注，成为一时谈资，但实际作用并不是很大，2005年被“抹黄”或遭受人身攻击的朱立伦、胡志强依然高票当选，就是极好的证明。

在选举中轻敌，是候选人的大忌，国民党在2000年以前的选举中屡犯轻敌错误，在失去“中央”执政权后变得较为小心，不再低估对手，反倒是民进党候选人不时犯轻敌错误。2001年民进党候选人林光华在新竹县落选，除了涉嫌“贿选”外，过于轻敌也是重要因素；2005年民进党候选人翁金珠在彰化县落选，轻敌更成为主要因素。由于执政者更容易轻敌，所以真实掌握选情已成为不能忽视的因素。

通过民意调查掌握选情，在台湾已成为极普遍的现象。综观各媒体和主要民意调查机构对2001~2006年县市长、直辖市长选举的选前民意调查，大多数调查结果与选举结果吻合（2001年县市长选举，只有基隆市、台中县民调失准；2005年县市长选举，只有屏东县民调失准；2002年和2006年的直辖市长选举，主要媒体的民调结果亦与选举结果吻合）。由此表明在单一席次选举中，民意调查结果具有较高的可信度，但由此可能形成候选人对民调的依赖和滥用，忽视了民调的局限性。在县市长选举中，不乏根据民调打出"弃保牌"或"危机牌"的例证，但是其实际作用很难验证，所以理智的候选人往往以怀疑的态度看待民调，宁愿低估支持率而不是高估支持率。

在"泛蓝"与"泛绿"两大阵营对峙的形势下，争取"中间选民"尽管是各政党在重要选举中的既定方针，但是可以明显看出"中间选民"起决定性作用的实例并不多，只有在彰化县2001年和2005年县长选举，宜兰县2005年县长选举中，"中间选民"的作用较为明显。由于单一席次选举的得票往往集中在2~3名主要候选人身上，很难以此来判定"中间选民"的走向，所以对相应策略的实施效应，确实不易评估。

（五）"换党执政"分析

在多党制下，"中央"与地方都可能出现执政权转换，即所谓"换党执政"。政党的对立程度越高，政党动员能力越强，选民的政党取向越鲜明，越可能频繁出现"换党执政"现象。在台湾的县市长和直辖市市长选举中，可以看到渐趋频繁的"换党执政"趋势。

1973年的县市长选举，20个县市的县市长席位均为国民党所得，显示出"威权体制"下明显的"一党独大"特征。1977年的县市长选举，在党外反对派人士有组织的助选下，党外人士在20个县市中得到4席县市长席位，使桃园县、台中县、台南市、高雄县出现了执政权转换现象（占县市数的20%）。1981年县市长选举，在19个县市中7个县市出现执政权转换现象（占县市数的37%），桃园县、台中县、台南市、高雄县执政权重回国民党手中（其中台南市虽由无党籍候选人连任，但当选者不久恢复了国民党籍），屏东县、彰化县、宜兰县则由党外反对派人士执政。1983年无党籍人士在嘉义市长补选中当选，使党外反对派人士执政的县市变为4个。1985年县市长选举，在21个县市中2个县市出现执政权转换现象（占县市数的9.5%），国民党夺回屏东县执政权，高雄县执政权转到党外反对派人士手中，党外反对派人士仍控制着4个县市（除高雄县外，还有反对派人士连任县市长的彰化县、宜兰县和嘉义市）的执政权。

1986年民进党成立后，由民进党籍县长控制的只有高雄县和宜兰县，彰化县和嘉义市仍由无党籍人士执政（尽管当政者较倾向于支持民进党）。1989年县市长选举，在21个县市中4个县市出现“换党执政”现象（占县市数的19%），台北县、新竹县、屏东县由国民党执政改为民进党执政，彰化县由无党籍人士执政改为民进党执政。已由民进党执政的宜兰县、高雄县以及无党籍人士执政的嘉义市，均未出现“换党执政”现象。

1993年县市长选举，在23个县市中5个县市出现“换党执政”现象（占县市数的21%），国民党夺回彰化县、屏东县执政权，民进党得到台南县、澎湖县的执政权，苗栗县则由国民党执政改为无党籍人士执政（当选者为违纪参选被国民党开除的候选人）；已由民进党执政的台北县、新竹县、宜兰县、高雄县以及无党籍人士执政的嘉义市，未出现“换党执政”现象。1994年的直辖市市长选举，台北市由国民党执政改为民进党执政，高雄市的执政权仍掌握在国民党手中。

1997年县市长选举，在23个县市中9个县市出现“换党执政”现象（占县市数的39%）。桃园县、台中县、屏东县、基隆市、新竹市、台南市、台中市由国民党执政改为民进党执政，澎湖县由民进党执政改为国民党执政，南投县由国民党执政改为无党籍人士执政（当选者为脱离民进党自行参选候选人）。未出现“换党执政”的14个县市，有国民党控制的7个县（彰化县、云林县、嘉义县、台东县、花莲县、金门县、连江县），民进党控制的5个县（台北县、新竹县、宜兰县、台南县、高雄县），以及无党籍人士控制的2个县市（嘉义市、苗栗县）。1998年直辖市长选举，2个直辖市都出现“换党执政”现象，台北市由民进党执政改为国民党执政，高雄市由国民党执政改为民进党执政。

2001年县市长选举，在23个县市中12个县市出现“换党执政”现象（占县市总数的52%）。桃园县、新竹县、台中县、基隆市、新竹市、台中市由民进党执政改为国民党执政，彰化县、嘉义县由国民党执政改为民进党执政，台东县、连江县由国民党执政改为亲民党执政，金门县由国民党执政改为新党执政，南投县由无党籍人士执政改为民进党执政。未出现“换党执政”的11个县市，有国民党控制的3个县（云林县、花莲县、澎湖县），民进党控制的6个县市（台北县、宜兰县、台南县、高雄县、屏东县、台南市），以及无党籍人士控制的2个县市（嘉义市、苗栗县）。但是2002年直辖市长选举，2个直辖市都未出现“换党执政”现象。

2005年县市长选举，在23个县市中8个县市出现“换党执政”现象（占县市总数的35%）。台北县、宜兰县、彰化县、南投县由民进党执政改为国民党执政，云林县由国民党执政改为民进党执政，苗栗县、嘉义市由无党籍人士执政改为国民党执政，台东县由亲民党执政改为无党籍人士执政（当选者得到国民党支持）。未出现“换党执政”的15个县市，有国民党控制的8个县市（桃园县、新竹县、花莲县、澎湖县、基隆市、新竹市、台中市、台中县），民进党控制的5个县市（嘉义县、台南县、高雄县、屏东县、台南市），亲民党控制的1个县（连江县）和新党控制的1个县（金门县）。2006年直辖市长选举，2个直辖市依然未出现“换党执政”现象。

也就是说，台湾的23个县市，自1977年以来，除花莲县外，22个县市都出现过“换党执政”现象，“换党执政”较多的可达5次（彰化县、屏东县）、4次（桃园县、台中县）或3次（南投县、台南市、高雄县），较普遍的是2次（台北县、新竹市、新竹县、基隆市、宜兰县、台中市、苗栗县、嘉义市、台东县、澎湖县），亦有一些县只有过1次“换党执政”现象（云林县、嘉义县、台南县、金门县、连江县）。2个直辖市，自选民直接选举市长以来，也各出现过2次（台北市）和1次（高雄市）“换党执政”现象。“换党执政”显然已经成为相当普遍的现象。

直辖市和各县市“换党执政”的高峰，出现在1997～2002年，不但在每次选举中都有近半的直辖市、县市出现“换党执政”（25个直辖市、县市中，1997～1998年有11个“换党执政”，2001～2002年有12个“换党执政”），涉及的直辖市、县市数也达到最大值（25个直辖市、县市中，17个“换党执政”）。但是2005～2006年，“换党执政”的现象有所减少（25个直辖市、县市中，2005～2006年只有8个“换党执政”），是否预示各政党在地方的执政权将逐步走向固化，使“换党执政”不至于走向常态化，还有待进一步的观察。

结语：台湾选举的未来走势

2008年，台湾将有两次重要的选举，一次是2008年1月12日举行的第七届“立法委员”选举，另一次是2008年3月22日举行的第十二任“总统”、“副总统”选举。由于这两次选举将对台湾政党生态和政治发展起重要作用，台湾各政党已经秣马厉兵，为选举布局。根据本书各章对台湾选举的分析，可对台湾未来选举的走势作出初步判断，以供读者参考。

（一）向“两党政治”生态过渡

如果说2004年的台湾“立法委员”选举，已经使台湾出现走向“两党政治”的趋势，那么2005年的台湾“三合一”选举，则强化了这一趋势，并开始向“两党政治”过渡。未来“单一选区两票制”的“立法委员”选举，可能使台湾的“两党政治”基本定型，并具有如下特征：

第一，所有的重要“公职”选举，将主要在国民党与民进党之间展开，而不再在“泛蓝阵营”与“泛绿阵营”之间展开；亲民党、新党、“台联党”等小党候选人需要依附这两个主要政党才能参选或当选。

第二，在“立法院”中或者只有两个主要政党能够跨过政党门槛，或者勉强维持“立法院”中两大党加两小党的现有格局，或者出现两大党加一小党的格局。无论出现哪一种格局，都可能使一个政党夺得过半席位成为多数党。以席次较多的政党联合“小党”与无党籍“立法委员”获得过半席位，操控“立法院”，只能成为一种过渡形态。

第三，两个主要政党将包揽“中央”与“地方”的行政权，或形成“中央”与多数“地方”的一致性，或维持“中央”与多数“地方”的对抗性。

第四，为化解两党的严重对立，不得不认真探讨两党对话、协调甚至合作机制。

“两党政治”能否使台湾走出“政治乱象”，还需要进一步观察。但是“两党政治”从基本定型到完全成熟，将是一个较长的过程，因为相应机制的建立和对立情绪的弱化，并不是能在短期内实现的。尤其是在“两党政治”的过渡期内，更主要的特征仍然是对抗，而不是合作，并且对抗还可能升级。在对抗和矛盾中观察台湾“两党政治”的走向，不被一时的现象所蒙蔽，不被预设的立场所干扰，才能对台湾政局的发展以及选举的走向有较好的把握。

（二）选举议题的走向

在未来的两次选举中，重要的选举议题，除了“统独”议题、“改革”与“安定”议题和“蓝绿之争”议题外，还会增加“反贪腐”议题。

“统独”议题在未来选举中仍然会持续发酵，并且已经提前出台。2007年3月，陈水扁抛出完全否定“四不一没有”承诺的“四要一没有”，声称“台湾要独立，台湾要正名，台湾要新宪，台湾要发展；台湾没有左右路线，只有统独问题”。马英九很快以“五要”作为回应，提出要在“九二共识”前提下和大陆恢复协商；希望大陆和台湾签署和平协议，建立互信机制，结束两岸敌对状态；希望拓展对大陆的经贸关系，建立共同市场；与大陆研究，不是以零和游戏做基础，而是以务实主义增加台湾空间；希望扩大与大陆的文化与教育关系，尤其是年轻人交流，减少冲突的机会。“四要一没有”与“五要”是否将成为主导未来两次选举的主要议题，既取决于“泛绿”候选人是否还选择以极端或激进的话题来主导选举，也取决于“泛蓝”各政党发展两岸和平互助关系话题的说服力，更与两岸关系的实质性进展（如实行“三通”和放行“大陆观光客”等）有密切关系。对“泛绿”阵营来说，2008年“总统”选举之前还有一个“试错”机会，在第七届“立法委员”选举中可以继续操弄“统独”议题，如果效果不如预期，就不会随着即将下台的陈水扁孤注一掷，而是走向“中道路线”。陈水扁抛出“四要一没有”之后，民进党报名参选2008年“总统”选举的4名候选人苏贞昌、谢长廷、吕秀莲、游锡堃都未积极响应，已经预示了未来的走向。尤其是谢长廷成为民进党的“总统”候选人后，已明确表示支持放行“大陆观光客”和实行“两岸包机常态化”等，是否能够改变民进党动辄操弄“统独”议题的传统做法，还需进一步观察。

“改革”与“安定”，还会成为台湾各主要政党的竞选主轴，并以主打“经济牌”、“建设牌”、“族群和谐牌”等不同形式，进入公众视野。但是这一类议题仍可能和过去的选举一样，流于空谈，难以引起选民的兴趣。

“蓝绿之争”已经是无法避免的议题，在未来的选举中将被进一步放大，成为“前途与命运”的决战。在新选举制度下“蓝”、“绿”各政党都面临加强政党合作的问题，国民党、民进党要抢“国会席次过半”，亲民党、“台联党”要争“两票制”中的“政党票”，如何在文宣大战和选举议题方面进行政党之间的合作，将是对各政党决策人物的重大考验。

2006 年爆发的“国务机要费案”和“政府首长特别费案”，不仅使陈水扁、马英九受到冲击，对未来的“总统”候选人谢长廷亦造成潜在威胁。相关案件的持续“发烧”，对国民党、民进党候选人都可能带来负面影响，并且使马英九曾积极倡导的“干净”选举失色。由于这一议题对两大主要政党都可能有重大杀伤力，两党目前都以低调应对，但是迫近选举时还可能爆发“揭弊战”，使这一议题重现，国民党和民进党又不得不有所准备和筹划。

2005 年的直辖市市长选举，声势浩大的“反贪腐”运动并没有使民进党全面败选，表明对“反贪腐”一类的选举议题不能寄太高期望，真正主导未来选举的议题，可能还是“统独”和“蓝绿之争”的翻版。

（三）候选人提名策略的调整

2008 年“总统”、“副总统”候选人提名，国民党和民进党都已经展开运作。已确定马英九、萧万长为“总统”、“副总统”候选人，民进党已确定谢长廷为“总统”候选人，但“副总统”候选人还未确定。由于两党都没有绝对取胜的把握，尽管在候选人提名过程中“天王级”人物之间有过激烈的交手或争执，但无论是国民党还是民进党，都不断强调“党内团结”，以免因内部分裂给对手可乘之机。

在新一轮选举中，国民党、民进党依然会采用党内初选加民意调查的提名机制，但是在具体做法上有所改变，如民进党已经公开宣布在民意调查时采用“排蓝措施”，即在民意调查中剔除支持“泛蓝”选民发表的意见，这样做显然是为了防止“泛蓝”在民进党候选人提名过程中做手脚，把对“泛蓝”威胁最大的候选人提前扳倒。国民党是否也会采用相同做法，在民意调查中采用“排绿措施”，还不得而知，需作进一步观察。

第七届“立法委员”候选人的提名还没有开始运作，台湾已经硝烟弥漫，现任“立法委员”纷纷行动，为争取政党提名而奔走。如上所述，在实行单一选区两票制之后，小党的候选人不得不依附大党参选，如果小党候选人坚持以独立的政党身份参选，将和无党籍候选人一样，几乎没有当选的可能，并且会影响本阵营的参选人。在“立法委员”候选人提名问题上，两大阵营都还需要进一步协调。国民党已经与亲民党正式建立政党联盟，新党则有以国民党候选人身份参选的经验，三党的合作（而非选前合并）关系已经确立，问题是如何将亲民党、新党的候选人纳入国民党的初选提名体制，采用何种制度保证各党认同提名结果，不至于因提名产生分裂，依然需要认真协商。“台联党”与民进党还在协商候选人提名方法，但是李登辉与陈水扁的“不和”已经端上台面，为两党的合作投下阴影。民进党在现阶段还需要与“台联党”合作，所以新的机制亦会较快产生。

为了使政党得票率实现“席次极大化”，在候选人提名策略上，“泛蓝”可能选择国民党、亲民党、新党都提名不分区和侨选“立法委员”候选人的做法，以三党的得票率争取在争夺34席不分区和侨选“立法委员”席位方面占优势。“泛绿”则必须以民进党、“台联党”都能在不分区和侨选“立法委员”中得到席位来应对。就这一点而言，单一选区两票制的实行，至少在短期内对小党可能还有一定益处，因为国民党、民进党为了成为“国会第一大党”，都还需要友党的支持。当然这样的策略只可能使用一次，在下一次“立法委员”选举中可能会有重大改变，但是否改变将取决于第七届“立法委员”选举的结果。

（四）竞选策略的延续

面对未来的两次重要选举，各政党的竞选策略会有一些调整，但是应与以往的选举策略没有太大的差别。

在选举目标上，“立法委员”选举的“泛蓝过半”或“泛绿过半”（过半为57席）会再现。当然也可能出现“国民党过半”或“民进党过半”的选举口号，但是这样的口号会刺激友党，尤其是初试“两票制”的时候，明智的选举“操盘手”都不会出此下策。至于“总统”选举方面，“泛蓝”要把执政权夺回来，“泛绿”要保住执政权，当然早就已经各有共识。

“天王”辅选应该依然是各政党的主要助选方式，不过在新形势下“天王”的身份有所变化。马英九不再担任国民党党主席，其辅选方式应是以“总统”候选人的身份助选，王金平则以“立法院长”的身份助选，“泛蓝”阵营还可能动员“老天王”连战、宋楚瑜“出山”助选，因为现任国民党党主席分量无法与民进党的“天王”抗衡。民进党的“五大天王”，都会承担助选或竞选责任，但是被“国务机要费”等缠身、又更走极端路线的陈水扁，是否会再次成为“泛绿”候选人的“选举毒药”，还需要进一步观察。

“抹黑”、“抹黄”、“抹红”的选举策略，在多大程度上还能起到沉重打击对手并且不伤自己的作用，是各政党和候选人不能不认真考虑的问题。“揭弊”与“以弊打弊”的抗衡，“黑金”与“查贿”组成的政治游戏，都可能在未来的选举中上演续集，所谓的“干净选举”，至少在近期的台湾还是难以实现的目标。

（五）创新选举技术

由于区域“立法委员”也变成了单一席次选举，并且多出了政党的投票，各政党不得不放弃原来“立法委员”选举的成熟技术，摸索新选举制度下的选举技巧。以作者的臆测，至少在以下几个方面需要借用或创新技术。

第一，“立法委员”选举将借鉴县市长选举的技术手法，尤其是在2名以上候选人参选的选区，尽可能营造“一对一”的对决局面，并尽可能采用县市长候选人经营地方的方式经营选区。

第二，在两大阵营通过新提名机制各产生1名候选人的选区，已无所谓“弃保”问题。但是毕竟不是所有选区都能如此顺利地产生候选人，一些选区难免还有一些在候选人提名过程中“落第”的现任“立法委员”强行参选，就不得不操纵“弃保”。

第三，“配票”方式将进行革新，由在候选人之间的“配票”改为在不同政党之间的“配票”，并且在各选区，“泛蓝”都应在国民党、亲民党、新党之间“配票”，“泛绿”都要在民进党、“台联党”之间“配票”，否则两大阵营都会在不分区和侨选“立法委员”席次的分配上吃亏。不妨以2004年“立法委员”选举的得票率为例，作一测算。2004年国民党、亲民党、民进党、“台联党”的得票率共计95.54%，其中“泛蓝”得票率为49.58%，“泛绿”得票率为46.26%。如果第七届“立法委员”选举还能维持这样的得票率，并且“泛蓝”得票率全归国民党，“泛绿”得票率全归民进党，按新席次计算的结果是国民党18席（不分区15席，侨选3席），民进党16席（不分区13席，侨选3席）。同样的得票率如果由国民党、亲民党、新党、民进党、“台联党”共得，并且假设经过政党“配票”后亲民党、新党和“台联党”的得票率都是10%上下（可按10%计算），不分区席次的分布依然是“泛蓝”15席（国民党9席，亲民党3席，新党3席），“泛绿”13席（民进党10席，“台联党”3席）；但是在侨选席次方面，如果亲民党、新党的得票率略高于“台联党”，“泛蓝”就可能得到4席（国民党2席，亲民党1席，新党1席），“泛绿”就会只得到2席（民进党2席），整体上就会成为“泛蓝”19席，“泛绿”15席。因此，国民党、亲民党、新党经过精算后，进行合理的“配票”，在政党分配席次方面可占一定优势；民进党通过“配票”提高“台联党”的得票率（必须使之高于亲民党和新党），也可能挤掉“泛蓝”的席位。两大阵营将在“配票”技术上展开较量，并且依然是谁“配票”成功谁得益，依靠选票自然流动只能酿成败局。

第四，新闻媒体对单一席次选举的民意调查，准确度较高，在此基础上对各政党所得区域“立法委员”席次的预测，将会更加积极。是否限制媒体在选举日前公布民意调查，还有待相关规定的出台，但是各政党和相关候选人如何解读和利用民意调查结果，各政党如何更精确掌握选情动向（由原来掌控31个选区，到未来掌控75个选区，工作量会成倍增加），及时采取补救措施等，都需要作出新的安排。

（六）争夺“中间选民”

无论是“立法委员”选举，还是“总统”选举，选民投票率都有可能提高，尤其是“立法委员”选举，投票率不仅可能高于2004年的59.16%，甚至可能高于2001年的66%。如果出现投票率提高的现象，在“蓝”、“绿”基本盘相对稳定的情况下，争取“中间选民”将成为各政党和候选人不能再忽视的问题。

在“一对一”的选举中，“中间选民”可能扮演举足轻重的角色。如何吸引“中间选民”参加选举并争取“中间选民”的支持，将成为两个主要政党面临的同样难题。理论界一般认为竞选口号或竞选纲领的“非极端化”，是争取“中间选民”的最佳选择，但是这样的理论似乎不适合解释台湾选举，过去的选举亦显示偏向激进或极端的候选人当选的几率并不低。但是过去不灵的理论，在未来的选举中未必不灵，尤其在“中间选民”选择出来投票的大背景下，“去极端化”的选举姿态，可能得到“中间选民”的认同，并可能成为多数候选人的选择。

在未来的选举中，国民党和民进党将更重视“组织战”的作用，除了继续经营基层尤其是“整合”地方派系外，还会更积极争取青年人。对“学青”和“社青”的争夺，实际上早已铺开，国民党成立了青年团，民进党也已在青年中展开争取活动。在“新生代”的争取方面孰胜孰负，也许将对未来的选举产生重要的影响。

由于台湾政局瞬息万变，加之未来两次重要选举的布局刚刚开始，对选举的任何预测都还为时过早。在本书结尾写下的这些揣测之词，只是个人对台湾选举基本走势的粗浅看法，希望对有兴趣观察和了解台湾选举的读者能够有一点帮助，并希望得到方家的矫正和批评。